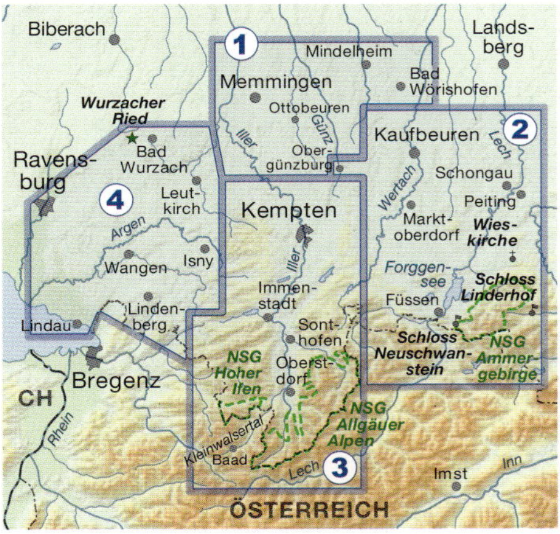

① **Unterallgäu**

② **Ostallgäu**

③ **Oberallgäu**

④ **Westallgäu**

Nachlesen & Nachschlagen

Aktiv im Allgäu

Unterwegs mit

Ralph-Raymond Braun

1953 in der Anflugschneise des Frankfurter Flughafens geboren, aufgewachsen dortselbst und im Frankenland mit AFN und Radio Luxemburg. Noch als Schüler erste journalistische Versuche als Vereinsreporter für die Heimatzeitung. Studierte Politik, Geschichte, Deutsch und kam dann über eine Karriere als Hausmeister, Buchhalter, Lehrer und Reiseleiter zum Schreiben von inzwischen mehr als zwanzig Reisebüchern.

Morgens Herzklopfen beim Gipfelsturm, mittags satte Zufriedenheit bei der Brotzeit auf der Sennalpe, nachmittags Ehrfurcht im barocken Kleinod der Dorfkirche und abends Schmunzeln vor der Kleinkunstbühne. Am nächsten Tag vielleicht eine Radrunde um den Forggensee, anschließend mit den Kindern Ritterspiele auf der Burgruine oder ein Besuch in des Kinis Märchenwelt Neuschwanstein. Und wann endlich in das Museum von und für Günter Kunerth? Die Stärke des Allgäus ist seine Vielseitigkeit. Kühe und Käse, Berge und Badeseen, Kunst und Klettern, Familienferien auf dem Bauernhof oder Wellnesswochenende im Spa, hier kann man ganz unterschiedliche Bedürfnisse ausleben und vielleicht ganz neue Seiten an sich entdecken.

Auch die Touristiker, getrieben von der Sorge, allein mit weißen Gipfeln, blauem Enzian, grünen Wiesen und goldglänzendem Rokoko allmählich den Anschluss an die Freizeitbedürfnisse jüngerer Generationen zu verlieren, suchen nach Neuem und vermarkten das Allgäu zunehmend als Arena von Event und Action. Doch das muss Faulenzer und Ruhesuchende nicht schrecken, denn der Rummel konzentriert sich auf wenige Orte und lässt zwischen Memmingen und Oberstdorf, zwischen Lech und Bodensee noch genug Raum für Müßiggang. Bei dem Versuch, Ihr ureigenes Allgäu zu finden, soll dieses Buch Ihnen eine kleine Hilfe sein.

Was haben Sie entdeckt?

Haben Sie ein besonderes Restaurant, ein neues Museum oder ein nettes Hotel entdeckt? Wenn Sie Ergänzungen, Verbesserungen oder Tipps zum Buch haben, lassen Sie es uns bitte wissen!

Schreiben Sie an: Ralph-Raymond Braun , Stichwort „Allgäu"
c/o Michael Müller Verlag GmbH | Gerberei 19, D – 91054 Erlangen
Ralph-Raymond.Braun@michael-mueller-verlag.de

Allgäu

Ralph-Raymond Braun

. komplett überarbeitete und aktualisierte Auflage 2020

Inhalt

Ideal für Genussradler, die gemütliche Touren bevorzugen. Kunstliebhaber finden dagegen in Memmingen allerlei Sehenswertes und die einstigen Reichsklöster Ottobeuren und Buxheim imponieren mit barockem Prunk.

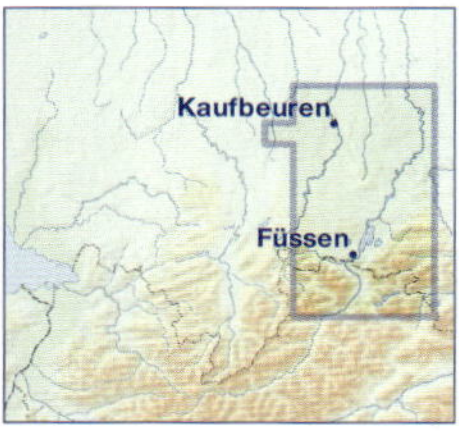

Die Königsschlösser Neuschwanstein und Linderhof, aber auch die Wieskirche, ein Juwel des Rokoko, sind absolute Highlights und Touristenmagnete. Die umgebenden Seen und Berge machen das Ostallgäu zu einer der schönsten Landschaften Bayerns.

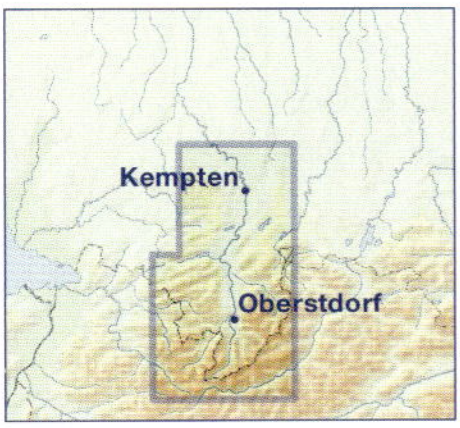

Als eine der ältesten Städte Deutschlands ist Kempten kulturelles Zentrum des Oberallgäu. Bergsportler aller Art werden dagegen von den zahlreichen Gipfeln und Tälern der Region angelockt.

Das württembergische Allgäu punktet mit Schlössern und Burgen, Kunst des 20. Jahrhunderts kann in Wangen, Isny und Ravensburg bewundert werden. Die bayerische Riviera versprüht mediterranen Charme und lädt zum Genießen ein.

GPS-kartierte Touren sind mit dem Symbol GPS gekennzeichnet. Download der GPS-Tracks inkl. Waypoints unter http://mmv.me/47164

Was haben Sie entdeckt?

Haben Sie ein besonderes Restaurant, ein neues Museum oder ein nettes Hotel entdeckt? Wenn Sie Ergänzungen, Verbesserungen oder Tipps zum Buch haben, lassen Sie es uns bitte wissen!

Schreiben Sie an: Ralph-Raymond Braun, Stichwort „Allgäu"
c/o Michael Müller Verlag GmbH | Gerberei 19, D – 91054 Erlangen
ralph-raymond.braun@michael-mueller-verlag.de

nachhaltig, ökologisch, regional

MeinTipp Die besondere Empfehlung unseres Autors

„In Wange bleibt ma hange!"

Orientiert

im Allgäu

Die Region im Profil

Das Allgäu ist …

Deutschlands südlichste Ferienregion ist breit aufgestellt, gilt als ebenso traditionsbewusst wie innovativ und zählt zu den Top-Destinationen im Land. Ob Wandertour oder Radlrunde, Alpen-Wellness oder Wintersport, Städtereise und Kulturtourismus, hier findet jeder das Seine.

- 800 Tsd. Einwohner
- 5600 km² Fläche
- 15 Mio. Gästeübernachtungen
- Größte Stadt: Kempten mit 70 Tsd. Einw.
- 107 km Nord-Süd-Ausdehnung, 102 km Ost-West-Ausdehnung
- Höchster Berg: Großer Krottenkopf, 2656 m ü. NN

… ein Land der Berge

Lange waren die Berge den Allgäuern ein unheimlicher Ort, heimtückisch und gefährlich, dazu das Revier der wilden Mändle und Klausen, denen man besser nicht in die Quere kam. Das änderte sich mit den ersten Sommerfrischlern, darunter als Trendsetter die jagd- und wanderbegeisterten bayerischen Könige. Seit Gründung der Alpenvereine verhelfen die Berge Wanderern, Kletterern und Wintersportlern aus allen Schichten zu Hochgefühlen und den Allgäuern zu Wohlstand.

Doch was aus der Ferne als Grenzlinie zwischen Himmel und Erde im Dunst verschwimmt, nimmt aus der Nähe ganz unterschiedliche Gestalt an. Da sind die Drumlins (→ S. 264) und die grünen Hügel des Alpenvorlands, zwischen denen noch Platz für Seen und Badeweiher bleibt. Dann die Vorgebirge von der Adelegg über die Nagelfluhkette bis zum Kamm des Falkensteins, ein gutes Gelände für Wanderer, Radler und Abenteurer, die nicht nach sportlichen Höchstleistungen streben, sondern eher den Naturgenuss suchen. Und schließlich der Hauptkamm der Allgäuer Alpen, an dessen schroffen Kalkgipfeln oberhalb der Baumgrenze Bergsteiger und Kletterer ihre Kräfte messen und die als Karstplateau genau so aussehen, wie wir uns schon immer eine Mondlandschaft vorgestellt haben.

… ein Land der Mächler

Der echte Allgäuer gilt als eigenbrötlerisch und mundfaul. Er ist ein Mächler, also einer, der was macht, ein handwerklich begabter Tüftler, der als Bauer auf dem Hof repariert und bastelt und als Büromensch wenigstens nach Feierabend in seinem häuslichen Hobbykeller werkelt. Er spielt im Musikverein ein Blasinstrument, vielleicht sogar Alphorn, und isst gern wie bei Muttern, am liebsten Kässpatzen oder saure Kutteln. Einem Bier und auch einem zweiten ist er nicht abgeneigt. Keiner verkörpert den echten Allgäuer so gut wie der ewig grantelnde Kommissar Kluftinger.

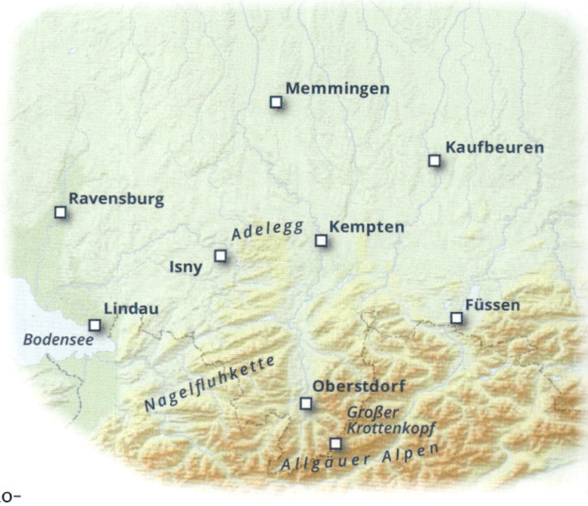

… und Wunschträume

Und die Allgäuerin? Sie ist modern und traditionsbewusst, naturverbunden, sportlich und kreativ, gestaltet ihre Freizeit bewusst und weiß das Landleben zu genießen – so beschreibt die viermal im Jahr erscheinende „Allgäuerin" ihre Zielgruppe, die sich demnach für den Beruf als Kauffrau für Tourismus und Freizeit interessiert, selbstverständlich einen Kräutergarten hat, Pilze sammelt, sich mit Heilkosmetik beschäftigt, Kremers Farbmühle kennt und die Kinder zum Selbstbehauptungskurs in den Waldkindergarten schickt. Das also, meint das durchgängig weibliche Team von „Die Allgäuerin", ist sie, die Allgäuerin, oder möchte es gern sein – oder denken wir, dass die Allgäuerin ist.

… ein Land der Gebirgstracht

Allgäuer oder Allgäuerin kleiden sich am liebsten in Tracht. Doch in welche? Gwand oder Häß ist hier die Frage. Die Älteren erinnern sich noch an den Trachtenkrieg, als Heimatkundler gegen die Mode der bayerischen Gebirgstracht aufbegehrten, wie sie mit Prinzregent Luitpold auch im Allgäu populär wurde und die historische Allgäuer Tracht in die Mottenkiste drängte. Heute ist die Gebirgstracht mit den von edelweißbestickten Riemen gehaltenen Lederhosen der Mannen und dem gleichfalls edelweißgemusterten Samtmieder der Frauen auf grauem Rock und grüner Schürze selbst auf dem Rückzug gegenüber dem Wiesndirndl, wie frau es auf den jetzt deutschlandweit zu feiernden Oktoberfesten trägt. Und das Urallgäuer Häß mit dem karminroten Seidenmieder und dem knöchellangen Plisseerock? Vielleicht noch beim Musikverein, auf jeden Fall aber im Museum.

… und der Zwiebeltürme

Als vielleicht nicht typisch allgäuerisches, aber bayerisch katholisches Symbol darf er in keinem Tourismusprospekt fehlen: der Zwiebelturm. Er strahlt Ruhe und Behaglichkeit aus, als „Synthese aus der Bewegung ins Übersinnliche und dem Verharren in den Wölbungen des Sinnlichen" hat ihn der Kunstkritiker Wilhelm Hausenstein gedeutet. „Welsche Haube" nannte man ihn früher, denn er ist ein Kind der aus Italien kommenden Renaissance. Die ersten Kuppeln bekam 1525 die Münchener Frauenkirche, die Zwiebelform ist hier noch wenig ausgeprägt. Bald 50 Jahre später war die neue Form Trend. Als es nach dem Dreißigjährigen Krieg an den großen Wiederaufbau ging, wollten alle einen Zwiebelturm haben.

Sightseeing und mehr

Kultur erleben

Die Kulturlandschaft Allgäu punktet mit prunkvollen Adelssitzen, imposanten Kirchen und Klöstern, barocker Kochkunst und gutem Bier. Echte wie erfundene Traditionen lassen sich hier ebenso erkunden wie moderne Kunst. Einfach die Neugier stillen und den Spaß nicht vergessen.

Im Chorgestühl der Reichskartause Buxheim trifft man auf eine große Versammlung von Prälaten, Heiligen und biblischen Gestalten – alle meisterhaft porträtiert und in Holz geschnitzt. Ein Meisterwerk süddeutscher Barockkunst, an dem Bildhauer und Schreiner acht Jahre arbeiteten. → S. 36

Die großen Schlösser

Schloss Neuschwanstein: König Ludwigs Wahnsinnsbau ist heute Disneys Inbegriff einer Burg. Besucher aus aller Welt stehen hier geduldig Schlange, um einmal das Original bestaunen zu dürfen. → S. 109

Schloss Linderhof: Ludwigs II. Lieblingsschloss und das einzige, das noch zu seinen Lebzeiten fertig wurde. Im Park versetzen uns Venusgrotte und Hundighütte in die Welt der Wagner-Opern. → S. 115

Residenz in Kempten: Die prachtvoll ausgestatteten Wohn- und Prunkräume zeugen vom üppigen Lebensstil der Fürstäbte gelten als Höhepunkte des süddeutschen Rokoko. Mehr über das Leben der Bürger erfährt man gleich gegenüber im Stadtmuseum. → S. 136

Klöster und Kirchen

Wieskirche: Viele Neuschwanstein-Besucher nehmen auch gleich noch die Wieskirche mit, ein prächtig ausgestattetes Rokokojuwel und Pilgerziel in Allgäuer Postkartenlandschaft. → S. 86

Altenstadt: Wer stille Winkel ohne Massenandrang bevorzugt, besucht die spätromanische Basilika St. Michael, einen seit dem Mittelalter kaum veränderten Tuffsteinbau in Altenstadt. Ein Geheimtipp! → S. 83

Basilika und Kloster St. Mang: In der Füssener Basilika trifft Barock auf moderne Sakralkunst. Versäumen Sie nicht die Führung durch die Krypta und den Totentanz in der St.-Anna-Kapelle. → S. 99

Kloster Ottobeuren: Die größte Klosteranlage nördlich der Alpen überwältigt vor allem in der Basilika mit barocker Pracht. Noch immer leben hier Mönche nach der Regel des Hl. Benedikt. → S. 46

Malerische Altstädte

Wangen: „In Wange bleibt ma hange!", weiß der Volksmund. Gute Gründe liefert die schmucke, denkmalgeschützte Altstadt mit ihren bunt bemalten Barockfassaden, den gotischen Staffelgiebeln und den goldenen Wirtshausschildern. → S. 218

Memmingen: Hier fügt sich auch zeitgemäße Architektur gut in die historische Altstadt. → S. 22

Isny: Die kleinste unter den ehemals Freien Reichsstädten des Allgäus punktet mit trutzigen Mauern, romantischen Türmen und Toren und der Kunst im Schloss. → S. 228

Ravensburg: Die heimliche Hauptstadt von Oberschwaben bietet vielfältige Einkaufsmöglichkeiten und Kulturangebote. → S. 210

Lindau: Nicht am, sondern im Bodensee. Lassen Sie sich durch die Altstadt treiben, besuchen Sie den Hafen mit seinem Leuchtturm und dem bayerischen Löwen. → S. 246

Museen

Museum Humpis-Quartier: Anhand der Lebensgeschichte von vier Hausbewohnern geht es durch 1000 Jahre Ravensburger Kulturgeschichte. → S. 215

Hutmuseum: Passend in einer früheren Hutfabrik präsentiert sich Lindenberg hier als Stadt der Hüte. → S. 238

Archäologischer Park Cambodunum: Ausgrabung, Rekonstruktion und Museum inszenieren Kempten zur Römerzeit. → S. 132

Bauernhofmuseen in Wolfegg und Illerbeuren: Beide versammeln vor dem Abriss gerettete historische Bauernhöfe und erzählen vom harten Landleben früherer Zeiten. → S. 42 und 208

Ausstellungen und Kunstsammlungen

Werkschauen haben Sepp Mahler in Bad Wurzach (→ S. 198), Wolfgang von Websky in Wangen (→ S. 220), Rudolf Wachter in Kißlegg (→ S. 207) Friedrich Hechelmann in Isny (→ S. 232) und Max Unold sowie Josef Madlener in Memmingen (→ S. 35).

Staatsgalerie im Hohen Schloss: In den Prunkräumen der fürstbischöflichen Residenz zeigt der bayerische Staat heute spätgotische Tafelbilder und Skulpturen. → S. 100

Künstlerhaus Marktoberdorf: Die Ostallgäuer Kunstausstellung präsentiert aktuelle Werke von Kunstschaffende aus der Region. → S. 79

Kunstmuseum Ravensburg: Aus dem eigenen Fundus, ergänzt um hochkarätige Leihgaben, arrangiert das Museum Wechselausstellungen moderner und zeitgenössischer Kunst. → S. 215

Kunstmuseum am Inselbahnhof: Hier veranstaltet Lindau seine legendären Sommerausstellungen mit Kunst der Klassischen Moderne. → S. 249

Zauberhafte Landschaft

Natur erleben

Steinerne Gebirgsriesen für Gipfelstürmer, geboren aus der feuerspeienden Urkraft der Kontinentaldrift und geformt vom Eis der Gletscher. Zu ihren Füßen die Kulturlandschaft des „grünen Allgäus" der Milchwirtschaft, attraktiv für Genussradler und wandernde Familien. Was wäre das Allgäu ohne seine Bauern?

Vielerorts wie hier am Tegelberg erspart eine Seilbahn den mühsamen Aufstieg und erlaubt so auch Turnschuhtouristen einen Spaziergang ganz oben. Doch keine Angst: Für hartgesottene Bergwanderer und Kletterer bleiben noch genug Gipfel übrig, die mit Schweiß und Ausdauer erobert werden wollen.

Berge

Hochvogel: Nur erfahrene Bergwanderer sollten sich auf das „Matterhorn der Allgäuer Alpen" wagen. Und bald kommen, denn der Gipfel bricht auseinander! → S. 330

Grünten: Nur zu Fuß zu erklimmen und doch viel besucht. Hier begann der Allgäu-Tourismus und zu Recht lockte der „Wächter des Allgäus" schon leibhaftige Kaiser zum Gipfelsturm. → S. 164

Tegelberg: Bergwandern im früheren Jagdrevier der bayerischen Könige, bei Bedarf mit Auf- oder Abstiegshilfe durch die Seilbahn. Den besonderen Kick verspricht der Gleitschirm-Tandemflug ins Tal. → S. 113

Schwarzer Grat: Die Alpen sind überlaufen? Nicht so der menschenleere und waldreiche Mittelgebirgszug Adelegg. Sein höchster Berg, der Schwarze Grat, ist zugleich die höchste Erhebung in ganz Württemberg. → S. 234

Klammen und Tobel

Eistobel: Naturwunder entstehen und vergehen jeden Winter im Isnyer Eistobel, der mit seinen rauschenden Wasserfällen, den tiefen Strudellöchern, mächtigen Gesteinsbrocken und gewaltigen Felswänden auch an heißen Sommertagen zur kühlen Schluchtenwanderung einlädt. → S. 233

Starzlachklamm: Nicht nur für Geologen ein Eldorado, sondern ein begehbares Naturdenkmal, das die Starzlach auf ihrem tosenden Weg ausgewaschen hat. → S. 163

Breitachklamm: Manchmal muss man nicht auf den Berg hinauf, sondern ins Tal hinab, um schroffe Felsen zu erleben. Bei Oberstdorf hat sich die Breitach eine tiefe Klamm in den Fels gegraben und liefert dort mit Wasserfällen, sprühender Gischt und viel Getöse ein prächtiges Naturschauspiel. → S. 180

Hausbachklamm: Nur wenige Gehminuten oberhalb von Weiler wird der im Dorf so zahme Hausbach zu einem wilden Gesellen, der sich über Kaskaden in tiefe Strudellöcher stürzt. → S. 341

Pöllatschlucht: Direkt unterhalb von Schloss Neuschwanstein gewinnt die Pöllat an Fahrt und schießt über große und kleine Wasserfälle. König Ludwig II. war fasziniert. → S. 112

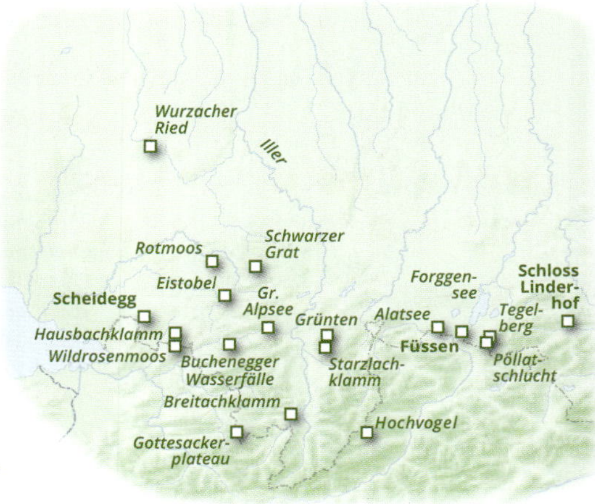

Seen, Flüsse, Wasserfälle

Forggensee: Eldorado für Wasserratten und bei seiner Umrundung per Rad bewegt man sich streckenweise auf der römischen Via Claudia Augusta. → S. 99

Großer Alpsee: Am und auf dem größten Natursee des Allgäus tummeln sich im Sommer Schwimmer, Surfer, Tretbootfahrer, Segler, Flaneure und Sonnenbadende. → S. 152

Alatsee: Ein verrufener Ort voller Mythen, Fabelwesen und seltener Naturphänomene, der die Kluftinger-Autoren zu ihrem Krimi „Seegrund" inspirierte. → S. 103

Flussraum Iller: Ein hübscher Badeplatz an der Illerschleife mit Kiesstrand, Aussichtsturm und schwankender Hängebrücke. → S. 45

Buchenegger Wasserfälle: Die Strudelbecken am Fuß zweier Wasserfälle eignen sich als erfrischende Badeplätze. Im Flachwasser planschen Kinder und bauen Dämme, in den tieferen Bereichen spielen junge Burschen „Gumpen jucken". → S. 155

Scheidegger Wasserfälle: 40 m stürzt hier die Rohrach hinab, bevor sie in eine unzugängliche Schlucht entschwindet. Im Sommer mit Wasserspielplatz, Streichelzoo und Bewirtung, winters mit bizarren Eisformationen. → S. 241

Moore

Wurzacher Ried: Spuren der Eiszeit wie der Industrialisierung trifft man auf einer Fahrt mit der Torfbahn durchs Moor. → S. 197

Wildrosenmoos: In diesem Hochmoor gedeihen noch Raritäten wie der Schwalbenwurz-Enzian, das gefleckte Knabenkraut, der Eisenhut, die Heilpflanze Arnika. → S. 341

Rotmoos: Gleich vor den Toren von Isny öffnet sich eine Landschaft von besonderer Schönheit, nämlich dem Wechsel weiträumiger Feuchtwiesen mit Wald und gehölzgesäumten Bächen und Wassergräben. → S. 232

Gärten und Parks

Schlosspark Linderhof: Für sein Versailles fehlten dem Kini Platz und Geld. So begnügte er sich notgedrungen mit einem bunten Allerlei aus barockisierenden Parterres, Terrassen nach Art der Renaissance und einem Landschaftspark nach englischem Vorbild. → S. 115

Terrassengarten am Füssener Schloss: Einst baute ein Apotheker am Südhang des Schlosses Heilkräuter und pharmazeutische Pflanzen an. Heute pflegt die Stadt den duftenden Garten. → S. 101

Familienurlaub

Das Allgäu mit Kindern

Urlaubende Familien sind im Allgäu gerne gesehen. Dörfer und Weiler bieten die Gelegenheit zu Ferien auf dem Bauernhof, wo die Kinder mit Tieren umgehen können und genügend Auslauf haben, ohne durch übermäßigen Autoverkehr gefährdet zu sein. Auch an Freizeitparks und Spaßbädern mangelt es nicht.

Tarzangleich balanciert und schwingt sich's im Waldseilgarten Höllschlucht (Pfronten) durch die Baumkronen, in sausender Fahrt gleitet man auf Seilrutschen über den Bach. Parcours für Anfänger und Geübte stärken den Teamgeist, Kinder ab 6 Jahren sind willkommen. → S. 112

Und Action!

Skyline Park: Vom Streichelzoo bis zum Kettenkarussell, aber auch jede Menge adrenalinfördernde Fahrgeschäfte sind in diesem Freizeitpark geboten. Ein Riesenspaß, nicht nur für Kinder. → S. 60

Sommerrodeln am Tegelberg: Neben der Talstation der Bergbahn verheißt eine Sommerrodelbahn rasanten Spaß. → S. 113

Buchenegger Wasserfälle: Die Strudelbecken am Fuß zweier Wasserfälle eignen sich als erfrischende Badeplätze. Im Flachwasser planschen Kinder und bauen Dämme, in den tieferen Bereichen spielen junge Burschen „Gumpen jucken". → S. 155

Hündlekopf: Auf dem Erlebnisrundweg erfährt man Wissenswertes und Unterhaltsames zu Pflanzen, Tieren und zur Landschaft. Dann geht's die Sommerrodelbahn hinunter zur Talstation mit dem Streichelzoo. → S. 155

Einfach Tierisch

Bergbauernmuseum Diepolz: Mit seinem Erlebnisspielplatz, einem begehbaren Rindermagen, den Tieren zum Anfassen und dem Heuhüpfen bleibt das Museum Kindern in bester Erinnerung. → S. 148

Bauernhofmuseum Illerbeuren: Buben imponiert gewöhnlich der historische Fuhrpark einer rekonstruierten Landmaschinengroßhandlung. Anderswo auf dem Gelände tummeln sich putzige Zaupelschafe, aufgeweckte Schwäbisch-Hällische Schweine und andere seltene Haustierrassen. → S. 42

Steinadlerwanderung im Hintersteiner Tal: Ausgestattet mit Ferngläsern und begleitet von fachkundigen Führern bietet sich hier die Chance, Steinadler zu beobachten. → S. 174

Walderlebniszentrum Ziegelwies: Bienen und Regenwürmer zeigen ihr Tag werk. Wir schaukeln über Hängebrücken, müssen auf einem Floß über den Lech, treffen die Riesenspinne und Märchenfiguren. → S. 102

Reptilienzoo Scheidegg: Gleich neben der Bundesstraße lauern und sonnen sich Krokodile, Schlangen, Echsen, Schildkröten und Spinnengetier. Dank Terrarienhaus ist auch an kalten Tagen was los. → S. 241

Zum Nachdenken

Klobunzele-Weg: Ein Wanderweg auf den Spuren der koboldhaften Sagengestalt. Jüngere Kinder dürfte das Klobunzele-Quiz begeistern. An jeder Schautafel gilt es, eine Frage zu beantworten. Und fürs richtige Lösungswort am Ende eine Belohnung. → S. 81

Bauernhausmuseum Wolfegg: In der Ausstellung Schwabenkinder des Bauernhausmuseums geht es um das Schicksal dieser Buben und Mädchen aus armen Bergbauernfamilien, die nach ihrem Zug über die Alpen auf den Kindermärkten von Kempten und Ravensburg als billige Arbeitskräfte an die Bauern verkauft wurden. → S. 208

Hoch hinaus

Alpsee Skytrail: Künftige Bergsteiger können im Hochseilgarten Skytrail gut gesichert ihre Trittsicherheit und Schwindelfreiheit erproben. → S. 149

Skywalk Scheidegg: Der zwischen und über die Baumkronen gehängte Weg eröffnet neue Blicke auf den Wald und die Berge. Dank eines Fahrstuhls kann man einen Abschnitt auch mit Kinderwagen meistern. Unten am Boden wartet noch ein Abenteuerspielplatz. → S. 241

Und bei Schlechtwetter?

Sport- und Kinderpark MiniMax: Ein großer Indoor-Spielplatz mit Kletterturm, Hüpfburgen, Fußballfeld, speziellem Kleinkinderbereich und vielem mehr. → S. 57

Spielhaus im Feriendorf Reichenbach: Angebot für Kinder mit Kletterwand, Riesenrutsche, Billard, Kicker und vielen Gesellschaftsspielen. → S. 126

Therme Bad Wörishofen: Damit sich Ruhe suchende Kurgäste und erlebnishungriges Jungvolk nicht in die Quere kommen, hat das Badeparadies einen gesonderten Sport- und Familienbereich. Mit Riesenrutschen und Wildwassercanyon. → S. 60

Modelleisenbahnmuseum: Züge und Bahnen lassen sich in liebevoll dekorierten Vitrinen und bei der Fahrt auf einer Modelleisenbahn-Anlage bewundern. Im angeschlossenen Museumsladen gibt es – auch seltene – Modelle aller großen Hersteller zu kaufen. → S. 80

Allgäuer Burgenmuseum: Wir lernen den rustikalen und wenig luxuriösen Alltag der Burgbewohner kennen, dürfen im Rittersaal an der Tafel Platz nehmen und die Rüstungen testen. → S. 133

Naturfreibad Buchenegger Wasserfälle

Unterwegs

im Allgäu

Unterallgäu

Die abwechslungsreiche Landschaft der sanften Höhenrücken und mäandernden Wasserläufe lädt Genussradler zu gemütlichen Touren ein. Einen Bummel wert sind die Innenstädte von Memmingen und Mindelheim. Als barocke Perlen punkten die einstigen Reichsklöster Ottobeuren und Buxheim.

Alle vier Jahre, demnächst 2020, sind das Memminger Rathaus (oben) und die historische Altstadt Kulisse für die Wallensteinfestspiele, mit mehreren tausend Akteuren Europas größtes Historienspektakel. Nicht verpassen! → S. 38

Wer zwischen Memmingen und Mindelheim unterwegs ist, mag sich fragen, warum diese Gegend zum Allgäu zählt. Zwischen den beiden Städten – die eine mit stolzer Vergangenheit als Freie Reichsstadt, die andere seit je her ein bayerischer Vorposten im Allgäu – fährt man durch ein nur sanft gewelltes Terrassenland, ein ausgerollter Teppich sozusagen, gemustert mit Maisfeldern, Wiesen und eng umgrenzten Wäldern, weiträumig und übersichtlich. Die Allgäu-typischen Moränenhügel vor spektakulärer Alpenkulisse sieht man allenfalls bei gutem Wetter weit in der Ferne blassgrau schimmern.

Das Unterallgäu hingegen ist eine unspektakuläre Landschaft. Keine Streusiedlungen mit Einzelhöfen, sondern kompakte Dörfer. Zwiebeltürme, ja, die gibt es, doch mindestens so häufig sind die Kirchtürme mit schlichten Pultdächern gedeckt. Seen und Weiher fehlen, sofern nicht fleißige Mönche irgendwann einmal ein Gewässer zum Fischteich aufgestaut haben. Immerhin: Reichlich Grünland und Rindviecher gibt es auch hier. Glaubt man der Statistik, leben im Unterland sogar mehr Kühe als auf den Weiden des Oberallgäus. Doch die meisten stehen in irgendeinem Stall.

Wer in einer Dorfwirtschaft einkehrt, wird beim Gespräch mit Einheimischen das für den Allgäuer Dialekt so typische volltönende „a“ am Wortende vermissen. Im Unterallgäu sitzt nicht der *Schreibar am Compjutar*, sondern der *Schreibr am Compjutr*, es klettert nicht *d'Katza auf d'Schtiaga* (Treppe), sondern *d'Katz auf d'Schtiag*. Kurz gesagt: Zwischen Memmingen und Mindelheim gehört man auch sprachlich eher zu Schwaben als zum Allgäu.

Was anschauen?

Kunst in Memmingen: Hier haben die Renaissancemaler und Holzschnitzer der Familie Strigel ihre Spuren hinterlassen, ein eigenes Museum ist ihnen gewidmet. Das moderne Ergänzungsprogramm liefert die Mewo-Kunsthalle mit Fantasy-Malerei. → S. 35

Mechanik, Mode und Holzschnitzerei in Mindelheim: Ein historischer Stadtkern samt Wehrmtauer, Toren und Türmen. Uhrmacherkunst ganz groß im Turmuhrenmuseum, Mode vom Rokoko bis in die bunten 1970er im Textilmuseum, das älteste Jesuskind im Krippenmuseum. → S. 53

Kartause Buxheim: Eine große Versammlungt von Prälaten, Heiligen und biblischen Gestalten – alle meisterhaft porträtiert und in Holz geschnitzt. Das Buxheimer Chorgestühl zählt zu den Meisterwerken süddeutscher Barockkunst. → S. 36

Bauernhofmuseum Illerbeuren: Alte Bauernhäuser wurden vor dem Abriss gerettet, hierher versetzt und sind nun Kulisse für eine Zeitreise ins Landleben der 1950er-Jahre. Bauernhofromantik oder elende Schufterei? Urteilen Sie selbst! → S. 42

Maria Steinbach: Die Rokokokirche lockt gleichermaßen Wallfahrer wie Kunstfreunde. Ein Museum zeigt, wie sich die Wallfahrt entwickelt und über die Jahre verändert hat. → S. 43

Kloster Ottobeuren: Die größte Klosteranlage nördlich der Alpen überwältigt vor allem in der Basilika mit barocker Pracht. Noch immer leben hier Mönche nach der Regel des Hl. Benedikt. Das Klostermuseum versammelt große Kunst, der Theatersaal ist auch Station der „Europäischen Route Historische Theater". → S. 56

Was unternehmen?

Skyline Park: Vom Streichelzoo bis zum Kettenkarussell, aber auch jede Menge adrenalinfördernde Fahrgeschäfte sind in diesem Freizeitpark geboten. Ein Riesenspaß nicht nur für Kinder. → S. 60

Radtour durch den Illerwinkel: Dieser auch für Familien mit Kindern geeignete Tagesausflug ins Umland von Memmingen verbindet Naturerlebnis mit dem Besuch kultureller Highlights. Auch Badestopps bieten sich an. → S. 304

Kneippen im Bad Wörishofen: Wirtshäuser gibt es zwar auch, doch seinen Ruhm als Zentrum des Gesundheitstourismus verdankt der Kurort dem „Wasserdoktor" Sebastian Kneipp. Wasserfreuden auch für das jüngere Publikum bietet die Wörishofer Therme. → S. 58

Und was sonst?

Ottobeurer Konzerte: Der Ohrenschmaus großer Musik – zu genießen in der Basilika mit ihrer kraftvollen Orgel oder im Kaisersaal des Klosters Ottobeuren. Schon Herbert von Karajan dirigierte hier. → S. 49

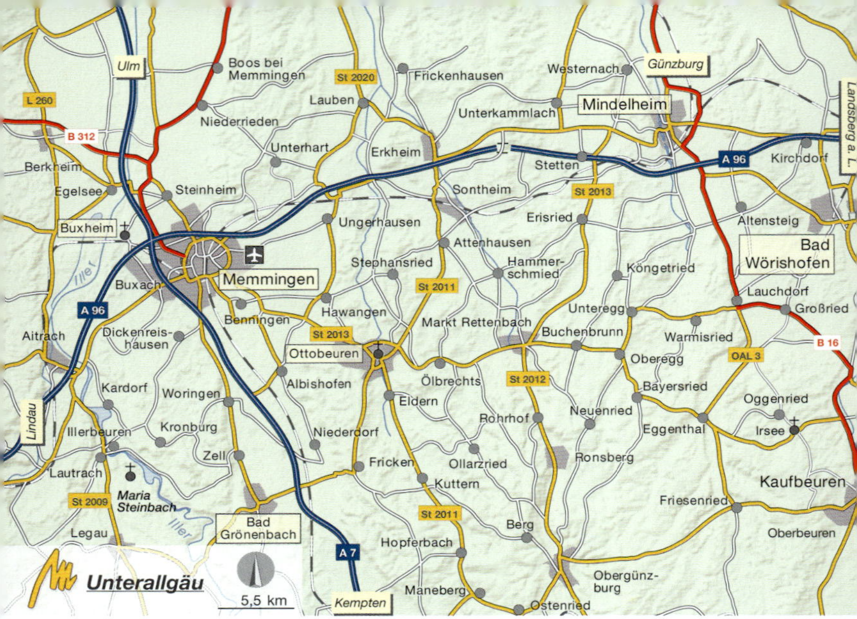

Memmingen

44.000 Einw., 595 m ü. NN

Was für eine Überraschung: Nicht Venedig, Florenz oder Barcelona, sondern Memmingen steht auf Platz 1 im Ranking der attraktivsten Städtetrips – so urteilte jedenfalls 2019 das britische Glamour-Reisemagazin „Condé Nast Traveller".

„Memmingen – Stadt mit Perspektiven", so bewirbt sich die Stadt auf ihrer Website. Und überlässt es dann jedem selbst, das Motto inhaltlich zu füllen. Gemeint sein könnte der Blick bei guter Sicht bis auf die Hügellandschaft des Voralpenlands mit seinen typischen Streusiedlungen – das wäre dann Memmingen als „Tor zum Allgäu". Oder – darf's etwas bedeutungsschwerer sein? – Erinnerungsort an die hier verkündeten Zwölf Artikel der Aufständischen des Bauernkriegs. Die werden lokalpatriotisch als erste demokratische Verfassungsurkunde auf deutschem Boden gehypt und alle drei Jahre (zuletzt 2019) mit der Verleihung des „Memminger Freiheitspreises 1525" an honorige Persönlichkeiten gefeiert. Das wäre dann die Perspektive „Stadt der Freiheit". Andere mögen an den Memminger Kreuzzug denken, als Ende der 1980er-Jahre der Arzt Horst Theissen vom Memminger Landgericht unter dem Vorwurf illegaler Schwangerschaftsabbrüche zu einer Freiheitsstrafe mit Berufsverbot verurteilt wurde, wobei man auch gegen die betroffenen Frauen Strafbefehl erließ und sie vor Gericht bloßstellte. Mir persönlich gefällt an Memmingen besonders, wie sich auch zeitgemäße Architektur in die gut erhaltene Altstadt einfügt, ohne das Alte bloß nachzuahmen.

Unterallgäu → Karte S. 22

Stadtgeschichte

Als „Mammingin" 1128 erstmals urkundlich erwähnt wurde, war sein Namenspatron schon lange tot. Ein alemannischer Klanchef namens Mammo soll es gewesen sein, der im 5. Jahrhundert lebte und auch noch an anderen Orten im Südwesten seinen Namen hinterließ. Die Siedlung des Mammo befand sich am heutigen Autobahnkreuz, das damals ein idyllischer Fleck in den Auwäldern der Iller war. Ab dem 7. Jahrhundert gab es dann in der Nachbarschaft des Dorfs einen Königshof, der beim heutigen Marktplatz vermutet wird.

Die freie Reichsstadt

1158 gewährte der Memmingen eng verbundene Bayernherzog und Markgraf Welf VI. (1115–1191) das Stadtrecht. Nach seinem Tod fiel die Stadt an das konkurrierende Geschlecht der Staufer, 1268 wurde sie Reichsstadt und damit direkt dem Kaiser unterstellt. Im Spätmittelalter stieg Memmingen zu einer der führenden Handelsstädte Süddeutschlands auf. Die durch das Tiroler Silber reich gewordene Kaufmannsfamilie Vöhlin finanzierte zusammen mit dem Augsburger Geschlecht Welser Handelsfahrten bis nach Indien.

Das große Geld lockte auch die große Politik: Kaiser Maximilian war regelmäßig in Memmingen zu Gast und machte Bernhard Strigel, den letzten Spross dieser großen Künstlerfamilie, zu seinem Hofmaler. Nur wenige Jahre nach des Kaisers Tod – und vermutlich noch posthum zu dessen Missfallen – schloss sich die Stadt unter dem Einfluss des Reformators Christoph Schappeler und des Predigers Sebastian Lotzer der Reformation an. Lotzers „Zwölf Artikel", die er im Bauernkrieg 1525 für die aufständischen Bauern als Programm und Forderung gegenüber dem Adel verfasste, gelten als ein früher Katalog von Freiheits- und Menschenrechten.

Im Verlauf des 16. Jahrhunderts geriet die nun protestantische Stadt in den Schatten von Ulm und Augsburg. Durch die Entdeckung Amerikas verlagerten sich die Handelswege, und mit der Eroberung des Balkans durch die Türken verloren die Memminger Fernhändler einen wichtigen Absatzmarkt. Karriere machte man nun anderswo. So zog es etwa den aus Memmingen stammenden Kaufmann Benedict von Herman nach Venedig, wo er mit einem Handelshaus ein Vermögen erwirtschaftete. Er soll sogar der erste schwäbische Millionär gewesen sein – in Gulden, wobei man für einen Gulden

Sebastian Lotzer und Christoph Schappeler verkünden am Kramerzunfthaus die Zwölf Artikel

damals ein mehrgängiges Menü bekam oder eine Woche in einer guten Herberge unterkam. Seiner Memminger Verwandtschaft schenkte er den repräsentativen Hermansbau.

1702 wurde Memmingen erstmals bayerisch, nämlich von den Truppen des Kurfürsten Maximilian II. Emmanuel besetzt, der mit dem Kaiser um die Erbfolge im fernen Spanien stritt. Das Abenteuer währte nur kurz. Es brachte dem Kurfürsten die Reichsacht und den Memmingern die Rote Kaserne, die gleich nach dem Abzug der bayerischen Soldaten für Wohnzwecke umgebaut wurde. Hundert Jahre später wurde Memmingen im Zuge der napoleonischen Flurbereinigung dann endgültig dem zum Königreich erhobenen Bayern zugeschlagen.

Eisenbahn, Käsepogrom und bemerkenswerte Bürgermeister

Mancher Memminger mag sich damals lieber den Anschluss ans schwäbische Württemberg gewünscht haben. Großschwaben sozusagen. Zumal, als Bayern den Bau einer Eisenbahnlinie verweigerte. So mussten die Städte Memmingen und Kempten den Bau der Illertalbahn aus eigenen Mitteln finanzieren und sich selbst um den Bau kümmern. Inzwischen sind sich Memmingen und München nähergekommen. So nah, dass der zum zivilen Allgäu Airport mutierte Fliegerhorst am Stadtrand von Chartergesellschaften als „München-West" vermarktet wird.

Deutschlandweit Aufmerksamkeit erregte 1921 der Memminger Käsepogrom. Als im ungewöhnlich heißen und trockenen Sommer jenes Jahres die Preise für Milchprodukte kräftig stiegen, nutzten deutschvölkische Judenhasser die Gelegenheit und lenkten den Volkszorn auf den jüdischen Molkereibesitzer Wilhelm Rosenbaum, der für die Teuerung verantwortlich gemacht wurde. Nur mit großer Mühe konnte die Polizei den „Käsejuden" vor der Lynchjustiz retten. Kaum waren dann die Nazis an der Macht, steckten sie Rosenbaum ins KZ Dachau. Nach einigen Wochen kam er jedoch wieder frei, verkaufte den Betrieb und emigrierte mit seiner Familie nach Israel.

Haus der Großzunft am Markt, „hat einen bequemen Tanzboden"

Werfen wir abschließend noch einen Blick auf die neuere Geschichte. Von 1980 bis 2016, also 36 Jahre im Amt, war Oberbürgermeister Ivo Holzinger (SPD) lange Bayerns dienstältester OB. In Memmingen hat er damit auch seinen Vorgänger Heinrich Berndl übertroffen, der von 1932 bis 1945 und nochmals von 1952 bis 1966 amtierte. Berndls Karriere reichte von der Weimarer Republik über die NS-Zeit bis in die Bundesrepublik, die ihn mit dem Bundesverdienstkreuz auszeichnete. Kann man in einer Diktatur ein hohes Amt bekleiden, ohne sich die Hände schmutzig zu machen? Memmingen ehrt Berndl mit der Ehrenbürgerschaft und einem Dr.-Berndl-Platz.

Stadtrundgang

→ Karte S. 41

Unser Stadtrundgang beginnt am **Marktplatz.** Blickfang ist hier das lang gezogene **Steuerhaus,** in dessen oberen Etagen zu reichsstädtischer Zeit Stadtkasse, Kämmerei und der Kleine Rat, also die Vertretung der Patrizier, amteten. In den Erdgeschossarkaden residieren seit jeher Ladengeschäfte. Das Steuerhaus wurde 1494/95 errichtet und später um ein Stockwerk erhöht. Die üppige Bemalung mit Putten und Ornamenten stiftete vor gut hundert Jahren eine Bürgermeisterwitwe. In der Mitte der Längsfront entdeckt man eine Stadtansicht aus dieser Zeit. Die Fenster an der rechten Stirnseite sind schöner Schein – Illusionsmalerei auf der glatten Wand.

Auf der rechten Seite schließt sich, etwas zurückgesetzt, das **Rathaus** an. Der 1589 hochgezogene Bau soll damals ein Drittel des städtischen Jahresbudgets gekostet haben. Um den Blick auf das Rathaus freizugeben, wurde das Steuerhaus damals um drei Arkadenlängen gekürzt und die neue Seitenwand abgeschrägt – ein raffiniertes Arrangement, das sich erst beim zweiten Hinsehen offenbart. Seine Rokokofassade mit stuckverzierten Fenstern, dem geschwungenen Giebelfeld, den Erkern und den Turmhauben erhielt das Rathaus bei einer Verschönerungsaktion im 18. Jahrhundert, als die Stadt mit den prachtvollen Landschlössern des Adels gleichziehen wollte. Vom Markt aus betrachtet, setzen die vertikalen Linien der Türme und Erker des Rathauses einen Gegenakzent zum horizontalen Baukörper des Steuerhauses. Durch das Haupttor kommt man in ein weitläufiges Gewölbe, das früher auch als Markt- und Versammlungshalle diente. Im Treppenhaus zeigt ein Glasfenster den Einzug von Soldaten in die Stadt. Die Glasmalerei und die Nagelbilder in der Fensterlaibung erinnern an eine Propagandakampagne im Ersten Weltkrieg, als die Memminger Bürger für Kriegerwitwen und Kriegswaisen spendeten.

Auf der Ostseite begrenzt die 1718/19 errichtete **Großzunft** den Platz. Dies war das Haus der Adeligen Gesellschaft zum goldenen Löwen, das Wappentier prangt am Balkon. 1347 hatten die Memminger Handwerker eine Zunftverfassung ertrotzt, mit der die bis dahin allein regierenden Patrizier nur noch als eine Zunft neben anderen an der Stadtspitze standen – so lange, bis Kaiser Karl V. wieder ein Patrizierregime einsetzte, weil er die Handwerkerschaft als Nährboden für die ihm verhasste Reformation sah. Das Versammlungs- und Ballhaus „hat einen bequemen Tanzboden, einen großen Speißsaal und ein geräumiges Spielzimmer", weiß eine alte Stadtbeschreibung, um noch anzufügen, „dass der mittlere Theil gegen jährlich billigen Zins der neuen Lesegesellschaft überlassen worden" sei.

Unterallgäu → Karte S. 22

Noch ein paar Schritte weiter in der Kalchstraße thront auf dem **Haus zum Storchennest** (mit dem Woolworth-Laden) tatsächlich ein Storchnest. Am frühen Abend oder in der Brutzeit lassen sich die Vögel am besten beobachten.

Die Ulmer Vorstadt

Über die Gasse rechts neben dem Rathaus gelangt man in wenigen Schritten zum **Hexenturm.** Er steht kurz vor dem munter plätschernden Bach, diente auch als Stadtgefängnis und markiert den Beginn der erst 1445 um die Ulmer Vorstadt gezogenen Stadtmauer. Links durch die Grünlage führt ein Weg zum **Einlass,** der einzigen Nachtpforte im mittelalterlichen Memmingen. Wegen seines Giebels gilt er als das schönste unter den noch erhaltenen sechs Stadttoren. Im Durchgang des aus Ziegelsteinen gemauerten Torbaus erkennt man noch das Wächterhäuschen. Auf dem **Betteltum** schützte eine Kanone den Einlass. Tagsüber betrat man die Stadt durch das **Ulmer Tor** – eine Tafel auf der Innenseite erzählt die Baugeschichte.

Ulmer Tor

Im **Parishaus,** dem rosafarbenen Rokokopalais der Herren von Paris in der Ulmer Straße 9, zeigt die Sammlung Günter Bayer topografische Kunst von der Renaissance bis ins 19. Jahrhundert, also Gemälde und Stiche mit Allgäuer Stadt- und Landschaftsansichten. Hinter dem Parishaus setzt die 1984 eröffnete **Stadthalle** mit ihrer giebelreichen Holz-Glas-Architektur einen modernen Kontrapunkt. Auf der Westseite der Halle wacht die **Große Stehende,** eine monumentale Bronzeplastik des Ottobeurer Künstlers Diether Kunerth. Bereits wieder am Rand des Marktplatzes steht die vielfach umgebaute **Kirche St. Johann Baptist** als letztes Überbleibsel eines Augustinerklosters (Eingang von der Ulmer Straße). Der Stadtbach fließt direkt unter der Kirche hindurch, mit der Folge, dass Stuck und Putz unter der aufsteigenden Feuchtigkeit mit der Zeit zerbröselten. Bei der letzten Sanierung entfernte man kurzerhand allen Zierrat und hinterließ nackte Wände, die nicht jedermanns Geschmack sind.

▪ Parishaus Mi–So 14–17 Uhr, Eintritt frei. Ulmer Str. 9, www.memmingen.de.

Zurück zum Markt. Am altrosafarbenen Eckhaus zur Zangmeisterstraße prangt die **Blaue Saul.** Im Mittelalter diente sie möglicherweise als Pranger, an dem Missetäter vorgeführt wurden und von jedermann misshandelt werden konnten, oder aber einfach als Symbol für die Gerichtsbarkeit der Stadt. Doch warum ist die Säule blau? Die gängige Erklärung hierfür lautet, ein betrunkener Honoratior habe sich auf dem Heimweg vom Wirtshaus an die Säule gelehnt und auf diese quasi abgefärbt.

Der Memminger Mau

Die Memminger und ihr Mau – in vielen Variationen überliefert und so eng verbunden, dass Memmingen auch den Spitznamen Maustadt trägt.

„Die betreffende Geschichte aber datiert noch aus jener Zeit, wo die Memminger wohl noch eine etwas vertrakte und absonderliche Ansicht vom nächtlichen Mondgestirn hatten, sei es, daß sie der Meinung waren, der Mond sei ausschließlich nur eine Spezialität des Memminger Himmels und nur ihnen zu eigen [...], oder daß er als Nachtleuchte gar nur eine besondere Einrichtung ihrer Stadt wäre. So kam es denn, daß jenes Memminger Weible höchlichst überrascht war, als es einmal bei einem Besuche in Kempten des Abends den nämlichen Mond am Himmel erblickte wie zu Hause und deshalb verwundert ausrief: ‚Jesses, scheint der Memminger Mau z' Kempte au?' Seitdem ging die Rede oft vom Memminger Mau."[1]

Noch eine Story gefällig? Gingen einstmals in klarer Vollmondnacht zwei Ratsherren aus dem Goldenen Löwen heimwärts. Auf einmal sahen sie, wie sich der Mond in einem der großen Zuber spiegelte, die unter den Dachtraufen der Häuser zu Feuerlöschzwecken standen. Da kam ihnen der geniale Gedanke, den Mau, wie er hierorts genannt, doch gleich herauszufischen, damit die Stadt zu beliebiger Zeit über sein Licht verfügen könne. Schnell war der Stadtfischer Lang geholt. Der rückte mit Netzen aller Art und seinen Knechten an und begann sein Werk. Von den Fenstern ringsum schauten die aufgeschreckten Bürger herunter, was sich da unten abspielte, und selbst aus den Nebengassen kamen sie hergelaufen, aber ... (und damit endet die Geschichte).[2]

Natürlich wissen auch die Memminger Lokalpolitiker inzwischen, dass der Mau nicht im Zuber schwimmt, sondern am Himmel steht. So schrieb der Oberbürgermeister nach der am 21. Juli 1969 erfolgten Mondlandung einen Brief an die NASA, in dem er den Beteiligten und dem amerikanischen Volk artig zum Erfolg gratulierte, gleichwohl aber darauf hinwies, dass der Mond ein Nationalheiligtum der Memminger sei und man deshalb der Stadt doch ein Stück Mondgestein überlassen möge, damit wenigstens ein Teil des Mau endlich nach Memmingen komme. Die NASA soll in ihrer Antwort höflich auf die Mitbringsel zukünftiger Mondfahrten vertröstet haben – mit denen es ja dann bald vorbei war. Und so warten die Memminger noch heute auf ihren Mau.

Vielleicht ist die Zeit nun ja allmählich reif für jene bislang nie aufgeführte Operette um den Memminger Mau, getextet vom Heimatdichter Hugo Maser und vertont vom Opernsänger Sigmund Rheineck, die irgendwo in den Tiefen des Memminger Stadtarchivs schlummert.

1 Karl Reiser: „Sagen, Gebräuche und Sprichwörter des Allgäus. Aus dem Munde des Volkes gesammelt". Kempten 1895.

2 Frei erzählt nach Uli und Walter Braun: „Eine Stunde Zeit für Memmingen – vom Umland ganz zu schweigen". Memmingen 1975.

Abendstimmung vor St. Martin

Das **Stadtmuseum** im **Hermansbau**, dem spätbarocken Stadtpalais der namensgebenden Familie, erklärt die Stadtgeschichte und widmet sich dabei auch ausführlich dem Alltagsleben in der Reichsstadt. Schwerpunkte sind zudem das jüdische Leben in Memmingen vom 19. Jahrhundert bis zur Deportation in die Vernichtungslager, die Werke des Memminger Barockmalers Johann Heiss (1640–1704) und die Fayencen der Manufaktur Künersberg, die 1745–1765 vor den Toren der Stadt Teller, Tassen, Kannen und Figuren herstellte.

▪ Mai bis Jan. Di–So 11–17 Uhr, Eintritt frei. Zangmeisterstr. 8, Eingang Hermansgasse, www.memmingen.de.

Sankt Martin

Mit ihrem 65 Meter hohen Turm ist die evangelische Stadtkirche St. Martin das höchste Gebäude der Altstadt und die zweitgrößte Ziegelbasilika im bayerischen Schwaben. Glaubt man den Chroniken stand hier bereits im 10. Jahrhundert eine Kirche. Mit dem Bau des heutigen Gotteshauses im spätgotischen Stil wurde 1325 begonnen, abgeschlossen waren die Arbeiten 1500 mit Vollendung des aus Tuffstein gemauerten Chors, lediglich am Turm wurde weiterhin gewerkelt. Als Bernhard Strigel 1524 die Ziffernblattrahmung der Turmuhr malte, fehlte noch der achteckige Aufsatz mit dem Türmerstüble. Unten in der Kirche predigte derweil Memmingens Reformator Christoph Schappeler von der persönlichen Freiheit und den politischen Grundrechten, und bald darauf verordnete der reformierte Stadtrat, dass die gesamte Ausstattung, die Altäre, Bilder und Skulpturen, zu entfernen sei. Einzig das Chorgestühl durfte bleiben, ein schönes spätgotisches Eichenholzschnitzwerk mit Intarsien, Figuren von Propheten und Prophetinnen des Alten Testaments und (an der vorderen Stuhlreihe) Persönlichkeiten der Stadtgeschichte. Nur übertüncht wurden die inzwischen wieder freigelegten, der Künstlerfamilie Strigel zugeschriebenen Fresken in der Vorhalle des Südschiffs und die Bilderwelt in der Zangmeister-Kapelle. Die ornamentalen Malereien und der im Chorbogen sowie an der Stirnseite der Seitenschiffe zu sehende Passionszyklus nach dem Vorbild von Albrecht Dürers *Kleiner Passion* werden Caspar Sichelbein dem Älteren (1555–1605) zugeschrieben.

▪ Ostern bis Sept. tägl. 10–17 Uhr, Anfang bis Mitte Okt. (zweiter Jahrmarktssonntag) 10–16 Uhr, danach geschlossen. Turmführungen Mai bis Okt. tägl. 15 Uhr. www.stmartin-memmingen.de.

Kinderlehrkirche und Antonierhaus

Weitere von der Künstlerfamilie Strigel gemalte Wandbilder findet man gegenüber von St. Martin in der **Kinderlehrkirche.** Sie heißt so, weil sie eine Zeit lang für Kindergottesdienste und Religionsunterricht genutzt wurde. Die Fresken samt herrlichem Sternenhimmel stammen aus den Jahren unmittelbar vor der Reformation, als die Kirche noch zum Kloster der Antoniter gehörte. Als Stadtgründer Welf VI., der den Orden auf dem zweiten Kreuzzug kennengelernt hatte, den Antonitern seine Memminger Burg schenkte, widmeten sich sowohl fromme Brüder wie auch Schwestern der Versorgung von Pilgern. Später wurden nur noch Männer aufgenommen und man konzentrierte sich auf die Krankenpflege. Der heilige Antonius wurde zu *dem* Nothelfer für die am Antoniusfeuer bzw. Mutterkornbrand Erkrankten. Diese Vergiftung, die oft durch den Verzehr von mit gemahlenem Mutterkorn verunreinigtem Roggenmehl entstand, ging mit Fieberwahn und absterbenden Gliedmaßen einher.

St. Martin, Gewölbe der Zangmeisterkapelle

Im sanierten Klosterbau, dem **Antonierhaus,** sind ein Café, die Stadtbücherei und zwei Museen untergebracht. Das **Antoniter-Museum** präsentiert im Rahmen der Ausstellung auch einen gut gemachten Film zur Geschichte des Ordens und zum Alltagsleben im Spital. Und erklärt, was es mit den Antoniusschweinen auf sich hat. Das **Strigel-Museum** ist der Künstlersippe Strigel gewidmet und zeigt Skulpturen, Altarbilder und Porträts der Spätgotik und Frührenaissance.

▪ Museen Di–Sa 11–17 Uhr, Eintritt frei. Martin-Luther-Platz 1, www.memmingen.de.

Fuggerbau und Zunfthäuser

Auf dem Höhepunkt ihrer Macht ließ sich die Augsburger Handelsfamilie Fugger am Memminger Schweizerberg ein Geschäftshaus errichten. Der **Fuggerbau** geriet so groß und prächtig, dass später Wallenstein hier sein Hauptquartier einrichtete. Sein Widersacher Gustav Adolf, der die Stadt am 16. April 1632 eroberte, begnügte sich mit einer Übernachtung im Haus. Im Park reitet Stadtgründer Markgraf Welf VI. mit einer nackten Frau in der Hand.

Die Straßenflucht ostwärts zielt auf das rote **Kramerzunfthaus** am Kopf des Rossmarkts. In der Kramerzunft waren neben den eigentlichen Krämern, also den Händlern für die Nahversorgung, auch jene Berufszweige vom Apotheker bis zum Zuckerbäcker organisiert, deren Mitgliederzahl zu klein war, um eine eigene Zunft zu bilden. Nachdem die Zunft das Haus 1479 von Ivo Strigel gekauft hatte, richtete sie im zweiten Obergeschoss einen großen Versammlungssaal ein. Unter der aufwendigen Kassettendecke tagen nun die Honoratioren der Memminger Handwerkerschaft.

Unterallgäu → Karte S. 22

Die Strigels – Aufstieg und Niedergang einer Kunstmanufaktur

Drei Generationen der Familie Strigel machten Memmingen zu einem Zentrum von Bildhauerkunst und Malerei. Am Anfang stand **Hans Strigel der Ältere** († 1462), dessen Geburtsjahr keiner mehr weiß. Er erwarb eine bereits bestehende Holzbildhauerwerkstatt und stattete die Kirchen und Klöster der Region mit Altären, Fresken und Bildern aus, war selbst aber wohl nur als Maler tätig. Sein berühmtestes Werk, ein Flügelaltar, steht in einer Kapelle im Sonthofer Ortsteil Berghofen (→ S. 160). Seiner Werkstatt wird eine lebensgroße Marienstatue in der Kirche von Oberstaufen-Thalkirchdorf zugeschrieben.

Nach Hans' Tod übernahm **Ivo Strigel** (1431–1516) die Bildhauerwerkstatt, die sich nun auf die Produktion kompletter Altäre spezialisierte. Einen Strigel-Altar besitzt etwa der Frankfurter Dom. Den wichtigsten Exportmarkt, das schweizerische Graubünden, teilte man sich mit der Ulmer Konkurrenz auf: Strigel verkaufte an den Vorderrhein und in die Täler jenseits des Bernardino, während die Gegend um Chur und am Albula nur von den Ulmern beliefert wurde. Ivo Strigels erstes signiertes Werk, der für die Kirche in Langenargen (Bodensee) vorgesehene und heute in der Stuttgarter Staatsgalerie ausgestellte Montfort-Werdenberg-Altar (1465), nennt in der Künstlerinschrift auch den Bruder **Hans Strigel (den Jüngeren)** (vor 1450 bis 1479). Von diesem stammen etwa die Passionsszenen in der Kirche St. Barbara zu Oberstdorf-Tiefenbach. In Ivos Werkstatt arbeiteten auch Claus und Michael Strigel, deren Verwandtschaftsgrad man aber nicht kennt.

Ihren besten Maler hatte die Familie in **Bernhard Strigel** (1460–1528), dem Sohn von Hans oder Ivo. Er lebte und malte in der spannenden Zeit des Umbruchs zwischen Spätgotik und Renaissance. Den Lehrjahren in der Familienwerkstatt folgten Wanderjahre, auf denen er künstlerische Impulse von Hans Holbein dem Älteren, Lucas Cranach und von niederländischen Vorbildern empfing. Auch der Ulmer Bartholomäus Zeitblom, mit dem gemeinsam er am Blaubeurer Hochaltar

arbeitete, beeinflusste ihn. Für seine Karriere besonders bedeutsam war die Bekanntschaft mit Kaiser Maximilian. Als dessen Hofmaler porträtierte Bernhard zahlreiche Adlige. In Memmingen hinterließ er Wandmalereien in der Martins-, der Kinderlehr- und der Frauenkirche. Im Alter verzichtete er ganz auf religiöse Motive und fertigte nur noch Porträts. Als Zunftmeister mischte Bernhard auch in der Politik mit und vertrat seine Stadt als Gesandter auf diplomatischem Parkett.

Nach Bernhard ging die Werkstatt an **Hans Goldschmid** (vor 1510 bis 1534), verheiratet mit Margareth Strigel, die eine Tochter von Bernhard oder Ivo gewesen sein könnte. Ein H. G. signiert erstmals 1514 auf einem Strigel-Altar im Vinschgau. Später wurde Goldschmid durch Prozesse aktenkundig. Es ging um Geldgeschäfte und Schulden, und dabei lag er auch mit Bernhard Strigel im Clinch. Künstlerisch tat sich nicht mehr viel. Drei Verkündigungsszenen sind überliefert, von denen die Kunstexperten keine hohe Meinung haben.

Das Ende der Werkstatt kann man aber nicht nur Goldschmids mangelndem Talent in die Schuhe schieben. Auch die Bilderfeindlichkeit der Reformation trug dazu bei – so verbot ihm der Stadtrat, einen lukrativen Auftrag der Kartause Buxheim anzunehmen. Ebenso von Einfluss war der Abstieg des Memminger Bürgertums, dem mit dem Verlust des Fernhandels das Geld und mit der Rückkehr zur Patrizierherrschaft auch die Demokratie abhandenkam.

Kunst der Spätgotik im Memminger Strigelmuseum

Ein Wandbild an der Nordseite des Gebäudes erinnert daran, dass hier die Anführer des oberschwäbischen Bauernaufstands ihren Forderungskatalog, die Zwölf Artikel, formulierten. Weitere Zunfthäuser, darunter das schöne Fachwerkgebäude der Weberzunft, stehen am **Weinmarkt.** Bis 1350 verlief hier die südliche Stadtmauer, erst danach wurde Memmingen um die Oberstadt, den südlichen Teil der Altstadt, erweitert. An der Ecke zur Kramerstraße greift der Nebel versprühende **Freiheitsbrunnen** in Gestalt einer aus zwölf Bronzetafeln gefügten Stele die Verkündung der Zwölf Artikel noch einmal auf. In den Boden eingelassene Tafeln halten die Forderungen der Bauern fest.

In der Kramerstraße passiert man an der Ecke Kreuzstraße einen dreigeschossigen Giebelbau mit neobarocker Fassade und Memmingens ältester Apotheke, der **Einhornapotheke** mit sehenswerter Ladeneinrichtung. Dem Horn des Fabeltiers – im Mittelalter und der frühen Neuzeit wurde der Stoßzahn des Narwals als vermeintliches Einhorn-Horn gehandelt – schrieb man allerlei magische Fähigkeiten zu. Eine Berührung genügte, um Kranke zu heilen, und welcher Apotheker wäre nicht auch gern dieser Kunst mächtig gewesen? Von der Kuttelgasse aus kann man im Innenhof des Apothekenhauses einen historischen Laubengang erspähen.

Eine Ecke weiter weitet sich die Fußgängerzone zum Theaterplatz mit dem **Stadttheater.** Dessen alter Gebäudeteil wurde einst als Kirche des bis zum Schrannenplatz reichenden Elsbethenklosters errichtet, später diente er als städtisches Zeughaus.

Stadtbach und Schrannenplatz

Der **Stadtbach** war die Lebensader des mittelalterlichen Memmingen. Die Stadtgründer führten das Wasser des Benninger Rieds in einem Kanal zur Stadtmauer und zweigten dort einen Teil für den Wassergraben ab. Das verbleibende Bächlein war kräftig genug, um den Memmingern Trink- und Waschwasser zu stiften, eine Mühle anzutreiben und schließlich Abwasser

Die Einhornapotheke: Genesung dank Fabelwesen

und Unrat aus der Stadt zu schwemmen. Der Fischerbrunnen des Memmingers Max Pöppel (1909–1989) am **Schrannenplatz** erinnert an den alljährlichen Fischertag, an dem der Bach nach dem Abfischen abgelassen und gereinigt wird. Der Schrannenplatz war früher das Zentrum des Getreide- und Weinhandels. Markierungen im Pflaster zeichnen die Grundmauern der beiden Schrannen, also der großen Lagerhäuser für das Korn, nach. Mancher Handel mag anschließend im Weinhaus Goldener Löwe begossen worden sein, in dem heute ein bayerisches Bodenseeweingut seine edlen Tropfen verkauft. An der Ecke zur Kempter Straße wartet das erkergeschmückte Haus der vormaligen Porzellanhandlung Schwarz nach gelungener Sanierung auf eine neue Nutzung.

Wer Kempter Tor und Frauenkirche (siehe unten) auslassen will, geht vom Schrannenplatz gleich ostwärts durch die Lindentorstraße zum Gerberplatz. Man beachte, wie sich die **Neue Schranne** und besonders der Baukörper über der Parkhauseinfahrt ins Ensemble einfügen. Im **Siebendächerhaus** trockneten die Gerber ihre Felle. Das hohe, dreifach abgestufte Dach mit den aufklappbaren Seitenluken ermöglichte eine gute Belüftung der aufgehängten Felle, die auf den Dachflächen auch in die Sonne gelegt werden konnten.

Oberstadt

Nur wenige Touristen erkunden das Viertel südlich des Schrannenplatzes. Die historische Bausubstanz der **Kempter Straße** wartet noch auf bessere Zeiten; es sind meist alte und eher schlichte Giebelhäuser (16.–18. Jahrhundert) mit zwei oder drei Geschossen, mancher Bewohner würde sich gern eine bessere Bleibe leisten, wenn er denn könnte. Saniert wurde das **Versunkene Rathaus,** ein breiter Bau mit drei Schweifgiebeln am Südende der Straße gegenüber dem **Kempter Tor.**

Sieben Dächer für die Gerber

Das Fachwerkhaus am Ende der Weberstraße und damit zugleich an der Südostecke der Stadtmauer diente bis zu Reformation als Bordell, dann wurde es zum Siechenhaus.

Frauenkirche

Die evangelische Frauenkirche ist der Mittelpunkt des ehemaligen Weber- und Gerberviertels. Romanischen Ursprungs, bekam sie im 15. Jahrhundert ihre heutige Gestalt. Nach der Reformation teilten sich in einem Akt früher Ökumene Katholiken und Protestanten das Gotteshaus: Von 7.30 bis 16 Uhr durften Letztere Langhaus, Orgel und Sakristei benutzen, die übrige Zeit stand die Kirche allein den katholischen Gläubigen zur Verfügung. Sehenswert ist die Frauenkirche vor allem wegen ihrer gut erhaltenen Wand- und Deckenmalereien.

Die Memminger Schule um Hans Strigel d. Ä. malte einen über das gesamte **Hauptschiff** verteilten **Freskenzyklus** mit den zwölf Aposteln, denen auf Spruchbändern die zwölf Artikel des Glaubensbekenntnisses in Memminger Mundart zugeordnet sind. In den Bogenlaibungen der Arkaden tragen Engel und biblische Gestalten Bänder mit Bibelzitaten. Einzig im Bogen nach dem Haupteingang begegnen wir rechts unten mit Bernhard von Clairvaux einer Person der Kirchengeschichte.

Die Wertschätzung des Malers oder Auftraggebers für Bernhard hängt vielleicht mit dessen meisterhaften Marienpredigten zusammen. Denn auch der „Komponist" des Bildprogramms der Frauenkirche war ein großer Verehrer der Jungfrau und widmete ihr an der Turmwand im linken Seitenschiff einen **Marienzyklus.** 14 Einzelbilder zeigen ihre Lebensgeschichte. Der Mariengarten im Feld darüber ist voll mit allegorischen und symbolischen Mariendarstellungen, darunter die geheimnisvolle Einhornjagd. Vier Hunde hetzen das Fabeltier, von dem es heißt, es könne nur im Schoß einer Jungfrau gefangen werden. Maria streckt ihm **und** dem darauf reitenden Kind erwartungsvoll die Hände entgegen.

Die Memminger Frauenkirche

An der nördlichen Chorwand finden wir ein **Stifterbild.** Hans Vöhlin d. Ä., der im 15. Jh. den Innenausbau der Kirche weitgehend finanzierte, kniet zum Gebet. Im Hintergrund blickt man durch ein Fenster auf die Illerlandschaft. Ein froschähnliches Fabeltier trägt das Vöhlin'sche Wappen, darunter ist es noch einmal als Schild abgebildet. Die drei p im Wappen der Kaufmannsfamilie können gelesen werden als *piper peperit pecuniam:* „Der Pfeffer hat uns reich gemacht."

▪ 15.5.–15.10. tägl. 15–17 Uhr geöffnet, außerdem nach Anmeldung im Pfarrbüro, ✆ 08331/2253 (Mo/Mi/Fr 9–12, Di 16–18 Uhr). www.unserfrauen.de.

Kreuzherrnkloster

Den als Parkplatz unter Wert genutzten Hallhof säumen (links) die Amtshäuser von Landgericht und Staatsanwaltschaft. Die Dachgaubenlandschaft auf der rechten Seite markiert das frühere Brauhaus, an der Südseite fügt sich der Neubau des Sport- und Modehauses Reischmann perfekt in die Straßenfront, und an der nördlichen Stirnseite steht die säkularisierte Kirche St. Peter und Paul. Als **Kreuzherrnsaal** wird sie für Konzerte und Ausstellungen genutzt. Sehenswert ist die barocke Stuckdecke des Wessobrunner Meisters Matthias Stiller (1660–1710) mit Girlanden, Muscheln und Akanthusblättern, die Freskenmedaillons in den Gewölbefeldern einrahmen. Schwarz ausgemalte Füllungen des Stucks täuschen räumliche Tiefe vor. Die Kirche ist eingebunden in ein Ensemble, das über Jahrhunderte als Kloster und Spital diente. Auf der Spitze des Kirchturms erinnert ein Kreuz mit doppeltem Querbalken an den hier tätigen Krankenpflegeorden der Kreuzherren. Schon im Hochmittelalter gab der Orden jedoch die Kranken- und Armenpflege auf und beschränkte sich räumlich auf die Kirche und das so genannte **Oberhospital,** nämlich die Obergeschosse des Konventbaus (heute Musikschule). Das **Unterhospital** für die Kranken und Pflegebedürftigen wurde nun von der Stadt übernommen. Sein Herz war die im Gewölbesaal eingerichtete „Dürftigenstube", die heute als Café genutzt wird. In der Seelhausgasse auf der Rückseite des heutigen Landgerichts stand mit dem „Narrenhäuslein, Findelhaus und Seelhaus" eine Art Wohnheim für verarmte Frauen. Die Unterhospitalstiftung ist bis heute als Träger des städtischen Alten- und Pflegeheims und von Kindergärten aktiv.

▪ Kreuzherrnsaal April bis Okt. Di–So 14–17 Uhr, Sa auch 10–12.30 Uhr, Eintritt frei. Hallhof 5.

Wessobrunner Stuck im Kreuzherrnsaal

Kalchstraße und Salzstadl

Die von hübschen Giebelfronten gesäumte **Kalchstraße** war im Mittelalter Memmingens Salzmarkt. Sie ist relativ breit und bot genügend Raum für das Be- und Entladen der Fuhrwerke, die durch das Kalchtor ein- und ausfuhren. Das Tor selbst wurde mit der gesamten östlichen Stadtmauer im Zuge des Eisenbahnbaus abgerissen. Das blaue Erkerhaus Kalchstraße 29 war die **Dreikönigskapelle.** Nach der Säkularisation wurde sie zum Pferdestall und Bierkeller der gegenüberliegenden Kleinbrauerei Weißes Ross. 1470 stießen die Salzlagerkapazitäten in der Kalchstraße offenbar an ihre Grenzen, und der Magistrat beschloss den Bau eines neuen **Salzstadels,** in dem dann bis zum Ende der Reichsstadt der gesamte Salzhandel abgewickelt wurde. Im Obergeschoss hatten diverse Gesellschaften und Vereinigungen ihr Domizil.

Mewo-Kunsthalle

Dem behäbigen Backsteinbau des ehemals königlich bayerischen Postamts sieht man nicht an, dass er eine hochmoderne Kunsthalle beherbergt. Die zeigt neben Wechselausstellungen zeitgenössischer Kunst dauerhaft eine Grafiksammlung und die Arbeiten zweier einheimischer Maler: Max Unold (1885–1964), ein Exponent der Neuen Sachlichkeit, und Josef Madlener (1881–1967), der sich konsequent der Moderne verweigerte und mit seinen mystisch-esoterischen Bildern ein Pionier der modernen Fantasy-Illustration war. Madleners *Berggeist*, ein als Kunstpostkarte verbreitetes Gemälde, inspirierte J. R. R. Tolkien zur Figur des Zauberers Gandalf. Sie werden verblüfft sein zu sehen, wie ähnlich Madlener mit seinem langen, schmalen Gesicht und dem weißen Bart im Alter dann selbst der Gestalt des Gandalf wurde.

▪ Di–So 11–17 Uhr, Eintritt frei. Bahnhofstr. 1, www.mewo-kunsthalle.de.

Kartause Buxheim

Das frühere Bauerndorf Buxheim hat sich zu einem Schlaf- und Pendlerort für das nahe Memmingen entwickelt, von dem es nur zwei Autobahnschneisen trennen. Heute mutet es als kleines Wunder an, dass sich die nach wie vor selbstständige Gemeinde erfolgreich der Eingemeindung nach Memmingen widersetzen konnte. Fremde lockt die ehemalige Reichskartause ins Dorf, wobei sich unter die Kunstfreunde auch die Fans von Kommissar Kluftinger mischen, in dessen Fall *Erntedank* das berühmte Chorgestühl der Abtei eine Rolle spielt.

Die Kartause Buxheim wurde 1402 gegründet und 1548 von Kaiser Karl V. zum Reichskloster erhoben. Mit der Säkularisation fiel das Anwesen an die Grafen Waldbott von Bassenheim, 1916 an den bayerischen Staat. Seit 1926 leben im Südwestflügel der Kartause wieder Mönche. Keine Kartäuser, sondern Salesianer Don Boscos, die hier außerdem ein Gymnasium mit Tagesheim betreiben. Das vom Kreuzgang des Klosters zugängliche Museum zum Klosterstüble ist gewissermaßen das Buxheimer Dorfmuseum und zeigt die Ortsgeschichte. Schwerpunkt ist die Zeit unter den Grafen Waldbott von Bassenheim, also von 1812 bis zum Tod des letzten Schlossherrn, der 1926 bei einem Ballonabsturz ums Leben kam.

Die Kartäuser sind ein kontemplativer Orden, leben abgeschieden unter strengem Schweigegelübde und suchen Gott durch Gebet und Meditation. Das betont schlichte Leben der Mönche (Schlafen auf dem Strohbett, Waschen mit kaltem Wasser, nur vegetarische Ernährung, kein Frühstück) will nicht recht zum Glanz und Gloria passen, mit dem vor allem die **Klosterkirche** ausgestattet wurde. Der mitten durch die Kirche laufende Kreuzgang trennt sie in zwei Bereiche: Der östliche war den Priestermönchen vorbehalten, die in den Zellen rund um den Kreuzgang wohnten, im westlichen beteten die Laienbrüder, die mit ihrer Arbeit für den Unterhalt des Klosters sorgten. Das Gotteshaus wurde im frühen 18. Jahrhundert durch die Wessobrunner Gebrüder Dominikus und Johann Baptist Zimmermann im Barockstil umgestaltet. Während das Gestühl des Brüderchors seit dem 19. Jahrhundert verschollen ist, kam das damals ebenfalls entfernte Chorgestühl der Priesterkirche nach langer Irrfahrt wieder nach Buxheim zurück und wurde dort nach aufwendiger Restaurierung wiederaufgebaut. Schöpfer des auf seiner Odyssee mehrfach zersägten, zerstückelten, umgebauten und übermalten Wunderwerks aus Eichenholz war der Tiroler Holzschnitzer Ignaz Waibel.

Das Chorgestühl

Der aufgrund seines verschwenderischen Lebensstils chronisch klamme Graf Hugo Philipp Waldbott von Bassenheim (1820–1895), der schon den Stammsitz Bassenheim und die ihm gehörende Burg Pyrmont hatte versteigern müssen, verscherbelte 1883 mit der Bibliothek und anderen Buxheimer Schätzen auch die Chorgestühle der Klosterkirche.

Über Holland kam das Gestühl des Priesterchors nach London, wo es der damalige Direktor der Bank of England dem von seiner Frau geleiteten St. Saviour's Hospital stiftete. 1964 wurde das inzwischen von Nonnen geführte Krankenhaus nach Hythe in die Grafschaft Kent verlegt. Dort baute man für das Chorgestühl eine Kapelle eigens nach den Maßen des Buxheimer Priesterchors. Als die Ordensschwestern sich 1979 aus dem Hospital zurückzogen, arrangierten sie die Rückgabe des Gestühls nach Buxheim – für einen Kaufpreis von umgerechnet etwa einer Million Euro, den überwiegend der Bezirk Schwaben aufbrachte.

Am **Sockel** zeigen die Lesepulte der ursprünglich 36 Chorstühle Akanthusranken, die sich mittig zu dämonischen Masken formen. Darüber stehen Engel als Gebälkträger. Zwei Figuren von demütig betenden Mönchen, die auf Höhe der Lesepulte den Eingang zur Priesterkirche flankieren, geleiten in die nächsthöhere Ebene. In den **Nischen** stehen die Gründer verschiedener Ordensgemeinschaften, darunter mit Theresia von Avila auch eine Frau (vorne links). Auf dem **Gesims** thronen die zwölf Apostel mit Emblemen von Jesus und Maria sowie auf der Stirnseite Gestalten des Alten Testaments, nämlich (links) David mit der Harfe und Moses mit den Gesetzestafeln, (rechts) Aaron mit Weihrauchfass und der Priesterkönig Melchisedek mit Broten (seinen nach Genesis 14,18 zu erwartenden Weinkrug hat er wohl verloren). Zentrale Figur über dem Portal ist der Erzengel Michael, Anführer der himmlischen Heerscharen im Kampf gegen den Teufel.

Über dem separaten, einem Bischofsthron vergleichbaren **Stuhl des Reichsprälaten** wachen der Heiland, die Gottesmutter, Elias und Johannes der Täufer.

Das in der Sakristei der Klosterkirche eingerichtete **Sakralmuseum** dokumentiert die Entstehungsgeschichte des Chorgestühls, stellt die an der Kartause tätigen Künstler vor und erklärt an Modellen die Herstellung von Stuck, Stuckmarmor und die Technik der Freskomalerei.

Noch mehr Barock

Auch die **St.-Anna-Kapelle** in der Nordwestecke des Kreuzgangs verdankt den Gebrüdern Zimmermann ihr

Reichskartause Buxheim:
St. Annas Himmel
und das Chorgestühl

spätbarockes Erscheinungsbild. Von außen quadratisch mit Zeltdach und Laterne, präsentiert sie sich innen als Rotunde, übervoll mit Fresken und vollplastischen Stuckfiguren.

Auf der Nordseite des Kreuzgangs kann man im **Kartausenmuseum** mehr über das Leben der Mönche erfahren. Drei Mönchszellen wurden restauriert, jeweils bestehend aus Wohn- und Studierraum, Werkstatt und Garten. Die Ausstellung informiert über die Geschichte des Ordens, das klösterliche Leben in Buxheim und in Deutschlands letzter Kartäusergemeinschaft Marienau bei Bad Wurzach. Ein Modell zeigt die Buxheimer Anlage.

Noch mehr Barock gibt's gleich vor dem Kloster in der **Pfarrkirche St. Peter und Paul.** Der linke Seitenaltar birgt die berühmte Buxheimer Madonna, eine farbig bemalte Terrakottafigur, die um 1420 in einer Augsburger Werkstatt geschaffen wurde.

▪ Die Kartause ist von April bis Okt. tägl. 10–17 Uhr geöffnet, Führung So 14 Uhr. Eintritt 5 €. www.kartause-buxheim.de.

Basis-Infos

→ Karte S. 41

Information **Stadtinformation.** Marktplatz 3, ✆ 08331/172, www.memmingen.de, Mo–Fr 9–17 Uhr, Sa 9.30–12.30 Uhr.

Einkaufen **Confiserie Heilemann** **4** Feine Pralinen und Schokoladen, auch in Form der Sagengestalt Memminger Mau. Zangmeisterstr. 5, www.heilemann.de, Mo–Fr 9–18 Uhr, Sa 9–13 Uhr.

Schwenger Stoffe **9** Groß- und Einzelhandel mit Stoffen aus aller Welt, auch Kurzwaren. Kreuzstr. 10, www.schwenger-stoffe.de. Mo–Fr 9–18 Uhr, Sa 9–14 Uhr.

Wochenmarkt Marktplatz, Di/Sa vormittags.

Feste/Veranstaltungen **Memminger Meile.** Im Juni, Kulturfestival mit Kino, Kleinkunst und Weltmusik. www.meile.memmingen.de.

Kinderfest. Am letzten Donnerstag vor den (bayerischen) Sommerferien. Nach dem Umzug treffen sich die maskierten Schulkinder auf dem Marktplatz und bekommen Geschenke.

Fischertag. Am letzten Samstag vor den Sommerferien. Früher wurde alljährlich zu Bartholomä (24. August) der Stadtbach abgelassen, um das Bachbett zu reinigen. Vor dieser Aktion durften die Zunftgesellen das Gewässer abfischen. An diese Tradition knüpft das zum Volksfest mit Umzug und Abendprogramm erweiterte Fischerfest an. Wer den größten fängt, wird Fischerkönig. Leider dürfen nur männliche Memminger mitfischen. Und Tierschützer sind von der Fischtötung wenig begeistert. www.fischertagsverein.de.

Wallensteinfestspiele. Alle vier Jahre (das nächste Mal 2020) in der Woche nach dem Fischertag. Europas größtes Historienspiel mit etwa 4500 Akteuren in 30 Gruppen erinnert an den Aufenthalt des kaiserlichen Feldherrn Wallenstein in Memmingen im Sommer 1630. www.wallenstein-mm.de.

Führungen Die aktuellen Termine der unterhaltsamen Stadtführungen mit wechselnden Themen weiß die Stadtinformation. Beliebt sind etwa die abendliche **Gruselführung mit dem Nachtwächter** oder die **Desperate Housewives im 17. Jahrhundert**.

Markierte Rundwege Zwei markierte und mit Infotafeln gut erklärte Rundwege führen in jeweils einer guten Stunde durch die Stadt. Der **Rote Weg** streift die architektonischen und geschichtlichen Höhepunkte Memmingens, der **Grüne Weg** erschließt das grüne Memmingen mit seinen Parkanlagen, Toren und Türmen rund um die Altstadt. Plan und Broschüre erhält man von der Tourist-Information oder zum Download unter www.memmingen.de.

Aktiv

Baden Die beiden städtischen Bäder sollen schon lange durch einen Neubau ersetzt werden und haben, vorsichtig ausgedrückt, Sanierungsbedarf.

Freibad. Stadtbadallee 1, ✆ 08331/494029, Mitte Mai bis Mitte Sept. tägl. 9–20 Uhr. Eintritt 2,30 €.

Hallenbad. Dr.-Berndl-Platz, ✆ 08331/64304, Mo 12–15 Uhr, Di–Fr 10.30–20.30 Uhr (Di/Do

Unterallgäu → Karte S. 22

Wallensteinfestspiele: Die Reiter kommen!

15.30–16.30 Uhr nur für Frauen), Sa 7–20 Uhr, So 8–12 Uhr. Eintritt 3,20 €.

Buxheimer Weiher. Zwei Badeseen 5 km vom Zentrum. Der kleinere weitgehend naturbelassen im Wald, der größere mit Campingplatz, Liegewiese, Bootsverleih, Umkleide und Kiosk. Eintritt 2 €. www.camping-buxheim.de.

E-Bike- und Fahrradverleih Rad- und Rollercenter Heiss, Rudolf-Diesel-Str. 18, ✆ 08331/9255000, www.rad-heiss.de. Mo–Fr 9–19 Uhr, Sa 9–16 Uhr.

Eissport Eissporthalle. Hühnerbergstr. 19, ✆ 08331/62430. Eislaufen So–Fr 9.30–11.30 Uhr und Fr–Mi 14–16 Uhr. Eisdisco Sa 19.30–21.30 Uhr. Eisstockschießen Di–Do 18–22 Uhr. Eintritt jeweils 4 €.

Radwandern Der **Iller-Radweg** führt von Ulm kommend über 145 km mehr oder weniger direkt am Fluss entlang über Memmingen und Kempten nach Oberstdorf.

Reiten Reitstall Epple. Klingelstr. 27, Buxheim, ✆ 08331/72800, www.reitstall-epple.de.

Radtour 1: Von Memmingen durch den Illerwinkel

→ S. 304

Für Familien geeigneter Tagesausflug zu den kulturellen Highlights im Memminger Umland

Ausgehen

→ Karte S. 41

Clubbing Goldcream – The Club **10** Fr/Sa ab 23 Uhr, Bahnhofstr. 16, http://m1-memmingen.de.

Eiskeller Bar mit Club (ab 21 Jahre). Fr/Sa ab 22 Uhr. Allgäuer Str. 12, www.eiskeller-mm.de.

Kino Cineplex. Fraunhoferstr. 21, www.cineplex.de.

Kneipe Grünes Haus **11** Kellerbar mit Bühne unter dem gleichnamigen Restaurant. Do–Sa ab 20 Uhr. Lindentorstr. 11, www.grueneshaus.com.

Kulturzentrum **Kaminwerk.** Vielseitiges Veranstaltungsangebot mit Film, Rock, Jazz, Chanson, Comedy und Clubbing. Anschützstr. 1, ✆ 08331/991199, www.kaminwerk.de.

Theater **Stadttheater.** Erst Klosterkirche, dann Zeughaus, seit 1802 Theater und zuletzt um einen großzügigen Anbau erweitert. Bespielt wird der Theaterstadl, wie die Memminger ihn nennen, vom Landestheater Schwaben mit einem eigenen Ensemble. Theaterplatz 2, ✆ 08331/945916, www.landestheater-schwaben.de.

Parterretheater im Künerhaus (PIK). Kleinkunstbühne, Künergasse 8, ✆ 08331/980807, www.pik-mm.de.

Übernachten/Essen

Hotels/Pensionen **Falken 8** Komfortables Innenstadthotel, etwa 40 modern eingerichtete Zimmer mit Schreibtisch, Minibar und WLAN. Kein Restaurant, Tiefgarage kostet extra. DZ 125–135 €. Rossmarkt 3–5, ✆ 08331/94510, www.hotel-falken-memmingen.de.

Hotel am Schrannenplatz 14 2016 eröffneter Neubau anstelle des abgebrannten Gasthofs Zum Raben. Beste Innenstadtlage, geräumige, gut isolierte Zimmer mit TV, WLAN und Wasserkocher. Restaurant im Haus, keine Parkplätze. DZ 120 €. Am Schrannenplatz 3, ✆ 08331/8314507, www.hotel-am-schrannenplatz.de.

Airport Hotel Bergers Park 2 Auf dem Flughafengelände 1 km vom Terminal. Geräumige Zimmer mit Teppichböden, WLAN. Frühstücksterrasse, Restaurant nebenan, preiswertes Langzeitparken. DZ 90–110 €. Hauptwache 8, Memmingerberg, ✆ 08331/925140, www.airport-hotel-bergers-park.de.

Allgäuhotel 1 Im Gewerbegebiet am Stadtrand nahe der Autobahn und damit gut für Autofahrer, doch keine Busanbindung in die Stadt. Abends ruhig, die Zimmer sind modern eingerichtet. Dampfbad, Sauna, kleine Bar. DZ 105 €. Teramostr. 31, ✆ 08331/991810, www.allgaeuhotel-memmingen-nord.de.

Pension Erb 3 Ruhig, gepflegt, zentral, vom Inhaber Peter Haslach routiniert und mit Herz geführt. Helle, geräumige Zimmer, teilweise mit Balkon, WLAN, DZ 85 €. Zollergraben 5, ✆ 08331/84868, www.pension-erb.de.

Camping **Park-Camping Iller.** Gepflegte, parkähnliche Anlage 10 km südwestlich von Memmingen an Aitrach und Iller. Überwiegend Dauercamper, separate Zeltwiese, kinderfreundlich. Ostern bis Mitte Okt., 2 Pers. mit Stellplatz 25 €. Illerstr. 57, Aitrach, ✆ 07565/5419, www.camping-iller.de.

Wohnmobilstellplatz. Colmarer Str., am Gelände der ehemaligen Landesgartenschau.

Essen & Trinken **Weber am Bach 6** Traditionsreiches Haus mit gepflegter Küche. Chef Herbert Breckel steht selbst am Herd, seine Spezialitäten sind Fisch- und Entengerichte. Außenplätze am Bach. Hauptgericht bis 35 €. Auch Gästezimmer (DZ 100 €) in einem modernen Anbau. Restaurant Di–So 11–14 Uhr und tägl. ab 18 Uhr. Untere Bachgasse 2, ✆ 08331/2414, www.weber-am-bach.de.

Breckel's Brasserie am Theater 12 Während die gutbürgerliche Weinstube (siehe oben) eher gesetztes Publikum anspricht, zielt das hippe Designerlokal auf eine jüngere Klientel. Außer zum Essen trifft man sich auch zum Cocktail an der Bar. Di–Sa 11–15/17.30–24 Uhr, So ab 17.30 Uhr. Theaterplatz ✆ 08331/9614048, www.breckels-brasserie.de.

Zur blauen Traube 5 Man sitzt wahlweise im einer alten Bauernstube nachempfundenen „Stüberl" oder in der mit ihren hohen Fenstern herrschaftlich wirkenden Weinstube. Außenplätze in der Fußgängerzone, Allgäuer Küche, Vesper, Salate, Steaks. Unter der Woche preiswerter Mittagstisch, warme Küche tägl. bis 23 Uhr. Hauptgericht bis 25 €. Kramerstr. 8, ✆ 08331/3326, www.zur-blauen-traube-mm.com.

Moritz 7 Kultige Kneipe-Bar-Restaurant mit Biergarten. Modern, doch gemütlich eingerichtet mit viel Liebe zum Detail. Frühstücksbüffet, internationale Küche, preiswertes Mittagessen. Warme Küche tägl. bis 22 Uhr. Hauptgericht bis 20 €. Weinmarkt 6–8, ✆ 08331/9299224, www.moritz-memmingen.de.

Zum goldenen Löwen 13 Ausschank und Verkauf edler Bodenseeweine vom Weingut Hornstein in Nonnenhorn. Vesperkarte auch mit einigen warmen Gerichten. Mo–Sa ab 18 Uhr, Sa auch 10.30–14 Uhr. Schrannenplatz 2, www.weinstube-goldenerloewe.de.

Wiesenbräu. Ausflugslokal am Buxheimer Weiher mit bayerischer Wirtshaus- und Biergartenatmosphäre, im Winter mit gemütlichem Kaminfeuer. Di–Sa ab 17 Uhr, So ab 12 Uhr. Weiherhaus 7, Buxheim, ✆ 08331/69627.

Essen & Trinken
5 Zur blauen Traube
6 Weber am Bach
7 Moritz
12 Breckels Brasserie am Theater
13 Zum goldenen Löwen

Nachtleben
10 Goldcream - The Club
11 Grünes Haus

Einkaufen
4 Confiserie Heilmann
9 Schwenger Stoffe

Übernachten
1 Allgäuhotel
2 Airport Hotel Bergers Park
3 Pension Erb
8 Falken
14 Hotel am Schrannenplatz

Illerwinkel

6000 Einw., 631–744 m ü. NN

Zur Verwaltungsgemeinschaft Illerwinkel, südlich von Memmingen, gehören die Dörfer Kronburg, Lautrach und die Marktgemeinde Legau. Es ist eine eher beschauliche, ländliche Gegend und gutes Radlerterrain. Zu sehen gibt es außer Wiesen, Kühen und Dörfern auch eine Burg, ein Bauernhausmuseum und eine Wallfahrtskirche.

Der Illerwinkel eignet sich damit gut für einen Radausflug (→ S. 304). Parallel zur Iller durchquert der Iller-Radweg von Ulm nach Oberstdorf das Gebiet, von Memmingen radelt man in einer guten halben Stunde über Dickenreishausen auf der Trasse des stillgelegten Legauer Bähnle daher.

Schwäbisches Bauernhofmuseum Illerbeuren

Süddeutschlands ältestes Bauernhofmuseum präsentiert mehr als 30 historische Gebäude aus Bayerisch-Schwaben und dem Allgäu. Die meisten wurden irgendwo vor dem Abriss gerettet und hierherversetzt. Andere stehen schon immer hier, und so fügt sich das Museum aus der Vogelschau ganz organisch in das lebendige Dorf Illerbeuren ein. Mit alten Möbeln, Hausrat und Werkzeugen wird der Alltag von Bauern und Handwerkern dokumentiert, manchen älteren Besucher erinnert das Ambiente der 1950er-Jahre noch an die eigene Kindheit. Die Dauerausstellung *Zeit(t)räume* spiegelt die politische Geschichte des 20. Jahrhunderts in den Veränderungen des Landlebens. Neu ist das *Haus zur Schützenkultur* über die Tradition des Schützenwesens. Buben imponiert gewöhnlich der historische Fuhrpark einer rekonstruierten Landmaschinengroßhandlung. Anderswo auf dem Gelände tummeln sich putzige Zaupelschafe, aufgeweckte Schwäbisch-Hällische Schweine und andere rar gewordene Haustierrassen.

■ März und Mitte Okt. bis Nov. Di–So 10–16 Uhr, April bis Mitte Okt. Di–So 9–18 Uhr. Eintritt 6 €. www.bauernhofmuseum.de.

Der **Museumsgasthof Gromerhof** bietet regionale Küche mit saisonaler Orientierung. Durchgehend warme Speisen, Biergarten. Hauptgericht bis 25 €. Tägl. ab 10 Uhr, Mo Ruhetag, Dez. bis Febr. Betriebsferien. Museumstr. 4, Kronburg-Illerbeuren, ✆ 08394/594, www.gromerhof.de.

Kronburg

Weithin sichtbar überragt die auf einem Moränenhügel thronende Kronburg das gleichnamige Örtchen. Funde von römischen Münzen und Mauerzüge aus Buckelquadern lassen vermuten, dass hier bereits römische Legionäre über die im 4. Jahrhundert am Iller verlaufende Reichsgrenze wachten. Die Burg wird erstmals in einer Urkunde von 1227 genannt. Bald kam sie in den Besitz der Habsburger, die sie als Pfandlehen an wechselnde Herren vergaben. Das heutige Burgschloss wurde 1490–1536 unter den Herren von Rechberg gebaut und nach den Zerstörungen des Dreißigjährigen Kriegs erneuert. Nach dem Aussterben der Rechberger Linie kam Kronburg an den kaiserlichen Berater Johann Eustachius von Westernach – und dessen Nachfahren gehört es noch heute, wobei sich Freiherr Theo von Vequel-Westernach, Gattin Ulrike und die beiden Kinder Maximilian und Carolin mit zehn Zimmern im Südflügel als Wohnraum begnügen. Baron oder Baronin geleiten bei Besichtigungen persönlich durch die Schlosskapelle, den Rittersaal und die mit alten Stilmöbeln eingerichteten Turmzimmer.

Führungen Ende April bis Okt. nur nach Voranmeldung für Gruppen ab 15 Personen. Anmeldung unter ✆ 08394/271.

Übernachten **Gästehaus Schloss Kronburg.** Das geschmackvoll eingerichtete 4-Sterne-Gästehaus mit zwölf Apartments wird von der Schlossherrin persönlich geleitet und liegt gleich unterhalb vom Schloss. Zur Ausstattung gehören Sauna sowie ein üppiger Garten mit Spielplatz und Schwimmteich. Fahrradverleih. Auf Wunsch mit Jagd in den schlosseigenen Wäldern oder Angeln im freiherrlichen Gewässer. Apartment 2 Pers./Tag 100 €. Kronburg, Woringerstr. 5, ✆ 08394/9210, www.schloss-kronburg.de.

MeinTipp **Essen & Trinken** **Krone.** Traditionsgasthof mit Brauerei. Familientradition seit 1891, beliebt für Hochzeiten und Sonntagsausflüge. In der Stube oder im Biergarten serviert Familie Schweighart hausgemachte Klassiker wie saure Leber mit Bratkartoffeln, Schnitzel mit Kartoffelsalat und Kesselfleisch mit Semmelknödeln. Hauptgericht bis 25 €. Mo/Di Ruhetag. Hauptstr. 21, Kronburg, ✆ 08394/237, www.brauerei-kronburg.de.

Maria Steinbach

Die **Rokokokirche** Maria Steinbach lockt gleichermaßen Wallfahrer wie Kunstinteressierte. Lange vermutete man Dominikus Zimmermann als ihren Baumeister, doch inzwischen betrachten viele Kunsthistoriker den Bauherrn selbst als maßgeblichen Architekten: Benedikt Stadelhofer, Wallfahrtspfarrer und später Abt und Chronist in Rot an der Roth, habe sich von Zimmermann und der Wessobrunner Schule → S. 283) inspirieren lassen – heute hätte er vielleicht einen Plagiatsprozess am Hals.

Der kleine Ort Steinbach, wie er früher ohne den Zusatz Maria hieß, gehörte vom 12. Jahrhundert bis zur Säkularisation dem Kloster Rot an der Rot. 1723 stattete der Roter Abt seine Steinbacher Kirche mit einer Kreuzreliquie und einer Schmerzensmutter aus – die von einem Schwert durchbohrte Marienstatue steht heute an der linken

▲ Landidylle im Bauernhofmuseum Illerbeuren

▼ Glanz und Gloria in Maria Steinbach

Chorwand. Bald stellten sich die ersten Wunder ein: Maria bewege die Augen, verfärbe ihr Gesicht, weine Tränen. Über kurz entwickelte sich Maria Steinbach zu einem der bedeutendsten Wallfahrtsorte in Süddeutschland und wird heute in einem Atemzug mit Altötting und der Wieskirche genannt. Am letzten Sonntag im September treffen sich Krieger- und Veteranenvereine zur Soldatenwallfahrt. Das **Wallfahrtsmuseum** zeigt, wie sich die Maria Steinbacher Wallfahrt entwickelt und verändert hat. Bemerkenswert ist vor allem die thematisch geordnete Sammlung von Votivtafeln, die um Hilfe und Schutz vor Krankheiten, Kinderlosigkeit und Kindersterben, Viehseuchen, Feuersnot und Überschwemmung bitten.

Bad Grönenbach

5200 Einw., 718 m ü. NN

Was wäre Bad Grönenbach ohne die Kur. Acht Sanatorien und Kliniken nehmen sich der unterschiedlichsten Beschwerden an. Viele schwören auf Naturheilverfahren, und der Ort ist stolz darauf, dass Sebastian Kneipp eine Weile in Grönenbach lebte.

Dort lernte er „bei Kaplan Merkle Latein“, wie es auf der Website lapidar heißt. Viel mehr könnte auch nicht gesagt werden, denn Kneipps Grönenbacher Episode war kurz und lag weit vor seiner therapeutischen Karriere, die ihn bekannt gemacht hat. Immerhin wurde hier der Grundstein für seine Karriere als Pfarrer gelegt. Kneipp, der aus armen Verhältnissen stammte und sich in Grönenbach als Knecht verdingt hatte, qualifizierte sich durch den erwähnten Lateinunterricht für den Besuch des Gymnasiums in Dillingen an der Donau, wo er später auch das Studium der Theologie aufnahm.

Wahrzeichen von Bad Grönenbach ist das **Hohe Schloss,** das auf einem Bergsporn am Westrand der Gemeinde thront. Es steht für die wechselhafte Geschichte des Ortes, der zunächst den Rittern von Rothenstein, dann den sprichwörtlich gewordenen Pappenheimern, zwischendurch auch mal den Fuggern und zuletzt dem Fürststift Kempten gehörte. Heute im Besitz der Gemeinde, kann das Schloss nur ab und an im Rahmen einer Führung besichtigt werden (Termine weiß die Kurverwaltung). Vor dem Schloss tummeln sich im bunten und duftenden **Kreislehrgarten** außer gelegentlichen Besuchern allerlei zwitschernde Vögel und summende Insekten.

Das **Untere Schloss,** am Ende der zwischen Sparkasse und Eisdiele abzweigenden Gasse und heute in Privatbesitz, errichteten die Pappenheimer als Witwensitz. Von 1619 bis zu ihrem Pesttod 1635 wohnte hier Anna, Witwe des Philipp von Pappenheim. Der hatte in seinem Territorium, das über Grönenbach nicht hinausreichte, die Reformation nach calvinistischer Lehre eingeführt – und sich damit Katholiken, Lutheraner und Teile der eigenen Familie zum Feind gemacht. Allerdings besaß Philipp nur einen Teil der Grönenbachischen Güter. Andere gehörten Vetter Alexander, Reichserbmarschall und enger Berater des katholischen Kaisers. So teilten sich zu Philipps Lebzeiten Katholiken und Reformierte die **Stiftskirche.** Nach seinem Tod gewann die katholische Fraktion die Oberhand. Die Reformierten konnten ihre Gottesdienste nur noch heimlich im Unteren Schloss bei Witwe Anna abhalten, bis dann ihr Prediger sogar verhaftet wurde. Erst nach dem Dreißigjährigen

Krieg wurde den Grönenbacher Reformierten wieder die freie Religionsausübung erlaubt, Gotteshaus der bis heute aktiven Gemeinde ist die **Spitalkirche** am Markt.

Rundweg Illerschleife

Der Rundweg Illerschleife zählt mit seiner Aussicht über die Flussschleife zu den schönsten Kurzwanderungen in der Region. Ein besonderes Schauspiel bietet sich im Frühjahr mit der Blüte der Märzenbecherwiesen.

Man parkt im Weiler **Rothenstein,** etwa 2 km südöstlich von Bad Grönenbach. Von dort geht es zu Fuß (10 Min.) zum Naturfreundehaus **Rechberghaus,** dem eigentlichen Ausgangspunkt der ab hier gut beschilderten Rundwanderung. Diese führt zunächst weit oberhalb der Iller durch einen lichten Laubwald mit wunderbaren Ausblicken auf die Illerschleife. Ruhig bahnt sich der Fluss seinen Weg, das im Hintergrund schimmernde **Laufkraftwerk Legau** staut die Iller zu einem kleinen See mit Kiesinseln. Auf einer Treppe geht es durch den hier sich selbst überlassenen „Urwald" hinunter ans Ufer und dann am Wasser entlang. Noch vor dem Wehr Staustufe zeigt der Wegweiser wieder nach oben, doch wir machen noch einen Abstecher an der Staustufe vorbei zum **Flussraum Iller,** einem bei schönem Sommerwetter beliebten Badeplatz. Eine Hängebrücke überspannt hier den Fluss, ein stählerner Aussichtsturm dient zugleich als Brückenpylon. Am Südufer wurde eine Fischaufstiegshilfe angelegt, ein künstlicher Bachlauf, in dem Fische das Kraftwerk umgehen können. Zurück zum Rundweg: Der nimmt nun einen steilen, oft rutschigen Anstieg, belohnt oben mit einem weiteren Aussichtspunkt und bringt uns nach insgesamt zwei Stunden wieder zum Ausgangspunkt Rechberghaus. Will man den Flussraum Iller per Rad besuchen, führt der Weg von Bad Grönenbach über Oberbinnwang.

Gastlichkeit vor der Spitalkirche

Praktische Infos

Information Kurverwaltung. Marktplatz 5, ✆ 08334/60531, https://tourismus.bad-groenenbach.de, Mo–Fr 9–12/13–17 Uhr, Mai–Sept. auch Sa 9–12 Uhr.

Baden Naturfreibad Clevers. Nordwestlicher Ortsrand, im Sommer tägl. 9–20 Uhr, Eintritt frei.

Fahrradverleih Zweirad Lämmle. Beeindruckender Laden, der Chef persönlich sorgt für guten Service. Ittelsburger Str. 11, ✆ 08334/217, www.zweirad-laemmle.de, Mo–Fr 10–12.30/14–18 Uhr (Sommer bis 19 Uhr), Sa 9–14 Uhr.

Übernachten Landhotel Grönenbach. 23 helle und freundlich eingerichtete Zimmer teilweise mit Balkon. Familiäre Atmosphäre, WLAN, Wellnessbereich mit Sauna. DZ 120–150 €. Ziegelberger Str. 3, ✆ 08334/98480, www.landhotel-groenenbach.de.

Essen & Trinken Charly's Topf-Gucker. Von der Brotzeit bis zum mehrgängigen Menü fabrizieren Karl-Heinz Bittner und Team kreativ gewürzte Allgäuer Küche mit mediterranen und fernöstlichen Einflüssen und lassen sich dabei gerne über die Schulter schauen. Hauptgericht bis 25 €. Mi–Sa ab 17 Uhr, Sa auch mittags, So ab 12 Uhr, Mo/Di Ruhetag. Marktplatz 8, ✆ 08334/259725, www.topf-gucker.com.

Unterallgäu → Karte S. 22

Ottobeuren

8400 Einw., 660 m ü. NN

Majestätisch ragt die barocke Basilika gen Himmel und wirft ihren Schatten über den Marktplatz von Ottobeuren. Neben ihr thront der „schwäbische Escorial" als weltweit größtes Barockkloster. Einen modernen Akzent setzt das Museum für zeitgenössische Kunst.

Einen Vorgeschmack auf das in seiner Religiosität gut zu Ottobeuren passende Schaffen Diether Kunerths gibt die Skulptur im **Wasserbecken** auf dem Marktplatz: Ein kosmischer Christus in Kreuzform, aus dessen Leib die Quelle fließt. Weniger rätselhaft und prominent, doch nicht minder ansprechend ist der namenlose Marktbrunnen des Rettenbacher Metallbauers Wulf Eberlein – auch gute Handwerkskunst ist Kunst.

Museum für zeitgenössische Kunst Diether Kunerth: Nur wenige Künstler werden schon zu Lebzeiten mit einem Museum geehrt. Der seit 1967 in Ottobeuren ansässige Grafiker, Maler und Bildhauer Diether Kunerth zählt zu diesem erlauchten Kreis. Während landauf, landab die öffentliche Hand ihre Kulturförderung kürzt, leistete sich die Gemeinde Ottobeuren auf dem von ihr erworbenen Gelände der ehemaligen Hirsch-Brauerei einen knapp 5 Mio. Euro teuren Neubau, entworfen von dem auf Museumsbauten spezialisierten Atelier Lohner (Stuttgart) und großzügig gefördert von der EU, dem Kulturfonds des Freistaats und dem Landkreis Unterallgäu. Eine wellenförmig geschwungene, bronze- und messingfarbene Fassade hebt sich ab vom Weiß und Grau der Abtei. Ein Skulpturengarten auf dem Dach der Tiefgarage und zwei großformatige Außenvitrinen

Viel Raum für die Kunst im Museum Kunerth

wecken die Neugierde. Innen bietet ein zweigeschossiger Bereich auch Platz für großformatige Bilder und Skulpturen – und von denen gibt es genug, denn Kunerth hat aus allen Schaffensperioden Werke zurückbehalten. Leider ist der Betrieb des Museums chronisch defizitär. Das Defizit decken die Museumsleute bislang mit dem stückweisen Verkauf von Kunerths Arbeiten.

▪ Di–Fr 10–16, Sa/So 12–17 Uhr, Dez. bis März Mo–Mi geschlossen. Eintritt 6 €. Marktplatz 14a, www.mzk-diku.de.

Die Abtei

Seit Mitte des 8. Jahrhunderts, also stolze 1250 Jahre, beten und arbeiten die Benediktiner nun schon in Ottobeuren. 972 erwirkten die Mönche den „Großen Freiheitsbrief", mit dem Kaiser Otto I. seinem Reichskloster Uttinbura, wie es damals hieß, die freie Abtwahl zusicherte und es von Hofdienst und Kriegslast befreite. Ein Pakt, der lange hielt, denn bis zur Säkularisierung der Reichsabtei und dem Anschluss ihres zuletzt 27 Dörfer umfassenden Territoriums an Bayern (1803) musste kein Ottobeurer Kriegsdienst leisten. Der Krieg kam trotzdem: Im Bauernkrieg, im Kampf um die Reformation und im Dreißigjährigen Krieg wurde die Abtei verwüstet, auch von verheerenden Bränden weiß die Klosterchronik.

Wie man sieht, erholte sich die Abtei von diesen Schlägen und leistete sich im 18. Jahrhundert unter den Prälaten Rupert Neß und Anselm Erb ein spektakuläres Bauprogramm, das so gar nicht zum Armutsgelübde der Benediktiner passen will. „Es braucht alles grosse Kösten", seufzt Rupert Neß in seinem Tagebuch, „Gelt, Gedult und Verstandt. Super omnia autem benedictionem DEI [vor allem aber Gottes Segen]." Erstaunlich aus heutiger Sicht, dass die Ottobeurer ihr Mammutprojekt aus laufenden Einnahmen finanzierten, ohne dafür Kredite aufnehmen zu müssen.

Allein die **Basilika** mit ihren rekordverdächtigen 16 Altären, 1200 Putten und 10.918 Orgelpfeifen kostete über eine halbe Million Taler (zum Vergleich: ein Zimmermann bekam einen Jahreslohn von etwa 50 Talern). Den kreuzförmigen Grundriss der 1732–1766 errichteten Kirche entwarf noch Simpert Krämer, dann übernahm der bayerische Hofbaumeister Johann Baptist Fischer die Bauleitung. Als Innenarchitekten und Stuckateur engagierte man den Wessobrunner Johann Michael Feichtmayer. Der helle und weite Raum mit seiner Figuren- und Formenvielfalt,

Unterallgäu → Karte S. 22

Was nützt das prächtige Gebäude?

Nicht alle waren stolz auf die Ottobeurer Prunkbauten. Stiftsbibliothekar Michael Reichboeck notiert 1754, wie töricht es sei, „die Augen zu erfreuen und dabei die Seelen zu vernachlässigen, Mauern hochzuführen, aber die Sitten zu zerstören, und wieviel klüger es doch wäre, in Menschen statt in Mauern zu investieren" – da spricht schon der Geist der Aufklärung.

Andere lehnten die Neubauten aus eher handfesten Motiven ab. „Was nützt das prächtige Gebäude? Wir essen schwäbische Knöpfle und trinken sauren Seewein. Wäre es nicht besser für uns, wenn wir mit Euch in kleinen Klöstern wohneten, aber anbei was Gutes zu essen und zu trinken hätten?", beklagt sich ein anonym gebliebener Ottobeurer Mönch bei seinem Andechser Kollegen Placidus Scharl.

dem Stuckmarmor und den lebendigen Fresken macht die Alexander und Theodor geweihte Kirche zu einer Augenweide, der die samstagnachmittäglichen Orgelkonzerte den Ohrenschmaus beifügen. Die beiden ins Chorgestühl integrierten Orgeln von Karl Joseph Riepp gelten als historische Kostbarkeiten, die Hauptorgel auf der Empore wurde erst in den 50er-Jahren eingebaut.

▪ Besichtigung der Basilika Mai bis Okt. tägl. 9–19 Uhr, Nov.–April bis 17 Uhr); Do 13–15 Uhr geschlossen. Führungen April bis Okt. Sa 14.15 Uhr.

An den Chor der in Nord-Süd-Richtung gebauten Kirche schließt sich das 142 mal 128 Meter messende Geviert des **Klosterbaus** an (Zugang durch die Kirche oder an der Nordostecke). Auch in den besten Zeiten des Konvents lebten hier nicht mehr als 200 Brüder, heute sind es noch etwa 20. Sie wirken als Seelsorger und Religionslehrer, betreiben den Klosterladen und das Bildungshaus, wo Männer wie Frauen Besinnung und Ruhe finden und am Gebet teilnehmen können. Mit den hochkarätig besetzten Tagungen der Ottobeurer Studienwoche knüpft das Kloster an seine akademische Tradition an. Im Zuge der durch die Reformation ausgelösten katholischen Erneuerungsbewegung gab es in Ottobeuren nämlich kurzzeitig eine theologische Hochschule, auch die ersten Professoren der später in Salzburg entstandenen Benediktineruniversität stammten aus Ottobeuren.

Das **Klostermuseum** gibt einen Einblick in Glanz und Gloria des barocken Klosterlebens, zeigt Baupläne und die einstige Klosterapotheke. Die Bayerische Staatsgalerie hat die Räume mit Plastiken und Bildern ausgestattet, darunter vor allem Allgäuer Altartafeln aus dem 14. bis 18. Jahrhundert. Ein besonderes Stück ist der nach seinem Auftraggeber Abt Caspar Kindelmann benannte Kindelmann-Altar (1561) des Memminger Kunstschreiners Thomas Heidelberger. Heidelberger, der im protestantischen Memmingen selbst keine Aufträge mehr bekam, arbeite auch elf Jahre am Chorgestühl der Klosterkirche, das heute zu den verlorenen Meisterwerken der süddeutschen Renaissanceschreinerkunst gezählt wird. Mit dem barocken Neubau der Basilika wurde sein Gestühl nämlich abgerissen. Nur Teile davon, Intarsiendarstellungen berühmter Kirchen, wurden in den Schränken der südlichen Sakristei verbaut und blieben so erhalten.

Den auch für Konzerte genutzten **Kaisersaal** zieren die überlebensgroßen Statuen von 16 Habsburger Kaisern, Meisterwerke des Füssener Bildhauers Anton Sturm. Im **Theatersaal** inszenierten die Benediktiner unter dem Deckenfresko von Apollo (Patron der Künste) und Athene (Göttin der Weisheit) barockes Hoftheater, oft von den Patres selbst geschriebene Stücke. „Der Mönch möge von den Schätzen des Geistes Gebrauch machen“, mahnt eine Inschrift im **Bibliothekssaal.** Zu den Kostbarkeiten unter den zahlreichen Handschriften und Frühdrucken zählt etwa das Insingrim-Missale, ein im 12. Jahrhundert im klösterlichen Skriptorium entstandenes Messbuch.

▪ April bis Okt. tägl. 10–12/14–17 Uhr. Eintritt 4 €. www.abtei-ottobeuren.de.

Praktische Infos

Information **Touristikamt Kur & Kultur.** Marktplatz 14, ✆ 08332/921950, www.ottobeuren.de, Mo–Fr 9–12/14–17 Uhr (Fr bis 16 Uhr), Mai bis Sept. auch Sa 9–12 Uhr.

Baden **Freibad Ottobeuren.** Markt Rettenbacher Str. 2, ✆ 08332/5352. Mitte Mai bis Anfang Sept. bei Badewetter tägl. 9–20 Uhr. Eintritt 2,50 €.

Fahrradverleih **Annes Bike Shop.** Am Marktplatz, ✆ 08332/1234, www.annes-bikes.de, Mo/Di/Do/Fr 9–12/15–19 Uhr, Sa 9–13 Uhr.

Feste/Veranstaltungen **Ottobeurer Konzerte.** Klassische Musik in der Basilika und im Kaisersaal der Abtei, an vielen Wochenenden zwischen Mai und Sept. www.ottobeuren.de.

Neubau zum tausendjährigen Klosterjubiläum – das freut den Himmel

Sport Sportwelt. Fitnesscenter mit Tennis, Squash, Badminton, großer Kletterwand, Sauna und Restaurant. Mo–Fr 9–22.30 Uhr, Sa/So 10–21.30 Uhr. Am Galgenberg 4, ✆ 08332/7399, www.sportwelt-ottobeuren.de.

Sternwarte Allgäuer Volkssternwarte. Gute Lage auf dem Konohof, kein Streulicht, dafür freie Sicht in alle Himmelsrichtungen. Führungen/Vorträge bei jedem Wetter Fr 19.30 Uhr, Eintritt 5 €. Dr.-Friedrich-Kuhn-Weg, ✆ 08332/93666058, www.avso.de.

Wellness Die **Sportwelt** (siehe oben) hat außer der kleinen Sportlersauna auch eine gesonderte, großzügige Saunalandschaft samt Badeteich. Tageskarte 15 €. Mo–Fr 13–22.30 Uhr (Mo Damensauna), Sa/So 10–21.30 Uhr.

Übernachten Parkhotel Maximilian. Das Spitzenhotel am Ort trumpft mit geräumigen Zimmern in aussichtsreicher Südlage und einem umfangreichen Wellness- und Beauty-Angebot. DZ 140–160 €. Bannwaldweg 11, ✆ 08332/92370, www.parkhotel-ottobeuren.de.

Akzent Hotel Hirsch. Beste Lage gleich neben der Basilika (Achtung Glockenschlag!), inhabergeführt, frisch renoviert, modern und doch gemütlich. DZ 130–160 €. Marktplatz 12, ✆ 08332/796770, www.hirsch-ottobeuren.de.

Pension Mozart. In einer ruhigen Wohnstraße am Ortsrand. Kleine, einfach eingerichtete Zimmer, WLAN, Terrasse, zufriedene Gäste. Mit Abholservice zum Bahnhof oder Flughafen. DZ 90 €. Mozartstr. 22, ✆ 08332/93400, http://pensionmozart-ottobeuren.de.

Jugendherberge. Am südlichen Ortsrand, sanierte Herberge im Bungalowstil mit 100 Betten in Ein- bis Sechsbettzimmern (mit Etagendusche), Frühstücksbüfett, Bett 26 €, DZ 55 €. Kaltenbrunnweg 11, ✆ 08332/368, www.ottobeuren.jugendherberge.de.

Essen & Trinken Brauerei Hotel Hirsch. Heimelige Gaststube mit restaurierter Holztäfelung, Hausbrauerei, gutbürgerliche Küche, Steaks, vielfältiges Salatbüfett. Probieren Sie den Saibling. Hauptgericht bis 25 €. Kein Ruhetag. Marktplatz 12, ✆ 08332/796770, www.hirsch-ottobeuren.de.

Gasthof zum Mohren. Traditionsgasthof unter junger Leitung. Bayerische und schwäbische Küche, kinderfreundlich (Spielsachen und preiswerte Kinderkarte), unter der Woche günstiger Mittagstisch. Hauptgericht bis 25 €. Außenplätze in der Fußgängerzone. Mo/Di ab 17 Uhr, Mi–So ab 11.30 Uhr. Marktplatz 1, ✆ 08332/796770, www.gasthof-mohren.de.

Markttag am Marienplatz

Mindelheim

15.000 Einw., 607 m ü. NN

Mindelheim ist vielleicht keine eigene Reise wert, lädt aber zu einem Besuch ein, wenn man gerade in der Nähe ist. Es trumpft mit einem historischen Stadtkern samt Wehrmauer, Toren und Türmen. Einschlägig Interessierte besuchen das Turmuhren- oder das Textilmuseum. Kulturelle Höhepunkte sind die Fasnacht und das Frundsbergfest.

Nur zu gern hätten es die Mindelheimer gesehen, wenn auch ihr Städtchen wie das der Nachbarn in Memmingen oder Kaufbeuren den prestigeträchtigen Status einer freien Reichsstadt erreicht hätte. Doch dazu kam es nie. Zwar wird Mindelheim bereits 1277 urkundlich als Stadt erwähnt, doch war es immer von einem Landesherrn abhängig. Der saß zunächst oben auf der Mindelburg und stammte anfangs aus einem Geschlecht mit dem absonderlichen Namen Schwigger von Mindelberg, dessen Angehörige als hoch geachtete Ministeriale in kaiserlichen Diensten begannen und später als verarmte Raubritter endeten. Über die verwickelten Geschäfte, mit denen Mindelheim im 14. Jahrhundert aus den Händen der Schwiggers in den Besitz der Herzöge von Teck kam, berichtet der unten stehende Kasten.

Zwischen 1467 und 1586 herrschten dann die Ritter von Frundsberg über Burg und Stadt. Die Mindelheimer gedenken ihrer alle drei Jahre mit dem Frundsbergfest. Dass man die Frundsberger noch heute mit einem großen Historienspektakel ehrt, ist wohl in erster Linie dem Kriegsunternehmer in kaiserlich-habsburgischen Diensten Georg von Frundsberg (1473–1528) zu verdanken, der mit seiner Heeresreform große militärische Erfolge erzielen konnte: Statt gepanzerter Reiter im Stil der alten Rittersleut schickte er vorzugsweise gestaffelte Reihen von mit Spießen bewaffneten Infanteristen (Piketiere) in den Kampf. Seine Söldner verehrten ihn wie einen Vater, weshalb man ihn in doppeltem Sinne „Vater der Landsknechte" nennen kann. Doch bekanntlich können Söhne sich auch gegen ihre Väter wenden und so bescherte eine Meuterei seiner Mannen dem aufgeregten Georg im Feldlager bei Bologna einen Schlaganfall (an dessen Folgen er ein Jahr später starb). Die über diesen – obendrein selbst zu verantwortenden – Verlust höchst erbosten Landsknechte ließen ihrer Wut daraufhin im *Sacco di Roma* freien Lauf. Die Plünderung Roms im Mai 1527 gilt seither als trauriger Höhepunkt der Gewaltexzesse von Söldnerheeren. Bayern ehrt Georg von Frundsberg mit einer Büste in der Walhalla.

Im Erbfolgestreit nach dem Aussterben der Frundsberger setzte sich 1616 schließlich Herzog Maximilian I. von Bayern durch. Damit verlor die Mindelburg ihre Funktion als Herrschaftssitz

Unterallgäu → Karte S. 22

Wem gehört's? – Streit um Mindelheim

1363 verscherbelte die Witwe des letzten Schwigger Burg und Stadt an den Augsburger Domkustos Heinrich von Hochschlitz und dessen Neffen Walter. Ab da wird es mit den Besitzverhältnissen etwas kompliziert. Die Hochschlitzer ihrerseits verkauften Mindelheim nämlich an den Augsburger Bischof Marquard von Randeck. Als Zahlungstermin wurde Michaeli (29. September) 1365 vereinbart und bis dahin der Herzog Friedrich III. von Teck aus einer Nebenlinie der Zähringer zum treuhändischen Verwalter bestimmt. Noch vor Michaeli aber beförderte der Kaiser seinen Günstling Marquard zum Patriarchen von Aquileia. Auf den Augsburger Bischofsstuhl wurde nun Walter von Hochschlitz berufen, der die Mindelburg und Mindelheim sogleich dem Bistum Augsburg schenkte, dessen Chef er ja selbst war. Nicht einverstanden mit dieser Schenkung waren jedoch sein Onkel Heinrich und der Herzog Friedrich, der die Herausgabe der Güter verweigerte.

Daraufhin sammelte der Bischof ein Heer und belagerte Mindelheim. Das hätte er besser unterlassen, denn dort traf ihn am 4. Oktober 1369 ein Pfeil des Grafen von Werdenberg, der dem verbündeten Herzog Friedrich zu Hilfe geeilt war. Mit dem Tod von Bischof Walter endete dann auch die Belagerung. Domherr Heinrich betrachtete sich jetzt als alleinigen Eigentümer von Mindelheim. Doch was tun, wenn ein neuer Bischof wiederum die Herausgabe Mindelheims fordern würde? Geschwind verkaufte Heinrich die vom Neffen Walter ererbte Hälfte gegen eine Leibrente an den streitbaren Friedrich von Teck – und setzte ihn über die andere Hälfte als Vogt ein. Man kann sich denken, wer die Burg und die Stadt mit neuen, besonders starken Mauern befestigte. Bis zum Aussterben der Linie (1439) herrschten die von Tecks so unangefochten über Mindelheim.

und Mindelheim wurde schließlich zum bayerischen Vorposten im Allgäu. Erwähnenswert ist noch das kurze Zwischenspiel des Reichsfürstentums Mindelheim (1705–1714). Im Spanischen Erbfolgekrieg schenkte der mit Bayern im Krieg stehende deutsche Kaiser Mindelheim seinem Heerführer John Churchill, der sich nun Duke of Marlborough und Fürst von Mindelheim nennen durfte. Mit dem Frieden von Baden (1714) fiel Mindelheim wieder an Bayern zurück.

Jesuitenkirche und Museen im Colleg

Starten wir unseren Stadtrundgang (→ S. 57) am **Unteren Tor,** dem ältesten der drei historischen Stadttore. Vor uns liegt die Maximilianstraße, breit und stattlich, gesäumt von einem intakten Ensemble giebelständigen Bürgerhäuser, die in den Seitengassen immer kleiner und bescheidener werden. Benannt wurde Mindelheims Hauptstraße nach Herzog Maximilian I., unter dem die Stadt erstmals bayerisch wurde.

Aus allen Erdteilen zu Gottes Ehr

Gleich nach dem Tor schöpft die von Süden kommende Mindel noch einmal frische Luft – achten Sie auf die amüsante Kunst im Bachbett –, bevor sie in einer Röhre den Chor der **Kirche Mariä Verkündigung** unterquert. Diese geht noch auf ein 1526 aufgelassenes Augustinerkloster zurück und wurde von den Jesuiten im Barockstil umgebaut. Stuckreliefs an der in zartem Altrosa und Gelb bemalten Decke zeigen Szenen aus dem Leben Marias – beginnend mit der unbefleckten Empfängnis und chronologisch von West nach Ost geordnet. Die Kanzel krönt eine auf der Erdkugel platzierte Statue des Ordensgründers Ignatius von Loyola. Ein Engel weist auf den Wahlspruch der Jesuiten, „Omnia ad maiorem Dei gloriam" (Alles zur höheren Ehre Gottes). Auf dem Gesims des Schalldeckels symbolisieren Putten die vier Erdteile: Afrika schwarz mit Federkrone und einem Pfeil in der Hand, Amerika mit Lanze und Konquistadoren-Helm, Europa mit Herrscherkrone und Asien mit Turban und Halbmond. Erwähnt sei noch das Antepedium des Hauptaltars, also der Unterbau des Altartischs, mit dem Bildmotiv „Christus in der Kelter": Der unter einem Kreuz gebückte Heiland steht in einer Weinpresse, Engel fangen das aus den Wunden auslaufende Blut auf. Seitwärts geht die Szene in eine Weinlese (links) und den Höllenschlund (rechts) über.

Gegenüber dem Chor der Kirche arbeiten Volkshochschule und Musikschule im Gebäude des früheren **Jesuitengymnasiums.** Nach der Auflösung des Ordens durch den Papst musste 1773 auch die Schule schließen, das Erdgeschoss wurde zum Getreidelager

Eine Luxuskarosse der alten Römer

Unterallgäu → Karte S. 22

und oben zog das Stadttheater ein. Erst in den 20er-Jahren bekam Mindelheim mit dem Maristenkolleg wieder ein Gymnasium.

Hinter der Kirche sind im früheren **Jesuitenkolleg** die städtischen Museen zu Hause. Passend zur Geschichte des Hauses ist im ersten Obergeschoss ein **Krippenmuseum** eingerichtet, denn es waren die Jesuiten, die das Krippenbrauchtum in allen katholischen Landen verbreiteten und auch nach Mindelheim brachten. Ihre erste Kirchenkrippe wird, erweitert um diverse neuere Figuren, noch immer zur Weihnachtszeit in der Jesuitenkirche aufgebaut. Im Museum ergänzen Andachtsbildchen und Jesusfiguren die ausgestellten Krippen, als Highlights werden das älteste bekannte Jesulein (um 1300) und ein stehendes Jesuskind (um 1500) des Ulmer Meisters Michel Erhart präsentiert. Das **Südschwäbische Archäologiemuseum,** eine Zweigstelle der Münchener Archäologischen Staatssammlung, präsentiert Funde von der Eiszeit bis zum Frühmittelalter. Höhepunkte sind ein aufwendig gearbeitetes Pferdegeschirr aus der Hallstatt-Zeit (Vitrine 14) und der spätkeltische Sontheimer Münzschatz. Die Römer sind mit Funden aus der Villa am Tegelberg → S. 113) und vom Auerberg → S. 84) vertreten, ein Katapult und ein Reisewagen wurden rekonstruiert. Das **Textilmuseum** geht auf eine Privatsammlung zurück. Im Gang kann man anhand von Kleidern, Kindermode und Designerstücken die Entwicklung der Mode vom Rokoko über den Empire Stil bis in die bunten 70er-Jahre verfolgen und dabei auch den Anfängen und großen Namen der Haute Couture begegnen. Hintergrundbilder, oft vergrößerte Abbildungen aus historischen Modezeitschriften, zeigen, wie die Stücke einst getragen wurden. Auch Accessoires wie Strümpfe, Handschuhe, Taschen und edle Taschentücher sind zu bewundern. Fächer aus drei Jahrhunderten erzählen mit feinsten Malereien amüsante und amouröse Geschichten. Andere Räume sind den Spitzen und der Stickerei gewidmet

■ Di–So 10–12/14–17 Uhr, Eintritt 2,50 €. Hermelestr. 4, Eingang von der Ostseite des Gebäudes, www.mindelheim.de.

Silvesterkapelle mit Turmuhrenmuseum

Hinter der Berufsschule markiert der **Collegturm** die Nordwestecke der Stadtfestigung. Nächste Station ist die **Silvesterkapelle** mit dem 48 Meter hohen Kappelturm, in dem etwa 50 Turmuhren ticken, scheppern, rattern und hämmern – das Inferno dissonanter Glockenschläge bleibt dem Besucher erspart. Prunkstück des **Turmuhrenmuseums** ist ein Zeitmesser von 1550, der noch ohne Pendel auskommt und die Zeit von Sonnenaufgang bis Sonnenuntergang in exakt zwölf Stunden einteilte, die Sommer natürlich länger waren als im Winter. Wie's funktionierte, erklärt Museumsgründer Wolfgang Vogt. Unterstützt von Tochter Veronika führt er persönlich durch die Ausstellung.

■ Führungen Mi und letzter So im Monat 14–17 Uhr, Eintritt 2,50 €. Hungerbachgasse 9, www.mindelheim.de.

Am Einlasstor

Am Kirchplatz

Das **Einlasstor** war der nördliche und nachts einzige Zugang zur Stadt, wobei der Spätheimkehrer dem Torwächter einen ansehnlichen Obulus zu entrichten hatte. Wir lassen es links liegen und folgen dem Verlauf der früheren Stadtmauer zum Kirchplatz. Die ursprünglich gotische **Stadtpfarrkirche St. Stephan** wurde im Lauf der Zeit immer wieder den wechselnden Geschmacksrichtungen angepasst und wirkt auf den vom Glanz und Gloria des Allgäuer Barocks verwöhnten Besucher ziemlich nüchtern und spröde. In der Turmkapelle (links vom Hauptaltar) findet man das in rotem Marmor gehaltene Doppelgrabmal (1430) des Herzogs Ulrich von Teck und seiner Gemahlin Ursula von Baden. Ein Epitaph von Ulrichs erster Frau, der polnischen Königstochter Anna, ist an der Stirnseite des Vorraums in die Wand eingelassen. Georg von Frundsberg ruht in der Krypta unter dem Altar.

Ein überdachter Gang verbindet die Kirche mit dem 1456 gegründeten **Kloster zum Heilig Kreuz.** Nur noch zwei hochbetagte Franziskanerinnen leben hier, und man fragt sich, was aus der barocken Klosteranlage einmal werden soll, wenn der Nachwuchs ausbleibt. Im Sommerrefektorium finden gelegentlich Konzerte und Lesungen statt, im Süd- und Westflügel ist das Mindelheimer **Heimatmuseum** untergebracht, das unter anderem eine Bierkrugsammlung ausstellt.

■ Do und jeden zweiten Sonntag im Monat 14–17 Uhr. Hauberstr. 2, www.mindelheim.de.

Giebelhäuser prägen das Bild der Maximilianstraße

Unterallgäu → Karte S. 22

Auf der Südseite des Kirchplatzes erinnert die **Gruftkapelle** daran, dass sich hier einst der Mindelheimer Friedhof befand. Das Untergeschoss, also die eigentliche Gruft, wurde nach der Auflassung des Friedhofs zur Wallfahrtskapelle Maria Schnee umgestaltet – am Patronatstag, dem 5. August, gedenkt die katholische Kirche einer wundersamen Begebenheit, als nämlich Maria einer römischen Familie den Kinderwunsch erfüllte und es dazu noch mitten im Sommer auf dem römischen Esquilinhügel schneien ließ, um so den Ort zu kennzeichnen, an dem man sich mit dem Bau einer Kirche zu bedanken habe. Wie unergründlich sind doch Gottes Wege!

Auf der Ostseite des Platzes führt neben dem Mesnerhaus ein schmaler Durchlass aus der Altstadt hinaus auf die Grünfläche des ehemaligen **Stadtgrabens.** Jenseits der Straße steht das Veranstaltungszentrum **Forum am Theaterplatz,** dessen Kern einst ein Salzstadel war.

Maximilianstraße und Marienplatz

Das **Obere Tor** wird zur Fasnacht als Durahansel verkleidet, eine dem Hanswurst vergleichbare Figur, mit der die Mindelheimer den wohl größten Narren der Welt haben dürften. Im Zuge der Emanzipation hat der Durahansel irgendwann auch ein weibliches Pendant bekommen, das auf der Außenseite des Turms prangt. Oberhalb der Stadtuhr hängt im Turm die Arme-Sünder-Glocke. Sie wurde einst geläutet, wenn eine arme Seele aus dem **Gefängnisturm** auf den Richtplatz geführt wurde.

Folgen Sie nun der **Maximilianstraße** ins Herz der Altstadt. Auf der südlichen Straßenseite, schon fast am Markt, imponiert die klassizistische Fassade des 1426 gestifteten **Heilig-Geist-Spitals,** in dem arme, alte und pflegebedürftige Bürger unterkamen. In der Passage befindet sich ein Krippenpanorama mit je nach Jahreszeit wechselnden Szenen.

Nebenan im **Gasthof Post** betteten schon prominente Reisende wie Prinz Eugen oder Zar Nikolaus ihr Haupt. Vor dem Gasthof öffnet sich der **Marienplatz** mit dem Marienbrunnen und dem 1897 im Stil der Neorenaissance erneuerte **Rathaus,** an dessen Ecke Georg von Frundsberg als Bronzestandbild den Platz beobachtet.

Eine Passage neben der **Engel-Apotheke** führt in den Hof mit einem historischen **Apothekergarten,** der über die gesamte Tiefe des Blocks bis an die Hohenschlitzgasse reicht. Beete, Wege und ein Springbrunnen wurden anhand alter Pläne rekonstruiert, es wachsen Arzneipflanzen und Kräuter. Eine Rarität ist die Damaszener Rundpflaume. Der schon etwas altersschwache Baum ist das deutschlandweit letzte Exemplar dieser einst von den Römern über die Alpen gebrachten frühreifen Pflaumenart.

Mindelburg

Vom Unteren Tor steigt man etwa eine halbe Stunde zur Mindelburg auf. Am Weg passiert man ein paar Schritte nach der Polizeiinspektion die **Liebfrauenkapelle,** die zum mittelalterlichen Leprosenhaus gehörte. In der Kapelle lohnt sich ein Blick auf die **Mindelheimer Sippe,** ein farbenfrohes spätgotisches Holzrelief der Heiligen Familie. Ein Vorbau birgt den „Fünf-Wunden-Brunnen" mit einem Christus aus Bleiguss, aus dessen Wunden das Wasser sprudelt. Ein Stationenweg führt an der Lindenbrauerei vorbei am Waldrand bergauf zum **Aussichtspunkt Katharinenkapelle.** Auf dem Oberen Wannenweg geht es dann südwärts die Felder entlang und auf einer Brücke über die B 18 zur Burg.

Die **Mindelburg** präsentiert sich heute so, wie das Gemäuer nach dem Dreißigjährigen Krieg wiederaufgebaut wurde. Nach wechselnden Besitzern gehört sie nun der Stadt, die sie an einen Fachverlag vermietet hat. Während und nach dem Zweiten Weltkrieg befand sich auf der Burg ein Lazarett für Gesichts- und Kiefernverletzte. Die Ärzte dort waren wahre Künstler auf dem Gebiet der wiederherstellenden Chirurgie – manche Technik der modernen Schönheitschirurgie wurde auf der Mindelburg entwickelt. Öffentlich zugänglich sind der Burghof und der zum Aussichtsturm umgebaute Bergfried, im Rahmen von Führungen auch die Burgkapelle St. Georg mit ihrer wertvollen spätgotischen Madonna. Auf der Vorburg lädt eine Gaststätte zur Rast (Mo/Di Ruhetag).

▪ Kapelle tägl. 9–17 Uhr. Bergfried April bis Okt. tägl. 9–16.15 Uhr.

Praktische Infos

Information **Tourist-Information.** Im Rathaus, Maximilianstr. 26, ✆ 08261/991520, www.mindelheim.de, Mo–Fr 9–12.30/14–17 Uhr.

Baden **Freibad.** Tiergartenstr. 9, Mitte Mai bis Mitte Sept. tägl. 8–19 Uhr, Eintritt 3 €.

Nordsee, zwei Baggerseen 3 km nördlich des Stadtzentrums neben der B 16. Sauberes (und salzfreies!) Wasser. Der Ausbau als Naherholungsgebiet ist geplant, doch noch gibt es keine Infrastruktur. Parkmöglichkeit am Rand eines Feldwegs.

Hallenbad. Brennerstr. 1, Mitte Sept. bis Mitte Mai Mo/Di/Fr 17.30–21 Uhr, Mi 15.30–21 Uhr, Do 15.30–17.30 Uhr, Sa 9.30–11.30/13.30–17 Uhr, So 9–13 Uhr (Nov. bis März bis 16 Uhr). Eintritt 3,50 €.

E-Bike- und Fahrradverleih **Radpavillon Steinmaier.** Landsberger Str. 36, ✆ 08261/6722, www.radpavillon.de, Mo–Fr 9–18 Uhr (Nov. bis Febr. 12.30–14.30 Uhr und Mi geschlossen), Sa 9–12.30 Uhr.

Einkaufen **Wochenmarkt.** Di und Sa vormittags auf dem Marienplatz.

Feste/Veranstaltungen **Frundsbergfest.** Alle drei Jahre (demnächst 2021) Historienspektakel mit Straßentreiben, Umzug und Mittelaltermarkt. www.frundsbergfest.de.

Jazz isch. Im März, Jazzfestival im Forum. Programm unter www.jazz-isch.de.

Mondlicht Open-Air. Im August, ein abendliches Massenpicknick mit Musikbegleitung auf der Schwabenwiese unterhalb der Burg.

Führungen **Stadtführungen** unter dem Motto „Auf Mindelheims Spuren", Mai bis Okt. am zweiten und am letzten Samstag im Monat. 14.30 Uhr Treffpunkt Theaterplatz am Forum. Die Termine von weiteren Führungen zu Spezialthemen erfährt man von der Tourist-Information.

Kinder **MiniMax Sport & Kinder Park.** Ein großer Indoor-Spielplatz mit Kletterturm, Hüpfburgen, Fußballfeld, speziellem Kleinkinderbereich und vielem mehr. Ideal für Regentage. Werner-von-Siemensstr. 4, ✆ 08261/3081, www.minimax-mindelheim.de. Di–Fr 14–18.30 Uhr, Sa/So 10–18.30 Uhr, in den bayerischen Schulferien tägl. 10–18.30 Uhr. Kinder (3–17 J.) 8 €, Erw. 5,50 €.

Parken Gratis-Parkplätze beim Forum am Theaterplatz.

Übernachten **Alte Post** **4** Das erste Haus am Platz liegt mitten in der Altstadt. Es bietet in einer gelungenen Mischung aus Alt und Neu etwa 40 geräumige und stilsicher eingerichtete Gästezimmer. Gutes Restaurant im Haus. DZ 110–130 €. Maximilianstr. 39, ✆ 08261/760760, www.hotel-alte-post.de.

Zur Laute **2** Neun ruhige und gemütlich eingerichtete Hotelzimmer mit TV und WLAN über einem ambitionierten Restaurant. DZ 90 €. Lautenstr. 8, ✆ 08261/5025820, www.hotel-zur-laute.de.

Essen & Trinken **Weberhaus** **5** Liebevoll restauriertes Altstadthaus. Oben speist man gediegen, im Erdgeschoss und auf der Terrasse am Mindelbach geht's rustikal und gemütlich zu. Hauptgericht bis 20 €. Mo Ruhetag. Mühlgasse 1, ✆ 08261/737272.

Theater-Eck **1** Bistro im städtischen Veranstaltungszentrum, auch Außenplätze. Beliebter und preiswerter Mittagstisch. Hauptgericht bis 20 €. Mo/Mi–Sa 11–14/17–23.30 Uhr, So 11–14 Uhr. Theaterplatz 1, ✆ 08261/739230, www.theater-eck.de.

Café K **3** Elkes Traum – eingerichtet wie ein Wohnzimmer, die wechselnden Tagesgerichte sind frisch zubereitet, Zutaten aus der Region in Bioqualität. Hausgemachte Kuchen, Artemisia-Kräutertees. Mi–So 10–18 Uhr. Dreerstr. 13, ✆ 08261/738353, www.mein-cafe-k.de.

Bad Wörishofen

14.500 Einw., 650 m ü. NN

Der Kurort verdankt seine Berühmtheit dem hier tätigen Pater und „Wasserdoktor" Sebastian Kneipp. Highlights jenseits der Kur sind die Therme und der Freizeitpark Skyline. Für jüngere Gäste ist ein längerer Aufenthalt nur bedingt zu empfehlen, es sei denn, man sucht vor allem Ruhe und Entspannung.

„Wörishofen ist ein schöner Ort, in welchem die Gebäude in einem guten Zustand sind. Die Bewohner haben viele, aber recht magere Felder, und deshalb sind sie zum großen Teil mit Feldarbeit in Anspruch genommen", notierte Sebastian Kneipp einmal über seine Wirkungsstätte. Dank ihm haben sich die Verhältnisse gründlich geändert und das Bauerndorf entwickelte sich zum Kurort, zur „Pflegestätte meiner Heilmethode", wie Kneipp es sich wünschte.

Stadtrundgang

Buchstäblich auf Schritt und Tritt haben nahezu alle Sehenswürdigkeiten von Bad Wörishofen irgendwie mit Sebastian Kneipp zu tun. In der **Pfarrkirche St. Justina** arbeitete Kneipp 1881–87 als Gemeindepriester. Im Deckenfresko über dem Taufstein sieht man ihn bei einer Predigt. Im Pfarrhaus lebte Hochwürden, im Garten befand sich die „Waschküche", in der er seine Patienten begoss. Dem angrenzenden **Dominikanerinnenkloster,** gebaut von Franz Beer und ausgestattet von den Zimmermann-Brüdern, war Kneipp als Beichtvater und Hausgeistlicher verbunden. Über der Marienkapelle der Klosterkirche wölbt sich ein Himmel mit gemalten Heilpflanzen im Stil eines botanischen Bestimmungsbüchleins. Die Klosterschwestern leiten auch das **Kneippmuseum** zu Leben und Wirken des Wasserdoktors und zu seiner Heilmethode.

▪ Kneippmuseum Di–So 15–18 Uhr, Mi auch 10–13 Uhr. Eintritt 3 €. Klosterhof 1, www.kneipp-museum.de.

Schräg gegenüber vom Museumseingang befindet sich auf der anderen Seite der St.-Anna-Straße der Friedhof mit dem **Kneipp-Mausoleum,** wo der Hydrotherapeut in einem schwarzen Marmorsarkophag gebettet ist. An seinem Todestag, dem 17. Juni, treffen sich die Anhänger hier zu einem Totengedenken mit Kranzniederlegung. Westlich von Friedhof sind an der Promenadenstraße noch das **Badehäuschen,** Kneipps erstes Männerbad, und die historische **Wandelhalle** erhalten, in der er seine medizinischen Vorträge hielt. An einem Platz im Zentrum der Fußgängerzone blickt Pater Kneipp als **Denkmal** auf die Passanten herab. Ein paar Schritte weiter die Kneippstraße hinauf kommen wir zum **Sebastianeum.** Diese von Kneipp gegründete Kurklinik war anfangs Priestern und männlichen Ordensleuten vorbehalten. Zwei andere noch auf Kneipp zurückgehende Naturheilzentren, das schicke **Kneippianum** und die **Kinderheilstätte,** stehen auf einer Anhöhe neben dem **Kurpark.** Zu diesem gehört ein interessanter **Heilkräutergarten,** der die Pflanzen Sebastian Kneipps neben Beete im Stil Walahfrid Strabos (9. Jh.) und des Renaissancegelehrten Leonhart Fuchs stellt. In der **Gradieranlage** rieselt Thermalwasser über Schlehdornreisig – die Kurgäste atmen andächtig.

Museen und Freizeitpark

Allgäuer Fischmuseum: Das private Museum präsentiert vorrangig heimische Fische und Krebse, dazu ein paar

Sebastian Kneipp – die Karriere des Wasserdoktors

Sebastian Kneipp (1821–1897), Stammvater der Kneipp-Medizin mit ihren charakteristischen Wasserkuren, wurde als Kind einer Weberfamilie in Stephansried bei Ottobeuren geboren. Als Jugendlicher verdingte er sich in Grönenbach und fand dort im jungen Kaplan Matthias Merkle einen Lehrer und Gönner – Merkle, der später Theologieprofessor und Reichstagsabgeordneter wurde, blieb zeitlebens ein wichtiger Fürsprecher Kneipps.

Merkle vermittelte Kneipp einen Platz am Gymnasium und dann an der Hochschule in Dillingen, dem Vorläufer der Uni Augsburg. In der Bibliothek stieß Kneipp, der seit seiner schweren Kindheit an Lungentuberkulose litt, auf ein Büchlein von Johann Siegmund Hahn, Leibarzt Friedrichs des Großen, mit dem barocken Titel *Unterricht von Krafft und Würckung des frischen Wassers in die Leiber der Menschen, besonders der Krancken.* Wie empfohlen badete Kneipp in der eiskalten Dillinger Donau – und fand Heilung. Wasseranwendungen wurden fortan zum festen Bestandteil von Kneipps Tagesablauf, bald behandelte er auch kranke Kommilitonen. Sein Einsatz während einer Choleraepidemie brachte dem inzwischen zum Priester geweihten Kneipp die Aufmerksamkeit seines Bischofs und die Missgunst von Ärzten und Apothekern.

Ab 1855 wirkte Kneipp als Seelsorger in Wörishofen und entwickelte hier sein Fünfsäulenkonzept, auf dem die Kneipp-Medizin bis heute fußt: Hydrotherapie, gesunde Ernährung, ausreichende Bewegung, die Heilkraft der Pflanzen und eine gesundheitsbewusste Einstellung sollen Krankheiten vorbeugen und heilen. Dabei versteht sich die Kneipp-Medizin heute weniger als Konkurrenz denn als Ergänzung zur Schulmedizin und kann mit anderen Therapieformen kombiniert werden.

Nach vielen Anfeindungen war Sebastian Kneipp in seinen letzten Lebensjahren ein gefeierter Heiler, auf dessen Rezepte auch Prälaten, Prinzen, Könige und Großindustrielle schwörten. Er starb im Wörishofer Dominikanerinnenkloster an einem Tumor im Unterleib. Einer Operation, zu der ihm die Ärzte rieten, verweigerte er sich.

Vögel, Landtiere und Exoten. Die meisten Tiere wurden von Museumschefin Helga Mayerl selbst präpariert, die dem Besucher auch einen Einblick ins Präparatorenhandwerk gibt.

▪ Di–Do/Sa/So 14–17 Uhr. Eintritt 2 €. Fidel-Kreuzer-Str. 5, www.fischereiverein-badwörishofen.de.

Fliegermuseum: In einer historischen Halle auf dem früheren Flugplatz der Luftwaffe sammeln und restaurieren Technikbegeisterte alte Flugzeuge. Schmuckstücke sind zwei Jagdflugzeuge, der sowjetische Düsenjet MIG 21 und eine Messerschmitt-Propellermaschine aus Weltkriegszeiten. Auch ein

Unterallgäu → Karte S. 22

Gleitflugzeug und ein Modellflieger sind zu sehen.

▪ Erster Samstag im Monat 14–18 Uhr, dritter Donnerstag im Monat 19–22 Uhr, Eintritt frei. Kemptener Str. 1, www.fliegermuseum-badwoerishofen.com.

Skyline Park: Ein Freizeitpark für Kinder, Jugendliche und Junggebliebene, selbst Senioren werden umworben. Für Adrenalinstöße und andere Emotionen sorgen die Überschlagachterbahn *Sky Wheel*, das Raketenkatapult *Sky Slot* und die fliegende Gondel des *Sky Circle*. Nostalgie und Romanik verheißen Klassiker wie Kettenkarussell, Schiffschaukel und das Riesenrad mit Alpenblick. Wasserspaß mit Riesenrutsche, Streichelzoo und Trampolin sprechen auch kleinere Kinder an. Gut gefiel uns, dass mit dem Eintrittspreis die Benutzung aller Fahrgeschäfte abgedeckt ist, es ausreichend Toiletten gibt und man sich im Gelände preiswert verpflegen kann. Autofahrer werden von der Lage an der B18 gleich neben der Autobahn begeistert sein. Wer dagegen Bus und Bahn benutzt, muss von Bad Wörishofen eine Stunde, vom nächsten Bahnhof Rammingen 20 Minuten laufen.

▪ Osterferien bis Anfang Okt. geöffnet, Juli/Aug. tägl. 9.30–18 Uhr, Vor- und Nachsaison verkürzt. Eintritt Erw. 30 €, Kinder (110–150 cm) 24 €, Familie (2+2) 85 €. Im Hartfeld 1, www.skylinepark.de.

Praktische Infos

Information **Kurverwaltung.** Im Kurhaus, Hauptstr. 16, ☏ 08247/993355, www.bad-woerishofen.de, Mo–Fr 10–17 Uhr (April bis Okt. bis 18 Uhr), Sa 10–12.30 Uhr (April bis Okt. Sa/So 9.30–16 Uhr).

Baden **Freibad am Sonnenbüchl.** Sonnenbüchl 2, Mitte Mai bis Mitte Sept. Do–Di 8–20 Uhr, Mi 9.30–20 Uhr. Eintritt 3,50 €.

Therme. Das Badeparadies von Josef Wund und Sohn Jörg, die auch in Erding und im Schwarzwald vergleichbare Thermen bauten und betreiben, verbreitet Südseeflair unter einer Lichtkuppel, die bei schönem Wetter geöffnet wird. Eine Rarität sind die separaten, mal mit Sole, mal mit Schwefel, mal mit anderen Mineralien angereicherten Gesundheitsbecken. In der Erlebnissauna darf man vor einem Aquarium farbenprächtiger Kois meditieren, im Sport- und Familienbad *blueFUN* erfreuen Rutschen und der Wildwassercanyon die Jungen. Thermenallee 1, www.therme-badwoerishofen.de. Therme und Sauna (So–Fr Mindestalter 16 Jahre) Mo–Do 10–22 Uhr, Fr bis 23 Uhr, Sa 9–24 Uhr, So 9–22 Uhr. Tageskarte 42–45 €. Sport- und Familienbad Mo–Fr 11–20 Uhr, Sa/So 9–20 Uhr. Eintritt 2 Std. 17–20 €.

E-Bike- und Fahrradverleih **Fahrrad-Osswald.** Rosenstr. 1, ☏ 08247/6838, www.fahrrad-osswald.de, Mo/Di/Do/Fr 9–12.30/14–18 Uhr, Sa 9–12 Uhr. **Radsport Trübenbacher.** Türkheimer Str. 1a, ☏ 08247/8800, www.truebenbacher.de, Mo–Fr 9–18 Uhr, Sa 10–13 Uhr. **Radtouren Heckl.** Hauptstr. 15, ☏ 08247/7293, www.radtouren-heckl.de, Mo–Fr 9–12/14–15.30 Uhr, Sa/So 9–12 Uhr.

Einkaufen **Kräuterhaus Schweiger.** Alles für den Kneippianer, vom Badezusatz übers Wickeltuch bis zum Gießrohr. Hintere Bahnhofstr. 2, www.kraeuterhaus-schweiger.de, Mo–Fr 10–13/14.30–18 Uhr, Sa 9.30–16 Uhr.

Schuhhaus Baur. In eigener Werkstatt produziert die Firma Kneippsandalen im klassischen Stil oder modisch aufgepeppt, Damen-„Bequemschuhe“ und Spezialanfertigungen für Sportschützen und Trachtengruppen. Markenschuhe anderer Hersteller ergänzen das Angebot. Schmiedstr. Ecke Kneipp-Str., www.schuhmanufaktur-baur.de, Mo–Fr 10–12.30/14–18 Uhr, Sa 9–13 Uhr.

Wochenmarkt. Kronenparkplatz an der Hauptstraße, Fr vormittags.

Feste/Veranstaltungen **Jazz goes Kur.** Ende Okt. im Kurtheater und im Filmhaus.

Festival der Nationen. Ende Sept./Anfang Okt. mit Opernarien, Solistenkonzerten und neuerdings auch Theater. Etablierte Weltstars treffen dabei auf ein Festivalorchester aus talentierten Jungmusikerinnen im Alter von 11 bis 17 Jahren. www.festivaldernationen.de.

Führungen **Stadtführungen.** Mo 14 Uhr ab Steinbrunnen am Kurhaus.

Kino **Filmhaus Bad Wörishofen.** Gediegene Unterhaltung im 50er-Jahre-Ambiente. Außen erinnert eine Gedenktafel an den aus Bad Wörishofen stammenden Rainer Werner Fassbinder. Bahnhofstr. 5a, www.filmhaus-huber.de.

Übernachten **Steigenberger Hotel Sonnenhof.** Großzügige Anlage mit Spa-Landschaft und gepflegtem Garten. Fahrradverleih, Fitness, interessante Pauschalangebote. DZ 230–360 €. Hermann-Aust-Str. 11, ✆ 08247/9590, www.spahotel-sonnenhofde.

Edelweiss. 4-Sterne-Haus mit Kneipp- und Wellness-Oase, WLAN, viele Stammgäste, kundenorientierter Service. DZ 140–180 €. Bgm.-Singer-Str. 11–13, ✆ 08047/35010, www.hotel-edelweiss.de.

Kuroase im Kloster. Kneippen Sie, wo alles begann – im Dominikanerinnenkloster entwickelte Sebastian Kneipp seine Kur. Hier treffen sich körperliche und spirituelle Regeneration. Den Gästen stehen auch Kreuzgang und Klostergarten offen. DZ 150–170 €. Klosterhof 1. ✆ 08247/96230, www.kuroase-im-kloster.de.

Kurpension Linder. Inhabergeführte Pension, ruhig im Stadtzentrum gelegen. Überwiegend Einzelzimmer, gemütlich eingerichtet mit Balkon. Kuranwendungen im Haus. EZ 35 €. Bachstr. 7, ✆ 08047/5279, www.linder-linke.de.

mein Tipp **Landhotel Hartenthal.** In einem Weiler 5 km südwestlich des Zentrums, schön gelegen mit Ausblick. Sauna, Hallenbad, Spielplatz, eher für Familien und „Normalurlauber" als für Kneippianer. DZ 95–110 €. Harthental 2, ✆ 08047/9988910, www.landhotel-hartenthal.de.

Camping **Kur- und Vitalcamping.** Ruhiger Platz am Rande eines Gewerbegebietes, Läden, Kurhaus und Therme in Laufweite, Restaurant, wenige Dauercamper. Ganzjährig offen, 2 Pers. mit Stellplatz 25 €. Walter-Schulz-Str. 4, ✆ 08047/395725, www.kurcamping-bad-woerishofen.de.

Essen & Trinken **Fontenay.** Ein Restaurant für den besonderen Anlass. Zehn Gehminuten vom Zentrum am Stadtrand gelegen, gediegen eingerichtet. Kleine Karte, frisch zubereitete Gerichte. Klassische Küche in französischer Tradition, man schmeckt die Frische der Zutaten heraus. Hauptgericht bis 45 €, Menü 35–45 €. Tägl. mittags und abends, Reservierung erwünscht. Fidel-Kreutzer-Str. 4. ✆ 08247/3060, www.kurhotel-fontenay.de.

Adler. Der urig eingerichtete Gasthof mit Biergarten ist eine Institution. Bayerische Küche mit Biergerichten, Weißwurst und Brezeln frisch aus dem Ofen. Hauptgericht bis 25 €. Di–So ab 11 Uhr. Hauptstr. 40, ✆ 08247/96360, www.adler-bw.de.

Pfarrer Kneipp, in Bad Wörishofen allgegenwärtig

MöhrenPik. Café mit vegetarischen Mittagsgerichten und Salaten vom Selbstbedienungsbüffet, hausgemachte Kuchen und Fair-Trade-Kaffee. Mo–Fr 11–18 Uhr. Schmiedstr. 2, ✆ 08247/998955, www.cafe-moehrenpik.de.

Café Schwermer. Der Traditionsbetrieb ist vor allem für seine Pralinen berühmt. Im Café gibt's neben Kuchen und Torten auch Eis, Salate und einfache warme Gerichte. Einladender Wintergarten, schöne Terrasse. Tägl. 10–17 Uhr. Heuweg 36, ✆ 08247/90213, www.cafe-schwermer.de.

Katzbrui-Mühle. Die zwischen Bad Wörishofen und Ottobeuren gelegene Mühle ist ein beliebtes Ausflugsziel. Nach dem Besuch des Mühlenmuseums bekommt man in der urigen Mühlenstube oder auf der Terrasse vor dem Haus unter anderem selbst gebackenes Brot, Mühlenbier, Schinken aus der eigenen Räucherkammer oder Forellen aus dem Mühlenteich. Auch Fremdenzimmer. Tägl. ab 11 Uhr. Katzbrui 7, Köngetried, ✆ 08269/575, www.katzbrui-muehle.de.

Ostallgäu

Mit seinen Seen, Schlössern und Bergen ist das Ostallgäu die vielleicht schönste Landschaft Bayerns. Sozusagen ein einziger Schlosspark rund um die weltberühmten Königsschlösser, ein Hügelmeer mit sattgrünen Wiesen und Zwiebelturmkirchen vor der majestätischen Kulisse der Ammergauer Alpen.

Mit Schloss Neuschwanstein bescherte uns König Ludwig II. Deutschlands beliebteste Touristenattraktion. Kurz vor seinem rätselhaften Tod im Starnberger See lässt der Märchenkönig sein Leben noch einmal Revue passieren. Was ihm dabei durch den Kopf ging, zeigt das Musical Ludwig² im Füssener Festspielhaus. → S. 104

Das lang gestreckte Ostallgäu zeigt sich landschaftlich überraschend vielfältig. Von Norden kommend setzt sich zunächst die Iller-Lech-Schotterplatte des Unterallgäus fort, eine flache Landschaft mit weitem Horizont, gut für Bauern und Radler, für Wanderer hingegen etwas öde. Dann das hügelige Moränenland, das mit seinen Drumlins (→ S. 264), den Wiesen, Seen und Zwiebelkirchtürmen dem Bilderbuch-Allgäu schon mehr entspricht. Und schließlich die Berge, nämlich die Allgäuer Alpen und ganz im Südosten das Ammergebirge. Landschaftsprägender Fluss ist die Wertach, die das Ostallgäu in voller Länge durchmisst und bis kurz vor Kaufbeuren noch ungebändigt von Staustufen mäandern darf. Dem Lech dagegen kommt am Ostrand des Gebiets nur eine Nebenrolle zu.

Das touristische Ostallgäu ist etwas größer als die politische Einheit. Der Landkreis Ostallgäu wurde 1972 aus den Kreisen Füssen, Marktoberdorf und Kaufbeuren gebildet. Als Insel mittendrin liegt die kreisfreie Stadt Kaufbeuren, das wirtschaftliche Zentrum der Region. Aus Urlaubersicht gehört auch noch das Auerbergland dazu, obwohl es bis in den oberbayerischen Landkreis Weilheim-Schongau ausgreift.

Was anschauen?

Schloss Neuschwanstein: König Ludwigs Wahnsinnsbau ist heute Disneys Inbegriff einer Burg. Besucher aus aller Welt stehen hier geduldig Schlange, um einmal das Original bestaunen zu dürfen. **→ S. 109**

Schloss Linderhof: Ludwigs II. Lieblingsschloss. Im Park versetzen uns Venusgrotte und Hundighütte in die vom König hochgeschätzte Welt der Wagner-Opern. **→ S. 115**

Wieskirche: Viele Neuschwanstein-Besucher nehmen auch gleich noch die Wieskirche mit, ein prächtig ausgestattetes Rokokojuwel und Pilgerziel in Allgäuer Postkartenlandschaft. → **S. 86**

Altenstadt: Kunstliebhaber, die eher stille Winkel ohne Massenandrang bevorzugen, besuchen die spätromanische Basilika St. Michael, einen seit dem Mittelalter kaum veränderten Tuffsteinbau in Altenstadt. Ein echter Geheimtipp! → **S. 83**

Kaufbeuren: Heute Geschäfts- und Kulturzentrum des Ostallgäus. Der gut erhaltene Stadtkern entführt in die Glanzzeit der ehemaligen freien Reichsstadt. Sehenswert auch das Stadtmuseum. In der Nachbarschaft lockt Kloster Irsee mit barocker Kunst – und gutem Bier. → **S. 65**

Obergünzburg: „Des muasch aluaga", weiß der Allgäuer über die Südseesammlung des aus Obergünzburg stammenden Karl Nauer, der seine im damaligen Deutsch-Neuguinea zusammengetragene Sammlung seinem Heimatort vermachte. → **S. 75**

Marktoberdorf: Im Fendt-Forum präsentiert der Landmaschinenhersteller seine legendären Dieselrösser, im Künstlerhaus zeigt die Stadt zeitgenössische Kunst aus der Region. → **S. 78**

Füssen: Die schön gelegene Klosterstadt bietet mit ihren Museen und Ausstellungen ein breites Kulturangebot und ist auch Ausgangspunkt für Spaziergänge und Wanderungen, zum Beispiel zum geheimnisumwitterten Alatsee. → **S. 95**

Forggensee: Eldorado für Wasserratten, bei seiner Umrundung per Rad bewegt man sich streckenweise auf der römischen Via Claudia Augusta. → **S. 90**

Tegelberg: Bergwandern im früheren Jagdrevier der bayerischen Könige, bei Bedarf mit Auf- oder Abstiegshilfe durch die Seilbahn. Den besonderen Kick verspricht der Gleitschirm-Tandemflug ins Tal. → **S. 113**

Pfronten: Im Waldseilgarten Höllschlucht schwingt und balanciert man Tarzan-gleich durch die Baumkronen. Anschließend in die Steinkugelmühle, um sich von Mutter Natur und ihrer Wasserkraft ein persönliches Souvenir schleifen zu lassen. → **S. 117**

Hohenfreyberg und Eisenberg: Bei Kindern beliebt sind die beiden imposanten, nur einen Steinwurf voneinander entfernten Burgruinen. Ideal, um Ritter und Burgfräulein zu spielen. → **S. 120**

Was unternehmen?

Emmentalerradweg: Eine kulinarische Familien-Radtour rund um Seeg, die an Sennereien vorbeiführt, wo man Allgäuer Käse probieren kann. → **S. 89**

Und was sonst?

MTB-Marathon: Im Juni messen sich die Cracks am Pfrontener Breitenberg. Doch die Route ist den ganzen Sommer über abgesteckt. Schaffen Sie's? → **S. 122**

Tänzelfest: Das Historienfest in Kaufbeuren steht unter dem Motto „Kinder spielen die Geschichte ihrer Stadt". → **S. 75**

Mindelheim
Augsburg
München
A 96
Buchloe
Landsberg am Lech
Stetten
Kirchdorf
Apfeltrach
B 12
Jengen
Waal
Dirlewang
Bad Wörishofen
St 2013
St 2057
Unter-dießen
Lengen-feld
Asch
Unteregg
Unter-germaringen
St 2055
Oberegg
OAL 3
Oberostendorf
Baisweil
Reichling
B 17
Blonhofen
Neugablonz
Eggenthal
Irsee
Dösingen
St 2035
Denklingen
Ronsberg
Kleinkemnat
St 2014
Stöttwang
Ruine Kemnat
Kaufbeuren
Friesenried
Osterzell
St 2055
Gennach-hausen
Oberzell
Ebersbach
B 12
Obergünzburg
B 16
St 2014
Altenstadt
St 2014
Biessen-hofen
Bidingen
Günzach
St. Michael
Aitrang
Schongau
St 2012
Huttenried
Peißenberg
Marktoberdorf
Ob
B 472
Peiting
WM 3
Kraftisried
Rettenbach
Selbensberg
B 12
Kempten
Unterthingau
B 17
Oberthingau
Kohlhunden
Auerberg 1055
Stötten
Rottenbuch
Bernbeuren
Wald
Balteratsried
St 2058
Heggen
Steingaden
Görisried
St 2008
Welfen-münster
OAL 23
Lechbruck am See
St 2059
Lengenwang
Wildsteig
B 16
Wertach
Kessa
Sameister
Wieskirche
Prem
Seeg
Kempten
Tiefenbruck
B 309
Rückholz
Roßhaupten
OAL 1
Schneidberg 1012
B 17
Oy
A 7
Dietringen
Halblech
Nesselwang
Rieden am Forggensee
Forggensee
Bannwald-see
Ruine Eisenberg
Ruine Hohenfreyberg
Hopfen a. S.
Grüntensee
B 310
Eisenberg
Hopfensee
Große Klammspitz 1924
NSG Ammergebirge
Brunnen
Pfronten
Vils
Falken-stein
Schwangau
Schloss Linderhof
Ettal
Steinach
Weißensee
Füssen
Tegelberg 1881
Hochplatte 2082
B 310
Hohen-schwangau
Schloss Neuschwanstein
St 2060
Breitenberg 1838
Vils
Alpsee
L69
Säuling 2047
Aggenstein 1985
Ammergauer Alpen
Sonthofen
Tannheimer Tal
B 179
Kellenspitze 2238
Zöblen
B199
Grän
Reutte
Österreich
L255
Ostallgäu
Rauth
5,5 km
Plansee
Warth
Fernpass

Kaufbeuren

44.000 Einw., 678 m ü. NN

Die viertgrößte Stadt im bayerischen Schwaben ist das Geschäfts- und Kulturzentrum des Ostallgäus. Der gut erhaltene Stadtkern entführt in die Glanzzeit der ehemaligen freien Reichsstadt. Im Stadtteil Neugablonz fand die sudetendeutsche Schmuckindustrie eine neue Heimat. In der Umgebung lockt Kloster Irsee mit barocker Kunst und gutem Bier.

Kaufbeuren liegt am Übergang vom weiträumigen und ebenen Talraum des nördlichen Allgäus zur abwechslungsreichen Moränenlandschaft am Fuß der Alpen. Mitten im Landkreis Ostallgäu gelegen, gehört es doch nicht dazu, sondern hat als kreisfreie Stadt ein eigenes Autokennzeichen und eine kreisunabhängige Verwaltung. Der Tourismus spielt nur eine Nebenrolle. Selbst der Kult um die Kaufbeurer Ordensfrau Maria Crescentia Höss, lange als Volksheilige verehrt und 2001 schließlich vom Papst kirchenamtlich zur Heiligen erklärt, bringt weniger Pilger in die Stadt als erhofft. Als Stadt für sich erscheint aus der Vogelschau der weitläufige Vorort Neugablonz, der noch immer ein Zentrum der Modeschmuckproduktion ist, mit der ostasiatischen Konkurrenz aber schwer zu kämpfen hat.

Kaufbeuren geht auf einen karolingischen Gutshof zurück. Urkunden erwähnen ab 1112 die Herren von Buron/Beuren („zu den Häusern"). Nach deren Aussterben kam der an der Salzstraße von München nach Lindau gelegene Marktflecken zunächst in den Besitz der Welfen und später dann der Staufer, unter denen eine erste Stadtmauer gebaut wurde. 1286 erlangte Buron/Beuren von König Rudolf von Habsburg den prestigeträchtigen Status einer freien Reichsstadt und damit die Selbstverwaltung. Im Spätmittelalter wurde es üblich, dem bisher gebräuchlichen Ortsnamen die Silbe „Kauf-" voranzustellen. Der allmähliche Namenswandel in Kufburon/Kaufbeuren steht für die wachsende Rolle der Stadt als Ort des Kaufens und Verkaufens. Grundlage städtischen Wohlstands war bis zum Dreißigjährigen Krieg die Leinenweberei. 1803 verlor die inzwischen verarmte Reichsstadt ihre Selbstständigkeit und wurde bayerisch. Die Industrialisierung hielt 1839 mit der Heinzelmann'schen Textilfabrik Einzug, die unter wechselnden Namen bis 2005 in den Gebäuden des Gewerbeparks Momm zwischen Mühlbach und Wertach arbeitete.

Blick auf Kaufbeuren

Ostallgäu → Karte S. 64

Die Schwenckfelder – von Kaufbeuren nach Pennsylvania

Während sich die meisten oberdeutschen Reichsstädte begeistert der Reformation anschlossen, verhielt sich der Kaufbeurer Rat eher zögerlich. Zu mächtig schienen die altgläubigen Nachbarn, nämlich die Stiftsherrn in Ottobeuren, Augsburg und Kempten, vor allem aber der bayerische Herzog. Nachdem sich jedoch die Störungen der heiligen Messe durch reformierte Gläubige häuften, lud der Rat, wie es zuvor schon die Memminger getan hatten, im Januar 1525 altgläubige und reformatorisch gesinnte Geistliche zu einem „freundlichen Gespräch“. Da der altgläubige Stadtpfarrer Jörg Sigg sich dem Disput verweigerte – nicht der Stadtrat, sondern Konzilien hätten in Glaubensfragen zu entscheiden –, hatte sein Widersacher, der Prädikant Jakob Lutzenberger, keine Mühe, den Rat von seinen reformatorischen Thesen zu überzeugen.

Doch schon wenige Wochen nach dem Streitgespräch besetzten die Truppen des Schwäbischen Bunds Kaufbeuren. Unter ihrem Schutz gewannen bei den nächsten Wahlen die altgläubigen Patrizier eine Mehrheit im Rat, wiesen Lutzenberger aus der Stadt und bekannten sich zum katholischen Glauben. Im Untergrund der für die nächsten zwanzig Jahre äußerlich katholischen Stadt blühte die Reformation aber weiter. Und da keine Obrigkeit festlegte, welcher Reformation denn nun zu folgen sei, orientierten sich die einen an Luther, die anderen an Zwingli, wieder andere an den Wiedertäufern und eine vierte Gruppe an dem Mystiker und Spiritualisten Kaspar Schwenckfeld.

Als die von Luther als Schwärmer bekämpften Anhänger Schwenckfelds 1543 die Mehrheit im Rat gewannen, kam die Reformation wieder in Gang. Der Prädikant Espenmüller bekannte sich nun offen zum Schwenckfeldertum, mit Burkhard Schilling stellte der Rat einen Schwenckfelder als protestantischen Pfarrer von St. Martin an, und schließlich kam auf offizielle Einladung Kaspar Schwenckfelder selbst zu einem Besuch nach Kaufbeuren.

Diese Entwicklung beunruhigte die lutherischen Reichsstände. Vom Wormser Reichstag schickte man einen mahnenden Brief nach Kaufbeuren. Auch die reformierten Nachbarstädte Ulm, Kempten, Memmingen und Augsburg machten Druck, Kaufbeuren solle doch der „richtigen“, lutherischen Reformation folgen. Der Rat gab nach und schloss sich dem Augsburger Bekenntnis der Lutheraner an.

Das Schwenckfeldertum war damit natürlich nicht ausgerottet, sondern nur wieder in den Untergrund gedrängt. Erst im Dreißigjährigen Krieg stellte der Kaufbeurer Rat die Schwenckfelder vor die Alternative, abzuschwören oder die Stadt zu verlassen. Viele zogen auf die Schwäbische Alb ins Gebiet der Freiherren von Freyberg, die selbst überzeugte Spiritualisten waren. Im 18. Jahrhundert schlossen sich die letzten deutschen Anhänger Schwenckfelds den Herrnhuter Brüdern an oder wanderten in die Vereinigten Staaten aus, wo es bis heute eine „Central Schwenkfelder Church“ gibt (www.centralschwenkfelder.com).

Sehenswertes in der Stadt

→ Karte S. 77

Kaiser-Max-Straße

Die Kaiser-Max-Straße, bereits im Mittelalter die Hauptachse der Stadt, trifft im Osten auf das **Rathaus.** Das ursprüngliche mittelalterliche Gebäude wurde 1879–81 durch ein Palais im Neorenaissancestil ersetzt. Sein Architekt, der gleich in mehreren Spielarten des Historismus versierte Georg von Hauberrisser, hatte sich zuvor mit dem neugotischen Münchner Rathaus einen Namen gemacht. Zwar bewahrte ein Wunder die Kaufbeurer Altstadt vor den Bombenhageln des Zweiten Weltkriegs, doch brannte das Dachgeschoss des Rathauses später durch Unachtsamkeit aus. Seine Wiederherstellung sollte wohl möglichst billig ausfallen, denn der Eckturm wurde kurzerhand geköpft und der verspielte Giebel durch ein schlichtes Walmdach ersetzt. Im Treppenhaus sind Hinterglasmalereien mit Szenen aus der Stadtgeschichte zu sehen. Der historische Ratssaal und das heute für Trauungen genutzte Sitzungszimmer des Magistrats, beide mit edlen Holztäfelungen und Wandgemälden versehen, sind nur im Rahmen von Führungen zugänglich. Hinter dem Rathaus befindet sich das vom Landestheater Schwaben bespielte **Stadttheater** mit dem, sofern er zwischenzeitlich nicht ersetzt wurde, ältesten noch benutzten Bühnenvorhang Deutschlands. Er wurde 1805 vom Münchner Hoftheatermaler Joseph Hungermüller in Harzölfarbe auf drei Querbahnen feiner Leinwand gemalt.

Anders als etwa in Mindelheim reihen sich an Kaufbeurens Hauptstraße die Häuser nicht giebelseitig, sondern mit der Traufseite entlang der Hauptstraße, darunter das **Hörmannhaus** (Kaiser-Max-Straße 3a) mit seinem Renaissanceportal. Es ist benannt nach Georg Hörmann von und zu Gutenberg, der als Berater des Hauses Fugger zu Wohlstand und einer Grundherrschaft gekommen war. Der benachbarte, 1753 errichtete **Neptunbrunnen** verwandelt sich während der Adventszeit mit Tannenzweigen und Wachskerzen in den angeblich größten Adventskranz der Welt.

Die Straße in westlicher Richtung weiter hinabgehend, passieren Sie die **Dreifaltigkeitskirche,** deren Geschichte eng verbunden ist mit dem Augsburger Religionsfrieden von 1555, nach dem

Neptunbrunnen und Rathaus

Kaufbeuren zu den wenigen konfessionellen gemischten Reichsstädten gehörte, in denen gleichermaßen das katholische wie das lutherische Bekenntnis erlaubt war. Von einem friedlichen und toleranten Miteinander in der Stadt kann jedoch keineswegs die Rede sein. Nachdem es über die gemeinsame Nutzung der Martinskirche immer wieder zu Streitereien gekommen war, sprach 1604 eine kaiserliche Kommission die Stadtkirche schließlich allein den Katholiken zu. Die Protestanten bekamen dafür das frühere Kaiserhaus Maximilians I., das zwar ziemlich verkommen war, aber auf einem Grundstück in bester Zentrumslage stand. Sie bauten die Ruine zu einer Predigtsaalkirche um, in der nicht mehr Sakrament und Altar, sondern Gottes Wort und die Kanzel im Mittelpunkt standen. Es ist eine Ironie der Geschichte, dass in Kaufbeuren die katholische Pfarrkirche den reformatorischen Bildersturm unversehrt überstand, im Dreißigjährigen Krieg dann aber ein katholischer Mob die Dreifaltigkeitskirche plünderte.

Ludwigstraße

Gehen Sie nun durch die Gasse neben der Kirche einen Block südwärts und biegen Sie rechts in die Ludwigstraße ein. Am Ausgang der Sparkassenpassage ruht **„Die Schwebende“**, eine Bronzeskulptur von Raimondo Puccinelli (1904–1986), über einem Brunnenbecken. Im einst für ein Fuhrgeschäft mit Posthalterei angelegten **Spielberger Hof** findet man das Puppenmuseum. An dem dreigeschossigen grünen Eckhaus am Ende der Ludwigstraße erinnert eine Plakette an den Holzbildhauer Jörg Lederer, der hier von 1507 bis zu seinem Tod 1550 wohnte und in der St.-Blasius-Kirche einen wunderbaren Altar hinterließ. Gegenüber im **Irseer Hof** mit seinem Staffelgiebel und dem markanten Erker hatten die Irseer Mönche ihre Stadtresidenz.

An der Stadtmauer

Über ein paar Stufen geht es zur Stadtmauer hinauf, die auf einer Anhöhe dem städtischen Treiben etwas entrückt ist. Der 1420 gebaute **Fünfknopfturm** ist ein Wahrzeichen der Stadt, sechs Stockwerke hoch und oben mit einem noch immer bewohnten Türmerstübchen. Seinen Namen erhielt er von den Kugeln, die die fünf Turmspitzen krönen. Ein an der Ostfassade angebrachter mit Ziernägeln beschlagener Schild, der als Propagandaaktion im Ersten Weltkrieg entstand, zeigt einen Adler und die Flaggenfarben des Osmanischen Reichs, Bulgariens, des Deut-

Fünfknopfturm mit Nagelschild

schen Reichs und Österreich-Ungarns. Wo sich die Memminger für ähnliche Zwecke mit einem Nagelbrett im Rathaus begnügten, sollte es in Kaufbeuren etwas Größeres sein: Insgesamt 5387 Nägel stehen hier für die einzelnen von Kaufbeurer Bürgern erbrachten Kriegsspenden.

Der erhaltene Teil der Stadtbefestigung endet am Blasiusturm und der auf die Stadtmauer aufgesetzten **St.-Blasius-Kirche** (Di–So 10–11/14–16 Uhr), einem spätgotischen Kirchlein mit stilreiner Ausstattung, darunter schöne Tafelbilder mit Motiven aus dem Leben des Heiligen und der prachtvolle Flügelaltar von Jörg Lederer. Der Blasiussteig bringt uns wieder hinunter in die Stadt. Am Fuß der Treppe stehen noch ein paar alte, von außen unscheinbare Weberhäuser mit hohen Kellergeschossen.

Kloster und Geburtshaus der heiligen Crescentia

Unten angekommen, stehen wir vor dem **Crescentiakloster,** benannt nach der heiligen Crescentia, einer Weberstochter, die 1703 nur gegen großen Widerstand in die Gemeinschaft der Franziskanerinnen aufgenommen worden war, weil sie keine Mitgift mitbrachte. Die Nonnen des Ordens versorgen heute Bedürftige, sind, soweit es die katholische Kirche Frauen erlaubt, in der Seelsorge aktiv und betreiben ein Mädcheninternat mit Tagestätte. Eine Gedenkstätte (Einlass Mi und erster und dritter Samstag im Monat 15 Uhr) erinnert an Crescentia, deren Reliquie in der Klosterkirche ruht. Am Hang vor der Kirche lädt der **Klosterberggarten** mit Blumenrabatten, frei laufenden Hühnern und schöner Aussicht zu besinnlichen Pausen ein.

▪ Klosterkirche Sa–Do 7–18.15 Uhr, Fr ab 11 Uhr. Klosterberggarten tägl. 9–19 Uhr, im Winter geschlossen. www.crescentiakloster.de.

Auf dem Obstmarkt zeigt der **Tänzelfestbrunnen** die Klostergründerin, Edelfrau Anna vom Hof (um 1150), umgeben von vier Kindern. Biegen Sie am Kopf des Platzes nach Norden in die Schmiedgasse ein. Im **Zollhäuschen** am Ende der Straße amtete bis 1921 der Kassierer des Pflasterzolls, ein Vorläufer der Citymaut, den jeder Fremde zu entrichten hatte, der mit einem Fahrzeug in die Stadt wollte.

Zollhäuschen für die Citymaut

Das **Geburtshaus der heiligen Crescentia,** Neue Gasse 15, kann nur von außen betrachtet werden. Maria Höß, wie sie vor ihrem Eintritt in den Orden hieß, wurde hier als Kind einer armen Weberfamilie geboren. Nebenan, Neue Gasse 13, wurde eine **Weberwohnung** nach den Verhältnissen des 17./18. Jahrhunderts eingerichtet, um die Umgebung zu veranschaulichen, in der Crescentia aufwuchs (Besichtigung nur im Rahmen von Stadtführungen).

Crescentia von Kaufbeuren – Wie wird man eine Heilige?

Im bayerischen Schwaben wird wohl kaum eine Heilige so sehr verehrt wie die Kaufbeurer Klosterfrau Maria Crescentia Höß (1682–1744). Doch warum ausgerechnet sie, wo es doch im Bistum Augsburg sicher Hunderte frommer Nonnen gab, die über den Tod hinaus ihren Mitschwestern und den Menschen außerhalb der Klöster in guter Erinnerung blieben? Das Verfahren der Amtskirche zur Heiligsprechung der Crescentia beantwortet diese Frage nicht. Um eine Verstorbene heiligzusprechen, fordert Rom den Nachweis eines Wunders. Crescentias Wunder begab sich erst lange nach ihrem Tod und war eine sogenannte Gebetserhörung im Zusammenhang mit einem Mädchen, das nach einem Badeunfall im Sommer 1986 fast eine Dreiviertelstunde unter Wasser gelegen hatte. Das Kind konnte reanimiert werden und hat das Unglück vollkommen gesund überstanden – zugegeben ein Wunder, das naturwissenschaftlich nicht zu erklären ist. Doch war es, wie die Angehörigen meinen und die Kirche bestätigt, der Fürsprache Crescentias zuzuschreiben?

Kaufbeurens Stadtheilige Crescentia

Von der Nonne Crescentia heißt es, sie sei eine charismatische Mystikerin gewesen und gleichzeitig eine gescheite, lebenskluge Frau, einfühlsam und mit gesundem Menschenverstand. Sie spendete einfachen Leuten, die an die Klosterpforte klopften, ebenso Rat und Trost wie den Größen ihrer Zeit, etwa dem Erzbischof Clemens August, Prinz von Bayern und Kurfürst von Köln, oder seiner Schwägerin Maria Amalia von Österreich, Gemahlin des bayerischen Kurfürsten und späteren Kaisers Karl Albrecht, mit denen sie in regem Briefwechsel stand. Noch in Crescentias Todesjahr 1744 begab sich eine Kommission im Auftrag des Papstes nach Kaufbeuren, um der religiösen Euphorie um die fromme Frau auf den Grund zu gehen. Die Klosterchronik berichtet, dass in manchen Jahren bis zu 70.000 Menschen zum Schrein der Crescentia pilgerten. 1775 wurde das Verfahren zur Seligsprechung (eine Vorstufe der Heiligkeit) eröffnet – und schleppte sich bis 1900 dahin, denn heraufziehende Aufklärung, dann Säkularisation und Kulturkampf waren keine guten Zeiten für die Anerkennung von Wundern. Offiziell heiliggesprochen wurde Maria Crescentia Höß dann schließlich anno 2001 durch Johannes Paul II.

Von St. Martin zum Spitaltor

Die katholische **Pfarrkirche St. Martin** ist eine spätgotische Basilika mit älteren Teilen wie beispielsweise dem romanischen Südportal. Innen wurde die Kirche mehrfach umgebaut und zeigt sich nun in neugotischem Gewand. Der mächtige Turm, zwischen Langhaus und dem unverputzten Chor platziert, trägt nicht die allgäutypische Zwiebelhaube, sondern mündet in eine Spitze. Ungewöhnlich ist auch die Abfolge des Geläuts: Es beginnt mit der schwersten und tiefsten Glocke, dann werden die anderen, höheren zugeschaltet, zuletzt klingt wieder allein die große Martinsglocke aus. Gegenüber dem Chor verbrachte Ludwig Ganghofer seine Kindheit und Jugend im Haus Kirchplatz 5. Er berichtet darüber im „Lebenslauf eines Optimisten", ein Café im Haus trägt seinen Namen.

Den Hafenmarkt schmücken **Erostische Damen mit Voyeur,** eine Brunnenskulptur des Irseer Künstlers Peter R. Müller. Drei stählerne, mit einer kräftigen Rostschicht bekleidete Damen werden mit Wasser bespritzt, vom Rand des Platzes äugt ein Voyeur durch sein Guckloch. Das Kunstwerk spielt auf eine Kur- und Badeanstalt an, die sich nach dem Ersten Weltkrieg am Platz befand.

Der Rundgang führt weiter an der ehemaligen **Jesuitenresidenz** (heute Pfarrhaus St. Martin) vorbei zum **Spitalhof.** Der neun Meter hohe **Stelenbrunnen** mit von Betonwänden eingefassten Messingschalen erinnert an die „sieben Werke der Barmherzigkeit" – als da sind: Hungrige speisen, Durstige tränken, Fremde beherbergen, Nackte kleiden, Kranke pflegen, Gefangene besuchen und Tote bestatten – und spannt so den Bogen zum ehemaligen **Spital** (heute Volkshochschule). Auf der Ostseite des Platzes sind auf Bodenplatten berühmte Kaufbeurer Persönlichkeiten verewigt. Das alte Bauformen zitierende **Kunsthaus** zeigt

Badeszene mit erostischen Damen

wechselnde Ausstellungen zur Kunst der Moderne und Gegenwart. Beachten Sie den auf der Rückseite gebogenen Grundriss des Baukörpers, der nach Westen hin immer schmäler wird, und die bleistiftspitzenartig aufgesetzte Glashaube des Treppenturms.

▪ Kunsthaus Di–So 11–17 Uhr, Do bis 19 Uhr. Eintritt 6 €. Spitaltor 2, www.kunsthaus-kaufbeuren.de.

Neugablonz

Mit den Kriegsvorbereitungen des NS-Regimes errichtete der Rüstungskonzern Dynamit Nobel (damals „Dynamit AG") im Wald nordöstlich der Stadt eine Munitionsfabrik. Für den Bau und Betrieb der Anlagen stützte man sich weitgehend auf Zwangsarbeiter und zuletzt KZ-Häftlinge, die in zwei Lagern am Südrand des Geländes lebten. Nach Kriegsende wurden sudetendeutsche Vertriebene aus Gablonz auf dem Gelände von Lager und Fabrik angesiedelt – die Vertriebenenstadt Neugablonz,

Ostallgäu → Karte S. 64

heute der größte Stadtteil Kaufbeurens, entstand. In den 1990ern hat sich Neugablonz zu einem Zentrum russlanddeutscher Spätaussiedler entwickelt – eine Ghettobildung mit bekannten Problemen. Sehenswert sind das Iserbergmuseum (siehe unten) und die **Erlebnisausstellung der Neugablonzer Industrie,** eine Leistungsschau der örtlichen Modeschmuckhersteller. Beide verbindet der ausgeschilderte **Weg des Schmucks,** an dem Schautafeln die einzelnen Schritte der Schmuckherstellung erklären und auch verschiedene Werkstätten und Schmuckläden liegen. Die ebenfalls am Weg liegende **Herz-Jesu-Kirche** des Architekten Thomas Wechs gilt als ein Vorzeigestück der 50er-Jahre-Architektur.

▪ Erlebnisausstellung Mo–Fr 9.30–12 Uhr, Mo–Do auch 14–17 Uhr. Neue Zeile 11, www.gablonzer-industrie.de.

Kaufbeurer Museen

Stadtmuseum: Nach langer Schließung hat das bereits 1879 gegründete Stadtmuseum 2013 seine Pforten mit einer völlig neuen Präsentation wieder geöffnet. Der Rundgang durch das Haus beginnt mit einer auch überregional bekannten Sammlung von Kruzifixen und sakralen Skulpturen, in der der Besucher die je nach Zeitalter ganz unterschiedlichen Interpretationen der Kreuzigung kennenlernt. Unter dem Motto „Schöne Dinge des Lebens" setzt sich das Museum kritisch mit der Heimattümelei alter Bauernstuben und der Idealisierung ländlicher Lebenswelten auseinander. Es folgt die Stadtgeschichte, aus der dann unter dem Etikett „Typisch Kaufbeuren" die Reformation, die protestantische Hinterglasmalerei und die Textilindustrie noch einmal hervorgehoben werden. Und unter dem Dach geht es um in Kaufbeuren geborene Schriftsteller und Schriftstellerinnen: Neben Hans Magnus Enzensberger (geb. 1929) sowie dem Erfolgsautor Ludwig Ganghofer (1855–1920) werden dort Sophie la Roche (1730–1807) und ihr Zeitgenosse Christian Jakob Wagenseil (1756–1839) vorgestellt.

▪ Di–So 10–17 Uhr. Eintritt 5 €. Kaisergässchen 12–14, www.stadtmuseum-kaufbeuren.de.

Puppentheatermuseum: Das Museum geht auf den Puppenvater und Puppentheatergründer Alois Raab zurück. Es stellt mit allerlei Figuren das europäische Puppentheater und dessen Verwandte in Indien und Fernost vor. Drehorgeln und mechanische Musikapparate ergänzen die Ausstellung.

▪ 2019 nur für Führungen geöffnet. Anmeldung ✆ 08341/14121 oder 14329. Eintritt 3 €. Spielberghof, Ludwigstr. 41a, www.puppenspielverein.de.

Isergebirgsmuseum: Das 2003 neu eröffnete Museum widmet sich der alten Heimat der Gablonzer, dem Isergebirge im deutsch-tschechisch-polnischen Grenzgebiet. Neben Natur, Kultur und Wirtschaft finden Sudetenfrage, Vertreibung und Neuanfang nach 1945 breiten Raum. Durch die Ausstellung geleiten über Hörstationen ein Glasmacher, ein Mundartdichter und der Schriftsteller Otfried Preußler, der im Gablonzer Nachbarort Reichenberg aufwuchs. Eine Galerie präsentiert Werke von Künstlern aus der Region, auch hochkarätige Sonderaustellungen werden gezeigt.

▪ Di–So 14–17 Uhr. Eintritt 4 €. Gablonzer Haus, Marktstr. 8, Neugablonz, www.isergebirgs-museum.de.

Feuerwehrmuseum: Die von begeisterten Feuerwehrleuten zusammengetragene Sammlung alter Gerätschaften lässt Kinderherzen höherschlagen. Ein nachgebildeter Luftschutzkeller erinnert an die Schrecken der Weltkriegsjahre. Leider ist die Ausstellung nur selten geöffnet.

▪ April bis Dez. jeden ersten Samstag im Monat im Rahmen der Stadtführung „Feuer und Flamme", 10.30 Uhr ab Tourist-Info. Weitere Termine unter www.fwm-kf-oal.de. Eintritt 4 €, mit Führung 7 €. Neugablonzer Str. 10, www.feuerwehrmuseum-kaufbeuren.de.

Die Georgikirche mit mittelalterlichen Wandmalereien

Ostallgäu → Karte S. 64

Ziele in der Umgebung

Georgikirche bei Untergermaringen

Die mächtige Pilgerkirche auf einer Anhöhe über dem Dorf stammt aus romanischer Zeit – die einen sagen, sie gehe auf das Jahr 1180 zurück, die anderen vermuten ein früheres Baujahr. Weithin einmalig ist die romanische **Apsismalerei** mit Christus Pantokrator (Weltenherrscher) auf seinem Thron in einer doppelt gerahmten Mandorla, den Schwurfinger erhoben, in der Linken das Buch mit dem Sündenregister. Die Mandorla flankieren zwei Engel, ein Ritter und ein Mönch sowie die Tiersymbole der vier Evangelisten. Nach unten schließt das Fresko mit einer doppelten Arkadenreihe ab, deren Bögen die zehn klugen und törichten Jungfrauen (obere Reihe) und die zwölf Apostel füllen. Das zweite außergewöhnliche Kunstwerk der Kirche, ein romanisches **Kruzifix,** ist nur noch als Kopie vertreten: Das wertvolle Original hängt im Bayerischen Nationalmuseum. Eine **Bilderbibel** (spätes 13. Jahrhundert) an der Nordwand des Langhauses erzählt Begebenheiten aus dem Neuen Testament. Das verwitterte Halbrelief außen an der Nordmauer zeigt wohl einen **Kreuzritter,** auch eine arabische Münze aus dieser Zeit wurde in einem Grab in der Kirche gefunden.

▪ 9 km von Kaufbeuren. Anfahrt über die B 12 Nord, Abzweigung Untergermaringen ausgeschildert. Die Schlüssel zur Kirche bekommt man unten im Dorf bei Hiemer, ✆ 08344/8452, oder bei Sieder, ✆ 08344/411.

„Kleine Wies" in Stöttwang

Die den Märtyrern und Kemptener Schutzpatronen Gordonius und Epimachus geweihte Pfarrkirche von Stöttwang wird wegen ihrer reichen Rokoko-Ausstattung gern mit der Wieskirche verglichen und „Kleine Wies" genannt. Als Stuckateur arbeitete hier

Franz Xaver Feuchtmayer, als Maler wirkte Franz Xaver Georg Hermann, der feine Hochaltar stammt aus der Augsburger Werkstatt Verhelst.

▪ 8 km von Kaufbeuren. Anfahrt Richtung Schongau.

Burg Kemnat

Ein imposanter, irreführend als „Römerturm" bezeichneter Bergfried und das daneben erhaltene Amtshaus erinnern an die mittelalterliche Herrschaft Großkemnat. Die Burg wurde um 1185 von Volkmar und Markward von Apfeltrang angelegt, die damit gegenüber ihrem Dienstherrn, dem Markgrafen von Ronsberg, ein deutlich sichtbares Zeichen ihrer Stärke setzten – die Sache wäre nicht gut ausgegangen, hätten die Apfeltranger, die sich nach ihrer neuen Burg dann Herren von Kemnat nannten, dabei nicht höchstkaiserliche Rückendeckung genossen: Ein Kemnater stieg zum Erzieher von Konradin, dem letzten Staufer, auf. Über wechselnde Herren kam die Burg mit den umliegenden Dörfern schließlich in den Besitz des Kemptener Stifts. Heute gehört sie der Stadt Kaufbeuren, die Amtshaus und Bergfried sanierte und Letzteren mit einer Aussichtsplattform krönte.

▪ 3 km von Kaufbeuren. Anfahrt Richtung Irsee, die Abzweigung nach Großkemnat ist ausgeschildert. Der Turm ist tagsüber für Besucher geöffnet.

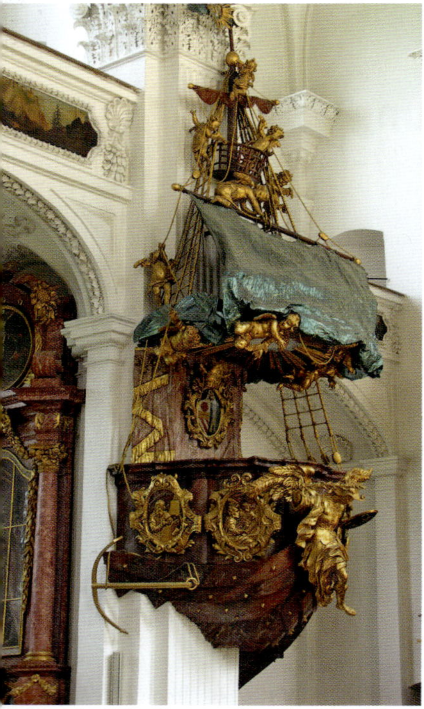

Kanzel in der Abteikirche

Kloster Irsee

Mittelpunkt des Dörfchens Irsee ist eine mit der Säkularisation aufgelöste Benediktinerabtei, heute Bildungsakademie des Bezirks Schwaben. Im Kloster residiert eine angesehene Kleinkunstbühne. Das **Brauereimuseum** der Klosterbrauerei dokumentiert mit alter Technik die hohe Kunst des Bierbrauens. Die **Abteikirche** und heutige Pfarrkirche Mariä Himmelfahrt und Peter und Paul wurde 1699–1704 nach Plänen von Franz Beer errichtet und mit Stuckaturen des Wessobrunner Meisters Joseph Schmuzer ausgeschmückt. Die originelle Kanzel hat die Gestalt eines Schiffsbugs samt Anker, Mastbaum, Segel und Tauwerk. Für die ungewöhnliche Form gibt es verschiedene Deutungen. Die einen sehen darin eine Anspielung auf die Kirche in den Stürmen der Zeit, andere auf den Sieg der christlichen Flotte in der Seeschlacht von Lepanto (1571). Das Kloster diente nach der Säkularisation bis 1972 als Nervenheilanstalt. Am Waldrand hinter der Kirche erinnert ein **Denkmal** an die **Euthanasie-Opfer:** In der NS-Zeit wurden unter dem damaligen Direktor Valentin Faltlhauser die Insassen vergast, totgespritzt oder durch Verabreichen einer „Sonderkost" dem Hungertod überlassen. Robert Domes macht das Schicksal eines in Irsee getöteten Kindes zum Thema seines biografischen Romans „Nebel im August", der auch verfilmt wurde.

▪ 6 km von Kaufbeuren. Kleinkunstbühne, www.altbau-irsee.de. Brauereimuseum tägl. 9–19 Uhr, Eintritt gegen Spende. www.irsee.com.

Obergünzburg

„Des muasch aluaga", sagen die Allgäuer. Zwei Sammlungsschwerpunkte heben das im alten Pfarrhaus eingerichtete **Heimatmuseum** aus dem üblichen Einerlei alter Bauernstuben und landwirtschaftlicher Gerätschaften heraus: zum einen die Sammlung von romantisch-religiösen Gemälden des Obergünzburger Kunstmalers **Johannes Kaspar** (1822–1885), zum andern die sogenannte **Südseesammlung,** zusammengetragen von dem aus Obergünzburg stammenden Karl Nauer (1874–1962). Als Kapitän im damaligen Deutsch-Neuguinea versorgte er das Bremer Überseemuseum mit Objekten aus Neuguinea und Melanesien. Seine eigene Sammlung von Gebrauchs- und Kultgegenständen vermachte er bereits 1913 der Gemeinde Günzburg, die sie seit 2008 in einem Anbau des Heimatmuseums als Süddeutschlands größte Südseesammlung zeigt.

▪ Obergünzburg liegt 18 km westlich von Kaufbeuren. Das Heimatmuseum, Unterer Markt 2, ist Sa/So 14–17 Uhr, Mi 10–12 Uhr geöffnet. Eintritt 4 €. www.suedseesammlung.de.

Basis-Infos

Information Tourismus- und Stadtmarketing. Kaiser-Max-Str. 3a, ✆ 08341/437850, www.kaufbeuren-tourismus.de, Mo/Di/Do/Fr 9.30–17 Uhr, Mi 9.30–14 Uhr, Mai bis Okt. auch Sa 9.30–12 Uhr.

Baden Jordan Badepark Freibad. Ruhig und gut für Sportschwimmer. Juni bis Aug. tägl. 9–20 Uhr, Mai 10–20 Uhr, Sept. 10–19 Uhr, Eintritt 4 €. Berliner Str. 4, www.baeder.kaufbeuren.de.

Jordan Badepark Hallenbad. Mit 25-Meter-Becken. Mitte Sept. bis Mitte Mai Di 9–20 Uhr, Mi/Do 9–21 Uhr, Fr/Sa 9–19 Uhr, So 8–19 Uhr, Eintritt 3 Std. 5 €. Berliner Str. 4, https://baeder.kaufbeuren.de.

Erlebnisbad Neugablonz. Mit Riesenrutsche, Strömungskanal und Wellenbad. Bei Badewetter im Mai 10–20 Uhr, Juni bis Aug. 9–20 Uhr, Anfang Sept. 10–19 Uhr. Eintritt 4 €. Gewerbestr. 85, www.baeder.kaufbeuren.de.

E-Bike- und Fahrradverleih Zweirad Neuner. Schraderstr. 9, ✆ 08341/12088, Mo–Fr 9–18 Uhr, Sa 9–13 Uhr.

Fahrbar. Neugablonzer Str. 43, ✆ 08341/9954550, Mo/Di/Do/Fr 10–18.30 Uhr, Mi 13.30–18.30 Uhr, Sa 9.30–13.30 Uhr (Nov. bis Febr. verkürzte Öffnungszeiten). www.fahrbar-bikes.de.

Einkaufen Haus der Gablonzer Industrie. Leistungsschau der Gablonzer Schmuckindustrie, mit Verkauf. Neue Zeile 11, Mo–Fr 9.30–12 Uhr, auch Mo–Do 14–17 Uhr. www.gablonzer-industrie.de.

Gubo. Werkverkauf von Modeschmuck. Am Riederloh 7, Neugablonz, Mo–Fr 10–12 Uhr, auch Mo–Do 14–17 Uhr. www.gubonet.de.

Klosterladen Crescentia. Devotionalien, religiöse Literatur, Kräutertees und Honig, Hochprozentiges. Obstmarkt 3, Mo–Fr 9–12/14–17 Uhr, Sa 10–14 Uhr. www.crescentiakloster.de.

Biomarkt Irsee. Auf dem Marktplatz, immer Fr 16–19 Uhr, www.biomarkt-irsee.de.

Wochenmarkt. Donnerstagvormittag in Kaufbeuren, Kaiser-Max-Straße; Samstagvormittag in Neugablonz, Neuer Markt.

Feste/Veranstaltungen Tänzelfest. Kinder- und Historienfest unter dem Motto „Kinder spielen die Geschichte ihrer Stadt", mit Umzug, Mittelaltermarkt und Kirmes. Mitte Juli. www.taenzelfest.de.

Führungen Stadtführung Kaufbeuren. Mai bis Okt. Mi/Sa 11 Uhr, Nov. bis April So 14.30 Uhr, jeweils ab Tourist-Information.

Feuer und Flamme. Mit Feuerwehrhauptmann Anton Heider durch die Altstadt, April bis Okt. erster Samstag im Monat 10 Uhr ab Tourist-Information.

Stadtführung Neugablonz. Mai bis Okt. am zweiten Samstag im Monat 14 Uhr ab Gablonzer Haus, Marktstraße 8.

Ostallgäu → Karte S. 64

Bunkerführung. Neugablonz, zu den Relikten der Dynamit AG, Mai bis Okt. am dritten Samstag im Monat, Treffpunkt wie oben.

Außerdem unregelmäßig **Radlführung** durch Neugablonz; **Nachtwächterführung** durch Kaufbeuren; **Kreuz und quer** durch die Glaubensgeschichte der Stadt; auf den Spuren der **Kaufbeurer Literaten; Stadtführung für Kinder.** Die aktuellen Termine weiß die Tourist-Information.

Kino **Corona Kinoplex.** Im Gewerbepark, ohne Auto schlecht zu erreichen, Daniel-Kohler-Str. 1, ✆ 08341/41888, www.corona-kinoplex.de.

Klettern **DAV-Kletterzentrum.** Mit Halle und Außenkletterturm, tägl. 7–23 Uhr, Eintritt 10 €. Buronstr. 99, www.alpenverein-kaufbeuren-gablonz.de.

Party **Melodrom.** Nach dem Film wird das Kino zur Partyzone. Tolle Lasershow! Nur Fr/Sa. Daniel-Kohler-Str. Gewerbepark, www.melodrom.de.

Radwandern **Dampflokrunde.** Eine etwa 80 km lange Radtour weitgehend auf den asphaltierten Trassen stillgelegter Lokalbahnen, von Kaufbeuren über Marktoberdorf, Lechbruck und Osterzell. Track und Karte gibt's bei www.outdooractive.com.

Theater **Passions- und Heiligenspiele in Waal.** Alle paar Jahre von örtlichen Laienspielern aufgeführt im eigens dafür gebauten Theater des Dörfchens Waal. Zuletzt kamen ein Franziskusspiel und eine barocke Passion auf die Bühne. www.waal.de.

Wandern Den Spuren der heiligen Crescentia folgt der **Crescentia-Pilgerweg**, ein 88 km bzw. vier Etappen langer Rundweg von Kaufbeuren über Ottobrunn und Mindelheim.

Übernachten/Essen & Trinken

Übernachten in Kaufbeuren **Hotel am Turm** **2** Am Rand der Altstadt und 15 Gehminuten vom Bahnhof, Parkplatz am Haus. Die straßenabgewandten Zimmer sind vorzuziehen. Auch Apartments mit Küchenzeile. DZ 90–110 €. Josef-Landes-Str. 1, ✆ 08341/93740, www.hotel-am-turm.de.

Flair-Hotel am Kamin. In einem Vorort 2,5 km südlich der Stadtmitte an der Bundesstraße, Zimmer jedoch ruhig. Geräumig und ausgestattet im Landhausstil, mit Teppichboden, Internet, Tee-/Kaffeemaschine. DZ 100–120 €. Füssener Str. 62, ✆ 08341/9350, www.flairhotel-am-kamin.de.

Ein **Wohnmobilstellplatz** findet sich in der Buronstr. 99 beim Kletterzentrum des Alpenvereins.

Übernachten außerhalb **Hotel Irseer Klosterbräu.** Übernachten im uralten Klosterbau. Rustikale Zimmer mit Eichenholzböden, Deckenbalken und Sichtmauerwerk. WLAN, Sauna und Dampfbad. DZ 105–160 €. Irsee, ✆ 08341/432200, www.irsee.com.

Mein Tipp **Landgasthof Hubertus.** Etablierter und beliebter Familienbetrieb in einem Dorf 5 km südlich von Kaufbeuren (Busanbindung). Zimmer im Landhausstil, auch familiengerechte Einheiten mit separatem Schlafzimmer. Spielplatz, Fahrradgarage, Leihräder, Außenschwimmbecken, Restaurant mit Hausbrauerei, Kegelbahn, Wellnessbereich im Bau. Chef Thomas Petrich lernte das Küchenhandwerk bei Bareiss in Baiersbronn. DZ 80–90 €. Wenglinger Str. 2, Apfeltrang, ✆ 08341/81976, www.hubertus-apfeltrang.de.

Essen in Kaufbeuren **Jedermanns** **6** Stilvoll eingerichtetes Bistro mit Kunst an den Wänden und wechselnden Tagesgerichten. Internationale Küche, gute Nudelgerichte. Außenplätze in einer hübschen Weinlaube. Hauptgericht bis 15 €. Di–So ab 10 Uhr, warme Küche bis 22 Uhr. Ludwigstr. 17, ✆ 0176 7839 1526.

Adlerkeller **1** Eine der ältesten Gaststätten Kaufbeurens. Schwäbisch-bayrische Küche, der Wirt kocht selbst. Im Sommer erwartet die Gäste ein Biergarten. Ab und an Kleinkunst und Live-Konzerte. Hauptgerichte bis 20 €. Tägl. ab 17 Uhr, So/Mo/Di/Mi/Fr auch 11–14 Uhr. Kemnater Str. 2, ✆ 008341/2441, www.adlerkeller.de.

Kirschkern **3** Kaffeebar im Kunsthaus. Frühstück, wechselnde Mittagsgerichte, auch vegetarische Optionen, hausgemachte Kuchen. Di–So 9.30–17.30 Uhr. Spitaltor 2, 08341/2824, www.fb.com/CafeKirschkern.

Essen außerhalb **Skihütte.** Die frühere Skihütte liegt 3 km außerhalb auf einer Anhöhe mit herrlichem Ausblick. Beim Haus gibt es heute noch einen Kinderlift und eine Langlaufloipe. Allgäuer Hausmannskost, vor allem

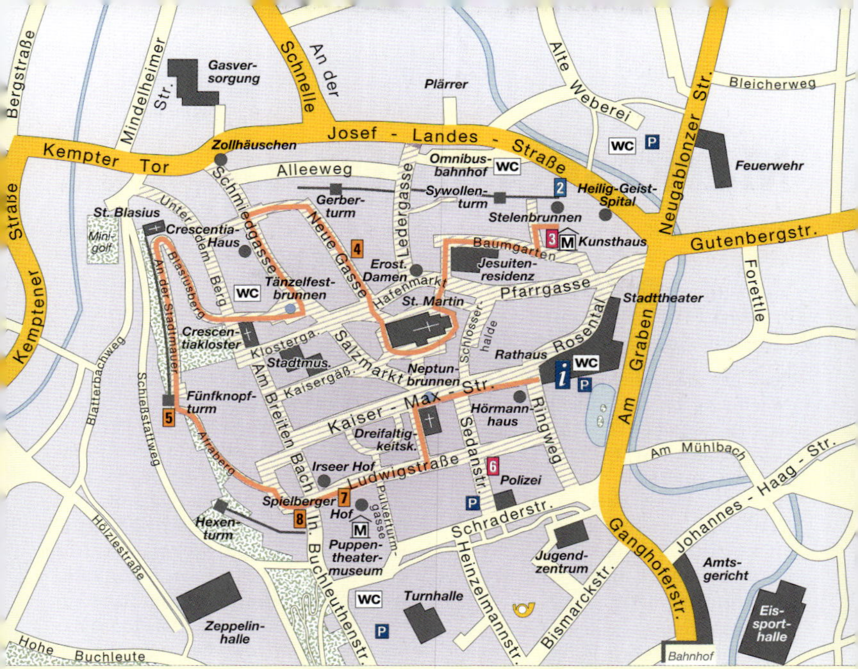

Essen & Trinken
1 Adlerkeller
3 Kirschkern
6 Jedermanns

Übernachten
2 Hotel Am Turm

Nachtleben
4 Platzl
5 Café am Fünftorturm
7 Zoigl Ludwigstraße
8 Zoigl Hochzeitsschlösschen

50 m

Kaufbeuren

Steaks und andere deftige Fleischgerichte – die Lage übertrifft Küche und Service. Hauptgericht bis 20 €. Warme Küche tägl. 11.30–22 Uhr. Anfahrt über die Straße Richtung Friesenried. Skihüttenweg 2, Oberbeuren, ✆ 08341/2848, www.skihuette-kaufbeuren.de.

Brauereigasthof Irseer Klosterbräu. Bayerische Wirtshausküche mit Biergerichten und allerlei Braten. Spezialität ist die Ente mit Blaukraut. Hauptgericht bis 20 €. Warme Küche tägl. 11.30–21.30 Uhr. Irsee, ✆ 08341/432200, www.irsee.com.

Am Abend Cafe am Fünftorturm 5 Das heimelige Lokal über der Stadt vereint Café, Bar und Biergarten. Di–Fr 16–1 Uhr, Sa 12–1 Uhr, So 13–23 Uhr. Afraberg 7, ✆ 08341/9665642, www.cafe5.de.

Zoigl 7 und **8** Das Zoigl ist eine **Hommage** an die nordbayerische Heimat seines Patrons Gernot Wildung. Zoigl heißt das in manchen Dörfern Frankens und der Oberpfalz in einem Gemeindebrauhaus gebraute Bier. Die Braugenossen holen es nach dem Sud in Fässern ab und lassen es im eigenen Keller mit Hefe versetzt nachreifen. Zu Wildungs Zoigl wird fränkische Brotzeit wie Presssack oder Saurer Käs gereicht. Offen am ersten Samstag im Monat ab 13 Uhr. Die übrigen, von den Brauterminen abhängigen Öffnungstage nennt der im Internet abzurufende „Zoigl-Kalender". Ludwigstr. 47 und im Hochzeiterschlösschen, Kappeneck 1; ✆ 0170/5458963, www.zoigl-kaufbeuren.de.

Wein- und Bierstube Platzl 4 Ein Wirt mit Herz und Seele. Urige Einrichtung mit Holz und noch mehr Holz, Bier wird im Steinkrug serviert. Tolles Whiskeysortiment, auch warme Küche. Di–Sa ab 19 Uhr. Neue Gasse 8, ✆ 08341/16161, www.weinstube-platzl.de.

Marktoberdorf

18.000 Einw., 758 m ü. NN.

Die beschauliche, ländlich geprägte Kreisstadt ist wahrscheinlich weniger ein klassischer Urlaubsort als vielmehr ein Ziel für einen Sonntagsausflug. Erst eine Runde ums Römerbad, dann zum Baden an den Ettwiesenweiher. Als Schlechtwetteralternative bieten sich Museen, Galerie und die Pfarrkirche an.

Mod, wie die Einheimischen den Ort in Anlehnung an das frühere Autokennzeichen nennen, ist nicht mit großen touristischen Attraktionen gesegnet. Die hier ansässige Bayerische Musikakademie bietet aber ein großstadtwürdiges Konzertprogramm, und die Präsentationen zeitgenössischer Kunst im Künstlerhaus finden weit über die Stadt hinaus Anerkennung.

Die Siedlungsgeschichte reicht bis in die Römerzeit zurück. Von 1299 bis zum Anschluss an Bayern (1803) gehörte Oberdorf dem Hochstift Augsburg, dessen Bischöfe sich hier ein Jagdschloss errichteten. 1453 bekam der Ort das Marktrecht und heißt seitdem Marktoberdorf. Mit dem Anschluss ans Eisenbahnnetz begann eine zögerliche Industrialisierung, die erst in den 1930er-Jahren in Schwung kam. Nach dem Zweiten Weltkrieg wuchs die Bevölkerung durch den Zuzug zahlreicher Vertriebener aus dem Sudetenland. 1953 bekam Marktoberdorf das Stadtrecht. Mit der Zusammenlegung der Kreise Kaufbeuren, Füssen und Marktoberdorf zum Kreis Ostallgäu wurde es Sitz der Kreisverwaltung. Größter Arbeitgeber ist heute die Firma Fendt. Im **Fendt Forum** präsentiert sie ihre Traktoren und Erntemaschinen in wechselnder Ausstellung.

Made in Marktoberdorf

▪ Forum Mo–Fr 8.30–17 Uhr. Werksführungen nur nach Anmeldung über einen Vertragshändler. Micheletalweg 14, www.fendt.com.

Markt und Künstlerhaus

Auf dem Weg vom Bahnhof ins Stadtzentrum passiert man hübsche Gründerzeithäuser in gepflegtem Zustand. Der **Marktplatz** mit einem modernen Brunnen und einladenden Straßencafés wirkt großzügig, um nicht zu sagen: etwas zu groß geraten. Im Alten Rathaus geht nun ein Zahnarzt seinem Geschäft nach, die angrenzende Frauenkapelle wäre anderswo ein barockes Kleinod, steht hier aber im Schatten der mächtigen Pfarrkirche St. Martin oben auf dem Schlossberg.

Das in einem kubischen, bunkerartigen Klinkerbau untergebrachte **Künst-**

lerhaus versteht sich als Ausstellungsort und Werkstatt. Ob es im Sinne der Architekten (Bearth & Deplazes, Chur) ist, dass die asketische Strenge ihrer Schöpfung nun durch wuchernde Weinranken aufgebrochen wird? Gezeigt werden wechselnde Sonderausstellungen zeitgenössischer Kunst. Mit der jeden Herbst im Künstlerhaus stattfindenden Ostallgäuer Kunstausstellung bietet Marktoberdorf speziell Künstlern und Künstlerinnen aus der Region die Möglichkeit, sich einem größeren Publikum vorzustellen. Durch Ankäufe aus dieser Ausstellungsreihe baut die Stadt eine eigene Kunstsammlung auf, die inzwischen von Herbert Achternbusch bis Elke Zauner reicht – und vor neugierigen Blicken gut geschützt im Depot des Künstlerhauses lagert.

■ Di–Fr 15–18 Uhr, Sa/So 14–18 Uhr, bei Sonderaustellungen Sonderzeiten. Eintritt 5 €. Kemptener Str. 5, www.kuenstlerhaus-marktoberdorf.de.

Am Schloss

Über die Stadt wacht auf dem Schlossberg die ehemalige Sommerresidenz der Augsburger Fürstbischöfe. Das **Barockschloss** (1723–28) nach Plänen von Johann Georg Fischer ist heute von der Bayerischen Musikakademie belegt, deren halb im Erdboden versenkter Konzertsaal in spannungsreichem Kontrast zum Schloss steht. Die **Kurfürstenallee** zieht sich schnurgerade hin bis zum Aussichtspunkt Tempel, den aber kein Tempel, sondern ein einfacher Findling markiert. Die mächtigen Linden der Allee wurden unter dem letzten Fürstbischof Clemens Wenzeslaus von Sachsen (1739–1812) gepflanzt, der seinen Lebensabend als Fürst ohne Land, doch mit satter Pension in Marktoberdorf verbrachte. Am Chor der Pfarrkirche wurde ihm eine Grabkapelle errichtet.

Auch die Gestalt der **Pfarrkirche St. Martin** geht auf Johann Georg Fischer zurück, der zudem in Marktoberdorf

St. Martin und die fürstbischöfliche Grabkapelle

geboren wurde. Die zarten, pastellfarbenen Stuckaturen im Wessobrunner Stil leiten vom Barock zum Rokoko über. Bereits im 8. Jahrhundert stand hier ein Gotteshaus. Aus einem romanischen Vorgängerbau stammt der im Bayerischen Nationalmuseum ausgestellte Genius cucullatus, ein keltischer Schutzgott in Gestalt eines zwergenhaften Kapuzenmanns, dessen Nachfahren heute als kreuzbrave Gartenzwerge Vorgärten hüten.

Marktoberdorfer Museen

Gleich drei Museen unter einem Dach findet man am Fuß des Schlossbergs im Martinsheim. Das lebendig und anschaulich gestaltete **Stadtmuseum** beschäftigt sich mit der Geschichte von

Stadtbrunnen und Altes Rathaus

Marktoberdorf. Die Zeitreise beginnt mit der Darstellung des Lebens auf einem römischen Landgut (siehe unten) und führt über ein Grab aus dem 6./7. Jahrhundert durch die Welt der Alemannen schließlich in die Neuzeit, die u. a. durch ein Stahlross der Traktorenfabrik Fendt repräsentiert wird. Das **Riesengebirgsmuseum** erinnert an die alte Heimat der Sudetendeutschen aus dem Riesengebirge, die nach ihrer Vertreibung im Anschluss an den Zweiten Weltkrieg in Marktoberdorf ein neues Zuhause fanden. Ein großflächiges Relief bildet maßstabsgetreu die Topografie des Gebirges ab, dessen berühmtester Bewohner, Rübezahl, dem Besucher in vielerlei Gestalt begegnet. Interessant sind auch die verschiedenen Schlitten, darunter einer mit Lenkrad! Das **Paul-Röder-Museum** ist dem zuletzt in Marktoberdorf lebenden Maler Paul Röder (1897–1962) gewidmet. Von impressionistisch beeinflussten Anfängen wandelte sich sein Stil über gegenständliche Abstraktionen in kräftigen Ölfarben auf Hartfaserplatten hin zu den Gouachebildern des Alterswerks. Außer Gemälden des Künstlers sind auch seine Sammlung alter Waffen sowie Kultgegenstände aus afrikanischen, asiatischen und ozeanischen Kulturen ausgestellt.

■ Mi 14–16 Uhr, So 10–12/14–16 Uhr (Riesengebirgsmuseum nur zweiter und vierter Sonntag im Monat). Eintritt frei. Eberle-Kögl-Str. 11, www.marktoberdorf.de.

Etwas außerhalb des Stadtzentrums, im Stadtteil Thalhofen, können Modelleisenbahnfreunde im **Eisenbahnmuseum** Züge und Bahnen aus der Zeit von ca. 1920 bis heute in liebevoll dekorierten Vitrinen und bei der Fahrt auf einer Modelleisenbahn-Anlage bewundern. Im angeschlossenen Museumsladen gibt es – auch seltene – Modelle aller großen Hersteller zu kaufen.

■ Di–Fr 14.30–18 Uhr, Sa/So 10–12/14.30–17 Uhr. Eintritt 5 €. Am Hörtnagel 2, Thalhofen, www.eisenbahnmuseum-allgaeu.de.

Rund ums Römerbad

Beim Ortsteil Kohlhunden stießen Arbeiter beim Bau der Umgehungsstraße auf die Mauerreste eines römischen Gutshofs (villa rustica). Während die Villa und die Wirtschaftsgebäude nach der Untersuchung wieder zugeschüttet wurden, sind Grundmauern des zum Landgut gehörenden **Römerbads** in einem rundum verglasten Schutzbau ausstellt.

▪ 4 km südwestlich der Kernstadt. April–Okt. So 10–12 Uhr. www.roemerbad-marktoberdorf.de.

Der Parkplatz des Römerbads befindet sich auf der anderen Straßenseite am **Kuhstallweiher,** den die Römer wahrscheinlich nicht nur als Viehtränke, sondern auch für die Fischzucht nutzten. An dem beschaulichen, auch zum Baden geeigneten Moorsee beginnen zwei jeweils rund einstündige Wanderrundwege durch die voralpine Moränenlandschaft, auf denen verschiedene Schautafeln Amüsantes und Lehrreiches zu erzählen wissen – nicht spektakulär, aber durchaus lohnend zu begehen.

Terra Nostra I ist deckungsgleich mit dem **Klobunzele-Weg,** der extra für Kinder ausgeschildert wurde. Gleich am Start steht eine mit kräftiger Rostpatina überzogene Blechskulptur der koboldhaften Sagengestalt. Jüngere Kinder dürfte das Klobunzele-Quiz begeistern. An jeder Schautafel gilt es eine Frage zu beantworten. Aus den Antworten ergibt sich ein Lösungswort, mit dem man sich am Römerbad, wenn es denn gerade geöffnet hat, eine Belohnung abholen kann.

Eine Tafel am Weg lenkt den Blick auf die Teufelseiche, von deren zwei Stämmen wenigstens einer auch im Winter Laub trägt. Hier befand sich die im 17. Jahrhundert aufgegebene Siedlung Ambassau, deren prominentester Bewohner, Paulin Propst, im Bauernkrieg den Oberdorfer Haufen mit mehreren Tausend Bauern anführte.

Im Wald nach dem **Ettwiesenweiher** steigt der Weg hinauf zum **Kindle,** einer Wallfahrtskapelle, die von Eltern aufgesucht wird, die um Heilung für ihre kranken Kinder bitten. Bilder, Votivtäfelchen, Kreuze und, besonders wirksam, Kleidungsstücke vom kranken Körperteil hängen an einem vor der Kapelle aufgestellten Baumstrunk, der Kindletanne. Man darf annehmen, dass das Baumheiligtum schon in vorchristlichen Zeiten verehrt wurde. Bis zum Neubau der Kapelle (1971) war es eine lebendige Tanne.

Die 5,5 Kilometer lange Wanderrunde **Terra Nostra II** führt vom Kuhstallweiher ostwärts zum **Eisweiher,**

Ostallgäu → Karte S. 64

Marktoberdorfs Marktplatz bei Eisdielenwetter

aus dem früher die Brauereien das Eis für ihre Lagerkeller holten. Durch den Ortsteil Rieder geht es zum Hochwieswald mit dem **Pestfriedhof.** Angelegt für die Opfer der ersten großen Pest 1349, wurde er 1634/35 wieder geöffnet, als eine neue Welle der Seuche jeden dritten Marktoberdorfer dahinraffte.

Praktische Infos

Information **Touristikbüro.** Richard-Wengenmeier-Platz 1, Rathaus, ✆ 08342/400845, www.touristik-marktoberdorf.de, Mo–Fr 8–12.30 Uhr, Mo auch 14–16 Uhr, Do auch 14–18 Uhr.

Baden **Anton-Schmid-Hallenbad.** Mit 25-Meter-Sportbecken (innen) und beheiztem Außenbecken; Saunabereich. Im Sommer auch Liegewiese, Beachvolleyball und Slacklining. Di–Fr 14–22 Uhr, Sa/So 10–20 Uhr, in den Schulferien tägl. ab 10 Uhr. Eintritt 2 Std. 4,50 €. Sauna Herren Mo 16–21 Uhr; Damen Mi 14–22 Uhr; gemischt Di/Do/Fr 14–22 Uhr, Sa/So 10–20 Uhr; in den Schulferien Mo ab 14 Uhr, Di–So ab 10 Uhr. Tageskarte mit Bad 15 €. Bahnhofstr. 42, www.hallenbad-marktoberdorf.de.

Ettwiesenweiher. Der Ette, wie ihn die Einheimischen nennen, ist ein 3 km südlich der Stadt romantisch am Waldrand gelegener Moorsee mit Duschen, Umkleide und Liegewiese. In der Saison mit Kiosk. Eintritt frei.

Elbsee. Ebenfalls ein Moorsee, 8 km westlich der Stadt. Seebad mit kinderfreundlichem Einstieg und Bootsverleih, räumlich getrenntem Campingplatz und beliebtem Ausflugslokal. Eintritt 3, €. www.elbsee.eu.

Fahrradverleih **Radsport Buhler.** Kaufbeurer Str. 1, ✆ 08342/41386, www.radsport-buhler.de. Mo/Di/Do/Fr 9–12.30/13.30–18 Uhr, Mi 13.30–18 Uhr, Sa 9–12 Uhr.

Feste/Veranstaltungen Abwechselnd **Musica sacra** (in geraden Jahren) und **Internationaler Kammerchor-Wettbewerb** (in ungeraden Jahren), jeweils um Pfingsten im Veranstaltungszentrum Modeon, Schwabenstr. 58, www.modfestivals.org.

Das Gesamtprogramm im **Modeon** (Theater, Konzerte, bis hin zur Ü-30-Party) findet man unter www.modeon.de.

Konzerte der Bayerischen Musikakademie, im Schloss, Kurfürstenstr. 19, www.musikinbayern.de.

Einkaufen **Wochenmarkt.** Fr vormittags auf dem Marktplatz.

Radfahren **Oberdorfer Radlrunde.** 32 km durch die Ortsteile rund um Marktoberdorf. Beim Touristikbüro gibt's ein Faltblatt dazu, auf www.outdooractive.com die Route als GPS-File.

Wandern Zwei Pilgerwege, der **Münchner Jakobsweg** nach Lindau und der **Prälatenweg** durch den Pfaffenwinkel zum Starnberger See, berühren Marktoberdorf. Den Pilgerstempel bekommt man im Touristikbüro.

Übernachten **Weitblick Allgäu.** 4-Sterne-Haus am Stadtrand auf dem Gelände einer ehemaligen Gärtnerei mit Alpenblick. Spa- und Wellnessbereich mit Außenpool, Saunen und Fitnessgeräten. E-Bike- und Porsche(!)-Verleih. DZ 160–200 €. Schongauer Straße 48, ✆ 08342/41010, www.weitblick-allgaeu.de.

Café Hotel Greinwald. Mitten im Ort mit 17 hellen und modern eingerichteten Zimmern. Internet, Sauna, angeschlossen ist ein Tagescafé mit Garten. DZ 110–120 €. Georg-Fischer-Str. 22, ✆ 08342/420460, www.hotel-greinwald.de.

Allgäu Hotel Elbsee. Direkt am See zehn 1- oder 2-Raum-Apartments mit Küchenzeile, Fliesenboden, Balkon, WLAN. Kleiner Spa- und Wellnessbereich, Leihräder. Restaurant und Badeplatz nebenan. Apartment 90–130 €. Am Elbsee 3, Aitrang. ✆ 08343/248, www.allgaeu-hotel-elbsee.com.

Camping Elbsee. Vielfach ausgezeichneter Eco-Campingplatz an einem Badesee mit umfangreichem Freizeitangebot für Kinder und Erwachsene. Ganzjährig geöffnet. 2 Pers. mit Stellplatz bis 35 €. Am Elbsee 3, Aitrang, ✆ 08343/248, www.elbsee.de.

Essen & Trinken **Zum Burger.** Traditioneller Gasthof mit Metzgerei. Urige Atmosphäre, bodenständige Küche mit riesigen Schnitzeln und Steaks, auch Spezialitäten wie die mit Wirsing gefüllten Pfannkuchen („Wirsingstrudel"). Biergarten. Hauptgericht bis 25 €. Warme Küche tägl. mittags und abends (im Winter außer So). Georg-Fischer-Str. 23, ✆ 08342/2674, www.zum-burger.de.

MeinTipp **Zum Sailer.** Außen althergebracht, innen modern eingerichtet. Der von diversen Gastroführern ausgezeichnete Jungkoch Johannes Hirtl versucht die Balance aus Gourmetküche (5-gängiges „Kurfürstenmenü", 85 €) und alpenländischen Klassikern mit frischen Zutaten. Hauptgericht bis 25 €, Mittagsmenü 10 €. Warme Küche mittags und abends. So/Mo Ruhetag. Marktplatz 6, ✆ 08342/9693577, www.zum-sailer.de.

Auerbergland

Auerbergland nennt sich ein Zusammenschluss von dreizehn Gemeinden rund um den Auerberg. Einige von ihnen liegen noch im Allgäu, die übrigen bereits im Landkreis Weilheim-Schongau, mit dem Oberbayern auch auf das Westufer des Lechs ausgreift.

Der oberbayerische Teil des Auerberglands ist zugleich Teil des Pfaffenwinkels, so benannt wegen seiner zahlreichen Klöster und Wallfahrtskirchen, die es in dieser Dichte wohl deutschlandweit nirgendwo sonst gibt. Aus dem Pfaffenwinkel stammen die Meister der Wessobrunner Schule (→ S. 283) wie etwa die Gebrüder Zimmermann. Und hier steht mit der Wieskirche auch der Weltstar unter den süddeutschen Rokokokirchen.

Altenstadt 3300 Einw., 722 m ü. NN

Altenstadt liegt am Schnittpunkt zweier Römerstraßen, der Via Claudia Augusta von Augsburg über Tirol nach Italien und der Salzstraße von Kempten nach Salzburg. Noch im Mittelalter war es wichtiger Rast- und Umschlagplatz für Warentransporte. Wohl auf Initiative des Ortsherrn, Markgraf Welf VI., wurde 1180–1220 die **Basilika St. Michael** errichtet, eine der schönsten romanischen Kirchen Bayerns. Die Baumeister der querschifflosen, mit einem Tonnengewölbe überdachten Zwillingsturm-Kirche dürften aus Italien gekommen oder wenigstens dort in die Lehre gegangen sein. Da die Staufer im 13. Jahrhundert die bis in die Römerzeit zurückreichende Siedlung auf einen näher am Lech gelegenen Hügel verlegten – aus der Neugründung wurde die Stadt Schongau –, blieb St. Michael von späteren Umgestaltungen weitgehend verschont. Auf dem Lettnerbalken über dem Choreingang wacht der „Große Gott von Altenstadt", ein monumentaler Jesus am Kreuz, flankiert von Maria und Johannes (Originale im Bayerischen Nationalmuseum). Aus der Bauzeit der Kirche stammt auch der Taufstein. Im Tympanon über dem Westportal kämpft der Kirchenpatron gegen einen Drachen. Im Chor, an der Westwand

Romanisches Kleinod St. Michael

und im südlichen Seitenschiff sind noch romanische und frühgotische Fresken erhalten.

Gasthof Janser, vier Fremdenzimmer und eine Ferienwohnung, bayerische und kroatische Küche. DZ 75 €. Mo Ruhetag. Burgstr. 2, Schwabniederhofen, ✆ 08861/9087255, www.gasthof-janser.com.

Der Auerberg 1055 m ü. NN

Der Aussichtsberg zwischen Oberbayern und Schwaben ist mit seiner mittelalterlichen **Kapelle St. Georg** und einem Gasthof ein beliebtes Ausflugsziel. Man genießt den Ausblick bis zum Peißenberg und zum Ammergebirge, bestaunt in der Kapelle die von Jörg Lederer geschnitzte Mondsichelmadonna und erkundet den Gipfelbereich kindgerecht begleitet vom Kaufmann Crispius auf einem der beiden etwa halbstündigen Römerwege, an denen Schautafeln einen Blick in die Vergangenheit erlauben. Auf dem Auerberg befand sich nämlich dereinst die älteste, keltisch-römische Siedlung Bayerns, das vom Geografen Strabo als Akropolis beschriebene **Damasia,** gegründet 13 n. Chr., doch schon nach zwei Generationen wieder aufgegeben. Der vier Kilometer lange Kulturpfad **Via Damasia** verbindet den Gipfel durch die romantische Feuersteinschlucht hindurch mit dem **Auerbergmuseum** in Bernbeuren. Das in einem alten Bauernhaus eingerichtete Museum stellt die Siedlungsgeschichte des Auerbergs vor, präsentiert eine alte Baderstube, einen Dorfladen und eine Ausstellung zur Landwirtschaft anno dazumal sowie eine Sammlung alter Rundfunkgeräte.

▪ Mitte April bis Mitte Okt. Sa/So 14–16 Uhr, Eintritt 2,50 €. Mühlenstr. 9, Bernbeuren, www.auerbergmuseum.de.

Lechbruck 2600 Einw., 737 m ü. NN

Vor dem Eisenbahnzeitalter war der Lech die Hauptverkehrsader der Region, auf der vor allem Holz, aber auch andere Massengüter wie Bausteine und Kalk aus dem Alpenraum flussab nach Augsburg, ja manchmal gar bis Wien

Der Lech bei Lechbruck

und Budapest transportiert wurden. Die Flößerei war die wichtigste Erwerbsquelle in Lechbruck und bestimmte den Alltag: Die Männer waren über Wochen irgendwo unterwegs auf dem Fluss, die Frauen sorgten derweil für die Alten und Kinder. Das in einem der ältesten Häuser des Dorfs eingerichtete **Flößermuseum** erzählt von dieser Zeit. In die Flößerwelt eintauchen kann man auch auf Floßfahrten, die von der Tourist-Information auf dem inzwischen zu einem See aufgestauten Lech angeboten werden. An der Lechbrücke startet der Lech-Erlebnisweg mit Bewegungs- und Erfahrungsstationen rund um den Lechsee. Ein besonderes Erlebnis versprechen die im Sommer dienstagabends auf einem Floß konzertierenden Alphornbläser, und sogar Trauungen auf dem Floß bietet die Gemeinde an.

Information **Tourist-Information.** Flößerstr. 1, ✆ 08862/987830, www.lechbruck.de, Mo–Fr 8–12/14–17 Uhr, Juli/Aug. bis 18 Uhr und Sa/So 10–12 Uhr.

Flößermuseum April bis Sept. Do 17.30–19 Uhr, So 16–18 Uhr, Eintritt 3 €. www.floesser-lechbruck.de.

Steingaden 2900 Einw., 763 m ü. NN

Der Weg zur Wieskirche führt historisch wie straßentechnisch über Steingaden. Hier gründete Markgraf Welf VI. 1147 vor seinem Aufbruch zum Kreuzzug ein **Prämonstratenserkloster.** Der Konvent wurde 1803 im Zuge der Säkularisation aufgehoben und die Klostergebäude mit Ausnahme des an den Kreuzgang grenzenden Westflügels abgerissen. Im **Klostermuseum** erfährt man mehr (leider nur Do 16–18 Uhr).

Die romanischen Doppeltürme des 1176 geweihten **„Welfenmünsters“,** nämlich der ehemaligen Klosterkirche St. Johann, weisen schon von Weitem den Weg nach Steingaden. Welf VI. († 1191) ließ sich hier in seiner Lieblingskirche auch beisetzen. Das Innere der Hallenbasilika, die mit der Aufhe-

Markgraf Welf vor dem Welfenmünster

bung der Abtei an die Pfarrgemeinde überging, wurde im Lauf der Jahrhunderte wiederholt dem Zeitgeschmack angepasst, zuletzt zur 600-Jahr-Feier im Rokokostil. Ein typisches Beispiel hierfür ist die mit Gold und Zierrat schier überbordende Kanzel des Füsseners Anton Sturm. Welcher Kontrast zum Chorgestühl (1534) des nur mit seinen Initialen bekannten Meisters „H. S.“, das sich durch eine strenge geometrische Gliederung, klare Linien und den weitgehenden Verzicht auf Ornamente auszeichnet. Leider ging der Querflügel des Gestühls irgendwann verloren. Ebenfalls aus der Renaissancezeit stammt die „Welfengenealogie“, eine Bildergeschichte mit der

Stammfolge des Geschlechts, an der Nordwand der Vorhalle.

Information **Tourist-Information.** Krankenhausstr. 1, ✆ 08862/200, www.steingaden.de. Mo–Do 8–12/14–17 Uhr, Fr 8–12 Uhr. In den Sommerferien auch Fr 15–17 Uhr, Sa 10–12 Uhr.

Übernachten/Essen **Gasthof Graf.** Die beste Wahl am Ort. Landestypische Küche mit frisch zubereiteten Speisen. Einfache Zimmer ohne Schnickschnack, geräumig, sauber und trotz Straßenlage ruhig. Restaurant Mo/Di Ruhetag. DZ 65–80 €. Schongauer Str. 15, ✆ 08862/246, www.gasthof-graf.de.

Die Wieskirche

Das Postkartenidyll mit heller, zartgelber Kirche auf einem Hügel hinter blühenden Wiesen mit grasendem Fleckvieh währt nur kurz. Schon bald am Vormittag legt sich das Dröhnen von Motoren übers Kuhgebimmel: Die Busse kommen – und bringen Pilger, Kunstfreunde aus aller Welt sowie Urlauber auf Bayernrundreise. Etwa eine Million Besucher pro Jahr muss die Wallfahrtskirche zum Gegeißelten Heiland auf der Wies, wie die Wieskirche mit vollem Namen heißt, verkraften und ist damit nach Neuschwanstein die Nummer zwei im bayerischen Besucherranking.

„Diese Wahlfart ist für diese ungewerbsame Gegend aber auch eine wahre Wohlthat. Und es wäre noch weniger rätlich, sie hinwegzunehmen, ohne den hiesigen Bewohnern neue Nahrungsquellen zu bieten", schrieb der für die Verwertung der 1802 verstaatlichten Besitztümer des Klosters Steingaden zuständige Kommissar Oberndorfer in seinen Visitationsbericht – und rettete damit vielleicht die Kirche für die Nachwelt und vielen Bewohnern des bis heute abgelegenen Landstrichs ein Auskommen.

Was macht die 1746–52 im Stil des Rokoko gebaute Wieskirche so bemerkenswert, dass sie von der UNESCO zum **Weltkulturerbe** gerechnet wird? Es ist wohl das gelungene Zusammenspiel von Architektur, Bauplastik und Malerei, die sich hier zu einem harmonischen Ganzen fügen und alles wie aus einem Guss wirken lassen. Schöpfer des Gesamtkunstwerks Wieskirche waren die Zimmermann-Brüder, nämlich der Architekt und Stuckateur Dominikus (1680–1758) und der Stuckateur und Freskenmaler Johann Baptist (1685–1766). Sie legten die Kirche als ovalen Kuppelraum mit rechteckigem Altarbereich an, die von einem Umgang mit paarweise angeordneten Säulen umgeben sind. Vom weißen Grundton von Wänden und Decke heben sich die in zarten Pastelltönen gehaltenen und bis zum Überdruss verschnörkelten Stuckornamente ab. Im Zentrum des **Deckenfreskos** thront der auferstandene Christus auf einem Regenbogen, Symbol für die Versöhnung von Gott und Mensch nach der Sintflut, die eine Hand aufs Herz und mit der anderen zum Kreuze weisend. Unter ihm wartet schon der Thron für das Weltgericht, bei dem sich dann auch die Himmelstür am Westende öffnen wird. Zeit und Sterblichkeit, symbolisiert durch einen alten Engel mit Sense und Sanduhr, haben ihre Macht schon verloren. Ein anderer Engel scheint seiner himmlischen Aufgaben überdrüssig und streckt uns, ganz plastisch, ein Beinchen entgegen, als wolle er herabsteigen. Finden Sie ihn? Hier spielt der Künstler mit unseren Illusionen.

▪ Während der Sommerzeit 8–20 Uhr, Winterzeit 8–17 Uhr. Führungen gegen Spende auf Anfrage um 9/11/14.30/15.30 Uhr, Anmeldung erwünscht unter ✆ 08862/932930. Keine Besichtigung und Führung während der Gottesdienste. www.wieskirche.de.

Essen & Trinken **Gasthof Schweiger.** Besser, als man angesichts der hier gleich an der Wieskirche einkehrenden Massen erwarten könnte. Professionell charmanter Service auch in Stresszeiten. Brotzeit, bayerische Klassiker, Eigenkreationen wie das Zanderfilet in Mandelbutter mit Blattspinat. Hauptgericht bis 15 €. Warme Küche tägl. 9–18 Uhr, im Winter Fr Ruhetag. Wies 9, ✆ 08862/500, www.gasthof-schweiger-wieskirche.de.

Pilgerziel Wieskirche

Erbarmen für den malträtierten Heiland

Die Gründung der Wieskirche geht auf eine Statue des gegeißelten Heilands zurück, die man benötigte, als sich das Steingadener Kloster 1730 dem vielerorts üblichen Brauch der Karfreitagsprozessionen anschloss. Die Patres durchstöberten also ihre Speicher und Lager, fanden hier einen Kopf, dort einen Torso, anderswo Füße und Arme, und setzten die Körperteile schließlich zu einer Figur zusammen – man kann sich denken, dass dieses Stückwerk auch mit allerlei Aufpolsterungen und einem neuen Anstrich kein wohlproportioniertes Kunstwerk wurde. Gerade drei Jahre durfte der Gegeißelte bei der Prozession auch nur mitmachen, dann wurde er ausrangiert und geriet in die Hände der Kinder des Klosterwirts, die mit ihrer Spielfigur alles andere als pfleglich umgingen. Das hätte das Ende des nun wirklich malträtierten Heilands bedeuten können, wäre da nicht die Wieshofbäuerin Maria Lori gewesen, die sich seiner annahm und ihn auf ihren Hof brachte. Dort fing der Gegeißelte prompt – am Abend des 14. Junis 1738 soll es gewesen sein – zu weinen an. Die Kunde von diesem Tränenwunder verbreitete sich in Windeseile und schon bald konnte die von der frommen Bauernfamilie eigens errichtete Feldkapelle die Pilger nicht mehr fassen. So gab der Steingadener Abt Hyazint Gassner, der schon den Gegeißelten Heiland hatte „bauen" lassen, nun den Auftrag zum Bau einer Wallfahrtskirche.

Ende gut, alles gut: Der Heiland fand schließlich im Altar der Wieskirche einen würdigen Platz, an dem er noch heute steht. Und die Lori Maria, ohne die das Wunder kein Wunder gewesen, weil es von niemandem hätte bezeugt werden können, die heiratete nach dem frühen Tod ihres Wieshofbauern den Wieskirchenbaumeistersohn Franz Dominikus Zimmermann.

Seeg

3000 Einw., 853 m ü. NN

Seeg, wo Milch und Honig fließen. Das Bauerndorf auf halber Strecke zwischen Marktoberdorf und Füssen versucht sich als „Honigdorf" auf dem hart umkämpften Tourismusmarkt zu positionieren.

Der Dorfmetzger und der Dorfbäcker verkaufen Seeger Honig, Wirtshäuser kochen damit, ein Themenweg durchs Dorf wurde eingerichtet, das Heimatmuseum hat eine Schauimkerei und auf dem Spielplatz grüßt die Biene Maja. Ansonsten gibt es die im bayerischen Allgäu ja fast schon obligatorische Rokokokirche, einen romantischen Badeweiher und eine Vielzahl markierter Wanderwege, die alle zu begehen man wohl eine Woche unterwegs wäre. Auf eingefleischte Histo-Fans wartet ein Burghügel ohne Burg.

Sehenswertes

Sankt Ulrich: Die Seeger Pfarrkirche zählt zu den herausragenden Rokokokirchen Süddeutschlands. Deutschlands erster Bundespräsident Theodor Heuss, der gerne im Allgäu Urlaub machte, schwärmte von ihr als „Kleiner Wies" (deren es mehrere gibt, wie wir bereits in Stöttwang bei Kaufbeuren gelernt haben). Erbaut wurde sie von Johann Jakob Herkomer (1652–1717), der sich auch mit Kloster und Kirche Sankt Mang in Füssen einen Namen gemacht hat. Herkomer war Lehrer seines Neffen Johann Georg Fischer und vielleicht auch von Dominikus Zimmermann, dem bedeutendsten Rokokobaumeister im Alpenraum. Im prachtvollen Innenraum von Sankt Ulrich fügen sich Architektur und Dekoration zu einem harmonischen Ganzen. Das Deckenfresko von Johann Baptist Enderle, ganz im Stil Tiepolos, zeigt die Seeschlacht von Lepanto. Papst und Kaiser beobachten das Kampfgeschehen, während ein Engel die Christenheit unterstützt, indem er Blitze gegen die türkischen Schiffe schleudert.

Heimatmuseum: Ein mächtiger Webstuhl erinnert an die Leinen- und Flachsverarbeitung, die einst viele Allgäuer ernährte. Manches Tüchlein im Wäscheschrank oder der Brautruhe ist ganz wörtlich ein wahres Gedicht. Sozusagen als Hommage an die Vergangenheit seines Domizils, das als Dorfschule gebaut worden war, zeigt das Museum ein Klassenzimmer aus den 50er-Jahren. Die Allgäuer Erweckungsbewegung, eine Art katholischer Pietismus, bei der der Seeger Dorfpfarrer Johann Michael Feneberg eine führende Rolle spielte, kommt im Museum leider etwas zu kurz. Dafür belegt die ausgestellte, einem anderen Seeger Geistlichen gehörende Feuerspritze, dass die hiesigen Seelenhirten auch als weltliche Feuerwehr Verantwortung trugen. Jüngste Attraktionen des Hauses sind die Erlebnisimkerei und ein von Pferden gezogener Schneepflug.

■ Hauptstr. 66, April bis Okt. Do 14.30–18 Uhr, So 14–17 Uhr. Eintritt 3 €, mit Führung (Do 15 Uhr) 5 €.

Burgstall: Auf Höhe des Ortsteils Hitzleried (Burgstallweg, 15 Gehminuten vom Bahnhof) erhebt sich am Ostufer des Lobachs ein auffällig runder Erdhügel, den eine Art Wochenendhaus krönt. Im Hochmittelalter befand sich hier die Burg der Herren von Seeg, eine Motte, wie Fachleute diesen frühen und seltenen Burgentyp mit turm-

Blick von Seeg auf Breitenberg und Aggenstein

förmigem, palisadenzaunbewehrtem Gebäude in Holzbauweise nennen. Die Gemeinde hat Erdhügel und Graben, der die Motte einst umgeben hat, wunderschön instand gesetzt – doch Haus und Hügel sind Privatgrund und deshalb nur von außen zu besehen.

Praktische Infos

Information **Tourist-Information.** Hauptstr. 33, ✆ 08364/983033, www.seeg.de. Mo–Fr 8.30–12/15–16.30 Uhr, Sa 10–12 Uhr. Mitte Sept. bis Juni (ausgenommen Schulferien) Mi/Fr nachmittags geschlossen.

Baden **Schwaltenweiher.** Ein idyllischer Badesee 4 km westlich von Seeg, Strandbad mit Schatten, Ausflugslokal (Mo Ruhetag), Beachvolleyball, Bootsverleih. Eintritt frei. schwaltenweiher.de.

Ballonfahren **Bavaria Ballonfahrten.** Bietet für 200–500 €/Pers. Touren über den Königswinkel. Hitzlerieder Str. 15, ✆ 08364/986068, www.bavaria-ballon.de.

E-Bike-Verleih **Landhotel Seeg** → Übernachten.

Emmentalerradweg Kein Weg ins Schweizerische Emmental, auch die Begegnung mit herbeirollenden Emmentalerlaiben ist nicht zu erwarten. Der familienfreundliche Rundweg (38 km, Abkürzungen möglich) um Seeg und Hopferau hat seinen Namen von drei Sennereien, die an der Strecke liegen. Längs der Route stehen Informationstafeln zur Landwirtschaft, die Spielplätze in Rückholz und Seeg beschäftigen sich mit dem Thema Käse. www.seeg.de/emmentaler-radweg.

Übernachten **Landhotel Seeg.** Mit etwa 60 Betten (auch drei Apartments) größtes Hotel am Ort. Familiengeführt, Programme für Kuren, Wellness & Beauty. Hallenbad, Liegewiese, E-Bikes, KönigsCard. DZ 100–180 €. Wiesleutener Str. 9, ✆ 08364/880, www.landhotel-seeg.de.

Landhaus Grobert. Von freundlichen Wirtsleuten geführte Pension mit Restaurant am Ortsrand, 1 km vom Bahnhof. Zimmer unterschiedlichen Zuschnitts, auch neu ausgestattete Ferienwohnungen mit bis zu fünf Betten. Kinderfreundlich, Hunde sind ebenfalls willkommen. KönigsCard. DZ 105–135 €. Im Laich 3, Seeg-Hitzleried, ✆ 08364/1263, www.landhaus-grobert.de.

Essen & Trinken **Alpe Beichelstein.** Ausflugslokal mit Sonnenterrasse eine Wanderstunde südöstlich von Seeg. Do–Di ab 11 Uhr. ✆ 08364/397, www.alpe-beichelstein.info.

Ostallgäu → Karte S. 64

Blick vom Tegelberg über Bannwaldsee und Forggensee

Am Forggensee

781 m ü. NN

Der Forggensee ist im Sommer ein Paradies für Segler, Surfer, Badende und sonstige Wasserratten. Per Rad kann man ihn auf nahezu autofreien Wegen und ohne größere Steigungen durch eine abwechslungsreiche Wiesenlandschaft mit Alpenblick in etwa zwei Stunden bequem umrunden.

Als einziger See der Region wurde der Forggensee nicht von Eiszeitgletschern geschaffen, sondern von Menschenhand. Ein 41 Meter hoher Lehmkiesdamm bei Roßhaupten staut seit 1954 den Lech zu einem bis zu zwölf Kilometer langen und drei Kilometer breiten Gewässer. Ein **Informationszentrum am Kraftwerk Roßhaupten** nennt Einzelheiten zu Bau und Technik (Mai bis Sept. tägl. 8–20 Uhr, Okt. bis April tägl. 9–16 Uhr). Und erklärt uns, dass es hier schon einmal einen See gab: den Füssener See, der aber irgendwann den seinen Abfluss blockierenden Moränenzug durchbrach und danach auslief wie eine Badewanne, der man den Stöpsel zieht. Die kleinen Seen der Füssener Seenlandschaft wie Hopfensee, Weißensee und Alpsee sind die letzten Pfützen dieses verschwundenen Natursees.

Stromerzeugung, Hochwasserschutz und die Sicherung des Donauwasserstands waren die Gründe, den Forggensee aufzustauen und damit die Lechauen zu fluten, was etwa 250 Menschen ihre Heimat kostete. Benannt wurde der neue See nach dem in seinen Fluten untergegangenen Weiler Forggen. Im Winter, wenn der Wasserspiegel abgesenkt wird und damit das Gewässer auf einen vielleicht noch drei Quadratkilometer kleinen Restsee schrumpft, lässt sich die Mondlandschaft des Seegrunds bei Frost sogar trockenen Fußes begehen. Ein reizvoller Spaziergang, auf dem die Grundmauern untergegangener Gebäude, die alte Allee zwischen Augsburg und Füssen und sogar Spuren der Römerstraße Via Claudia zu entdecken sind. Im Juni erreicht der Wasserspiegel wieder seinen Normalpegel und erlaubt damit auch den Ausflugsschiffen über etliche Anlegestellen zwischen Füssen und Roßhaupten zu pendeln.

Radrunde um den Forggensee

Wir starten am Bootshafen beim Füssener Festspielhaus auf der B16 nordwärts. Nach der Zufahrt zum Segelclub lässt der Radweg die Bundesstraße links liegen und folgt mit der *Ehrwanger Straße* dem Verlauf der alten Staatsstraße Füssen – Augsburg. Bevor diese nach der Kläranlage im Forggensee abtaucht, wendet sich der Radweg nach links und folgt der Uferlinie zum *Café Maria* (Rieden). In Osterreinen verlässt der Radweg das Ufer, steigt leicht an, überquert den *Schleichbach*, passiert Dietringen und stößt am Ende der Seestraße auf einen Yachthafen. Weiter geht's links wieder am Ufer entlang bis zur Bundesstraße und auf dieser über den Bernmoosbach bis zur Kreuzung mit der Kreisstraße nach *Halblech*, in die wir einbiegen.

Wir passieren den Kunstpark *Via Claudia Augusta* und überqueren auf der Staumauer den Lech. Am Ostufer geht es auf einem lang gezogenen Anstieg rund um den *Illasberg* zum *Illasbergsee*, einem Ausläufer des Forggensees. Ein neuer Anstieg bringt uns nach *Kniebis*. Dort wendet sich die Straße nach Süden und wir rollen auf die Alpen zu. Einen Kilometer nach Kniebis verlassen wir auf Höhe des Kuhmoosweihers die Kreisstraße nach rechts Richtung *Greith*.

Der gut ausgeschilderte Radweg strebt nun wieder südwärts zum *Hegratsrieder See* und schlängelt sich durch die Wiesen zu den Schwangauer Ortsteilen *Brunnen* und *Waltenhofen*. Leider ist der Uferweg den Fußgängern vorbehalten und wir müssen die Straße über *Schwangau-Horn* nehmen. Über den *Forchenweg* kommen wir zum *Kraftwerk Horn*, wo wir den Lech überqueren. Auf Füssener Seite wieder flussab, kommen wir nach insgesamt etwa 30 Kilometern zurück zum Ausgangspunkt am Festspielhaus.

Baden

Das Baden ist am Forggensee an den meisten Uferstellen möglich. Trotzdem kann es am Wochenende sehr voll werden. Offizielle Strandbäder sind der Badeplatz Via Claudia (zwischen Mangmühle und Tiefentalbrücke), der Badeplatz Dietringen (am Anlegesteg) und das mit seinem Wasserspielplatz besonders kindgerechte Naturbad beim Campingplatz Magdalena im Ortsteil Osterreinen.

Ein idyllischer, von Wald und Wiesen eingerahmter Badeplatz ist der **Faulensee,** etwa 20 Gehminuten westlich von Rieden. Das Wasser ist meist etwas wärmer als im Forggensee, ein Café lädt zur Einkehr.

Forggenseeschifffahrt 1.6.–15.10. **Große Rundfahrt** Füssen – Roßhaupten – Füssen tägl. zwei- bis dreimal (2 Std., Erw. 13 €); **Kleine Rundfahrt** Füssen – Osterreinen – Füssen vier- bis sechsmal (1 Std., 9 €). Fahrradmitnahme möglich. ✆ 08362/921363, www.forggensee-schifffahrt.de.

Rieden

Wer den See hat, kann den Mangel an anderen Attraktionen leicht verschmerzen. Und so gibt es im Dorf etwa hundert Anbieter von Gästezimmern und Ferienwohnungen, obwohl doch Rieden abseits vom mit Segelclubs und Liegewiesen gepflasterten Seeufer ein wenig bemerkenswerter Ort ist. Seine **Pfarrkirche**

Ostallgäu → Karte S. 64

„Zu den heiligen fünf Wundern" stammt einmal mehr von Johann Jakob Herkomer und Johann Georg Fischer. Das **Kletterzentrum** des DAV lockt die Klettersportler mit Boulderwänden und Routen verschiedener Schwierigkeitsstufen. Festliche Highlights im Jahreslauf sind neben Fasching und sommerlichem Dorffest die Aufführungen des **Bauerntheaters,** einer gut eingespielten Truppe örtlicher Laiendarsteller.

Information **Gästeinformation.** Lindenweg 4, ✆ 08362/37025, www.rieden.de. Mo–Do 8–12/14–17 Uhr, Fr 8–12 Uhr, Juni bis Sept. auch Fr 14–17 Uhr und Sa 10–12 Uhr.

Fahrrad- und E-Bike-Verleih **Radlerhof Scheffler.** Forggenseestr. 1, Osterreinen, ✆ 0178/3740219, www.radlerhof.com.

Alpen Bikes. Vor allem MTB, Faulenseestr. 1, ✆ 08362/924665, www.alpen-bikes.de.

Gleitschirmfliegen **Erste DAeC-Gleitschirm-Schule.** Am Sandbichl 10, ✆ 08362/-37038, www.erste-daec-gleitschirm-schule.de.

Kletterhalle **DAV-Kletterzentrum.** Tgl. außer Mo, im Sommer bei Badewetter reduziert. Dietringer Str. 50, www.alpenverein-fuessen.de.

Segeln **Forggensee-Yachtschule.** Seestr. 10, Dietringen, ✆ 08362/471, www.forggensee-yachtschule.de.

Übernachten **Landhotel Schwarzenbach.** Eher zweckmäßig als modern eingerichtet, Zimmer teilweise mit Balkon, auf der Straßenseite bei offenem Fenster laut. Freundlicher Service durch die Besitzerfamilie und schöne Aussicht über den See zu den Königsschlössern. KönigsCard. DZ 95–130 €. Dietringen 1, neben der Bundesstraße, ✆ 08367/343, www.landhotel-schwarzenbach.de.

Haus Geier. Neubau im Dorf und 20 Gehminuten vom See. Fünf helle und geräumige 1- bis 3-Raum-Ferienwohnungen mit gefliesten Böden. Gut ausgestattete Küchenzeilen, stylisher Sauna- und Wellnessbereich mit Alpenblick. Liegewiese, Frühstücks- und Brötchenservice, Spielplatz in Laufweite. KönigsCard. Fewo 2 Pers. 80–100 €. August-Geier-Str. 15, ✆ 08367/37319, www.hausgeier.de.

Ferienhof „Beim Sima". Biobauernhof mit Kälbern und anderem Getier in Alleinlage fünf Gehminuten vom See. Zwei Ferienwohnungen für 2–4 Pers. im Landhausstil, separates Ferienhäuschen. Königscard. Fewo 90–120 €. St. Urban 2, ✆ 08367/1465, www.ferienhof-beim-sima.de.

Camping Seewang (ehemaliger Warnitzka). Schön gelegen direkt am See, wenig Schatten. Mit E-Bike- und Bootsverleih, WLAN. Gasthaus nebenan. 2 Pers. mit Stellplatz 25 €, ganzjährig offen. Tiefental, ✆ 08367/406, www.camping-forggensee.de.

Rundfahrt auf dem Forggensee

Die Sameisterkapelle, Vorzeigestück des „Allgäuer Palladio“

Essen & Trinken **Pizzeria Il Gambero.** Neu eingerichtet und gern besucht, denn Luigis Holzofenpizza, Pasta und Salat schmecken einfach super und sind preiswert dazu. Auch Fisch und Fleisch vom Grill. Hauptgericht bis 25 €. Tägl. ab 12 Uhr. Bachtalstr. 10, Osterreinen, ✆ 08362/941253, www.sonnen-lage.de.

Wirtshaus am Tiefental. Regionale Küche mit Grillfleisch, Knödeln und Brotzeit im Wintergarten oder auf der Sonnenterrasse. April bis Okt. Mo Ruhetag, Nov. bis März Fr/Sa 17–21, So 12–21 Uhr. Camping Seewang, Tiefental 1, ✆ 08367/9133210.

Roßhaupten

Obgleich vom Ortsbild her ein Dorf, in dem Urlaubern nur eine Nebenrolle zukommt, leistet sich Roßhaupten am südöstlichen Ortsausgang einen Kurpark mit Kneippbecken und Minigolf.

Das **Dorfmuseum** in dem nach einer Käsehändlerdynastie benannten Pfannerhaus stellt uns die drei berühmtesten Roßhauptener vor: Caspar Tieffenbrucker, Stammvater einer im 16. Jahrhundert vor allem in Frankreich und Italien aktiven Dynastie von Lauten- und Geigenbauern; Roman Anton Boos, kurfürstlicher Hofbildhauer, von dem etwa die Statuen im Nymphenburger Schlosspark stammen; und schließlich Johann Jakob Herkomer, der die süddeutsche Barockarchitektur maßgeblich prägte. Noch nicht gewürdigt wird Margot Roßhauptner, die energische Haushälterin aus der Fernsehserie „Pfarrer Braun“, in der sie vom Pfarrer (Ottfried Fischer) stets als „Roßhauptnerin“ angeredet wird. Im Dachgeschoss geht es um altes Handwerk, darunter auch die Kunstblumenherstellung durch Heimatvertriebene aus dem Sudetenland. Das separat zugängliche **Informationszentrum zur Via Claudia Augusta** gewährt Einblick in die Römerzeit am Lech.

▪ Dorfmuseum, Hauptstr. 1, Mai bis Sept. So 15–18 Uhr, Juli/Aug. auch Sa 15–18. Uhr. Informationszentrum tägl. 10–17 Uhr.

In Sameister, fünf Kilometer Richtung Lechbruck, hinterließ Herkomer sein vielleicht schönstes Bauwerk: die Kreuzkuppelkirche „Mariä Sieben Schmerzen und vom Heiligen Grab“, kurz **Sameisterkapelle** genannt. Der

Ostallgäu → Karte S. 64

Gasthof neben dem Kirchlein, damals auch Posthalterei und Station zum Pferdewechsel, war Herkomers Elternhaus, in der von seiner Familie 1685 gestifteten Kapelle wurde er begraben. Die ungewöhnliche Form im Stil des italienischen Frühbarocks mit den dreiteiligen Thermenfenstern hatte er auf seinen Lehr- und Wanderjahren als Bauhandwerker in Venetien kennengelernt. Zurück in der Heimat bewies der „Allgäuer Palladio" gleich beim ersten großen Auftrag sein Allroundtalent, denn er entwarf den Bau nicht nur, sondern schmückte ihn auch gleich selbst mit Fresken und Stuckaturen aus. Das Altarblatt mit der Heiligen Familie und den Heiligen Sebastian und Antonius wird ihm ebenfalls zugeschrieben. Der nur brusthohe Eingang zur winzigen Heilig-Grab-Kapelle hinter dem Altar zwingt den Besucher in die Knie – eine Schlupfwallfahrt.

▪ Donnerstagabend Messe. Den Schlüssel zur Kapelle verwahrt Frau Klöck im Bauernhof nebenan, ✆ 08367/861.

Information Verkehrsamt. Hauptstr. 10, ✆ 08367/364, Mo–Fr 8.30–12/14–17 Uhr, Sa10–12 Uhr. www.rosshaupten.de.

Fahrrad- und E-Bike-Verleih Stefans Sporteck. Hauptstr. 22, ✆ 08367/622 .

Feste/Veranstaltungen Dorffest. Mitte August. **Alphornblasen**, im Sommer oft Montagabend auf dem Dorfplatz.

Reiten Haflingerhof. Ausritte, Reitunterricht und, da staunt der Laie, Fahrschule und Führerscheinprüfung fürs Kutschenfahren. Vordersulzberg 1, ✆ 08364/98480, www.haflingerhof.com.

Übernachten Hotel Kaufmann. Am Ortsrand, zehn Gehminuten vom See. Umgebaut und erweitert, der Anbau mit anspruchsvoller Architektur. Etwa 40 Zimmer unterschiedlichen Komforts mit Balkon und getrennten Wohn- und Schlafbereichen. Spa mit Hallenbad, Sauna, Fitnessraum, Beauty- und Wellnessanwendungen. KönigsCard. Für Kinder weniger geeignet. DZ 135–200 €. Füssener Str. 44, ✆ 08367/91230, www.hotel-kaufmann.de.

Landhotel Haflingerhof. Nicht nur für Reiterferien. Zimmer im Landhausstil mit Couchecke, im Neubau etwas geräumiger. Teilweise Balkon und separates Kinderschlafzimmer, auch Apartments mit Galerie und Kochecke. Sauna, Außenpool. Gutes Preis-Leistungs-Verhältnis, super Restaurant. DZ 90–120 €. Vordersulzberg 1, an der Straße nach Seeg, ✆ 08364/98480, www.haflingerhof.com.

Berghof Kinker. Der bewirtschaftete Biohof von Bauer Franz liegt auf einer Anhöhe mit freiem Blick auf den See, die Königsschlösser und die Berge. Kinderfreundlich mit Tieren zum Anfassen, die Mitarbeit im Stall ist willkommen. Gut und zeitgemäß ausgestattete Ferienwohnungen für bis zu 5 Pers., besonderes originell die blaue „Bauernstube" mit restaurierten Bauernmöbeln. Fewo 2 Pers. 80–100 €. Ussenburg 77, zwischen Roßhaupten und Faulensee, ✆ 08367/1033, www.berghof-kinker.de.

Essen & Trinken Landhotel Haflingerhof. Das Besondere im Restaurant des Haflingerhofs sind die Speisen vom Fohlen, vom fein geräucherten Fohlenschinken über Gulasch oder Tafelspitz bis zum Sauerbraten. Wer kein Pferdefleisch mag, findet auch ausreichend andere bayerische und internationale Gerichte. Hauptgericht bis 25 €. Mo/Mi/Do/Fr ab 14 Uhr, Sa/So ganztags. Vordersulzberg 1, an der Straße nach Seeg, ✆ 08364/98480, www.haflingerhof.com.

Adler. Gasthof mit Tradition und bodenständiger Küche (Kässpätzle, Schweinshaxe und dergleichen). Bei schönem Wetter Biergartenbetrieb. Hauptgericht bis 20 €. Mo–Mi Ruhetag. Sameister 5, ✆ 08367/392, www.adler-sameister.de.

Die Füssener Barockbasilika St. Mang

Füssen

15.000 Einw., 808 m ü. NN.

Ammergebirge, Lech und die Füssener Seenlandschaft geben den stimmungsvollen Rahmen für die drittgrößte Stadt des Ostallgäus. Ganz zu Unrecht steht die romantische Seele Bayerns, wie die Stadt am Ende der Romantischen Straße von manchen genannt wird, etwas im Schatten von Neuschwanstein und Co.

Füssens Altstadt lädt mit ihrem Ensemble spätgotischer und barocker Bürgerhäuser, mit Läden und gemütlichen Straßencafés zum Verweilen ein. Das wehrhafte Hohe Schloss will mit Illusionsmalereien unsere Sinne täuschen. Basilika und Kloster St. Mang haben auch für Ungläubige Kunst und Kuriositäten zu bieten. Gleich an zwei Orten bittet der Tod zum Tanz. Vom Ortsteil Bad Faulenbach, Moorheilbad und Kneippkurort, ist man mit wenigen Schritten in der autofreien Natur eines stillen Bergtals, wo der mythenumwobene Alatsee nicht nur dem Kommissar Kluftinger knifflige Rätsel aufgibt.

Füssens Geschichte beginnt im 3. Jahrhundert mit dem römischen Kastell *Foetibus* auf dem Schlossberg, einer Station an der von Norditalien über Reschenpass und Fernpass nach Augsburg führenden Via Claudia Augusta. Vom Tiroler Pinswang kommend überquert sie bei der Theresienbrücke den Lech, folgt der Reichenstraße und der Augsburger Straße, zweigt nach dem Festspielhaus rechts von der Bundesstraße ab, passiert die Kläranlage auf der Ostseite und versinkt dann im Forggensee, wo man ihren Verlauf beim winterlichen Niedrigwasser noch als aufgeschütteten Damm mit abgeholzten Alleebäumen erkennen kann.

Weil die Lage der Stadt an dieser Nord-Süd-Achse für die Ausbreitung des christlichen Glaubens strategisch günstig war, entsandte man im 8. Jahrhundert den aus dem Kloster St. Gallen stammenden Mönch Magnus nach Füssen – so berichtet es wenigstens die 150 Jahre später geschriebene *Vita St. Magni* –, der neben St. Gallus und St. Columban zu einem der drei Allgäuheiligen wurde. Der Ort findet zu dieser Zeit als *Fauces*, lateinisch für Schlund oder Schlucht, Erwähnung, was sich wohl auf den Lechfall bezieht. Ab dem 12. Jahrhundert heißt die Stadt dann Fozen oder Fuessen (= „Füße"), was die drei Füße, die einem im Stadtwappen begegnen, erklärt.

Mangels entsprechender Urkunden weiß niemand, wann genau Füssen das Stadtrecht erhielt. Es muss auf jeden Fall vor 1286 gewesen sein, denn in diesem Jahr begannen die Füssener mit dem Bau ihrer Stadtmauer. Anno 1313 entschied sich das Schicksal der Stadt für die nächsten fast 500 Jahre, als Kaiser Heinrich VII. die dem Reich gehörende Herrschaft an den Bischof von Augsburg verpfändete. Das Pfand wurde nie mehr eingelöst, Füssen blieb bis zur Säkularisation Teil des Hochstifts Augsburg und schaffte auch nicht den Aufstieg zur Freien Reichsstadt. Seine beste Zeit war wohl kurz vor der Reformation, als Kaiser Maximilian samt Hofstaat viele Male an dem zwischen Bayern und Österreich gelegenen Handelsplatz weilte.

Mit der Säkularisation wurde Füssen 1803 bayerisch. Während Ludwig II. in Neuschwanstein seinen Traum vom Mittelalter inszenierte, begann in Füssen das Industriezeitalter mit dem Bau der Mechanischen Seilerwarenfabrik, bald eines der führenden Hanfwerke in Deutschland. Die Hanfwerke sind längst pleite und ihre Fabrik eine Industriebrache, für die Füssen noch keine neue Verwendung gefunden hat. Auch das zur Jahrtausendwende eröffnete, privat finanzierte Festspielhaus erfüllte die Hoffnung auf einen Besucheransturm nicht. Gleich zwei Musical-Produktionen um den Märchenkönig Ludwig II. strichen aus wirtschaftlichen Gründen die Segel. Zuletzt träumte Bürgermeister Iakob vom Pro-

Landsknechte ziehen aufs Hohe Schloss

jekt *Allgäuer Dorf*, einer „kulturell-touristischen Freizeiteinrichtung mit Erlebnischarakter, Handwerk und Brauchtum" – „Selbstkarikatur und Alpendisney", schimpften die Kritiker. Nun suchen die Investoren einen anderen Standort.

Stadtrundgang

→ Karte S. 105

Beginnen wir unseren Rundgang an der im alten Schulhaus untergebrachten Tourist-Information. Vor dem Eingang bestaunen Passanten den **Sieben-Steine-Brunnen** mit sieben Stelen, auf deren Spitze die Wasserkraft schwere Felsquader rotieren lässt. Ein paar Schritte Richtung Bahnhof feiert das **Luitpolddenkmal** den Prinzregenten Luitpold, der Bayern von 1886–1912 regierte – zunächst als Vertreter seines entmündigten Neffen Ludwig II., dann für dessen Bruder und geisteskranken Thronerben Otto.

Die verkehrsberuhigte **Reichenstraße** ist Hauptachse und wichtigste Einkaufsmeile der Altstadt. Straßencafés und Flaneure stiften südliches Lebensgefühl. In der **Krippkirche St. Nikolaus** wird bis heute in der Vorweihnachtszeit der von den Jesuiten eingeführte Brauch einer großen Krippenausstellung gepflegt. Die 1717 von Johann Jakob Herkomer geschickt in die Häuserflucht eingebaute Kirche mit ihrem prächtigen Hochaltar (von Dominikus Zimmermann) ersetzte eine ältere Kapelle.

Während die Reichenstraße vor allem dem Fernhandel und Durchgangsverkehr diente, war der **Schrannenplatz** der Mittelpunkt des städtischen Lebens. In der **Vogtei** (heute Kolpinghaus, Schrannenplatz 7) amtete der Stadtvogt als Vertreter der Augsburger Fürstbischöfe. Die nun wieder als Markthalle genutzte **Schranne** war der städtische Kornspeicher und Ort des Getreidemarkts, an den auch der Brunnen vor dem Haus erinnert. Im Obergeschoss büffelten die Schüler der städtischen Lateinschule.

Der Name der **Brunnengasse** geht nicht auf einen öffentlichen Brunnen zurück, sondern auf den großen Stadtbrand von 1424, bei dem die Holzhäuser, die sich damals in der schmalen Straße aneinanderreihten, alle in Flammen aufgegangen waren. Man nannte sie deshalb „An der verbrunnen Gassen", woraus später dann die „Brunnengasse" wurde. Das **Anton-Sturm-Haus** (Brunnengasse 18) gehörte dem Bildhauer Anton Sturm (1697–1757), der die Figuren am Hochaltar der Stadtkirche schuf und auch in der Wieskirche und in Ottobrunn tätig war. Ein Sandsteinrelief über der Einfahrt zeugt von seinem Können.

Spitalvorstadt

Über die Franziskanergasse und das Pfarrgässle kommen wir in die erst 1502 mit Erweiterung der Stadtmauer in die Altstadt einbezogene Spitalvorstadt. Die hier erhaltene und restaurierte **Stadtmauer** mit Wehrgang, Schindeldach und vier Türmen kann leider nicht begangen werden. In der von Johann Georg Fischer barockisierte Kirche des Pestheiligen **St. Sebastian** findet man in den Gewölbeansätzen und an der Emporenbrüstung, passend zum angrenzenden Friedhof, einen Totentanz – weniger bekannt als *der* Füssener Totentanz in der Annakapelle, aber nicht weniger eindrucksvoll: neun von Bartholomäus Stapf gemalte Szenen mit dem Sensenmann mahnen, doch den Tod nicht zu vergessen. Ein Sandsteinmonument am kirchseitigen Eingang des **Alten Friedhofs** ehrt den hier beigesetzten Dominicus Quaglio, den Architekten von Schloss Hohenschwangau.

Ostallgäu → Karte S. 64

▲ Füssen, Stadt der Lautenmacher

▼ Die Heilig-Geist-Spitalkirche

Um die Füssener vor reformatorischen Irrlehren zu bewahren, holte die Obrigkeit Franziskanermönche und übertrug ihnen auch die Kirche **St. Stephan,** die erweitert und in das **Franziskanerkloster** (1631) einbezogen wurde. Mit seinem tollen Alpenblick dient es Franziskanerbrüdern heute als Alterssitz. Die Kirche und der besinnliche Klostergarten sind öffentlich zugänglich.

Über einem verschlossenen Tor neben dem Chor der Klosterkirche markiert eine Inschrift das **Ende der Romantischen Straße,** die als Deutschlands bekannteste und beliebteste Ferienstraße Würzburg mit Füssen verbindet. Über eine Treppe und das von Spitzweg verewigte **Bleichertörle** kommt man hinunter zum Lech. In den Flussauen vor dem Tor, der Stadtbleiche, wo heute das Krankenhaus steht, legten die Füssener früher unter Aufsicht des Bleichers ihre Stoffe und Tücher zum Aufhellen in die Sonne. Auf der Stadtseite des Tors wohnten die Flößer in der Floßergasse direkt an ihrem Arbeitsplatz, dem Lech.

Die bemalte Rokokofassade der **Heilig-Geist-Spitalkirche** überrascht mit einem riesigen muschelförmigen Fenster, wie man es eher bei einem Jugendstilbau erwarten würde. Franz Karl Fischer (1710–1772), Sohn von Johann Georg, entwickelte hier aus dem dreiteiligen „Thermenfenster" seines Großonkels Herkomer eine originelle, eigene Form. Neben dem Fenster wachen der heilige Florian (links) und der heilige Christopherus (rechts), unter den Glocken gar der Heilige Geist. Innen ist auf einem Fresko auch Nepomuk, Heiliger der Brückenbauer, Flößer und Schiffer, zu erkennen. Über die **Theresienbrücke** bietet sich ein Abstecher (siehe unten) zur Industriebrache der Hanfwerke, zum Lechfall und auf den Kalvarienberg an.

Die **Lechhalde** hinauf kommt man zum **Brotmarkt** mit Josef Michael Neustifters **Lautenmacherbrunnen.** Die Figur stellt Caspar Tieffenbrucker (1514–1570) aus Roßhaupten dar, mit dem das Lautenmacherhandwerk in Füssen begann. Reliefs zeigen eine Werkstatt und die Migration der Füssener Lautenmacher in die europäischen Kulturhauptstädte ihrer Zeit. Bei der Frage, warum ausgerechnet Füssen zum Zentrum des Lauten- und später Geigenbaus wurde, mögen das gute Klangholz der Bergwälder, die Lage am Handelsweg nach Italien und Aufträge für die Hofkapelle der Fürstbischöfe eine Rolle gespielt haben. Mehr zum Thema erfährt man im Stadtmuseum.

Basilika und Kloster St. Mang

Das Kloster St. Mang wurde im 9. Jahrhundert von den Augsburger Bischöfen gestiftet. Der Überlieferung nach hatte hier bereits der „Allgäuapostel" Magnus seine Einsiedlerzelle. Den barocken Klosterbau plante Johann Jakob Herkomer, auch die auf mittelalterlichen Fundamenten nach venezianischen Vorbildern errichtete **Basilika** (gebaut 1701–1717) ist sein Werk. An der Ausstattung beteiligten sich die führenden Bildhauer und Stuckateure des Allgäuer Barocks, etwa Johann Georg Fischer, Dominikus Zimmermann und Joseph Anton Fischer. Die von Herkomer (vorne) und Franz Georg Hermann (hinten) gemalten Decken- und Wandfresken im Hauptschiff halten die Lebensgeschichte des Heiligen fest. Von der ausdrucksstarken und lebendigen Detailgenauigkeit, mit der Anton Sturm seine Marmorfiguren gestaltete, kann man sich aus nächster Nähe in der St. Mang geweihten Kapelle neben dem Taufraum überzeugen – den wiederum ein Gekreuzigter von Jörg Lederer beherrscht.

Über dem modernen Altartisch hängt ein Plexiglaskreuz mit den **Reliquien** des Magnus: Knochensplitter, Kelch, Brustkreuz und vor allem der Magnusstab, der Überlieferung nach von Columban an Gallus und von diesem dann an Magnus weitergegeben. Andernorts, etwa in Wangen und Bad Schussenried, wird der Magnusstab bei Feldprozessionen zur Abwehr von Unwetter und Ungeziefer mitgeführt, wie es früher auch in Füssen üblich war. Auch die **Querhausaltäre** mit ihren von Pellegrini gemalten Altarblättern verbinden alt und neu: links vor dem Altar ein moderner Schrein für den St. Mang eng verbundenen Seligen Franz Xaver Seelos; rechts hinter dem Altar des heiligen Ulrich eine Plexiglasinstallation zu Ehren Marias. Um den Blick in diese ursprünglich als Bühnenraum für die Zurschaustellung des Allerheiligsten konzipierte Kapelle freizugeben, kann das Altarbild nach Art einer barocken Theaterkulisse mittels einer Kurbelmechanik versenkt werden.

Die nur bei Führungen und Messen zugängliche **Magnus-Krypta** (9.–12 Jh.) unter dem Chor ist der historisch bedeutsamste Raum der Kirche. Von einem frühmittelalterlichen Bilderzyklus über das Leben des Kirchenpatrons hat sich ein Fragment mit Magnus und Gallus erhalten. Der von sechs Säulen gestützte Baldachin war wohl der Unterbau eines Altargrabs mit dem Leichnam des Magnus, der in den Wirren der Ungarneinfälle (909–955) verloren ging. Durch die Krypta kommt man auch in die **Gruft** mit den Gräbern der verstorbenen Mönche.

Nach der Auflösung des Benediktinerkonvents fiel die Kirche an die Füssener Pfarrgemeinde. Die anderen Gebäude kamen auf Umwegen in den Besitz der Stadt, die hier ihr Rathaus und das **Museum der Stadt Füssen** unterhält. Dieses bietet einen Einblick in die Geschichte von Kloster und Stadt, eine Abteilung zu den Füssener Instrumentenbauern und vor allem einen spannenden Rundgang durch die Räumlichkeiten, vom romanischen Kreuzgang bis zu den **Prunkräumen** im Südflügel: der Kaisersaal, mit dem die Abtei herrschaftliche Größe demonstrieren

Ostallgäu → Karte S. 64

wollte; das Papstzimmer, in dem 1782 Papst Pius VI. zu Gast war; die ovale Bibliothek, deren Bücher nun in Augsburg sind und durch die man hinunter in den Speisesaal blicken kann – geistige und körperliche Nahrung gehören zusammen. Zur Basilika hin wurde unter dem barocken Korridor ein romanischer **Kreuzgang** freigelegt, dessen Reste nun von einem Steg aus sichtbar sind. In der **St.-Anna-Kapelle** besitzt das Kloster mit dem **Füssener Totentanz** (1602) ein eindrückliches Memento mori. Inspiriert von Vorbildern in Basel und den Holzschnitten Hans Holbeins hält es die Ambivalenz von Lebenslust und Todesangst fest. Im letzten der zwanzig Tafelbilder bittet der Tod auch den Künstler Jakob Hiebeler zum Tanz,

Der Kirchturm von St. Mang

der sein Werk allerdings um viele Jahre überlebte.

▪ Kirchenführung (mit St.-Anna-Kapelle) gegen Spende Sa 10.30 Uhr, Mai bis Okt. auch Di 16 Uhr. Museum April bis Okt. Di–So 11–17 Uhr, Nov. bis März Fr–So 13–16 Uhr. Eintritt 6 €, mit Galerien im Hohen Schloss 7 €. www.stadt-fuessen.de.

Hohes Schloss

Im spätgotischen Burgschloss der Augsburger Fürstbischöfe befinden sich heute das höchstgelegene Finanzamt des Freistaats, das Amtsgericht und zwei Gemäldegalerien. Bestaunenswert sind die illusionistischen **Fassadenmalereien** im Hof, die dem Hechinger Künstler Fidelis Eichele zugeschriebenen werden. Auch der spätgotische Giebel an der Ostseite des Nordflügels ist eine Rarität, denn wer hat schon mal von einem „gestäbten Fialengiebel" gehört, geschweige einen solchen gesehen?

Als Standort für befestigte Anlagen blickt der Schlossberg auf eine lange Geschichte zurück, denn bereits die Römer hatten hier oben ein Kastell erbaut. Mit dem Bau einer Burg versuchte später der bayerische Herzog Ludwig der Strenge seinen Machtanspruch über Füssen zu sichern. Er musste das 1291 begonnene Vorhaben nach heftigem Streit mit den Augsburger Bischöfen aber abbrechen, die die Burg danach vollendeten und hier ihr Pflegamt für den Bezirk Füssen einrichteten. Die heutige Anlage wurde 1486–1505 von Bischof Friedrich II. von Zollern, einem Onkel des Bauernjörg, errichtet. Spätere Umbauten beschränkten sich weitgehend auf die Innenausstattung.

In den Residenzräumen des Nordflügels präsentiert eine Filiale der Bayerischen **Staatsgalerie** spätgotische Tafelbilder und Skulpturen. Vor allem der Rittersaal, unter dessen prächtiger Kassettendecke so manches Mal Kaiser Maximilian seine Gäste empfing, bietet den angemessen Rahmen für die Kunst dieser Zeit. Ein Stifterbild des Füssener Abtes Hieronymus Alber zeigt uns Füssen, wie es um 1570 aussah. Die **Städtische Gemäldegalerie** versetzt uns in die Welt des 19. Jahrhunderts. Schwerpunkte der Sammlung sind Zeichnungen und Aquarelle des Spätromantikers Franz Graf von Pocci (eher bekannt durch seine Kasperlgeschichten) sowie Landschaftsbilder von Adolf Heinrich Lier und dessen Schüler Joseph Wenglein. Auch Carl Spitzweg ist mit dem Leinwandbild eines strickenden Wachpostens vertreten.

Für Gartenfreunde interessant sein dürfte der über eine Treppe vom unteren Tor erschlossene **Terrassengarten** mit Heil- und Gewürzpflanzen, die bereits im Mittelalter genutzt wurden. Auf dem Rückweg lohnt sich zudem ein Umweg durch den bischöflichen **Baumgarten,** einen ansprechenden Park mit Brunnenhaus, Pavillon und mächtigen Baumriesen.

Galerienöffnungszeiten: April bis Okt. Di–So 11–17 Uhr, Nov. bis März Fr–So 13–16 Uhr. Eintritt 6 €, mit Städt. Museum 7 €. www.stadt-fuessen.de.

Kalvarienberg, Lechfall und Walderlebniszentrum

Zum Aussichtspunkt Kalvarienberg verlässt man die Altstadt über die Theresienbrücke, folgt der Tiroler Straße bis zur **Kirche Unserer Lieben Frau am Berg** und biegt dort links in den bergauf durch den Wald führenden Kreuzweg ab. Oben auf dem **Kalvarienberg** bietet sich ein schöner Blick auf die Stadt, die Königsschlösser und die Seen. Beim Abstieg folgt man den Wegweisern zum **Lechfall.** Eindrucksvoll und mit ohrenbetäubendem Tosen stürzen sich die Wassermassen des Lechs über mehrere Stufen zwölf Meter in die Tiefe. Über den Wasserfall führt der **König-Max-Steg,** der auch vom Stadtzentrum in wenigen Minuten erreicht werden

▲ Ausflugsziel Lechfall

▼ Höhenluft schnuppern auf dem Baumkronenweg

kann. Auf dem kleinen Felsen rechts neben dem Parkplatz am Steg hat der heilige Magnus einen Fußtritt hinterlassen, als er, von bösen Heiden gehetzt, hier mit Gottes Hilfe über den Lech sprang.

Zehn Gehminuten flussauf vom Lechfall und unmittelbar vor der Landesgrenze lässt das **Walderlebniszentrum Ziegelwies** uns den Wald auf neue Art erleben. In einem Ausstellungspavillon können wir Bienen und Regenwürmern bei ihrem Tagwerk zuschauen, im Frühjahr lässt sich das Geschehen im Starenkasten per Live-TV verfolgen. Auf dem Auwaldpfad schaukeln wir über Hängebrücken und müssen auf einem Floß über den Lech, am Bergwaldpfad treffen wir die Riesenspinne, Märchenfiguren und einen Unterstand aus Baumrinde, im Tal der Sinne dürfen wir balancieren und Wasser treten. Höhepunkt ist der Baumkronenweg, beplankt mit Lärchenholz und luftige zwanzig Meter hoch über dem Erdboden.

▪ Tiroler Str. 10, www.walderlebniszentrum.eu. Baumkronenweg und Ausstellung Mai bis Okt. tägl. 10–17 Uhr, April/Nov. bis 16 Uhr. Eintritt Baumkronenweg 5 €, sonst frei.

Ziele in der Umgebung

Hopfensee

Der etwa zwei Quadratkilometer große See im Nordwesten von Füssen ist recht flach und erwärmt sich deshalb im Sommer besonders schnell. Wenn die Badegäste anderswo noch im eiskalten Schmelzwasser bibbern, erreicht das Thermometer im Hopfensee oft schon zwanzig Grad Celsius. Es locken Badestrände mit Freizeitangeboten, ein sieben Kilometer langer Wanderweg umrundet den auch gern von Wasservögeln besuchten See. Das am Nordufer gelegene Örtchen Hopfen ist seit Kaisers Zeiten ein beliebter Kurort und deshalb in der Saison alles andere als einsam.

Angeln am Hopfensee

Der Alatsee – ein Fall für Kommissar Kluftinger

Faulenbacher Tal und Alatsee

Das etwa fünf Kilometer lange und nur durch eine schmale Felsenschlucht zugängliche **Faulenbacher Tal** reicht vom Füssener Ortsteil Bad Faulenbach bis zum sagenumwobenen Alatsee. Seinen Namen hat der „faule Bach" von einer Schwefelquelle, in der schon die Römer kurten. Wegen des unangenehmen Geruchs von Schwefelwasserstoff, der sich beim Fließen des Wassers durch die gipshaltigen Böden der Gegend bildet und dann an der Quelle freigesetzt wird, leitet man die Quellen heute ab. Kleine Weiher und zugewachsene Gruben sind Zeugnisse des Gipsabbaus früherer Zeiten. Die Arbeiter des Klosters Sankt Mang gewannen hier den Rohstoff für die prächtigen Stuckarbeiten in den Schlössern und Kirchen des Allgäus. Längst hat die Natur sich das Bergbaugebiet zurückerobert und das autofreie Tal beeindruckt mit der nur von Vogelgezwitscher und dem Rauschen des Bachs unterbrochenen Stille. Von Studierenden einer Kunstschule gestaltete *Land Art* in Form von landschaftsbezogenen Skulpturen und Installationen fordert zum Nachdenken auf. Ein am Bad Faulenbacher Fischhausweg beginnender *Pfad der Sinne* lädt Barfußgänger zu einer Entdeckungsreise ein. Als besonders knifflige Aufgabe darf man an einer der Stationen mit den Füßen einen weiß-blauen Knoten knüpfen.

Den **Alatsee** kennen viele als Schauplatz des Kluftinger-Krimis *Seegrund*. Der bis 32 Meter tiefe See hat auf seinem Grund extrem schwefelhaltiges und sauerstoffarmes Wasser, in dem keine Organismen leben können, die einen auf Sauerstoffatmung basierenden Stoffwechsel betreiben. Darüber schwimmt eine Schicht leuchtend roter Bakterien, die sich vom Schwefel ernähren. Das schwere Schwefelwasser blockiert den vertikalen Wasseraustausch, der in anderen Seen im Winter abgekühltes Oberflächenwasser auf den Seegrund sinken lässt. Im oberen Teil dagegen ist der See sauerstoffreich und damit Lebenswelt für Fische und

Ostallgäu → Karte S. 64

andere Tieren. Bis lange nach Kriegsende war der Alatsee militärisches Sperrgebiet. Die US-Armee und nach ihr mancher Schatztaucher suchten hier nach dem Reichsbankgold, das die Nazis angeblich in den letzten Kriegstagen im See versenkt hatten. Gefunden wurde nie etwas. Eine Betonplatte am Ostufer erinnert an die Versuche, mit denen hier Ingenieure während der Kriegsjahre das Strömungsverhalten neuer Waffen erprobten. Im Gästebuch des Hotels Alatsee hat sich auch der Raketenforscher Wernher von Braun eingetragen.

▪ Ein **Wanderweg** führt mit leichten Steigungen in gut zwei Stunden ums Tal herum: Parkplatz Bad Faulenbach – Ruchtisteig – Oberer Kobelweg – Hahnenkopfweg – Zwei-Seen-Blick – Alatsee – Ober- und Mittersee – Kneippanlage – Bad Faulenbach. Als längere Tour bietet sich die Route Bad Faulenbach – Alatsee – Salober-Alpe – Ruine Falkenstein – Pfronten-Steinach an (Rückfahrt nach Füssen mit dem Bus).

Basis-Infos

Information **Tourist-Information.** Kaiser-Maximilian-Platz 1, ✆ 08362/93850, www.fuessen.de. Juni bis Okt. Mo–Fr 9–18.30 Uhr, Sa 9.30–13.30 Uhr, So 9.30–12.30 Uhr, Nov. bis Mai Mo–Fr 9–17 Uhr, Sa 9.30–13.30 Uhr. Filiale in Hopfen, Uferstr. 21, ✆ 08362/7458, Mo–Fr 9–12/14–17 Uhr, Sa/So 9–12 Uhr.

Baden Fünf als badetauglich zertifizierte Seen laden rund um Füssen zum Schwimmen und Planschen ein. Im Ortsteil Bad Faulenbach liegen direkt nebeneinander die Naturbäder **Mittersee** (geringer Eintritt, eher gesetztes Publikum) und **Obersee** (geringer Eintritt, viele Jugendliche, www.my-obersee.de). Am **Hopfensee** liegt das Strandbad in Hopfen (Uferstr. 37, geringer Eintritt). Auch am Westufer des **Weißensees** lädt im Ortsteil See ein Strandbad ein (Eintritt frei). Und dann ist da noch der **Forggensee** (→ S. 90).

Einkaufen **Sennerei Lehern.** Käseverkauf Mo–Sa 8–18 Uhr, So 9.30–18 Uhr. Lehern 158, Hopferau, ✆ 08362/7512, www.sennerei-lehern.de.

Geigenbau Oliver Radke **4** Herstellung und Restaurierung exklusiver Streichinstrumente für Profimusiker. Termin nach Vereinbarung. Brunnengasse 19, ✆ 08362/38828, www.geigenbau-radke.de.

Wochenmarkt. Donnerstagvormittag am Parkplatz Morisse, Kemptener Str.

E-Bike- und Fahrradverleih **Radsport Zacherl & Müller.** Leihradausgabe Mo/Di/Do/Fr/Sa 9–12 Uhr. Kemptener Str. 26, ✆ 08362/3292, www.rad-zacherl-mueller.de.

Sport Luggi. Di–Fr 9–12.30/14–18 Uhr, Sa 9–13 Uhr. Luitpoldstr. 11, ✆ 08362/5059155, www.ski-sport-luggi.de.

Eissport **Bundesleistungszentrum/Füssen (BLZ).** Publikumslauf tägl. 14–15.50 Uhr, Eintritt 4 €. Am Eisstadion 1, ✆ 08362/5075, www.blz.fuessen.de.

Feste/Veranstaltungen Kammermusikfestival **Vielsaitig.** Ende August. **Stadtfest,** Mitte August, mit Volkstanz und Blasmusik. Im Sommer bei gutem Wetter montags **Alphornblasen,** im Sommer Mo 20 Uhr auf der Kneippwiese in Bad Faulenbach und Sa 12.30 Uhr in der Altstadt. Infos und Programm jeweils unter www.fuessen.de.

Führungen **Stadtführungen.** Gewöhnlich samstags 10 Uhr ab Tourist-Information. Audioguides und Stadtrundgänge fürs Smartphone gibt's unter www.fuessen.de

Sennerei Lehern. Wie kommen die Löcher in den Emmentaler? Zuerst wird ein Film gezeigt, danach alte Geräte, dann Führung durch die moderne Käserei. Führungen bei mindestens 6 Teilnehmern Mai bis Okt. Mo–Fr 13.30 Uhr, Mo/Mi/Fr/Sa auch 11 Uhr; Nov. bis April Di/Do 13.30 Uhr. Erw. 3 €. Lehern 158, Hopferau, ✆ 08362/7512, www.sennerei-lehern.de.

Kino **Alpenfilmtheater.** Augustenstr. 15, ✆ 08362/921467, www.alpenfilmtheater.de.

Kanu **Kanu-Kini.** Schulung, Verkauf, geführte Touren, z. B. Sonnenuntergangstour Ende Mai bis Juli Di/Do/Fr 19 Uhr, Aug. bis Anfang Sept. Di/Do/Fr 18.30 Uhr. Auch Schnuppertouren, Halbtagesfahrten auf dem Forggensee und auf der Iller. Weidachstr. 71, ✆ 08362/9396969, www.kanu-kini.de.

Kultur **Festspielhaus.** Ein Bespieltheater für kommerzielle Veranstalter. Nach der Pleite zweier Ludwig-Musicals läuft nun wieder regelmäßig „Ludwig²", dazu andere Musicals und

Konzerte. Im See 1, ✆ 08362/5077212, www.das-festspielhaus.de.

Radwandern Fernradweg Via Claudia Augusta. Von Augsburg über Fernpass und Reschenpass nach Verona oder Venedig, wegen der Radshuttles, die Radlern über die Pässe helfen, wohl die leichteste Alpenüberquerung. www.viaclaudia.org.

Wassersport Wassersport Hopfen. Surfen, Kajak, Stand-up-Paddeln. Ende Juni bis Mitte Sept. Am Strandbad Hopfen, ✆ 08364/1487, www.windsurfschule-hopfen.de.

Reiten Pony- & Pferderanch Weißensee. Reitkurse und Ausritte für Kinder und Erwachsene. Brand 1d, Weißensee, ✆ 0151/22360596, www.pony-pferderanch-weissensee.de.

Wandern Einfache Touren führen durchs **Faulenbacher Tal** zum Alatsee (siehe oben) oder über den **Kalvarienberg** zum Schwansee (→ S. 112).

Übernachten

Hotels Biohotel Eggensberger. Zertifiziertes Biohotel in Traumlage über dem Hopfensee. Wellness und Kuranwendungen, Gästeprogramm. Empfohlen für gesundheitsbewusste Paare mittleren Alters. KönigsCard. DZ 165–260 €. Ringweg 5, Hopfen, ✆ 08362/91030, www.eggensberger.de.

Hotel Sommer. Eigentümergeführtes Wellnesshotel, 2 km vom Zentrum und unweit vom Festspielhaus ruhig am Forggensee gelegen. Gemischtes Publikum, einladende Zimmer unterschiedlicher Größe, Spa mit Frei- und Hallenbad. KönigsCard. DZ 200–260 €. Weidachstr. 74, ✆ 08362/91470, www.hotel-sommer.de.

Hotel Hirsch **1** Zentral, nahe der Fußgängerzone. Attraktiv sind die nach historischen Personen oder Ereignissen benannten und individuell eingerichteten Themenzimmer. Eigene Parkplätze, Tiefgarage nebenan. DZ 125–220 €. Kaiser-Maximilian-Platz 1, ✆ 08362/93980, www.hotelfuessen.de.

Alstadthotel Zum Hechten **9** Älteres Haus mit Anbau. Hier wie dort eher kleine, zweckmäßig eingerichtete Zimmer – aber man will ja etwas unternehmen und nicht auf dem Zimmer sitzen. Sauna, WLAN. Parkmöglichkeiten am Haus begrenzt, in der Umgebung ausreichend. DZ 100–150 €. Ritterstr. 9, ✆ 08362/91600, www.hotel-hechten.com.

Hotel Fantasia **3** Alte Villa mit Anbau und schönem Garten. Kleine, doch originelle, in Lila- und Pinktönen farbenfroh gestaltete Designzimmer. Hausgäste können den Wellnessbereich des Hotels Sonne nutzen. WLAN, Parkplatz. DZ 70–120 €. Ottostr. 1, ✆ 08362/300670, www.hotelfantasia.de.

Ferienwohnungen Ferienhaus im Königswinkel. 4 Ferienwohnungen mit Hotelkomfort für 2–4 Personen. Altstadt und Natur in Laufweite. Sauna und Fitnessraum im Keller. Parkplatz am Haus. KönigsCard. Fewo 2 Pers. 80–180 €. Alatseestr. 9, Bad Faulenbach, ✆ 08362/2455, www.ferien-in-fuessen.de.

Ferienhaus Poppler. 17 Ferienwohnungen für 2–6 Pers., alle mit Balkon, zentrumsnah und doch ländlich mit viel Platz ums Haus. Eigene Pferde und Kleingetier, Eselswanderungen. Fewo 60–130 €, Endreinigung extra. Augsburger Str. 35, ✆ 08362/91510, www.poppler.de.

Haus Guggemos. Preiswerte Unterkunft am Ortsende von Hopfen und nahe am See. Angeschlossen ist ein Campingplatz. DZ und Fewo ab 65 €. Uferstr. 42, Hopfen, ✆ 08362/3334, www.haus-guggemos.de.

Hostel Jugendherberge DJH. 15 Gehminuten vom Zentrum. 140 Betten in 2er-, 4er- und 6er-Zimmern. Nachtruhe ab 22 Uhr, dann werden auch die Etagenduschen verschlossen. Bett 25 €, DZ 60 €. Mariahilferstr. 5, ✆ 08362/7754, www.jugendherberge.de.

Camping Am Hopfensee. 5-Sterne-Camping mit Seezugang, Kurabteilung, Sporthalle, Kinderbetreuung und mietbaren Waschkabinen. Keine Zelte, keine allein reisenden Jugendlichen. 2 Pers. mit Stellplatz 35–40 €. Fischerbichl 7, Hopfen, ✆ 08362/917710, www.camping-hopfensee.de.

Wohnmobilstellplatz. Komfortabel, mit Restaurant. Abt-Hafner-Str. Gewerbegebiet Nord, www.wohnmobilplatz-fuessen.de.

Essen & Trinken

→ Karte S. 105

In der Stadt Il Pescatore **8** Liegt etwas versteckt an der Stadtmauer. Schönes Ambiente, flotte Kellner. Super Pizza mit knusprigem Boden, Pasta- und Fleischgerichte. Hauptgericht bis 25 €. Reservierung empfohlen. Do–Di 11.30–14/17–22.30 Uhr. Franziskanerstr. 13, ✆ 08362/930699, www.ilpescatore-fuessen.de.

Madame Plüsch **2** Das kleine Restaurant mit gemütlichem Nostalgieambiente ist mit Liebe zum Detail eingerichtet. Aufgetischt werden selbst gemachte Suppen und Deftigkeiten wie Schweinshaxe, Zwiebelfleisch oder Kässpätzle. Wer's leichter mag, bestellt einen Salat. Mi–Mo ab 17 Uhr, Di Ruhetag. Drehergasse 48 (Schrannenplatz), ✆ 08362/9300949, www.madame-pluesch.de.

Haus der Gebirgsjäger **7** Man lasse sich durch den Namen nicht abschrecken. Das unprätentiöse Lokal neben der Allgäu-Kaserne bietet schmackhafte gutbürgerliche Küche. Preiswerte Tages- und Wochengerichte, Biergarten, Kinderspielplatz. Hauptgericht bis 15 €. Warme Küche 11.30–14/17–22.30 Uhr, Di Ruhetag. Kemptener Str. 68, ✆ 08362/7984, www.haus-der-gebirgsjaeger.de.

Beim Olivenbauer **5** Uriges Lokal mit Erlebniswert. Das Inventar mischt südländisches und bayerisches Flair, auch die Küche bedient Allgäuer wie mediterrane Sehnsüchte, dazu auch Steakfreunde. Kinderkarte und Kinderspielecke. Tägl. durchgehend warme Küche. Ottostr. 7 (Morissenparkplatz), ✆ 08362/6250, www.beim-olivenbauer.de.

Stadtcafe **6** Außenplätze mit Schlossblick, im ersten Stock Wiener-Kaffeehaus-Ambiente. Kaffee und Kuchen, Spezialität sind die zuckersüßen und knusprigen Mandelflans. Mittags wechselnde warme Gerichte. Mo–Sa 8.30–18.30 Uhr, So 13–18 Uhr. Reichenstr. 5 (am Magnus-Brunnen), ✆ 08362/6170, www.stadtcafe-fuessen.de.

Außerhalb Hotel Alatsee. Traumhaft gelegen und das einzige Lokal am See. Mittags serviert die Küche eher gutbürgerliche Klassiker, abends anspruchsvollere Gerichte. Auch die Preise sind dann ambitioniert. Hauptgericht bis 25 €. Mo/Di 11–18 Uhr, Mi–So 11–23 Uhr, Nebensaison Di Ruhetag. ✆ 08362/6205, www.hotel-alatsee.de.

Salober Hütte. Die Alphütte über dem Alatsee bietet traumhafte Ausblicke und im Winter eine rasante Rodelabfahrt. Allgäuer Küche. Ganzjährig Di–So ab 10 Uhr. Salober Alm, ✆ 0043/5677/8788, www.saloberalm.de.

Schloss Hohenschwangau: Wohnkomfort mit Mittelalterflair

Schwangau und die Königsschlösser

„Einer der schönsten Orte, die zu finden sind", jubelte der König der Herzen und setzte gegenüber dem väterlichen Schloss seinen eigenen Traum in Szene: Schloss Neuschwanstein, das nach der BMW-Welt am meisten besuchte Tourismusobjekt Bayerns.

Schwangau, ein Luftkurort zwischen Forggensee und Ammergauer Alpen, könnte auch ein Vorort des nahe gelegenen Füssen sein. Wer länger bleibt, wohnt beschaulich in den Ortsteilen Brunnen oder Waltenhofen am Forggensee. Die Masse der Tagestouristen, mehr als 1,5 Mio. Menschen im Jahr, strömt mit Bussen und Pkws in den Ortsteil Hohenschwangau, wo sie sich durch das gleichnamige Schloss und vor allem durch die Märchenburg Neuschwanstein schleusen lässt. Nur wenige kommen auch ins Hauptdorf Schwangau. Neben der Therme gibt es hier einen hübschen, doch nicht sonderlich aufregenden Kurpark. Die Zwiebelturmkirche **St. Coloman,** etwas außerhalb im Osten des Dorfs, ist mit den Bergen im Hintergrund ein beliebtes Fotomotiv. Die ab 1673 nach einem Entwurf des Wessobrunners Johann Schmuzer im frühen, noch ganz italienisch inspirierten Barockstil gebaute Wallfahrtskirche gefällt mit einer lichten Halle voll zarter Stuckaturen, die ebenfalls dem jungen Johann Schmuzer zugeschrieben werden. Die von Hans

Kels dem Älteren geschaffenen Figuren an der Südostwand, nämlich Coloman, Maria und Appolonia, markieren den Ausklang der Spätgotik im Allgäu.

▪ St. Coloman Mai bis Mitte Okt. tägl. 14.30–16.30 Uhr.

Museum der bayerischen Könige

Im vormaligen Speisesaal des Grandhotels Alpenrose, behutsam mithilfe eines neuen Stahlträger-Tonnengewölbes erweitert, erzählen die Wittelsbacher unter Einsatz moderner Präsentationstechnik und erlesener Exponate ihre Geschichte von den Anfängen der Dynastie bis in die Gegenwart. Im Mittelpunkt stehen dabei die Bauherren der Königsschlösser, König Maximilian II. und König Ludwig II. Wie Schloss Hohenschwangau gehört auch das Museum dem **Wittelsbacher Ausgleichsfonds,** eingerichtet durch den bayerischen Staat gerade nur fünf Jahre nach dem Ende der Monarchie, „in heiliger Sorgenpflicht" um das abgedankte Herrscherhaus. Dem einer Stiftung vergleichbaren Fonds, in den ursprünglich der zwischen Staat und Dynastie umstrittene Besitz einfloss, gehören heute Schlösser, Mietshäuser und Gewerbeimmobilien, Wälder und Kunstschätze. Die Erträge, allesamt steuerfrei, fließen dem Haus Wittelsbach zu, das auch den Verwaltungsrat der Stiftung mit hochkarätigen Industriellen und Blaublütlern besetzt.

▪ Alpseestr. 27, Hohenschwangau. Tägl. 9–17 Uhr. Eintritt 11 €. www.museumderbayerischen-koenige.de.

Schloss Hohenschwangau

Die Geschichte von Hohenschwangau begann mit den Herren von Schwangau, die sich hier im 12. Jahrhundert eine Burg bauen ließen. Das danach von verschiedenen Geschlechtern bewohnte und über die Jahre zur Ruine zerfallene Gemäuer gefiel dem Kronprinzen und späteren Bayernkönig Maximilian II. (reg. 1848–64), der es ab 1832 zu seiner Sommerresidenz ausbauen ließ. Maximilians Sohn Ludwig II. verbrachte hier Kindheit und Jugend.

Als Architekten für sein Traumschloss, das Mittelalterflair mit höchstem Wohnkomfort verbinden sollte, engagierte Maximilian seinen Zeichenlehrer Domenico Quaglio, einen erfahrenen Architektur- und Kulissenmaler, der tolle Entwürfe lieferte, mit der Gesamtleitung des Großprojekts aber ziemlich überfordert war. Gerade 50 Jahre alt, brach Quaglio auf der Baustelle zusammen und starb noch vor Vollendung seines Werks. So wurde die Innenausstattung dem Historienmaler Moritz von Schwind übertragen, der Hohenschwangau mit neugotischen Szenen aus der germanischen Sagen- und Heldenwelt schmückte. Da treffen wir etwa in der Halle der Schwanenritter auf den auf einem Schwan reitenden Lohengrin – kein Wunder, dass auch Richard Wagner gern und oft in Hohenschwangau weilte. Im Tassozimmer, dem königlichen Schlafgemach, beleuchteten auf Veranlassung Ludwigs II. eingebaute Öllämpchen vom darüberliegenden Stockwerk aus den künstlichen Sternenhimmel, einen orientalischen Akzent setzt das Schlafzimmer von Königin Marie. Prinzregent Luitpold († 1912), der als letzter Bayernherrscher regelmäßig im Schloss wohnte, bereicherte Hohenschwangau um einen Fahrstuhl und elektrisches Licht.

▪ Führungen April bis 15. Okt. tägl. 9–17 Uhr, 16. Okt. bis März tägl. 10–16 Uhr, 24. Dez. geschlossen. Eintritt 13 €, Kinder (bis 18 J.) frei, zwei Schlösser 25 €, zwei Schlösser und Museum 32 €. **Tickets nur im Ticket-Center,** Sommer ab 7.30 Uhr, Winter ab 8.30 Uhr, Hohenschwangau, Alpseestr. 12, ✆ 08362/930830; oder online unter www.ticket-center-hohenschwangau.de.

Parkplätze im Dorf (P 1 bis P 3) bzw. unterhalb vom Schloss (P 4), 7 €/Tag.

Kutschfahrt vom Ticket-Center zum Schloss 4,50 €, zurück 2 €.

Fußweg ab Ticket-Center 20 Min.

Schloss Neuschwanstein

Einem Krähennest gleich thront der Sehnsuchtsort Ludwigs II. auf einem Felssporn über den Seen, Wäldern und Wiesen des Königswinkels. Nicht nur in Japan und den USA gilt Neuschwanstein heute als Inbegriff einer mittelalterlichen Burg. Kenner der Architekturgeschichte sehen im Königsschloss dagegen ein Hauptwerk des Historismus, einer Stilrichtung des 19. Jahrhunderts, die ältere Baustile aufgriff, um sie mit aktuellen technischen und kunsthandwerklichen Möglichkeiten zu kombinieren und zu veredeln.

Begeistert von der Wartburg, inspiriert von den Opern Richard Wagners und vom Landschaftsszenario, das er vom Fenster des elterlichen Schlosses Hohenschwangau vor Augen hatte, ließ der Märchenkönig den Wagnerschen Kulissenmaler Christian Jank eine „romanische" Burg entwerfen, mit deren Realisierung dann 1869 unter Hofbaumeister Eduard Riedel begonnen wurde. Allerdings – das Geld war knapp – verweigerten Landtag und Ministerium den Zugriff auf die Staatskasse und der König musste Neuschwanstein, das umgerechnet etwa 100 Mio. Euro verschlang und zudem nicht sein einziges Großprojekt war, aus der Privatschatulle finanzieren. So ist denn manches Juwel in Wahrheit nur ein Stein aus buntem Glas, der „Naturstein" nur mehr Pappmachee. Nach Ludwigs Absetzung und rätselhaftem Tod 1886 baute man mit stark vereinfachten Plänen noch ein paar Jahre weiter. Schlussendlich aber blieben viele Räume leere Hüllen und wurden nie ausgestattet.

Doch keine Sorge. Für die bis zu 6000 Besucher am Tag, die in Gruppen durch das Gebäude geschleust werden, gibt es genug zu sehen. Technisch war Neuschwanstein mit einer Zentralheizung, königlichem Spülklosett, Telefon und elektrischem Licht auf der Höhe

Märchenschloss mit Alpenblick

seiner Zeit. Die Gemächer Ludwigs, der den Bau aus einem äußerst schlichten Apartment im Torhaus überwachte und mit seinen vielen Änderungswünschen die Baumeister zur Verzweiflung trieb, sind mehr Kulisse als zum Wohnen oder für Repräsentationszwecke geeignet. Sie offenbaren die Geistes- und Traumwelt des Königs, in der er sich so viel wohler fühlte als in den Niederungen und Zwängen der Münchener Staatsgeschäfte: Sagen, Mythen, Epen, und immer wieder Motive aus den Wagner-Opern. Im Wohnzimmer verschmilzt Ludwig mit dem Gralsritter Lohengrin, den Sängersaal schmücken Szenen aus Parzival, im gruftartigen Schlafzimmer entwickelt sich das Schicksal von Tristan und Isolde, die nicht zueinander finden dürfen, zu seinem traurig-tödlichen Finale.

Ludwig II., der Märchenkönig

König-Ludwig-Dunkelbier aus dem König-Ludwig-Maßkrug, König Ludwig auf dem Girlie-T-Shirt, als Nussknacker, Badeente oder in der Schneekugel – gemessen an den Souvenirs ist Ludwig II. Deutschlands mit Abstand beliebtester Monarch. Der schöne junge Prinz, dem die Frauen zu Füssen lagen und der sie nie erhörte, sein frühes und tragisches Ende und sein eindrucksvolles Erbe ließen ihn zum Popstar werden. Viele Vereine pflegen sein Andenken, die einen als zünftige Heimattruppe, die anderen als Geheimgesellschaft der Guglmänner, die sich nur in schwarzen, Ku-Klux-Klan-ähnlichen Kapuzengewändern zeigen.

Doch wer war dieser König der Herzen? Geboren wurde er am 25. August 1845 als ältester Sohn des Kronprinzen Maximilian und seiner Gattin Marie, einer naturbegeisterten Preußin, die Ludwig und seinen jüngeren Bruder Otto oft auf ihre ausgedehnten Bergwanderungen mitnahm. Vom Vater erbte Ludwig die Begeisterung für Technik und Maschinen, die in den Entwurf einer an Seilzügen über den Alpsee zu bewegenden Luftgondel mündete – der Flugapparat musste später als ein Beweis für Ludwigs Irrsinn herhalten.

Nach dem frühen Tod des von 1848–64 regierenden Vaters wurde Ludwig, gerade mal 18-jährig, zum König von Bayern proklamiert. Wohl aus eigenem Entschluss, doch zum Wohlgefallen der politischen Klasse, verlobte er sich mit seiner Sandkastenfreundin Sophie, der jüngeren Schwester von Österreichs Kaiserin Sissi – und ließ die Verlobung dann quasi am Vorabend der Hochzeit wieder platzen. Seine Briefe an Sophie bezeugen eine schwärmerische Zuneigung ohne jede Sinnlichkeit, denn körperlich fühlte sich Ludwig eher von Männern angezogen. Der Untersuchungsausschuss nach seinem Tod hielt fest, dass es im Leben des Königs „außerordentlich peinliche Dinge" gegeben habe, und meinte damit wohl nicht nur seine Homosexualität, sondern vor allem das Gerücht, er habe junge Rekruten missbraucht.

Beständiger als seine Verlobung war Ludwigs innige Freundschaft mit dem Komponisten Richard Wagner. Der junge König rettete Wagner vor dem finanziellen Ruin, ermöglichte ihm die Uraufführung seines Musikdramas *Tristan und Isolde* und hielt ihm mit einer Leibrente und dem Bau des Bayreuther Festspielhauses auch dann noch die Treue, als Wagner nach diversen privaten und politischen Skandalen München verlassen musste.

Mit den politischen Verhältnissen seiner Zeit kam Ludwig nur schlecht zurecht. Er fühlt sich als Monarch von Gottes Gnaden, sein großes Vorbild war Ludwig XIV., Frankreichs Sonnenkönig. In der Realität aber setzten Verfassung, Landtag, Regierung und außenpolitische Konstellationen dem königlichen Willen enge Grenzen. Ein Krieg, den Bayern an der Seite Österreichs gegen Preußen führte, ging verloren. Unter der daraus resultierenden Vorherrschaft Preußens musste Ludwig später das bayerische Heer wider Willen gegen das von ihm so geschätzte Frankreich ins Feld schicken. Und während Ludwig noch über den Krieg lamentierte, hatte die bayerische Regierung sich bereits mit der Gründung des Deutschen Reichs und dem damit verbundenen Verlust bayerischer Souveränität abgefunden. Der wegen seiner Bauvorhaben stets klamme König ließ sich für sechs Millionen Goldmark, streng geheim in Raten über Schweizer Banken abgewickelt, die Unterschrift unter den von Bismarck formulierten „Kaiserbrief" abkaufen, mit dem der Bayernherrscher seinem preußischen Kollegen Wilhelm I. die deutsche Kaiserwürde antrug.

Schloss Neuschwanstein: Raum für Träume

Kein Wunder, dass Ludwig sich mehr und mehr in eine Traumwelt flüchtete. Und für die brauchte er Rückzugsorte. So wurde das Bauen zu seiner großen Passion: 1869 Grundsteinlegung in Neuschwanstein und Schloss Linderhof, 1870 Baubeginn am monumentalen Wintergarten auf dem Dach der Münchener Residenz, 1878 Auftakt zu Schloss Herrenchiemsee. Zunehmend zog Ludwig sich aus der Öffentlichkeit zurück und mied die Gesellschaft anderer, machte die Nacht zum Tag, was ihm den Titel „Mondkönig" eintrug.

Mit den Bauprojekten wuchs der Schuldenberg. Anfang 1886 drohten die Banken mit Pfändung. Das Kabinett verweigerte dem Herrscher die Staatsbürgschaft für einen neuen Kredit, worauf der König dem Kabinett mit Entlassung drohte und sich an den Landtag wandte. In diesem Manöver sehen Historiker den unmittelbaren Anlass für Ludwigs Sturz.

Nun war es damals nicht so einfach, einen König abzusetzen. Doch der Ministerrat fand willfährige Ärzte, die unter Leitung des Obermedizinalrats Dr. von Gudden ein psychiatrisches Gutachten erstellten und den König für verrückt erklärten – nach Aktenlage, ohne ihn je untersucht zu haben. Am 9. Juli 1886 wurde Ludwig durch die Regierung entmündigt und dafür sein Onkel Luitpold als Regent eingesetzt. Eine Kommission nahm Ludwig auf Neuschwanstein gefangen und brachte ihn in der Nacht auf den 12. Juni nach Schloss Berg am Starnberger See. Am Abend des Folgetags kehrten der König und der ihn begleitende Dr. von Gudden von einem Spaziergang nicht mehr zurück, ein Suchtrupp fand beider Leichen im See. Die Todesumstände, Mord, Selbstmord oder Unfall, sind bis heute ungeklärt.

„Ein ewig Rätsel will ich bleiben mir und anderen", schrieb Ludwig in Anlehnung an eine Textstelle Schillers in einem Brief an die Hofschauspielerin Maria Dahn-Hausmann.

Kunst oder Kitsch? Einfach Wahnsinn, befanden die Minister, als sie sich des bauwütigen Königs schließlich entledigten, indem sie ihn für verrückt erklärten.

▪ Führungen April bis 15. Okt. tägl. 9–18 Uhr, 16. Okt. bis März tägl. 10–16 Uhr. Ruhetage 24./25.12., 31.12./1.1. www.neuschwanstein.de.

Eintritt 13 €, Kinder (bis 18 J.) frei, zwei Schlösser 25 €, zwei Schlösser und Museum 32 €. **Tickets nur im Ticket-Center,** Sommer ab 7.30 Uhr, Winter ab 8.30 Uhr, Hohenschwangau, Alpseestr. 12, ✆ 08362/930830, oder online unter www.ticket-center-hohenschwangau.de.

Parkplätze in Hohenschwangau (P 1 bis P 3), 7 €/Tag.

Kutschfahrt vom Hotel Müller zum Schloss (vom Kutschenwendeplatz noch 15 Min Gehzeit zum Schlosseingang) 7 €, zurück 3,50 €.

Busservice ab Schlosshotel Lisl 2,50 €, hin und zurück 3 €. Steiler Weg von der Endstation Marienbrücke zum Schloss!

Fußweg (30 Min.) auf der Straße vom Schlosshotel Lisl oder (20 Min.) mit steilem Aufstieg ab Alpenstube.

Ansprechender als der direkte Aufstieg zum Schloss ist die **Wanderung** (45 Min.) durch die **Pöllatschlucht.** Sie beginnt in Hohenschwangau an der Kreuzung Parkstraße/Alpseestraße. An der ersten Gabelung hält man sich links, geht am Waldrand entlang bis zur früheren Gipsmühle und dann auf einem Eisensteg durch die Schlucht mit ihren tosenden Wasserfällen. Nach einem Felssturz mündet der Steg in die Treppe zum Schloss.

> Vom Schloss empfiehlt sich ein kurzer Spaziergang zur **Marienbrücke** (in der Hochsaison Wartezeiten!) über der Pöllatschlucht. Auch der **Aussichtspunkt Jugend** nahe der Brücke bietet gute Fotomotive.

Der Schwansee

Der kleine, in einer Dreiviertelstunde bequem zu umrundende Schwansee liegt malerisch auf der Westseite von Schloss Hohenschwangau. Von Füssen aus ist er in einem Spaziergang (2,5 km) über den Kalvarienberg (→ S. 101) zu erreichen. Zwischen See und Schloss sollte nach den Wünschen von Kronprinz Maximilian II. ein Landschaftspark in englischem Stil entstehen, entworfen vom Hofgartenintendanten Carl August Sckell, einem Neffen und Schüler des bekannten Gartenbaumeisters Friedrich Ludwig von

Kahnpartie auf dem Schwansee: Treten oder rudern?

Sckell. Das Projekt wurde nie vollendet, manche Flächen forstete man später wieder auf oder stellte sie als Wiesen den Bauern zur Verfügung. Erst seit den 1980er-Jahren wird der dem Wittelsbacher Ausgleichsfonds gehörende Park wieder stärker als Kulturgut und Gartenkunstwerk wahrgenommen und gepflegt.

Der Tegelberg

Eine **Seilbahn** (Berg- und Talfahrt 15 €. www.tegelbergbahn.de) erschließt den bei Spaziergängern, Bergwanderern wie Skifahrern gleichermaßen beliebten Bergstock Tegelberg, einen Ausläufer der Ammergauer Alpen, der Schwangau um beinahe tausend Höhenmeter überragt. Neben der Talstation verheißt eine **Sommerrodelbahn** (Erw. 4,50 €, Kind 3 €, www.tegelbergbahn.de) sausenden Spaß. Die letzte Schleife der Schlittenbahn umkreist die freigelegten Grundmauern eines antiken Wirtschaftsgebäudes, direkt an der Talstation schützt ein Dach die teils rekonstruierten Reste eines **römischen Badehauses** – ein hier geborgenes Bodenmosaik ist in der Archäologischen Staatssammlung München ausgestellt. Was machten die Römer am Tegelberg? Für ein Landgut wäre der im Winter sonnenarme und von Muren bedrohte Platz keine gute Wahl gewesen. Eher dürften sie wohl die Erze des Tegelbergs gelockt haben.

Wer statt mit der Bahn lieber zu Fuß auf den Tegelberg möchte, hat von der Talstation aus drei Varianten zur Auswahl: Entlang dem kindertauglichen Kulturpfad **Schutzengelweg** (3:15 Std.) erfährt man auf Schautafeln allerlei Wissenswertes zu Natur und Geschichte des Bergs und genießt dabei eine fantastische Aussicht auf die Königsschlösser. Auf halber Strecke lädt die **Rohrkopfhütte** (Di Ruhetag, www.rohrkopfhuette.com) zur Rast ein.

Wer ein Klettersteigset besitzt, kann für den Aufstieg den **Gelbe-Wand-Weg**

Auf dem Branderschrofen

wählen, der auf Höhe der zweiten Schautafel (Thema Marmor) vom Schutzengelweg abzweigt. Er ist als Klettersteiglehrpfad (Grad A) konzipiert und könnte mit etwas alpiner Erfahrung auch ohne Kletterausrüstung gefahrlos begangen werden, wäre nicht mittendrin eine Seilbrücke eingebaut. Als dritte Variante bietet sich für erfahrene Klettersteiger auch noch der **Tegelbergsteig** (→ S. 113) an.

Unweit der Bergstation befindet sich das **Tegelberghaus** (ganzjährig bewirtschaftet, kein Ruhetag, Übernachtung möglich, www.tegelberghaus.de), die ehemalige Jagdhütte König Maximilians II. Von hier erreicht man auf bequemem Weg in einer halben Stunde den eigentlichen Gipfel, den **Branderschrofen** (1881 Höhenmeter).

Für den **Abstieg** gibt es eine direkte Route von der Bergstation durch zahlreiche Kehren hinunter zur Marienbrücke (→ S. 112) und zur Pöllatschlucht, durch die man nach Hohenschwangau oder (an der Gipsmühle rechts) wieder zur Talstation kommt (2:30 Std.). Bequemer, doch im unteren Teil als Forstweg auch langweiliger ist der **Ahornreitweg,** auf dem der König und seine Gäste zu Pferde bergan ritten, um im „Leibgehege" seiner Majestät auf Pirsch zu gehen und der Weidmannslust zu frönen. Der Reitweg trifft im Pöllattal auf die **Bleckenaustraße.** Wenn Sie sich die dann noch wenigstens einstündige Hatscherei auf der Fahrstraße nach Hohenschwangau ersparen möchten, können Sie im Sommer den Bus vom **Gasthof Bleckenau** nach Hohenschwangau nehmen (Fahrplan ✆ 08362/81181, www.berggasthaus-bleckenau.de).

Schloss Linderhof: Garten und Maurischer Kiosk

Basis-Infos

Information **Tourist-Information Schwangau.** Münchener Str. 2, ✆ 08362/819825, www.schwangau.de. Juli bis Sept. Mo–Fr 8.30–18 Uhr, Sa 8.30–12.30 Uhr, So 10–12 Uhr. Okt. bis Juni Mo–Do 8–12.30/13.30–16 Uhr, Fr 8–12.30/13.30–16 Uhr.

Informationsstelle Hohenschwangau. An der Bushaltestelle am Ortseingang, Alpseestr. 2, tägl. 10–17.30 Uhr.

Baden **Königliche Kristall-Therme.** Aufwendig gestaltetes Solethermalbad mit Innen- und Außenbecken, Saunalandschaft, Wellnessanwendungen. Einen besonderen Frischekick verheißt die Eisnebelgrotte. Tageskarte Therme 28 €, Therme mit Sauna 36 €. Kurpark, ✆ 083672/819620, www.kristalltherme-schwangau.de.

Schwansee. Ein einfacher, kostenloser Badeplatz mit Steg findet sich am Nordufer.

Alpseebad. Ein nostalgisches Seebad mit altem Baumbestand, Biergarten und Kiosk am Südostufer des Alpsees. Pfingsten bis Sept., Eintritt 3 €. 15 Gehminuten von den Parkplätzen in Hohenschwangau.

Bergsport **Klettersteig-Schnupperkurs** am Tegelberg, Juli bis Sept. Sa 8 Uhr, mit Ausrüstungsverleih und Bergbahnfahrt Erw. 60 €,

Ausflug nach Schloss Linderhof

Schloss Linderhof, gebaut 1869–86, war das Lieblingsschloss Ludwigs II. und das einzige, das noch zu seinen Lebzeiten fertig wurde. Die verglichen mit Neuschwanstein recht bescheidene Anlage, für königliche Maßstäbe eher Villa als Schloss, steht eine knappe Autostunde östlich von Füssen im zur Gemeinde Ettal gehörenden Graswangtal. Bereits Ludwigs Vater hatte hier ein Jagdhaus. Vorbild für Linderhof war das Lustschloss Petit Trianon im Park von Versailles. Die Gemächer im **Schloss** gruppieren sich um das zentrale Schlafzimmer, üppig verziert mit Goldglanz und in Blautönen. Ein schräger Vogel muss er gewesen, der Ludwig, mit einem äußerst exzentrischen Geschmack. Kabinette in schrillen Farbtönen, ein Spiegelsaal, im ganzen Haus kaum ein Zentimeter Wand ohne Zierrat. Dann das Speisezimmer mit dem berühmen Tischleindeckdich, das in der Anrichte unter dem Speisesaal gedeckt und dann mit einer Mechanik nach oben gefahren wurde, sodass der menschenscheue König speisen konnte, ohne mit den Bediensteten in Kontakt kommen zu müssen.

„Flora und Putten" beim Duschen

Der **Garten** rund ums Schloss zitiert Barock- und Rokokomotive. Aus der Reihe tanzt eine mächtige Linde, die dem Schloss ihren Namen gegeben haben soll und in der Ludwig II. gerne auf einer Aussichtsplattform verweilte. Jede halbe Stunde bringen aufwendige Wasserspiele die Besucher zum Staunen. Nach außen hin geht der Ziergarten dann in einen englischen Landschaftspark über, der sich mit seiner scheinbaren Natürlichkeit von der strengen Geometrie der inneren Gartenanlage absetzt. An exotischen Parkbauten findet man etwa den **Maurischen Kiosk**, ursprünglich Preußens Pavillon auf der Pariser Weltausstellung 1867. Auch Schauplätze von Wagneropern wurden inszeniert: Höhepunkt ist die (bis 2023 zwecks Renovierung geschlossene) **Venusgrotte** aus dem Tannhäuser, mit Wasserfall und See, über den Ludwig II. sich in einem elektrisch angetriebenen Muschelkahn schippern ließ.

■ Linderhof 12, Ettal, ✆ 08822/92030, www.schlosslinderhof.de. April bis Mitte Okt. tägl. 9–18 Uhr, Mitte Okt. bis März tägl. 10–16 Uhr. Im Winter sind die Parkbauten geschlossen. Eintritt Sommer 8,50 €, Winter (nur Schloss) 7,50 €.

Kind 30 €. Treffpunkt Bergführerhütte an der Talstation, www.privatbergfuehrer.de.

Bus Mit **Linienbus 78** kommt man tagsüber etwa halbstündlich vom Bahnhof Füssen nach Hohenschwangau, Schwangau und zur Tegelbergbahn.

E-Bike- und Fahrradverleih **Todos.** Füssener Str. 13, ✆ 08362/9251970, www.fahrradverleih-todos.de. Mo–Fr 9.30–19 Uhr, Sa 9.30–13.30 Uhr.

Fliegen **Flugschule Tegelberg.** Drachen- und Gleitschirmflüge. Ausbildung und Tandemflüge (170 €) am Tegelberg. Tegelbergstr. 33, ✆ 08362/921457, www.abschweb.net.

Kutschfahrten **Josef Kotz.** Seestr. 74, Brunnen, ✆ 08362/8581, www.kutschbetrieb-kotz.de.

Reiten **Ponyhof Fischer.** Mit Kutsche oder Pferdeschlitten zum Schloss, zur Wildfütterung oder als nächtliche Fackelfahrt. Für Gruppen ab 6 Pers. Seestr. 37, Brunnen, ✆ 08362/8281, www.ponyhof-fischer.de.

Übernachten/Essen & Trinken

Übernachten in Schwangau **Hotel Rübezahl.** Inhabergeführtes Wellnesshotel mit Aussicht auf die Schlösser. Geräumige, elegant eingerichtete Zimmer und Suiten, ausgestattet mit WLAN, teilw. Balkon. Beheizter Außenpool, Aktivprogramm. Gourmet-Restaurant. KönigsCard. DZ 250–350 €. Am Ehberg 31, ✆ 08362/88888, www.hotelruebezahl.de.

Landhotel Gugelhopf. Kleines Hotel mit Charme, am Ortsrand und nahe der Therme gelegen. Unterschiedlich große Zimmer mit Balkon und allergikerfreundlichem Fliesenboden, einige mit Whirlpool. DZ 105–175 €. Füssener Str. 107, ✆ 08362/939650, www.hotelguglhupf.de.

Gasthof am See. Familienbetrieb mit schönen Zimmern direkt am See, Liegewiese, auch Kurzaufenthalter sind willkommen. DZ 85–110 €. Forggenseestr. 81, Waltenhofen, ✆ 08362/93030, www.hotel-schwangau.de.

Casa Patrizia. Apartments mit Küche und ein oder zwei Schlafzimmern, im Winter mit Schlossblick. WLAN, Waschküche, Fahrradverleih. Zwischen Schwangau und Füssen gelegen, internationales Publikum. Apartment 2 Pers. 70–100 €. Am Winkelacker 4, ✆ 08362/8837025, zu buchen über www.booking.com.

Übernachten in Hohenschwangau **Villa Ludwig Suitehotel.** Boutique-Hotel mit fünf individuell ausgestatteten Suiten, die über WLAN/LAN-Anschluss, MP3-Dockingstation und anderen elektronischen Schnickschnack verfügen. Wellnessbereich, E-Bike- und Fahrradverleih. Suite 160–330 €. Colomanstr. 12, ✆ 08362/929920, www.suitehotel-neuschwanstein.de.

mein Tipp **Martha-Maria-Hotel.** 18 Gästezimmer in zwei angrenzenden Villen mit großzügigem Gartengrundstück – das wie ein normales Hotel jedermann offen stehende Ferienhaus der evangelisch-methodistischen Kirche verbindet modernen Komfort mit dem Charme der Jahrhundertwende. DZ 80–90 €. Pöllatweg 5, ✆ 08362/81142, www.martha-maria.de.

Camping **Brunnen.** Mehrfach ausgezeichnet und die die beste Wahl in Schwangau. Direkt am Forggensee, Badestrand, Pirateninsel, im neueren Weststeil noch wenig Schatten. Wellnessanlage im Bau. Stellplatz 2 Erw. bis 45 €. Ganzjährig geöffnet. Seestr. 81, Brunnen, ✆ 08362/8273, www.camping-brunnen.de.

Essen & Trinken **Rübezahl.** Das Gourmetlokal in Schwangau, Fleisch aus ökologischen Betrieben der Region, Wild von Allgäuer Jägern. Hauptgericht bis 40 €, Menü 90–140 €. Kein Ruhetag. Am Ehberg 31, ✆ 08362/88888, www.hotel-ruebezahl.de.

Gasthof am See. Seeterrasse mit Biergarten, schwäbische und internationale Küche, Hauptgericht bis 25 €. Di/Mi Ruhetag. Forggenseestr. 81, Waltenhofen, ✆ 08362/93030, www.hotel-schwangau.de.

s' Wirtshaus im Weinbauer. Trendige Wirtshaus-Atmosphäre an der Romantischen Straße – mit Klosterbier, einem Platz am Kachelofen, karierten Leintüchern, ofenfrischen Brezen und dem Blick auf die Schlösser des „Kini". Spezialität ist das Böfflamot (mariniertes Rindfleisch) nach Rezept des Hofkochs. Bon appétit! Hauptgericht bis 25 €. Mi Ruhetag. Füssener Str. 3, ✆ 08362/986191, www.wirtshausimweinbauer.de.

Schlossbräustüberl. Die früheren Stallungen des königlichen Fuhrparks dienen nun von Mai bis Okt. als Selbstbedienungsrestaurant im Biergartenstil. Für Hohenschwangau okay, andernorts isst man besser. Alpseestr. 25, Hohenschwangau, zwischen Jägerhaus und See.

Pfronten

8000 Einw., 853 m ü. NN

Die auf drei Seiten von Bergen umgebene Gemeinde Pfronten besteht aus dreizehn ineinander übergehenden Ortsteilen. Im Sommer lockt das Dorf zu Füßen der Tannheimer Berge mit Wanderwegen und Ritterburgen, im Winter mit drei Skigebieten und gut gespurten Langlaufloipen.

Daneben ist Pfronten aber auch ein Zentrum der feinmechanischen Industrie und des Maschinenbaus. Die Firma Haff fertigt Messlupen und andere Messinstrumente, die Deckel Maho AG beliefert die Welt mit Fräsmaschinen.

Lobenswert sind die zwölf kommunalen **Themenspielplätze** für Kinder von 2 bis 16 Jahren. So kann man etwa auf der Schatzinsel beim Kurpark herrlich Pirat spielen und im Wasser matschen. Auf dem computergelenkten Planetenspielplatz, wenn er denn noch funktioniert, lässt sich mit der eigenen Bewegung auf vorprogrammierten Pfaden die Spielsteuerung des Computers beeinflussen. In der Gästeinformation bekommt man ein Faltblatt mit Themen und Lageplänen der Spielplätze.

Am **Bergwiesenpfad** zwischen Pfronten-Weißbach und dem Hündeleskopf informieren Stehpulte mit überdimensionalen Ringbüchern über Kräuter und Wildgräser. Ein kleines **Heumuseum,** der Wiesheustadl, veranschaulicht mit historischen Fotos und archaischen Arbeitsgeräten das harte Leben der Bergbauern. Mehr Werkzeuge aus Haus und Hof zeigt das **Heimathaus** in Pfronten-Berg am Fuß der Kirche. Und für die Liebhaber „fliegender Edelsteine" gibt es die

Ostallgäu → Karte S. 64

Heimathaus Pfronten: verzapft und verdübelt

Schmetterling-Erlebniswelt, einen tropischen Schmetterlingsgarten, in dem sich auch Echsen und Schildkröten tummeln.

▪ Heimathaus Mo 14–17 Uhr. Kirchsteige 1. Schmetterling-Erlebniswelt Ostern bis Okt. Di–So 10–16.30 Uhr, im Winter 11–16 Uhr. Eintritt 10 €. Gärtnerei Hartmann, Gernweg 5, Pfronten-Weißbach, www.schmetterling-erlebniswelt.de.

Alpengarten und Kurpark

Für Gartenfreunde und Blumenliebhaber empfiehlt sich ein Besuch des **Alpengartens** an der Steinacher Ach. Etwa 450 Pflanzen aus dem Alpenraum sind hier auf Täfelchen fein säuberlich mit ihren botanischen, hochdeutschen und pfronterischen Namen bezeichnet. Als Kurort hat Pfronten natürlich auch einen **Kurpark.** Der liegt zwischen Heitlern und Ried an der Vils und hat außer den üblichen Grünanlagen mit Ruhebänken und Konzertmuschel auch ein paar **Kunstobjekte** zu bieten, etwa die stählernen *Flügel der Zeit* von Veit Lacher oder die *Erostische*, eine rostige Schönheit beim Badevergnügen, geschaffen vom Irseer Peter R. Müller, der auch den Kaufbeurer Hafenmarkt mit einer ähnlichen Figur ausstattete.

Pfarrkirche St. Nikolaus

Die Pfarrkirche St. Nikolaus, das Wahrzeichen des Ortsteils Berg, überrascht mit ihrer Turmspitze, die einmal nicht die Form einer Zwiebel hat, sondern einer auf dem Kopf stehenden Enzianblüte gleicht. Am Bau der Kirche (1689–96) war Johann Jakob Herkomer beteiligt, die im Stil zwischen Rokoko und Klassizismus einzuordnende Innenausstattung wurde weitgehend von den Pfrontener Künstlerfamilien Stapf und Hitzelberger geschaffen, worauf man bis heute besonders stolz ist. *Die Heilige Familie* im rechten Seitenaltar malte mit luftig-zarten Pastellfarben Giovanni Antonio Pellegrini (1675–1741), ein Venezianer, der sonst vor allem Decken- und Wandbilder für ambitionierte Schlossherren kreierte.

Steinkugelmühle, Geo-Pfad, und Breitenberg

Eine Attraktion gleichermaßen für Technikfreaks wie für Liebhaber bunter

Pfrontener Handwerk und Kunst in St. Nikolaus

Steine ist die **Steinkugelmühle.** Mit dem Mahlen von Murmeln und größeren Steinkugeln, wie sie als Schiffsballast oder Geschosse gebraucht wurden, verdienten sich arme Bauern früher ein Zubrot. Der Tüftler Heinz Schubert hat die in Vergessenheit geratene Kunst der Steinkugelherstellung wieder belebt. Im Mahlwerk können sich Urlauber aus ausgesuchten Rohlingen allein durch die Wasserkraft in wenigen Tagen Kugeln schleifen lassen, die mit etwas Nachpolieren ein schmuckes Souvenir abgeben.

▪ Am Wasserfall beim Waldseilgarten in Pfronten-Kappel, Vorführung im Sommer Mi 9.30 Uhr. www.steinkugelmuehle.de.

Mehr über Steine erfährt man auf dem grenzüberschreitenden **Geo-Pfad** von der Breitenbergbahn in Pfronten-Steinach über die Bad Kissinger Hütte am Aggenstein und weiter über Seebenalp und Vilser Alp nach Vils – eine landschaftlich und geologisch interessante Tageswanderung, auf der man die Entstehungsgeschichte der Alpen besser verstehen lernt. Auch wer eher Spaziergänge als Bergtouren im Sinn hat, ist auf dem **Breitenberg** gut aufgehoben. Eine Kabinenbahn und ein anschließender Sessellift erschließen den Pfrontener Hausberg. Oben warten gleich drei Hütten, nämlich das Berghaus Allgäu (www.berghaus-allgaeu.de), die Hochalphütte (http://hochalphuette.jimdo.com) und die Ostlerhütte (www.ostlerhuette.de) auf Ausflügler und Übernachtungsgäste.

Wo ist die Steinkugelmühle?

Wanderung 1: Aggenstein und Breitenberg → S. 318

Bei voller Länge kraftraubende Bergwanderung, die technisch schwierigste Passage (T 3) ist der letzte Aufstieg zum Aggenstein

Burg Falkenstein

Hätte Ludwig II. länger gelebt und vor allem mehr Geld gehabt, wer weiß, ob die Massen heute nicht nach Burg Falkenstein statt nach Neuschwanstein pilgern würden. Die Ruine thront auf einem schwer zugänglichen Felsen (1268 Höhenmeter) etwa fünf Kilometer südöstlich von Pfronten. Meinhard II. von Tirol ließ die Veste 1270 bauen, um seinem Anspruch auf das Stauferbe im Raum Füssen Nachdruck zu verleihen und besonders der bayerischen Konkurrenz ihre Grenzen zu zeigen. In der abgeschiedenen Lage war die Burg aber nur schwer zu versorgen, auch mit den Brunnen klappte es nicht so recht. So war Falkenstein nie Wohnsitz einer Adelsfamilie und auch als

Vogtei nicht zu gebrauchen. 1646, der Dreißigjährige Krieg ging bereits seinem Ende zu, zerstörten die Tiroler ihre Burg, um sie nicht in die Hände eines anrückenden schwedischen Heers fallen zu lassen – das dann doch einen anderen Weg nahm.

1883 erwarb Ludwig II. das Gemäuer. Er träumte von einem Räubernest auf dem Berg und verschliss binnen Kurzem drei Architekten, deren Entwürfe ihm nicht zusagten – bis zu Ludwigs Tod wurden gerade nur die Zufahrt und eine Wasserleitung gebaut, an der Ruine selbst aber nichts verändert. In unserer Zeit hat man den Bestand behutsam gesichert und eine Aussichtsplattform sowie einen Museumspavillon (Eintritt frei) hinzugefügt. Im Stadtmuseum Füssen (→ S 99) stellt eine Computer-Animation das nur im Traum vorgedachte Schloss vor.

▪ Mautpflichtige **Fahrstraße** von Pfronten-Meilingen über Berghotel Schlossanger Alp und Burghotel Falkenstein. **Aufstieg** zu Fuß von der Südseite (Parkplätze an der Breitenbergbahn, Aufstieg ab Vilsbrücke beim Hundeplatz) über einen Waldpfad zur Mariengrotte und zur Burgruine (1 Std.). **Rückweg** (1 Std.) über Berghotel Schlossanger Alp weiter nach Pfronten-Meilingen und zum Bahnhof Pfronten-Ried. Alternativ längere Wanderung auf dem Zirmgratweg zur Salober Alm (1:30 Std., www.saloberalm.de) und weiter über den Alatsee nach Vils in Tirol (45 Min.). Von dort auf dem Naturlehrpfad (1:15 Std.) zwischen Waldrand und Bach oder mit dem Zug zurück zur Breitenbergbahn.

Burgen Eisenberg und Hohenfreyberg

Auf dem Schlossberg, einem Höhenrücken etwa fünf Kilometer nordöstlich von Pfronten, prägen zwei weitere imposante Burgen das Landschaftsbild. **Burg Eisenberg** wurde um 1315 von den Edelfreien von Hohenegg angelegt, um den Österreichern auf Burg Falkenstein Paroli zu bieten. Doch gegen Ende des 14. Jahrhunderts mussten die Hohenegger sich dem österreichischen Erzherzog Leopold unterwerfen, der ihre Burg Friedrich von Freyberg, dem Schwiegersohn des letzten Hoheneggers, zum Lehen gab. Der ungewöhnliche Bau, eine sogenannte Mantelmauerburg, bei der die äußere Mauer alle Gebäude überragt, wurde wie Falkenberg am Ende des

Der Zahn der Zeit nagt an Burg Hohenfreyberg

Dreißigjährigen Kriegs von der eigenen Besatzung gesprengt. Nach dem Tod der letzten Freifrau von Freyberg-Eisenberg aus der raunauischen Linie des Hauses kam die Ruine 1980 in den Besitz der Gemeinde. Mehr über die Burg erfährt man im **Burgenmuseum** in Zell, wo auch hübsche Ofenkacheln und andere Kleinfunde ausgestellt sind.

Burgenmuseum, Dorfstr. 12, Zell, www.burgenmuseum-eisenberg.de, April bis Nov. Sa/So 14–17 Uhr, Juli/Aug. auch Mi 14–17 Uhr, Eintritt 2,50 €.

Die benachbarte Veste **Hohenfreyberg** wurde 1418–32 von einem Sprössling der Freyberger gebaut. Sie war eine der letzten Ritterburgen im Alpenraum, denn andere Herrscher zogen damals schon in die Stadt oder rissen ihre mittelalterlichen Gemäuer nieder, um sie durch ein schickes Renaissancepalais zu ersetzen. Das Imponierwerk im Stil einer staufischen Höhenburg sollte noch einmal den Glanz der untergehenden Ritterwelt beschwören, überstieg aber die finanziellen Möglichkeiten der gerade 40 Höfe zählenden Herrschaft und kam schon bald in österreichische Hand. Hohenfreyberg widerstand den Aufständischen im Bauernkrieg, wurde wie seine Nachbarn aber Ende des Dreißigjährigen Kriegs von den eigenen Leuten zerstört, damit sie nicht in die Hände des schwedisch-protestantischen Heeres fiel. 1995–2006 wurde die Burg unter wissenschaftlicher Leitung konserviert und gilt seitdem als Paradebeispiel für die Sanierung mittelalterlicher Festungen. Sie gehört heute der Allmendinger Linie des Hauses Freyberg-Eisenberg. Familienoberhaupt Ernst, als Private Equity Manager von Berufs wegen mit dem Fusionieren und Zerlegen von Unternehmen beschäftigt, war eine Zeit lang Chefaufseher der skandalgeschüttelten Vatikanbank.

Anfahrt zu beiden Burgen von Pfronten Richtung Eisenberg. In Zell abbiegen und der Beschilderung zum Ausflugslokal Schlossbergalm folgen. Dort parken, zu den Burgen noch etwa zehn Gehminuten durch den Wald.

Basis-Infos

Information Pfronten Tourismus. Vilstalstr. 2, ✆ 08363/69888, www.pfronten.de. Mo–Fr 8.30–12/14–17 Uhr, Sa 8.30–12.30 Uhr.

Ausgehen Hirsch Inn. Disco und Cocktailbar an der Bundesstraße mit Querfeldeinmusik. Fr/Sa ab 21 Uhr. Allgäuer Str. 81, Pfronten-Weißbach, ✆ 0171/1512336, www.hirschinn.de.

Bergbahn Breitenbergbahn. Kabinenbahn mit anschließendem Sessellift von Pfronten-Steinach (B 309) auf den Breitenberg. Gut zum Downhill-Biken, Gleitschirmfliegen, Rodeln und (Winter-)Wandern. Nach Anmeldung werden auf der Kabinenstrecke auch Fahrräder transportiert. Berg- und Talfahrt 20 €. www.breitenbergbahn.de.

Bus Von Ende Juni bis Mitte Okt. verbindet der **Tälerbus** Pfronten über die Achtalstraße mit Grän und Nesselwängle im Tannheimer Tal.

Einkaufen Bergkäserei Weizern. Genossenschaftliche Bergkäserei mit Emmentaler, Bergkäse und Weizler aus Milch ohne Silofütterung. Verkauf im Sommer tägl. 8–19 Uhr. Weizern 3, Eisenberg, ✆ 08364/280, www.kaesereiweizern.de.

Kräuterwerkstatt. Lebensmittel und Kosmetikprodukte aus der Region in Bio-Qualität. Eigener Kräutergarten, Café Teeturm. Mi–Fr 9–18 Uhr, Sa 9–17 Uhr. Badstr. 11, Pfronten-Ösch, ✆ 08363/928 9209, www.krauterwerkstatt.com.

Osterried Rennrodel. Handgefertigte Rennschlitten von Schreinermeister Christian Osterried. 200–250 €. Joseweg 5, Pfronten-Dorf, ✆ 08363/7177, www.osteried-rennrodel.de.

Feste/Veranstaltungen Hornschlittenrennen am Faschingssamstag in Pfronten-Kappel. Einen Tag später geht man zum **Gaudirennen** nach Röfleuten, bei dem sich Einzelfahrer und Mannschaften in selbst gebauten Gefährten auf die Piste wagen.

Der **Maibaum** wird in Pfronten nur alle drei Jahre (demnächst 2021) aufgestellt. Beim anschließenden **Maibaumherpfa** erklimmen kräftige Mannen den geschälten Baum mit Muskelkraft und ganz ohne Hilfsmittel, nur an einem Seil gesichert.

Ostallgäu → Karte S. 64

Klapprad-WM. Auf Klapprädern von der Talstation zur Bergstation der Breitenbergbahn hinauf, eine kräftige Gaudi als Begleitprogramm zum **MTB-Marathon Pfronten** (im Juni), https://mtb-marathon-pfronten.de.

Am Pfrontener **Trachtenmarkt** (zweites Wochenende im August) kleiden sich Trachtler und Dirndlträgerinnen neu ein, auch das einschlägige Handwerk wie Gamsbartbinder und Hirschhornschnitzer zeigt sein Können.

Am **Viehscheidwochenende** (zweites Wochenende im September) klingt der Alpsommer aus mit Alpabtrieb, Festumzug, Krämermarkt und Bierzeltgaudi. Um das Viehscheidwochenende herum bieten die **Pfrontar Viehscheid-Däg** zwei Wochen mit Aktionen und Angeboten, bei denen der Gast sich etwa im Binden der Kranzrindkrone üben oder dem Schmied beim Schellenschmieden zur Hand gehen kann.

Aktiv

Früher ein Mekka der Heukur, versucht Pfronten heute mit einem großen Angebot an Outdoor-Aktivitäten zu punkten, die alle auch direkt bei der Tourist-Info gebucht werden können.

Baden **Alpenbad Pfronten.** Badespaß mit Bergblick, im Sommer im Freibad, sonst in der Halle, mit Kinderzone. Tägl. 9.30–20.30 Uhr (Einlass bis 19.30 Uhr), Sauna bis 22 Uhr. Tageskarte Bad 8,50 €. Falkensteinweg 14, 87459 Pfronten-Meilingen, ✆ 08363/929990, www.alpenbad-pfronten.de.

Bergsport **Altissimo.** Pfrontener Bergführer haben sich zusammengetan und bieten Kurse im Sportklettern, geführte Bike- und Hochgebirgstouren, Eisklettern und Skitouren an. www.altissimo.de.

Bogenschießen Der **Waldseilgarten Höllschlucht** hat auch einen Parcours für Bogenschützen, die hier auf lebensgroße Plastiktiere anlegen. Ausrüstung wird gestellt. Einweisung jeweils zur vollen Stunde. Mai bis Sept. tägl. 10–16 Uhr, Osterferien/Okt. tägl. 10–15 Uhr. Erw. 23 €. Bgm.-Franz-Keller-Str., Pfronten-Kappel, ✆ 08363/9259896, www.waldseilgarten-hoellschlucht.de.

Peter R. Müller (→ S. 118): Grüße aus dem Kurpark

E-Bike- und Fahrradverleih **Sport Manhard.** Mo–Fr 8.30–12/14–18 Uhr, Sa 8.30–12.30 Uhr. Birkenweg 1, Pfronten-Ried, ✆ 08363/7182, www.sportmanhard.de.

Eissport **Eishalle Pfronten.** Okt. bis März Eislaufen (mit Schlittschuhverleih) und Eishockey. Die aktuellen Öffnungszeiten erhält man über Website und Gästeinformation. ✆ 08363/68888, Frühlingstr. 12, www.pfronten.de.

Fliegen **Flugschule Pfronten.** Ausbildung am Hängegleiter und am Gleitschirm, Tandemflüge (110 €). Gigi Meyer, Tiroler Str. 167, Pfronten-Steinach, ✆ 0172/7860375, www.flugschule-pfronten.de.

Hochseilgarten **Waldseilgarten Höllschlucht.** Tarzan-gleich durch die Baumkronen schwingen und balancieren. Mai bis Sept. tägl. 10–18 Uhr, Osterferien/Okt. tägl. 10–17 Uhr. Erw. 23 €. Bgm.-Franz-Keller-Str., Pfronten-Kappel, ✆ 08363/9259896, www.waldseilgarten-hoellschlucht.de.

Mountainbike Im Juni messen die Cracks beim **MTB-Marathon Pfronten** ihr Können (https://mtb-marathon-pfronten.de). Die auch als Kurzstrecke (26 km) machbare Route über den Breitenberg ist den ganzen Sommer über ausgeschildert. Eine Karte mit weiteren und auch weniger anspruchsvollen MTB-Strecken gibt's bei der Tourist-Information.

Reiten und Kutschfahrten **Fohlenhof Sengmüller.** Begleitete Ausritte, Unterricht, Gespannfahrten, Reiterferien. Josbergweg 9, Pfronten-Weißbach, ✆ 08363/8521, www.fohlenhof-pfronten.de.

Rodeln **Rodelbahn Hochalpe** auf dem Breitenberg. Von der Bergstation des Sessellifts Hochalpe (1677 m) auf einem Ziehweg über 6,5 km zum ehemaligen Zollhaus Fallmühle

(1017 m). Rückfahrt mit dem Ortsbus zur Talstation Breitenbergbahn, die auch Schlitten verleiht. Die Tour lässt sich gut mit einer Einkehr auf der Ostlerhütte verbinden.

Ski- und Snowboardkurse Skischule Pfronten. Übungsgelände Skizentrum Steinach. Krokusweg 2, Pfronten-Steinach, ✆ 0171/9527149, www.pfronten-skischule.de.

Wandern Ein kindertauglicher Spazierweg führt auf dem **Breitenberg** von der Bergstation Hochalpe zum Gasthaus Ostlerhütte. Nur für trittsichere Bergwanderer empfiehlt sich die Tour Hochalpe – **Aggenstein** (1995 m) – Bad Kissinger Hütte – Bergstation Breitenbergbahn. Alternativ kann man von der Kissinger Hütte aus den **Tannheimer Höhenweg** über die Seebenalpe zum Füssener Löchle nehmen und dort mit der Seilbahn nach Grän hinunter und mit dem Tälerbus wieder nach Pfronten fahren. Eine **Tagestour quer über den Breitenberg** finden sie auf S. 318.

Übernachten/Essen & Trinken

Hotels/Gästezimmer Berghotel Schlossanger Alp. Das 4 km außerhalb nahe der Ruine Falkenstein einsam auf einer Waldwiese gelegene Hotel gefällt mit exzellenter Küche. Kleiner Spa- und Wellnessbereich, Naturkosmetik. Romantiker und Abenteurer übernachten im Baumhaus und fahren mit dem Porsche-Traktor. Mit KönigsCard. DZ 200–300 €. Am Schlossanger 1, Pfronten-Obermeilingen, ✆ 08363/914550, www.schlossanger.de.

Hotel Bergidyll. Inhabergeführte Frühstückspension mit zwölf Gästezimmern (WLAN, teilw. Balkon) und einer Ferienwohnung. Terrasse, Liege- und Spielwiese, Sauna und Fitnessraum, Fahrradgarage. Mit KönigsCard. DZ/Fewo 100–120 €. Römerweg-Nord 1, Pfronten-Ösch, ✆ 08363/8754, www.hotel-bergidyll.com.

Haus Vöste. Drei Gästezimmer in einem denkmalgeschützten Bauernhaus von 1804. Die Zimmer, zwei davon mit Balkon, sind neu eingerichtet, verfügen aber nur über fließendes Wasser. Dusche/WC auf der anderen Seite des Flurs. Teeküche, Aufenthaltsraum DZ 50–60 €. Edelsbergweg 30, Pfronten-Röfleuten, ✆ 08363/73293, www.haus-voeste.de.

Ferienwohnungen Haus Enzian. Vier Ferienwohnungen mit Balkon für 1–4 Pers., eingerichtet im Landhausstil, beliebt bei Paaren und Familien mittleren Alters, viele Stammgäste. Mit KönigsCard. Fewo 2 Pers. 65–100 €. Enzianstr. 16, Pfronten-Steinach, ✆ 08363/925877, www.haus-enzian-pfronten.de.

Camping Camping Pfronten. Kleiner, gepflegter Wiesenplatz mit wenig Schatten nahe der Breitenbergbahn. Mitte Mai bis Ende Sept. 2 Pers. mit Stellplatz 25 €. Familie Schneider, Tiroler Str. 109, Pfronten-Steinach, ✆ 08363/8353, www.camping-pfronten.de.

Essen & Trinken Adler. Traditionsreiche Dorfwirtschaft mit guter Atmosphäre drinnen wie draußen. Bayerische Küche mit viel Fleisch, auch Salate. Durchgehend warme Küche, kein Ruhetag. Bei hoher Auslastung empfanden wir den Service jedoch als ineffizient und überfordert. Hauptgericht bis 20 €. Tiroler Str. 7, ✆ 08363/927337, www.adlerpfronten.de.

Schankwirtschaft Wohlfart. Erlebnisgastronomie im Stil von anno dazumal. Bodenständige Küche, hauseigenes Hofbier. Kinderfreundlich mit Spielecke, Biergarten. Reservierung empfohlen. Hauptgericht bis 25 €. Mo–Fr ab 16 Uhr, Sa ab 14 Uhr, So ab 12 Uhr. Kienbergstr. 61, Pfronten-Dorf, ✆ 08363/928795, www.schankwirtschaft-wohlfart.de.

Braugasthof Falkenstein. Ein uriges Lokal im Hofbräuhaus-Stil, mit Biergarten. Allgäuer Küche in LandZunge-Qualität (→ S. 291), große Auswahl auch für Vegetarier. Hauptgericht bis 25 €. Warme Küche tägl. 11–23 Uhr. Allgäuer Str. 28, Pronten-Röfleuten, ✆ 08363/960658, www.braugasthof-falkenstein.de.

Mein Tipp **Hündeleskopfhütte.** In dieser Berghütte auf 1180 m Höhe werden ausschließlich vegetarische und vegane Gerichte angeboten. Alles frisch zubereitet; das hat seinen Preis und dauert ein bisschen, aber für echtes Slow Food wartet man gerne ein Weilchen. Ganzjährig, Mo/Di Ruhetag. Ab Parkplatz beim Waldseilgarten in einer knappen Stunde zu Fuß zu erreichen. Am Hündeleskopf, Pfronten-Kappel, ✆ 0160/90113431, www.huendeleskopfhuette.de.

Bergcafé Milchhäusl. Zehn Gehminuten oberhalb der Straße mit schönem Ausblick. Kaffee, Kuchen und warme Gerichte. Mi–Mo 10–20 Uhr. Kienbergerstr. 54, Pfronten-Dorf, ✆ 08363/6782, www.bergcafe-milchhaeusle-pfronten.de.

Ostallgäu → Karte S. 64

Nesselwang

3500 Einw., 867 m ü .NN

Der Luftkurort zu Füßen des Alpspitz erstreckt sich entlang der alten Römerstraße, die Kempten mit der Via Claudia und damit dem Weg nach Italien verband. Später rollten hier die Fuhrwerke beladen mit Fässern voll Salz, das von den Salinen in Hall an den Bodensee transportiert wurde.

Ob nun trinkfeste Fuhrleute das Gewerbe nährten und auch manches Fass Bier als Beifracht ins Umland karrten, zeitweise gab es in Nesselwang fünf Brauereigasthöfe! Der letzte von ihnen, die Post-Brauerei, hat in ihren Kellergewölben ein **Brauereimuseum** eingerichtet, das im Rahmen von Brauereiführungen besichtigt werden kann. Im Brauereigasthof befindet sich auch das **Ostereiermuseum** mit zwei Dutzend Vitrinen voller Ostereier aus aller Welt, andere von der Sammlerin und Museumsleiterin Monica Nusser selbst gefräst, gebohrt, bemalt, beklebt oder gar bestickt. Finden sie das Ei mit dem Skifahrer?

Im Gasthof Post bekommt man auch einen Routenplan zum **Brauerei-Wanderweg.** Der beginnt am Gasthof Bären und erzählt an zwanzig Stationen vom Brauereidorf Nesselwang. Zu Besinnung und Einkehr mahnt der **Ge(h)zeitenweg** ab Parkplatz Rindegger Tanne beim Nesselwanger Ortsteil Rindegg. Sechs Stationen helfen hier, zur Ruhe zu kommen und dem alltäglichen Hamsterrad zu entrinnen. Eine bei der Tourist-Information erhältliche Broschüre weist den Weg.

▪ Brauereimuseum, Führung mit Verkostung, Fr 19 Uhr, Sa 11 Uhr, 7,50 €. Hauptstr. 25, www.hotel-post-nesselwang.de. Ostereiermuseum tägl. 10–20 Uhr, Anmeldung im Hotel Post. Eintritt gegen Spende.

Heimathaus und Skimuseum

Doch bleiben wir noch bei den Museen. Ein paar Schritte östlich vom Bären wurde in einem alten Bauernhof das **Heimathaus** eingerichtet Im Erdgeschoss ist eine Glasbläserwerkstatt zu sehen, oben geht es ums Schreiner- und Schusterhandwerk, und natürlich werden uns auch Land- und Waldwirtschaft vorgestellt.

▪ Mi 16–18 Uhr, jeden ersten Sonntag im Monat 14–17 Uhr. Füssener Str. 13. Eintritt frei.

Die Sportreporterlegende Bruno Moravetz, Mitbegründer des *Aktuellen Sportstudios* im ZDF und mit seiner während der Übertragung eines olympischen Skilanglaufs hartnäckig wiederholten Frage „Wo ist Behle?" sozusagen der Edi Finger („I wer' narrisch!") unter den Wintersportkommentatoren, dieser Bruno Moravetz also trieb in seiner Wahlheimat Nesselwang maßgeblich den Bau des **Skimuseums** voran. In diesem huldigt Nesselwang seinen Spitzensportlern wie den Olympiasiegern Michael Greis (Biathlon) und Franz Keller (Nordische Kombination).

▪ Mi 16–18 Uhr, jeden ersten Sonntag im Monat 15–17 Uhr. Hauptstr. 1a. Eintritt frei.

Maria Rain und Maria Trost

Ein halbstündiger Fußweg bringt uns vom Zentrum in den Ortsteil **Maria Rain** mit der gleichnamigen **Wallfahrtskirche.** Das äußerlich unscheinbare spätgotische Gotteshaus prunkt innen mit einer kostbaren Ausstattung. Die großartige Kanzel trägt der „schönste Engel des Allgäus", der dem Weilheimer Bildhauer Bartholomäus Steinle zugeschrieben wird. Der ursprünglich spätgotische Hochaltar wurde von Pfrontener Künstlern im Rokokostil modernisiert.

Vom Ortszentrum steigt man am Mühlbach entlang etwa 45 Minuten zur Wallfahrtskirche Maria Trost auf dem Wankerberg auf. Statt auf der mautpflichtigen Fahrstraße zu laufen, lohnt sich der kleine Umweg über den **Wasserfallsteig** durch den Schlossbachtobel und zur **Nesselburg,** einer Veste der Herren von Rettenberg, in der zuletzt die Nesselwanger Vögte des Hochstifts Augsburg wohnten, bis die Burg nach einem Brand 1576 aufgegeben wurde und die Vögte ein neues Amtshaus unten im Dorf bezogen.

Die **Kirche Maria Trost** zählt zu den beliebtesten Wallfahrtsorten im Bistum Augsburg. Dabei handelt es sich bei dem am Hochaltar ausgestellten Gnadenbild, auf das der Name des Gotteshauses zurückgeht, nur um eine Kopie, die aber offenbar ebenso wirkungsmächtig ist wie das von einem unbekannten Maler geschaffene Original. Das hatte einem Bäcker im niederbayerischen Regen gehört und war aufgefallen, als es die Brandschatzung Regens durch schwedisch-protestantische Truppen schadlos überstand, weshalb es die Freifrau von Grimming erwarb. Ihr Sohn Rudolf ließ es anschließend auf seinem Schloss Müllegg (bei Salzburg) und später auf dem von ihm erworbenen, ebenfalls im Salzburger Land gelegenen Gut Maria Plain ausstellen. 1658 begab sich Rudolf von Grimming auf Wallfahrt nach Einsiedeln, das Madonnenbild im Gepäck – und beschloss unterwegs, sein Leben fortan als Einsiedler auf dem Nesselwanger Wankerberg zu verbringen. Aus der Eremitage wurde dann der Wallfahrtsort Maria Trost, zu dem neben der Kirche auch ein Jugendhaus gehört. Nach Rudolfs Tod wurde das Gnadenbild am Wankerberg durch eine Kopie ersetzt, das Original ging zurück nach Maria Plain, wo es heute von Gläubigen in der Wallfahrtsbasilika Mariä Himmelfahrt verehrt wird. Komponierte Mozart seine Krönungsmesse für das Plainer Marienbild? So sagt es die Legende, doch das ist eine andere Geschichte.

Ostallgäu → Karte S. 64

Basis-Infos

Information Tourist-Information. Hauptstr. 20, ✆ 08361/923040, www.nesselwang.de. Mo–Fr 8.30–12/14–18 Uhr.

Baden Alpspitz-Badecenter. Erlebnisbad mit Strömungskanal, Riesenrutsche, 25-m-Sportbecken (innen), Badeteich, Liegewiese, Saunalandschaft. Mo–Fr 10–22 Uhr, Sa/So 9–22 Uhr. Tageskarte Bad 14 €, mit Sauna 18,50 €. Badeseeweg 11, ✆ 08361/921620, www.abc-nesselwang.de.

Als natürliche Badeseen empfehlen sich der **Attlesee** (mit Umkleidekabinen und WC) und der **Kögelweiher**, beide etwa 4 km östlich von Nesselwang. Das an der Südwestecke des **Grüntensees** dem Campingplatz angeschlossene Strandbad bietet die üblichen Einrichtungen wie Kiosk, Restaurant, Beachvolleyballfeld und Bootsverleih.

„Prost!" im Gasthof Post

Bergbahn Alpspitzbahn. Alpspitzweg, ✆ 08361/771, www.alpspitzbahn.de. Berg- und Talfahrt 18,50 €.

Bogenschießen Das **Trendsportzentrum Allgäu** hat einen Parcours für Bogenschützen, die hier auf lebensgroße Plastiktiere anlegen. Ausrüstung wird gestellt. Einweisung jew. zur vollen Stunde Mai Sa/So, Juni bis Sept. tägl. 10–17 Uhr. Venusstr. 16, ✆ 08361/202536, www.trendsportzentrum-allgaeu.de.

E-Bike- und Fahrradverleih Jons Adventures. April bis Okt. Mo–Sa 9–12.30 Uhr, Mo/Di/Do/Fr auch 14–18 Uhr. Maria-Rainer-Str. 4, ✆ 08361/9225965, www.jons-adventures.com.

Rad- und Mountainbike-Arena Allgäu. Internetportal mit Tourenvorschlägen rund um Nesselwang vom Familienausflug bis zur anspruchsvollen Bergfahrt, alle mit Kartenblättern und GPS-Daten. www.rad-mtb-arena-allgaeu.de.

Einkaufen Die **Allgäuer Gebirgskellerei** in Wertach hat sich auf die Herstellung von Blüten- und Beerenweinen spezialisiert. Kellereiverkauf nur Do 16.30–18.30 Uhr. Grüntenseestr. 12, Wertach, www.allgaeuer-gebirgskellerei.de.

Feste/Veranstaltungen Viehscheid. Herbstfest Mitte Sept. Die eigentliche Viehscheid, also die Übergabe der Tiere nach dem Alpabtrieb an ihre jeweiligen Besitzer am Parkplatz der Alpspitzbahn ist am Montagmorgen nach dem Festwochenende.

Hochseilgarten Kletterwald Grüntensee. Ein Hochseilgarten, der allen Zielgruppen gerecht wird: Vom Anfänger- und Kinderparcours bis zum anspruchsvollen Himalaya-Parcours in 15 m Höhe ist alles geboten. Sonderbereich fürs Teamtraining. Mit Gaststätte und Badeplatz. Pfingsten bis Mitte Sept. tägl. 10–18 Uhr, in den bayerischen Sommerferien bis 19 Uhr. Ostern bis Pfingsten und Mitte Sept. bis Okt. nur Sa/So. Eintritt 22 €. Am Kletterwald 1, Haslach, ✆ 08323/968050, www.kletterwald-gruentensee.de.

Kinder Spielhaus im Feriendorf Reichenbach. Indoor-Angebot für Kinder von 6–16 J. mit Kletterwand, Riesenrutsche, Billard, Kicker und vielen Gesellschaftsspielen. Di 9–17 Uhr, So 11–21 Uhr, sonst 9–21 Uhr. Eintritt frei. Bürgermeister-Martin-Str. 8, Reichenbach, ✆ 08361/616, www.feriendorf-reichenbach.de.

Laufen **Laufarena Allgäu.** Bietet Lauftraining oder speziellen Laufurlaub. www.laufarena.de.

Rodeln **Sommerrodeln** von der Mittelstation der Alpspitzbahn mit Karacho durch 13 Kurven und einen Tunnel hinunter ins Tal. Ein- oder Doppelsitzer. Fahrt mit Lift 6 €.

Winterrodeln ebenfalls von der Mittelstation der Alpspitzbahn, Schlitten für die etwa 4 km lange Bahn werden an der Talstation verliehen.

Ski- und Snowboard **Alpspitzpark** für Freestyler, abends mit Flutlicht. www.fb.com/alpspitzpark.

Skischulakademie Alpspitz. Eine Filiale der Skischule Frey Haslach. Rathaussteige 1, Buchenberg-Eschach, ✆ 08378/932211, www.eschach.com.

Traktorverleih **Oldtimer-Vermietung Strobel.** Nein, nicht zum Ackern, sondern zum Spazierenfahren. Oldtimer-Trecker von Porsche (rot), Fendt (grün) und Eicher (grau), auch Vespa-Taxis Typ Tuk-Tuk. 55 €/2 Std. Rindegger Weg 4, ✆ 08361/1324, www.traktorausflug.de.

Zipline **AlpspitzKick.** Ausgestattet mit Helm, Spezialbrille und sicherem Gurtzeug, sausen Adrenalinjunkies über 1,2 km auf Deutschlands längster Zipline ins Tal. Ride 36–42 €. Im Sommer tägl. 10–16.30 Uhr. www.alpspitzkick.de.

Übernachten/Essen & Trinken

Hotels **Nesselwanger Hof.** Inhabergeführtes 4-Sterne-Haus in aussichtsreicher Hanglage am Ortsrand. Zimmer mit Balkon und WLAN, Hallenbad, Sauna, Beautyanwendungen. KönigsCard. DZ 145–190 €. Sudetenstraße 2, ✆ 08361/9251330, www.nesselwangerhof.de.

Zum Alten Reichenbach. Unschlagbar günstig. Sauber und liebevoll eingerichtet. Für den Preis muss man allerdings mit kleinen Zimmern und teilw. Etagenbad vorlieb nehmen. Gastwirtschaft, Biergarten. DZ 60–85 €. Reichenbach 2, ✆ 08361/92020, www.zum-alten-reichenbach.de.

Ferienwohnungen **Sportheim Böck.** Exklusives Wohnen in Luxusapartments an der Bergstation der Alpspitzbahn. Mit eigener Sauna, Weinkeller, fürs Essen kommt der Koch ins Haus. Lodge 400–450 €. Alpspitzweg 50, ✆ 08361/3111, www.sportheim-boeck.de.

Alpenseehof. Bewirtschafteter Bauernhof mit angeschlossenem Golfplatz (!), kinderfreundlich mit Spielplatz und Ponyreiten, Badestube mit Sauna und Wellness. Ferienwohnungen für 2–4 Pers. 60–100 €. Attlesee 14, ✆ 08361/637, www.alpenseehof.de.

Gästehaus Annabell. 16 Ferienwohnungen im Landhausstil in einem ruhigen Wohngebiet zehn Gehminuten vom Ortszentrum. Auf Wunsch mit Frühstück, E-Bike-Verleih, Sauna und Massage. Fewo 45–100 €. Jupiterstr. 5, ✆ 08361/925807, www.haus-annabell.de.

Camping **Camping Grüntensee International.** Platz am See mit etwa 300 eher kleinen und kaum parzellierten Stellplätzen. Viele Dauercamper. Ganzjährig geöffnet, 2 Pers. mit Stellplatz 30 €. Grüntenseestr. 41, ✆ 08365/375, www.camping-gruentensee.de.

Wohnmobilstellplatz. Ausgezeichneter Kiesplatz beim Bauhof am Weg zur Alpspitzbahn, mit Strom, Frisch- und Abwasser, WLAN. An der Riese.

Essen & Trinken **Gasthof Bären.** Brauereigasthof mit Biergarten und zwei gemütlichen Gaststuben im traditionellen Stil. Bayerisch-schwäbische Küche, unter der Woche preiswerte Mittagsmenüs. Hauptgericht bis 25 €. Kein Ruhetag. Hauptstr. 3, ✆ 08361/3255, www.baeren-nesselwang-allgaeu.de.

Il Castello. Pizzeria in einer schicken Gründerzeitvilla mit Glashausanbau. Freundliches Personal, wechselnde Tageskarte mit italienischen Gerichten, große Auswahl auch an Meeresfrüchten. Hauptgericht bis 20 €. Mi/Do/Fr/So/Mo 11.30–14/17.30–22.30 Uhr, Sa 17.30–22.30 Uhr. Bahnhofstr. 5, ✆ 08361/8040, www.ilcastello-nesselwang.com.

Schwebend schlemmen

„Gondeling“ nennt sich das besondere Angebot der Alpspitzbahn: ein Gala-Dinner für 2–4 Pers. (100–130 €), serviert in der schwebenden Bergbahngondel. ✆ 08361/1270, www.alpspitzbahn.de.

Ostallgäu → Karte S. 64

Oberallgäu

Mit seinen Bergen besitzt das Oberallgäu die natürlichen Voraussetzungen für Bergsportler aller Couleur, mögen es Erholung suchende Wanderer oder adrenalinsüchtige Gipfeljunkies sein. Prominente und zugleich mit Aufstiegshilfen bestückte Berge wie das Nebelhorn oder das Fellhorn will sich keiner entgehen lassen.

Dank aufwendiger Stege und Sicherungen ist die über Jahrtausende vom tosenden Lauf der Starzlach ausgewaschene Klamm heute ein für jedermann begehbares Naturdenkmal. Nur Abenteuersportler nehmen, mit Helm, Seil und Haken gesichert, den Wasserweg. → S. 163

Berge, Täler, Blumenwiesen, dazu schmucke Dörfer mit Geranienfenstern und Zwiebeltürmen – das schreit geradezu nach Brauchtum. Gäbe es weder Blasmusik noch Tracht, weder Käs noch Viehscheid, keine Kirchweih und kein Bauerntheater, kein Klausentreiben und keinen Funkensonntag – man würde all das sogleich als Touristenunterhaltung erfinden. Wobei der heimatbewusste Allgäuer darunter leiden mag, dass die Fremden ihn im Zeichen weiß-blauer Folklore mit einem Bayern verwechseln, der er ja auch irgendwie ist, aber doch nicht sein mag.

Die Abhängigkeit vom Tourismus – vor dem Maschinenbau und der Milchwirtschaft längst der wichtigste Wirtschaftsfaktor der Region – ist wie immer eine zweischneidige Sache. Einerseits fördert der Fremdenverkehr den Natur- und Landschaftsschutz, denn man will erhalten, was die meisten Menschen in die Region zieht, und das ist nun mal die grandiose Natur. Andererseits fordert besonders die Konkurrenz im Wintertourismus den ständigen Ausbau der Infrastruktur zur Erschließung immer größerer Ski-Arenen mit Liften und Beschneiungsanlagen. Selbst kleine Pistenkorrekturen, zu denen jeden Sommer die Bagger und Planierraupen in die Berge ausrücken, summieren sich zu erheblichen Eingriffen in die Landschaft. Auch viele Einheimische finden inzwischen: Es reicht!

Kulturelles und wirtschaftliches Zentrum der Region ist Kempten, eine der ältesten Städte Deutschlands. Touristische Hauptstadt von Deutschlands südlichstem Zipfel ist jedoch Oberstdorf. Und mit dem Kleinwalsertal reicht das Allgäu bis nach Österreich.

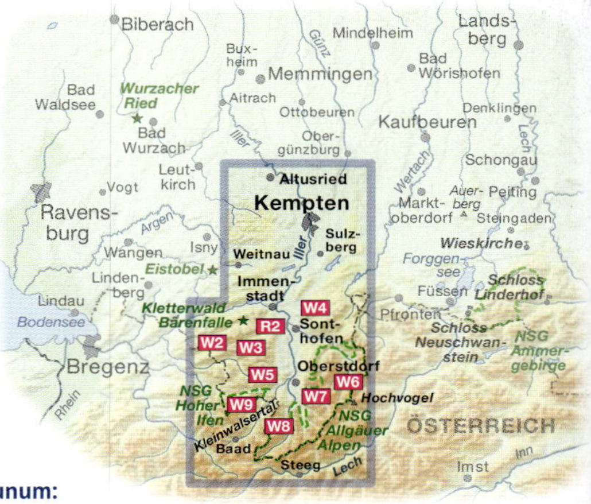

Was anschauen?

Residenz und Stadtmuseum Kempten: Die prachtvoll ausgestatteten Wohn- und Prunkräume zeugen vom üppigen Lebensstil der Fürstäbte und gelten als Höhepunkte des süddeutschen Rokoko. Mehr über das Leben der Bürger erfährt man gleich gegenüber im Stadtmuseum. → S. 136

Archäologischer Park Cambodunum: Ausgrabungsgelände und Museum erzählen mit moderner Technik Kemptens römische Geschichte. → S. 132

Bergbauernmuseum Diepolz: Mit seinem Erlebnisspielplatz, einem begehbaren Rindermagen, den Tieren zum Anfassen und dem Heuhüpfen bleibt das Museum vor allem Kindern in bester Erinnerung. → S. 148

Alpseehaus in Immenstadt: Unter dem Motto „Expedition Nagelfluhkette“ erleben wir hier die Bergwelt aus der Perspektive von Außerirdischen. → S. 151

Heini-Klopfer-Schanze in Oberstdorf: Aus luftiger Höhe vom Balken in den Abgrund schauen und mit einer VR-Brille das Gefühl des Skifliegens am eigenen Körper erleben – ein Tipp für Adrenalin-Junkies. → S. 181

Was unternehmen?

Alpsee Skytrail: Gleich hinter dem Alpseehaus können künftige Bergsteiger im Hochseilgarten Skytrail gut gesichert ihre Trittsicherheit und Schwindelfreiheit erproben. → S. 151

Breitachklamm: Manchmal muss man nicht auf den Berg hinauf, sondern ins Tal hinab, um schroffe Felsen zu erleben. Bei Oberstdorf hat sich die Breitach eine tiefe Klamm in den Fels gegraben und liefert dort mit Wasserfällen, sprühender Gischt und viel Getöse ein prächtiges Naturschauspiel. → S. 180

Buchenegger Wasserfälle: Die Strudelbecken am Fuß zweier Wasserfälle eignen sich als erfrischende Badeplätze. Im Flachwasser planschen Kinder und bauen Dämme, in den tieferen Bereichen spielen junge Burschen „Gumpen jucken“. → S. 155

Erzgruben-Erlebniswelt: Ein Museumsdorf erinnert an den bis ins 19. Jh. hier betriebenen Bergbau am Grünten. Zwei alten Stollen und ein Tagebau wurden gesichert und sind als Besucherbergwerk begehbar. → S. 163

Grünten: Nur zu Fuß zu erklimmen und doch viel besucht. Hier begann der Allgäu-Tourismus und aus guten Gründen lockte der „Wächter des Allgäus“ schon leibhaftige Kaiser auf seinen Gipfel. → S. 164

Steinadlerwanderung im Hintersteiner Tal: Ausgestattet mit hochwertigen Ferngläsern und begleitet von fachkundigen Führern, bietet sich hier an Sommersamstagen die seltene Chance, Steinadler zu beobachten. → S. 174

Gottesackerplateau: Wer die lange Wandertour auf sich nimmt, wird am Hohen Ifen (Kleinwalsertal) mit einer bizarren, wild zerfurchten Karstlandschaft belohnt. → S. 339

Memmingen
Leutkirch
Diepolds-hofen
B 465
Legau
MN 21
Memmingen
St 2055
Obergünzburg
Untrasried
Günzach
Rötsee
Ellmeney
Dietmannsried
St 2055
St 2012
Probstried
A 96
Gebraz-hofen
Kimratshofen
Altusried
A 7
Börwang
Kraftisried
Urlau
Wildpolds-ried
Lindau
Friesenhofen
Schmidsfelden
B 12
Beuren
Rimpach
Wiggens-bach
Kempten
L 320
Meggen
St 2376
Betzigau
Christazhofen
Neutrauchburg
Eisenbach
Hasenmahd
Schwarzer Grat 1118
Isny im Allgäu
Buchenberg
Durach
Bodelsberg
B 12
Nellen-bruck
St 2055
Waltenhofen
Lindau
Gestratz
Alttrauch-burg
B 309
Sulzberg
Maierhöfen
A 7
Niedersont-hofener See
Iller
Heimen-kirch
St 1318
B 12
Steine-gaden
Weitnau
Rottachsee
Grünen-bach
Martinszell
Petersthal
Wilhams
Diepolz
Nieder-sonthofen
OA 3
OA 6
Simmer-berg
Grüntensee
Stiefenhofen
Wertach
Missen
St 2006
Stein im Allgäu
Gr. Alpsee
Kranzegg
Jungholz
Weiler i. A.
Oberstaufen
Thalkirch-dorf
Rettenberg
Bühl am Alpsee
B 308
Grünten 1738
B 310
Immenstadt
Unterjoch
Buchenegger Wasserfälle
Mittagberg 1451
Blaichach
Burgberg
Unterjochpass
Sulzberg
Steibis
Naturpark Nagelfluh-kette
Sonthofen
Aach
Bad Hindelang
B199
Oberjoch
L205
Imberg 1304
Gunzesrieder Tal
Bad Oberdorf
Zöblen
Hochgrat 1834
Ofterschwang
Ostrach
Hinterstein
Hoher Häderich 1565
Breitenberg 1893
Balderschwang
Riedberger Horn 1787
Bolsterlang
Fischen i. A.
Hittisau
L5
OA 9
Obermaise-lstein
NSG Allgäuer Alpen
Kastenkopf 2129
Subersach
Bolgenach
Riedbergpass
B 19
Sturmanns-höhle
Nebelhorn 2224
Sibratsgfäll
Besler 1679
Oberst-dorf
Giebel 1949
Rohrmoos
Breitachklamm
Oytal-Haus
Prinz-Luitpold-Haus
NSG Hoher Ifen
Söllereck 1706
Schönenbach
Höfats 2258
Hochvogel 2592
L201
Großer Wilder 2379
Hoher Ifen 2230
Riezlern
Fellhorn 2039
Schnepfau
Diedamskopf 2090
Faistenoy
Urbeleskarspitze 2632
Dornbirn
Hirschegg
Spielmannsau
Kanzelwand 2059
Mittel-berg
Hinterer Wildengundkopf 1955
Au
Walmendinger Horn 1993
Birgsau
Großer Krottenkopf 2657
Schoppernau
Kemptner Hütte
Häselgehr
Baad
Kleinwalsertal
Mindelheimer Hütte
Rappenseehütte
L193
Bregenzer Ach
Geißhorn 2366
Mädelegabel 2645
Elbigenalp
Zitterklapfen 2403
Holzgau
Schröcken
Warth
Lutz
B198
Steeg
Oberallgäu
5,5 km
St. Anton
Österreich

Kempten

70.000 Einw., 674 m ü. NN

Die größte Stadt des Allgäus schmiegt sich an die Ufer der Iller. Sie lebt von Handel, Industrie und Verwaltung, hat aber auch Touristen einiges zu bieten. Die Studierenden einer Fachhochschule sorgen für junges Flair in einer der ältesten Städte Deutschlands.

Das heutige Kempten besteht aus einstmals zwei Städten: der von einer Stadtmauer umgebenen Reichsstadt (Altstadt) und der Stiftsstadt (Neustadt). Vereinigt wurden beide erst nach dem Anschluss an Bayern (1802). Zuvor wurde die westlich an Residenz und Lorenzkirche anschließende Stiftsstadt (katholisch) vom Fürstabt regiert, die Reichsstadt (evangelisch) vom Rat und dem Bürgermeister. Die Spuren dieser Zweiteilung sind bis heute im Stadtbild erkennbar. In der Nachbarschaft der Residenz findet man großzügige Freiflächen und planmäßig gerade, sich im rechten Winkel kreuzende Straßenfluchten; dagegen ist das Viertel rund um das Rathaus und die Pfarrkirche St. Mang bis hin zur Illerbrücke mit seiner dichten Bebauung, den unregelmäßigen, krummen Straßenzügen und dem Mangel an Grünflächen noch stärker vom mittelalterlichen Erbe geprägt.

Oberallgäu → Karte S. 130

Stadtgeschichte

Als die Römer 15 v. Chr. das Alpenvorland eroberten, trafen sie hier auf die keltische Stadt Cambodunum, die vermutlich damals schon so genannt wurde. So berichtet es jedenfalls der antike Geograf Strabo. Damit zählt Kempten neben Augsburg, Trier und Köln zu den ältesten Städten Deutschlands. Archäologisch gesichert ist diese vorrömische Siedlung bislang allerdings nicht. Umso mehr hat man aus römischer Zeit entdeckt. Damals lag Kempten an der Hauptstraße vom Donauraum nach Bregenz und über das Rheintal weiter nach Italien. Zeitweise war es gar Hauptstadt der Provinz Rätien, die sich von Passau bis nach Graubünden erstreckte.

Unter dem Druck der eindringenden Germanen, die um 260 n. Chr. wohl auch Cambodunum verwüsteten, und vielleicht auch angesichts wirtschaftlicher Probleme gaben die Römer das rechtsrheinische Germanien auf und zogen sich an den als neue Verteidigungslinie errichteten Donau-Iller-Rhein-Limes zurück. Cambodunum wurde damit zur Grenzstadt. Die Siedlung auf dem Lindenberg, wo sich heute der Archäologische Park befindet, gab man auf. Die Bevölkerung zog sich auf eine besser zu schützende Terrasse am Fuß der Burghalde (siehe unten) zurück, auf der in einem neu errichteten Kastell die Grenztruppen stationiert waren. Die räumten die mittlerweile Cambidanum genannte Stadt irgendwann im 5. Jahrhundert und überließen sie den Alamannen.

Um 750 gründeten Sankt Galler Mönche im Bereich der Residenz ein Kloster. Kaiserin Hildegard, Gemahlin Karls des Großen und dem Allgäu verwandtschaftlich verbunden, stattete das nur dem Kaiser untergebene Kloster mit namhaften Schenkungen aus. Friedrich II. gab der Abtei die Grafschaft Kempten als Lehen und bahnte damit den Weg zum späteren Fürststift, das als einziges schwäbisches Kloster Sitz und Stimme im Reichstag hatte. Während die Abtei ihre Herrschaft in der Umgebung ausdehnte und festigte, entglitt ihr die Stadt: Die erhielt unter Kaiser Karl IV. den Status einer freien Reichsstadt (1361) mit Stadtrat und Bürgermeister. Als 1525 im Bauernkrieg die wütenden Bauern das vor dem Stadttor liegende Kloster angriffen, floh der Fürstabt hinter die sichere Stadtmauer. Der Schutz durch Rat und Bürgermeister hatte seinen Preis: Im „Großen Kauf" musste der Fürstabt die letzten Rechte abtreten, die ihm im Stadtgebiet noch verblieben waren. Zwei Jahre später schloss die Stadt sich der Reformation an, was die Konflikte mit dem Fürststift noch verschärfte und in die mehrfache gegenseitige Verwüstung während des Dreißigjährigen Kriegs mündete.

1712 bekam die im Westen der Residenz, also auf dem Territorium des Fürststifts, neu entstandene Stiftsstadt ihr eigenes Stadtrecht. Der Wohlstand der beiden Kempten gründete sich vor allem auf den Handel.

1775 war Kempten Schauplatz des letzten Hexenprozesses auf deutschem Boden: Die Armenhäuslerin Anna Maria Schwägelin hatte sich ohne Folter und Zwang selbst des Teufelspakts bezichtigt. Immerhin ließ Fürstabt Honorius Roth von Schreckenstein (!) das Todesurteil nicht vollstrecken, die eingebildete Teufelsbraut starb Jahre später im Gefängnis.

Archäologischer Park Cambodunum

Schon im 19. Jh. wurde die alte Römerstadt auf dem Lindenberg am Ostufer der Iller lokalisiert. Einige Bereiche der antiken Siedlung sind als archäologischer Park erschlossen und vermitteln auch dem Laien ein lebendiges Bild von der Vergangenheit. Ab 2020 soll es unter dem Stichwort „Reise in die Römerzeit" einen virtuellen Rundgang geben, der uns etwa mit abrufbaren Filmen oder 3D-Rekonstruktionen in den römischen Alltag des antiken Kemp-

Mosaik in Cambodunum

tens eintauchen lässt. Im *Tempelbezirk* verehrten Römer, Germanen und die romanisierten Kelten des Alpenvorlands ihre Götter. 13 Tempel hat man auf ihren Grundmauern rekonstruiert, eine Ausstellung dokumentiert die Ausgrabungen und die verschiedenen Kulte. Am anderen Ende der Ausgrabung schützt eine Stahlskeletthalle die als Ruinen belassenen *Kleinen Thermen*, die dem Statthalter und seinen Gästen vorbehalten waren. Die wesentlich größere öffentliche Thermenanlage der Stadt wurde nach der Erforschung wieder zugeschüttet. Der dritte, kostenfrei zugängliche Bereich in der Mitte des archäologischen Parks umfasst die Reste des Forums, also des antiken Marktplatzes. Hier beeindruckt besonders die Größe der *Basilika*, sozusagen die Stadthalle von Cambodunum.

▪ März bis Nov. Di–So 10–17 Uhr. Eintritt 4 €. Cambodunumweg 3, www.kempten.de.

> Probieren Sie in der „Taberna" des Archäologischen Parks die Lukanische Wurst, eine Rindswurst auf römische Art.

Das Allgäuer Burgenmuseum

Burghalde/Allgäuer Burgenmuseum

Kein Ort in Kempten wäre ein besserer Platz für das Allgäuer Burgenmuseum als die Burghalde. Hier standen nämlich das römische Kastell und später die Stiftsburg, Sitz der Vögte und damit der weltlichen Macht der Fürstabtei. 1379 kam das Gemäuer in den Besitz der Stadt und wurde in die Stadtbefestigung integriert. Militärisch bedeutsam wurde die Burghalde im Dreißigjährigen Krieg, als Schweden und Kaiserliche sich hier einander mehrfach abwechselnd einnisteten. Im Krieg um das Erbe des letzten spanischen Habsburgers besetzten auf Einladung des bayerischen Kurfürsten französische Truppen die Burghalde und bauten sie zur Festung aus – die 1705, als ihre kaisertreuen Gegner die Oberhand gewannen, von diesen geschleift wurde. Nur der Turm blieb stehen, er ist zusammen mit dem im 19. Jahrhundert erbauten Wächterhaus das heimliche Wahrzeichen von Kempten. Heute ist die Burghalde eine große Freilichtbühne für Filme und Musikfestivals. Das **Allgäuer Burgenmuseum** im Wächterhaus beschäftigt sich mit Geschichte, Bauentwicklung und Lebenswelt der Allgäuer Burgen. Anhand von Originalobjekten und Nachbildungen lernen wir den rustikalen und wenig luxuriösen Alltag der Burgbewohner kennen, dürfen im Rittersaal an der Tafel Platz nehmen und die Rüstungen testen.

▪ Sa/So 10–16 Uhr. Eintritt 34 €. Burghalde 1, www.allgaeuer-burgenmuseum.de.

Die Reichsstadt

Wenn die Kemptener heute von Altstadt reden, meinen sie das Gebiet der früheren Reichsstadt. Viele Altbauten überstanden zwar den Zweiten Weltkrieg, wurden in den Wirtschaftswunderjahren aber als nicht mehr zeitgemäß empfunden und durch seelenlose Neubauten ersetzt. So präsentiert sich die Altstadt heute als ein ungeregeltes Nebeneinander von Alt und Neu. Ihr oberer Teil (Oberstadt) ist mit der Fußgängerzone heute das Einkaufsgebiet, in der ruhigen und stellenweise vernachlässigten Unterstadt findet man noch manchen romantischen Winkel. Bis ins Hochmittelalter floss die Iller am Westrand der Altstadt, wo heute Theater und Rathaus stehen. Mit einem ambitionierten Projekt, dessen Datierung und technische Details noch weitgehend im Dunkeln liegen, verlegten die Kemptner das Flussbett auf die Ostseite von Altstadt und Burghalde und gewannen im alten Flussbett durch Aufschüttungen neue Siedlungsfläche.

Sankt-Mang-Platz

Beherrscht wird der Platz von der 1426–1428 im gotischen Stil erbauten evangelischen **Pfarrkirche St. Mang**. In der Reformationszeit wirkte als Pfarrer von St. Mang der auf slowenischen 1-Euro-Münzen abgebildete Primus Truber, der mit seiner Bibelübersetzung als Begründer der slowenischen Schriftsprache gilt. Die Überlieferung berichtet, der heilige Magnus höchstselbst habe hier eine erste Kirche geweiht. Tatsächlich belegen Bodenfunde die Existenz einer Kirche und christlicher Gräber bereits für das Ende des 7. Jahrhunderts. An den Gewölberippen des Chors der aktuellen Kirche St. Mang wurden Reste gotischer Malereien freigelegt, nämlich Engelsfiguren zwischen Apostelkreuzen und Rankenwerk. Am Kopf des rechten Seitenschiffs umgeben alte Fliesen mit Fabeltieren das Fundament eines gotischen Seitenaltars. Für den neugotischen Hauptaltar bekam die Memminger Kunstschreinerei Vogt auf der Weltausstellung 1893 eine Goldmedaille.

Ein **Jugendstilbrunnen** auf dem Platz zeigt den „Allgäuapostel" unter einem Baldachin. Um das Brunnenbecken herum sind vier Bronzeplastiken von Tieren postiert, darunter ein Einhorn. Die reitenden Knaben stehen mit ihren unterschiedlichen „Füßen" für die vier Elemente – der mit dem Teufelshuf symbolisiert das Feuer.

Auf der Südseite des Platzes stehen einige hübsche Patrizierhäuser. Im **Roten Haus** und dem angrenzenden **Jenisch-Haus** wohnte und wirtschaftete lange Zeit der mit Leinwandhandel und Fuhrgeschäften reich gewordene Kemptener Zweig der Kaufmannsfamilie Jenisch. Das Ankergässchen führt Richtung Fluss zum einzigen erhaltene Stadttor, dem **Ankertörle**. Über dem Durchgang erkennt man noch den Wehrgang.

Der Sankt-Mang-Platz war bis ins 16. Jahrhundert der Friedhof der Stadt. Ein auf der Westseite der Kirche in den Boden eingelassenes Bronzeband zeigt die Umrisse der später abgerissenen Friedhofskapelle St. Michael und St. Erasmus. Noch erhalten ist jedoch das Untergeschoss der Doppelkapelle. In diesem **Schauraum Erasmuskapelle** erzählen uns Kleinfunde und eine Multimediashow die wechselhafte Geschichte der alten Mauern, in denen sich zeitweise auch eine Trinkstube befand. Ein neu geschaffener Raum hinter dem Chor dient als Beinhaus für die beim Umbau des Sankt-Mang-Platzes gefundenen Gebeine.

▪ Do–Di 11–17 Uhr (letzter Einlass). Show jeweils zur vollen Stunde. Eintritt 4 €.

Das Rathaus von Kempten

Oberallgäu → Karte S. 130

Rathausplatz

Nach Nordwesten hin geht der Sankt-Mang-Platz in den Rathausplatz über, der zunächst entgegen dem Namen eher einer Straße gleicht. Hier war in der reichsstädtischen Zeit das Zentrum Kemptens. Blickfang ist die prachtvolle Rokokofassade des **Londoner Hofs,** so benannt von einem Besitzer, der hier im 19. Jahrhundert ein „Hotel und Albergo" mit internationalem Flair betrieb. Noch immer Hotel ist der angrenzende **Fürstenhof,** in dem schon Kaiser Friedrich III. und sein Sohn und Nachfolger Maximilian übernachtet haben sollen. Das folgende **Ponikauhaus** besteht im Kern aus zwei Gebäuden, die von der Patrizierfamilie Jenisch mit einer Barockfassade verbunden wurden. Das doppelläufige Treppenhaus und der über zwei Etagen reichende Festsaal (nur bei Veranstaltungen zugänglich) zeigen Stuck von Johann Georg Übelhör und Fresken von Franz Georg Hermann, wobei das Deckengemälde im Saal mit seinem Thema *Kempten lädt die Götter des Olymp zum Gastmahl* viel über das Selbstbewusstsein der reichsstädtischen Bürgerschaft verrät. Die an das Ponikauhaus anschließende Häuserzeile wurde im Zuge der Altstadtsanierung abgerissen und durch Betonbauten mit historisierenden Fassaden ersetzt.

Das frei inmitten des hier geweiteten Platzes stehende **Rathaus** (gebaut 1474) hat die Form eines lang gestreckten Quaders, den oben ein an den Enden von Türmchen gekröntes Satteldach bedeckt. Auffällig und eigentümlich ist vor allem die Ostfassade mit ihrem Treppenvorbau, dem aufgemalten Reichsadler zwischen den Wappen der Patrizierfamilien, zwei Ecktürmchen mit Adlern als Dachreiter und einem sich abgestuft zum Mittelturm hin verjüngenden Giebelfeld. Es mündet oben in einen vorkragenden Mittelturm, auf dessen Zwiebelhaube sich das Trompetenmännle in den Wind dreht. Die Fassade erhielt ihre Gestalt bei einem

Umbau in den 1930er-Jahren, ältere Fotos zeigen noch drei große Fenster mit Balkon unter einem bunt bemalten Giebelfeld. An der Westfassade, auch sie mit Treppenvorbau, blieben die Fenster erhalten, darüber erkennt man ein auf alt gemachtes Ziffernblatt. Die Glocke im Türmchen stammt übrigens aus der Michaelskapelle.

Heinrich der Kempter – ein edler Rittersmann

An der Südfassade des Rathauses entsteigt ein im pathetischen Stil der NS-Zeit als „neuer Mensch" gemalter Held splitternackt dem Badezuber und zückt sein Schwert. „Heinrich der Kempter", wie ihn die Inschrift nennt, geistert seit dem 12. Jahrhundert durch Sagen und Chroniken, manche identifizieren ihn mit dem Ritter Heinrich Rizner. Bei Meister Konrad lesen wir, Heinrich habe an der Tafel des Kaisers Otto I. die unangemessene Bestrafung seines Knappen durch den Truchsess nicht hinnehmen wollen und im entstehenden Raufhändel den Truchsess dann erschlagen – was den Kaiser heftig erzürnte und Heinrich fürchten ließ, nun sei es um ihn geschehen. Geistesgegenwärtig „ergriff [er] zur Nothwehr des Kaisers langen Bart, zuckte ihn über den Tisch, daß demselben die Krone entfiel und aller Schmuck. Heinrich bewältigte ihn, zog einen Dolch und forderte vom Kaiser Bürgschaft für sein Leben." Dem Kaiser blieb keine Wahl: Er versprach Heinrich Sicherheit, verwies ihn aber vom Hof.

Das von Franz Weiß (1903–1982) gemalte Fresko zeigt den zweiten Teil der Geschichte. Vom Kemptner Abt zur Teilnahme an einem kaiserlichen Italienfeldzug des Kaisers aufgeboten, rettete Ritter Heinrich seiner Majestät Leben, indem er im rechten Moment aus dem Bade sprang und den Kaiser mit dem Schwert verteidigte. Was diesen versöhnte und dem Heinrich ein reichliches Auskommen bescherte, denn „der Kaiser gab dem Ritter zum Jahrgehalt zwey hundert Mark Goldes".

Die Stiftsstadt

Die Rathausstraße mündet auf eine 1902/03 angelegte Freitreppe, die die Reichstadt mit der Stiftsstadt verbindet. Oben wacht das **Schlössle,** ein gediegenes Wohn- und Geschäftshaus mit Ecktürmchen und Volutengiebel, 1593–1624 im Renaissancestil erbaut für den Bürgermeister Ulrich Dorn. Fischerstraße und Klostersteige bringen uns zur Residenz.

Residenz

Vermutlich stand schon das von den Sankt Galler Mönchen gegründete Kloster im Bereich des Kirchhügels. Jedenfalls gehörte dieser links der Iller gelegene Teil der Stadt zum Bistum Konstanz, während St. Mang und die gleichfalls rechts des alten Illerlaufs gelegene Burghalde zum Bistum Augs-

Das Rote Zimmer in der Residenz

Oberallgäu → Karte S. 130

burg gehörten. Der Konvent hatte mit einem Kloster, wie wir es kennen, nur wenig gemein. Die Brüder rekrutierten sich ausschließlich aus dem Adel. Noch im 17. Jahrhundert mussten Novizen einen blaublütigen Stammbaum bis zu den Urgroßeltern nachweisen, um in die Gemeinschaft aufgenommen zu werden. Vor allem die schwäbische Ritterschaft schickte ihre nachgeborenen Söhne gerne ins Kemptner Kloster, weil dieses reich mit Grundbesitz und abhängigen Bauern ausgestattet war. Die Stiftsherren teilten die Pfründen untereinander auf. Um das Armutsgebot und die anderen Regeln des heiligen Benedikt kümmerte man sich kaum, die Konventualen wirkten auch nicht als Priester, Lehrer oder Wissenschaftler.

Nach der Zerstörung im Dreißigjährigen Krieg ließ Fürstabt Roman Giel von Gielsberg das Kloster 1651–74 nach Plänen von Michael Beer (1605–1666) erbauen, der als Begründer der zünftig organisierten Vorarlberger Bauschule („Auer Zunft") großen Anteil an der Verbreitung des damals neuartigen Barockstils in Süddeutschland hatte. Viele Baudetails tragen jedoch die Handschrift von Johann Serro, der 1654 die Bauleitung übernahm und sich eher an der oberitalienischen Renaissancearchitektur orientierte. Das von einem Mittelbau geteilte und damit um zwei Innenhöfe gebaute Gebäuderechteck hat eine Grundfläche von 145 mal 43 Metern. Die in kräftigen, warmen Farben mit vielen Rottönen gehaltenen **Wohn- und Prunkräume** des Fürstabts vereinen sakrale und profane Motive. Sie wurden 1732–42 nach französischen Vorbildern unter dem kunstsinnigen Fürstabt Anselm von Reichlin-Meldegg ausgestattet und eingerichtet. Vor allem der Festsaal gilt als ein Höhepunkt des süddeutschen Rokokos. Die als Ölmalerei ausgeführten Deckenbilder und die großformatigen Porträts im Fürstensaal stammen vom Hofmaler Franz-Georg Hermann.

Nachdem der **Hofgarten** im 19. Jahrhundert zu einem Exerzierplatz verkommen war, wurde er vor zwei Generationen wieder zu einem schönen Park umgestaltet, der mit Brunnenanlage, gepflegten Kieswegen, bunten Blumenrabatten und akkurat geschnittenen Hecken zu Erholungspausen einlädt. In der **Orangerie** an seiner Nordseite ist nun die Stadtbücherei zu Hause.

▪ Residenz April bis Sept. Di–So 9–15.45 Uhr (Beginn letzte Führung), Okt. Di–So 10–16 Uhr, Nov., Jan. bis März nur Sa 10–16 Uhr. Eintritt nur mit Führung (alle 45 Min.) 3,50 €. Residenzplatz 4–6, www.schloesser.bayern.de.

Basilika Sankt Lorenz

Wie das Kloster geht auch die mit ihm verbundene Kirche auf Michael Beer und Johann Serro zurück. Die Zwillingstürme an der Eingangsfront wurden erst 1900 vollendet. Das monumentale Gotteshaus war gleichzeitig Stifts- und Pfarrkirche. Diese eher seltene Doppelfunktion mag daher kommen, dass zum einen die Kirchen in der Stadt ja bei der Reformation alle von den Protestanten übernommen wurden und dass zum anderen die Kemptner Stiftsherren kein Bedürfnis nach kontemplativer Abgeschiedenheit hatten. Wertvollste Ausstattung des in Weiß und Goldtönen glänzenden Kirchenraums sind die beiden **Rokokoaltäre** am Chorbogen und die Stuckmarmorintarsien des **Chorgestühls.** Was als edler Marmor erscheint, ist in Wahrheit ein erhärtetes und auf Hochglanz poliertes Gemisch von Leim, Gips und Farbpigmenten.

Basilika Sankt Lorenz

Der auf der Nordseite der Kirche stehende **Marstall** (um 1730) und die **Stiftsbrauerei** (1788) sollten Teil eines großen Wirtschaftshofs werden, der aber nie verwirklicht wurde. So blieben auch die **Serrohäuser** (1664/65) erhalten, eine Zeile zweigeschossiger, mit traufseitigen Querriegeln verbundener Wohnhäuser für die Bediensteten des Stifts.

Das barocke **Kornhaus** mit seinen dreistöckigen Volutengiebeln, d.h. mit schneckenförmigen Ornamenten, um 1700 gebaut nach Plänen von Johann Jakob Herkomer, wird gerade saniert und soll künftig als Veranstaltungshaus für Events aller Art genutzt werden. Den **Vorplatz** des Gebäudes schirmt der Wasservorhang eines vom Schweizer Künstler Albert Cinelli gestalteten Brunnens vom Straßenlärm ab, der gleichzeitig den westlichen Abschluss der großen Freifläche vor Residenz und Basilika markiert.

Marstall: Alpinmuseum und Leuchtendes Mittelalter

In den früheren Stallungen des Fürstabts bringt uns das unter Beteiligung des Alpenvereins gestaltete **Alpinmuseum** die Bergwelt näher. Schwerpunkt sind die Entwicklung der Alpen als Natur- und Lebensraum, den sich der Mensch seit Ötzis Zeiten mehr und mehr angeeignet hat. Auch der Tourismus kommt nicht zu kurz, wir treffen Pilger, Bergsteiger und Skifahrer.

Licht ins Dunkel bringt die im Erdgeschoss eingerichtete Dauerausstellung **Leuchtendes Mittelalter** mit spätgotischen Tafelbildern, Marienstatuen, Flügelaltären und anderen Meisterwerken der Sakralkunst, allesamt gut ausgeleuchtet und in Szene gesetzt. Hörstationen erzählen dramatische Legenden der Heiligen, andere Stationen erklären die Arbeit des Holzschnitzers und warum die alten Bilder so strahlende Farben und Vergoldungen haben.

▪ Di–So 10–16 Uhr, Führung Sa 13 Uhr. Eintritt 4 €. Landwehrstr. 4, www.museen-kempten.de.

Leuchtendes Mittelalter

Zumsteinhaus: Museum für Stadtgeschichte

Das klassizistische Zumsteinhaus wurde 1802 für die aus Savoyen stammende Kaufmannsfamilie de la Pierre gebaut und beherbergt jetzt das brandneue Museum zur Stadtgeschichte. Als „Anfass- und Mitmachmuseum" will es mehr als nur das Auge ansprechen und Besucher aller Generationen begeistern. In einem Dutzend „Erlebnisräumen" geht es um zeitübergreifende Themen wie Macht, Glaube, Wohnen oder Freizeit. Im Kontor stellen uns die Gebrüder Zumstein ihre Handelswaren vor und wir dürfen die feinen Stoffe auch anfassen. Hans Forster berichtet von seiner Arbeit als letzter Bader in Kempten, Anna Maria Schwägelin von ihrer Verurteilung und Haft wegen angeblicher Hexerei. Und wenn's den Kindern bei schönem Wetter dann doch zu viel wird, können sich die Familien eine Kiste mit Spielen ausleihen, die sie auf dem Platz hinter dem Zumsteinhaus ausprobieren können.

▪ Di–So 10–18 Uhr . Eintritt frei. Residenzplatz 31, www.museen-kempten.de.

Ziele in der Umgebung

Dank seiner zentralen Lage mitten in der Urlaubsregion Allgäu ist Kempten ein guter Ausgangspunkt, um die Region mit ihren Naturschönheiten, den Sehenswürdigkeiten und ihrer abwechslungsreichen Landschaft zu entdecken – am besten per Fahrrad bzw. E-Bike, auf dem auch Gelegenheitsradler mühelos die Anstiege meistern.

Altusried

Früher kannte man die Marktgemeinde allenfalls wegen ihrer Freilichtspiele (www.freilichtbuehne-altusried.de), bei denen alle paar Jahre hunderte Laiendarsteller tausende Zuschauer mit den Heldenstücken „Wilhelm Tell", „Götz von Berlichingen", „Andreas Hofer" und „Don Quijote" unterhielten. Das Theaterspiel wurde inzwischen zu einem alljährlichen Festival mit mehreren Programmpunkten erweitert, doch ein Solist hat ihm den Rang abgelaufen: Kommissar Kluftinger, genannt Klufti, die schrullige Hauptfigur einer vom Bayerischen Rundfunk auch verfilmten Krimireihe von Michael Kobr und Volker Klüpfel. Klufti ist in Altusried daheim, hier spielt er montags im Musikverein, schauspielert beim Freilichtspiel, ermittelt im Milchwerk und stürzt auf dem Friedhof in ein Grab.

▪ Führungen auf Kluftingers Spuren starten im Sommerhalbjahr alle zwei Wochen Fr 16 Uhr. Anmeldung beim Verkehrsamt Altusried, ✆ 08373-7051, www.altusried.de. Mehr zu Klufti unter www.kluepfel-kobr.de.

St. Pankratius in Wiggensbach

Unter den vielen Kirchen und Kapellen rund um Kempten zählt die Wiggensbacher *Pfarrkirche St. Pankratius* zu den schönsten. Außen schlicht und kantig, entfaltet sich üppiger Rokokoglanz mit schwungvollen Rundungen, pastellfarbenem Stuckmarmor und zahlreichen Fresken. Die Kirche wurde unter dem Fürstabt Honorius Roth von Schreckenstein 1770–1777 erbaut, Baumeister war der mit einer Wiggensbacherin verheiratete Johann Georg Specht, ein Zunftgenosse der Vorarlberger Bauschule. Die älteren Wand- und Deckenbilder stammen von Franz Georg Hermann, der auch die Prunkräume in der Kemptner Residenz ausmalte. Im Dachgeschoss der alten Schule zeigt die Gemeinde ihre *Heimatkundliche Sammlung*. Berühmt ist Wiggensbach auch bei Golfern, denn die 27-Loch-Anlage des Golfclubs Waldegg-Wiggensbach bietet vor herrlichem Bergpanorama angeblich den höchsten Abschlag Deutschlands (1011 m).

▪ Amt für Kultur und Tourismus Wiggensbach, Mo–Fr 9–12, Mo auch 16–18, Mi auch 14–16 Uhr. Kempter Str. 3, ✆ 08370/92000, www.wiggensbach.de.

Durachtobel

Der etwa 2,5 km lange Duracher Wasserweg empfiehlt sich besonders für heiße Tage. Gut befestigt und breit genug auch für Kinderwagen oder Laufrad führt er durch schattigen Wald und begleitet das Flüsschen Durach, in dem es sich auch herrlich plantschen lässt. Einsamkeit erwarte man nicht. Am Weg wurden einige Erlebnis- und Spielstationen für Kinder aufgebaut, z.B. eine Hängebrücke, Trittsteine, oder eine Wasserrutsche. Ein kurzer Abstecher erschließt die Ruine Neuenburg. Am Ende des Wegs kann man sich in der Waldschenke (www.waldschenke-durach.de, Mo/Di Ruhetag) Erfrischungen oder eine Vesper können.

Burg Sulzberg

Die Burgruine Sulzberg steht auf einer Anhöhe etwa 500 Meter südlich vom gleichnamigen Dorf. Sie wurde mit viel ehrenamtlicher Arbeit in den letzten Jahren gesichert und teilweise restauriert. Ein Museum zeigt Funde aus dem Burgbereich und Modelle der Anlage. Die 1178 erstmals erwähnten Herren von Sulzberg hausten zunächst in einer Turmburg auf dem östlichen Teil des Burgplateaus. Mit ihrem sozialen Aufstieg als Dienstleute des Kemptner Stifts wurde auch die Burg erweitert: Man verfüllte den alten Graben, errichtete auf der Westseite einen neuen Bergfried und umzog die Anlage mit einer neuen, grabenbewehrten Mauer. Nach dem Aussterben des Sulzberger Geschlechts fiel die Burg an die verwandten Herren von Schellenberg. Diese ersetzten um 1480 den alten Turm durch ein vergleichsweise komfortables Wohngebäude, erweiterten die Mauer mit nach innen offenen Schalentürmen und benannten das Burgschloss nach ihrem Habsburger Dienstherren Sigmundsruh. Nach der Plünderung im Zuge der Bauernkriege erwarben die

Fürstäbte die Festung, nach neuerlichen Zerstörungen im Dreißigjährigen Krieg wurde sie schließlich aufgegeben.

▪ Burgmuseum im Bergfried Mai bis Okt. So 13.30–16.30 Uhr, Eintritt 2 €. www.burgfreunde-sulzberg.de.

Rottachsee

Der größte See des Allgäus, etwa 15 Kilometer südlich von Kempten gelegen, ist nicht das Werk von Eiszeitgletschern, sondern der jüngste Stausee Bayerns. Dabei vergingen von der ersten Idee bis zur 1992 gefeierten Vollendung fast hundert Jahre. Der etwa 5 Kilometer lange und 900 Meter breite See dient vorrangig als Speicher: Bei Hochwassergefahr hält er Wasser zurück, in Trockenzeiten speist er Iller und Donau, auch damit Letztere das Kernkraftwerk Grundremmingen ausreichend kühlen kann. Das Lastspitzenkraftwerk am Fuß der Staumauer ist eher Nebensache. Natürlich opponierten Naturschützer und auch viele Bauern gegen den See, der fruchtbares Ackerland und wertvolle Biotope unter seinen Wassermassen begrub. Immerhin zwang dieser Protest Planer und Politiker, den See für ein möglichst breites Publikum attraktiv zu machen. So entstanden die Freizeitanlagen Moosbach und Petersthal für Schwimmer, Segler, Surfer und Taucher, wurden sensible Uferbereiche und Ausgleichsflächen zu Naturschutzzonen erklärt, man legte einen Wander- und Radweg (16 km) rund um den See an und für die Angler wurden Fische ausgesetzt.

Oberallgäu → Karte S. 130

Basis-Infos

→ Karte S. 142/143

Information Touristinformation. Rathausplatz 24, ✆ 0831/9609550, Mo–Fr 9–17 Uhr, Mai bis Okt. auch Sa 10–13 Uhr. www.kempten-tourismus.de.

Alpinsport Swoboda Alpin. Die Kletterhalle des DAV gegenüber dem Cambomare ist eine der größten und modernsten Kletter- und Boulderanlagen Deutschlands. Indoor-Klettersteig unterm Hallendach, auch Außenkletterbereich mit Sonnen- und Schattenseite. Mo–Fr 11–22.30 Uhr, Sa/So (in den Schulferien tägl.) ab 9 Uhr. Aybühlweg 69, www.dav-kempten.de.

Ausgehen Parktheater 10 Clubbing in einem früheren Kino, dessen Art-déco-Einrichtung

Hofgarten mit Orangerie

leider entfernt wurde. Mi/Fr/Sa abends. Am Stadtpark, Linggstr. 2, www.parktheater-kempten.de.

Baden **Cambomare.** Allroundbad mit Sportbecken, Rutschen, Strömungskanal und Saunawelt. Angeschlossen ist ein nur im Sommer geöffnetes Freibad mit Liegewiesen. Aybühlweg 58, ✆ 0831/581210. Freibad Mitte Mai bis Mitte Sept. tägl. 9–20.30 Uhr (Sept. bis 19 Uhr), Eintritt 4 €. Badewelt und Sauna Mo–Fr 10–22 Uhr, Sa/So 9–21 Uhr, Tageskarte 21 €. www.cambomare.de.

Der **Sulzberger See** oder „Öschlesee“, wie ihn die Einheimischen nennen, hat ein nostalgisches Strandbad mit Kiosk, Umkleidekabinen, gesicherter Kinderbadezone und Bootsverleih. 7 km südlich der Stadtmitte an der Autobahnausfahrt Durach. 12 km südlich von Kempten neben der B 19.

Der **Niedersonthofener See** am Fuß des Stoffelbergs wird im Sommer gern zum Baden, Angeln, Rudern, Segeln und Surfen genutzt. Die Badeplätze bei Oberdorf und Niedersonthofen verfügen über Umkleideschnecken, Beachvolleyballfeld und Kinderspielplatz. Auch eine Wanderung (ca. 10 km) rund um den See lohnt sich.

Der **Eschacher Weiher** wurde einst von den Fürstäbten als Fisch- und Mühlenteich angelegt. In einem Teilbereich des Strands am Nordufer ist textilfreies Baden üblich. 12 km westlich von Kempten bei Buchenberg.

Einkaufen Kemptens Einkaufsmeile ist die vom Residenzplatz zum Forum Allgäu führende Achse Klostersteige – Fischerstraße – Bahnhofstraße.

Jamei Käse **3** Thomas Breckle bietet nur Käse an, die mindestens 16 Monate gereift sind – und wäscht die im Eiskeller der früheren Stiftsbrauerei lagernden Schätze einmal pro Woche mit Wasser und Weißwein. Hildegardplatz 3, www.jamei-laibspeis.de, Mi 8–13 Uhr, Fr 12–18 Uhr, Sa 8–13 Uhr.

Wochenmarkt. Mi und Sa vormittags; April bis Okt. vor der Basilika **2**, im Winter in der Markthalle **9** am Königsplatz.

Eissport **Eisstadion.** Eislaufen mit Schlittschuhverleih Okt. bis Mitte März Di/Mi/Fr–So nachmittags, Eisdisco Mi 19–21 Uhr. Eintritt 3 €. Memminger Str. 137, www.eisstadion-kempten.de.

Fahrradverleih **Allgäu Natours.** Mit Shuttle-Service. Keselstr. 1a, ✆ 0831/5232720. Mo–Fr 9–18 Uhr. https://allnatours.de.

Segway-Verleih **Ballonsport Martin,** Vermietung und geführte Touren. Gewerbestr. 7, ✆ 0831/13453, www.swagent-kempten-allgaeu.de.

Feste/Veranstaltungen **Kemptener Jazzfrühling.** Musikalisches Großereignis mit Straßenmusik und bald 100 Konzerten in den Kneipen der Stadt. Ende April bis Anfang Mai, www.klecks.de.

APC Sommer. Eine sommerliche Veranstaltungsreihe im Archäologischen Park Cambodunum mit Musik und Kleinkunst. www.klecks.de.

Allgäuer Festwoche. Erlebnismesse mit Volksfestcharakter, im Begleitprogramm Kultur- und Sportveranstaltungen. Im August, www.festwoche.com.

Classix Kempten. Zeitgenössische Kammermusik. Im September, www.classix-kempten.de.

Kino **Colosseum Center** **12** Königstr. 3, www.kinokempten.de.

Stadtführungen Ab Tourist-Information, Sa 11 Uhr, Mai bis Okt. auch Mo/Do 14 Uhr, 6,50 €. Kinderführungen (3 €) Mai bis Okt. jeweils am dritten Freitag des Monats. www.kempten.de.

Theater **Theater in Kempten** **4** Das frühere Stadttheater zeigt in seinem historischen, im Stil des Gründungsjahres 1827 renovierten Saal Gastspiele und Eigenproduktionen. Kein festes Ensemble. Theaterstr. 4 (Haupteingang von der Illerstraße), www.theaterin kempten.de.

Freilichtspiele Altusried. Alle paar Jahre großes Laientheater im Kluftinger-Dorf Altusried, zuletzt mit „Artus". www.freilichtbuehne-altusried.de.

Übernachten

In der Stadt **Fürstenhof** **6** Traditionsreiches Haus im Herzen der Stadt, geräumige Zimmer, teils mit „antiken" Stilmöbeln eingerichtet, die Bäder im Stil der 1980er gefliest. In der obersten Etage guter Ausblick. Reichhaltiges Frühstücksbüfett. (Enge) Tiefgarage gegen Gebühr. DZ ab 80 €. Rathausplatz 8, ✆ 0831/2536, www.fuerstenhof-kempten.de.

City Hotel **14** Zentrale Lage und doch ruhig, aufmerksames Personal, die Zimmereinrichtung nicht mehr taufrisch, WLAN gratis, Restaurant im Haus. DZ 100–150 €. Kotterner Str. 72, ✆ 0831/5218766, www.cityhotel-kempten.de.

Außerhalb Hanusel Hof. Das etwa 15 km südwestlich (via B 12) von Kempten gelegene Haus gehört zum Golfplatz Hellengerst, doch auch Nicht-Golfer werden sich in einem der besten Hotels im Allgäu wohlfühlen. Herzliche Gastgeber, perfekter Service, helle und geräumige Zimmer mit sehr schöner Aussicht, Hallenbad und Saunalandschaft. DZ 240–300 €. Helingerstr. 5, Weitnau-Hellengerst, ✆ 08378/92000, www.hanusel-hof.de.

Mäser's Allgäuherz (vormals Goldenes Kreuz). Landhotel mit kleinem Wellnesscenter (Spa und Sauna) in einem alten Fachwerkhaus am Dorfplatz. Geräumige Zimmer, viele Gäste sind Golfer. DZ 110–150 €. Marktplatz 1, Wiggensbach, ✆ 08370/206, www.allgäuherz.de.

Geratserhof. Erholung abseits des Trubels. Ca. 20 Zimmer und Ferienwohnungen mit Terrasse oder Balkon, das Haus hat ein Tagescafé, Sauna und Hallenbad, bietet Massage, Kosmetik und Kräuterkurse. Ein Badeweiher liegt in Laufweite. DZ 80–100 €. Gerats 21, Waltenhofen, ✆ 08303/423, www.geratserhof.de.

Ferienhof Haggenmüller. Kinderfreundliche Ferien auf dem Bauernhof mit Jungvieh, Ziegen, Hasen, Katzen. Fahrradverleih, Bergblick, WLAN. Der Hof liegt am Rand eines Weilers, ein Badeweiher ist in Laufweite. DZ 60 €. Eschach 105, Buchenberg, ✆ 08378/265, www.ferienhof-haggenmueller.de.

Camping Camping Zeh. Familiärer Campingplatz im Landschaftsschutzgebiet am Südwestende des Niedersonthofener Sees. Etwa die Hälfte der teilweise parzellierten Rasenstellplätze ist mit Dauercampern belegt. Kiosk, Restaurant, Streichelzoo, WLAN, Ski- und Trockenraum; Badeplatz mit Liegewiese und Bootsverleih gleich nebenan. Umweltgerechtes Platzmanagement nach Ecocamping-Standards. Ganzjährig offen. 2 Pers. mit Stellplatz 25 €. Burgstr. 27, Niedersonthofen, ✆ 08379/7077, www.camping-zeh-am-see.de.

Wohnmobilstellplatz 13 In Kempten am Illerstadion, Illerdamm Ecke Jahnweg, also in fußläufiger Entfernung zur Altstadt.

Essen & Trinken

→ Karte S. 142/143

In der Stadt Rendez-vous a Quiberon 5 Kleines, eng bestuhltes Bistro mit bretonischer Küche, z. B. Fischsuppe, Galette (Buchweizenpfannkuchen) oder *Choucroute de la mer (Fisch-Sauerkraut-Topf)*. Hauptgericht bis 25 €. Mo–Sa ab 11.30 Uhr. Rathausstr. 2, ✆ 0831/5208116.

My SkyLounge 11 Das Restaurant ist im Dachgeschoss des Allgäu Towers. Gourmets werden anderswo sicher besser essen, doch nirgendwo sonst hat man diesen Ausblick, zumal zum Sonnenuntergang. Abwechslungsreiche Karte, preiswerte Mittagsmenüs. Hauptgericht bis 25 €. Mo/Di/Do–Sa 8–14/18–22 Uhr, So nur bis 14 Uhr. Beethovenstr. 3 Ecke Bahnhofstr., ✆ 0831/69731581, www.myskylounge.de.

Zum Stift 1 Brauereigaststätte in einem weitläufigen Gewölbe. Schöner Kastanienbiergarten. Bayerische und schwäbische Küche von wechselnder Qualität, Hauptgericht bis 20 €. Tägl. ab 10 Uhr. Stiftsplatz 1, ✆ 0831/22388, www.zum-stift.de.

Schalander 7 Restaurant-Café an der Freitreppe in der Fußgängerzone, internationale Küche und Allgäuer Spezialitäten, ein viel gelobter Klassiker sind die Kässpätzle. Hauptgericht bis 25 €. Di–Sa ab 11.30 Uhr. Fischersteige 9, ✆ 0831/16866, www.schalander-kempten.de.

Bayerischer Hof 8 Hotel mit Gartenwirtschaft in einem historischen Park mit Arkaden, Springbrunnen und mächtigen Blutbuchen. Allgäuer Küche, Kinderspielecke. Bei schlechtem Wetter kann man in die Rossmarktstube ausweichen. Tägl. mittags und abends geöffnet. Füssener Str. 96 Ecke Sankt-Mang-Brücke, ✆ 0831/57180, www.bayerischerhof-kempten.de.

Außerhalb Landgasthof Mariaberg. Die Ausflugsgaststätte mit schattigem Biergarten, gutbürgerlicher Küche, angemessenen Preisen und ausreichend Auslauf für die Kinder thront auf einem Moränenhügel mit schöner Aussicht ca. 5 km westlich der Stadt. Mai bis Okt. tägl., Nov. bis April Mi–Mo ab 11 Uhr (Mo nur bis 15 Uhr). Mariaberger Str. 218, ✆ 0831/5757806, www.landgasthof-mariaberg.de.

Immenstadt

14.000 Einw., 728 m ü. NN

Der Alpsee und die nahen Berge machen die Industriestadt Immenstadt auch zu einem attraktiven Ferienort. Dank der verkehrsgünstigen Lage ist man auch schnell am Bodensee oder in Tirol.

Durch die Stadt fließt, vom Konstanzer Tal kommend und den Großen und Kleinen Alpsee durchquerend, die Konstanzer Ach und mündet am östlichen Stadtrand in die Iller. Mit einem durchschnittlichen Jahresniederschlag von rund 2000 mm/m² (das ist immerhin doppelt so viel wie in München) zählt Immenstadt zu den niederschlagsreichsten Städten Deutschlands.

Stadtgeschichte

Mit der Erlaubnis Kaiser Karls IV., das erstmals 1275 urkundlich erwähnte Dorf Ymmendorff zur Stadt zu machen, hatten sich die Grafen zu Montfort im Jahre 1360 auch das Recht auf eine Stadtmauer, einen Markt und das Monopol für das Geleit auf der Landstraße vom Oberjoch zum Bodensee gesichert. Salz und Leinwand waren die wirtschaftlichen Standbeine der ältesten Stadt des Oberallgäus. Das **Salz** kam aus den Salinen von Hall (bei Innsbruck) und wurde über Immenstadt an den Bodensee transportiert. Es machte die Landesherren reich und gab den Menschen Arbeit, denn die Salzhändler durften keine eigenen Fuhrwerke verwenden, sondern mussten die örtlichen Bauern und Fuhrleute mit dem Transport der Salzfässer beauftragen. In Immenstadt wurde das Salz in der Gret zwischengelagert und gehandelt. Dieses Lagerhaus befand sich zunächst am Marktplatz, später vor dem Sonthofener Tor. Um die Gret herum siedelten sich Stallungen, Gasthöfe, Schmiede, Wagner und Küfer an. 1823 kam zum letzten Mal Salz aus dem Inntal nach

Oberallgäu → Karte S. 130

Am Marktplatz von Immenstadt

Immenstadt. Danach durfte nur noch bayerisches Salz in den Handel gebracht werden.

Die **Leinwand** wurde aus dem von den Bauern angebauten Flachs gewoben und auf der Leinwandschau geprüft, bevor sie in den Handel kam. Auch der Leinenhandel endete im 19. Jahrhundert, als die billigeren Baumwollgewebe die Leinenstoffe vom Markt verdrängten und die Allgäuer Bauern vom Flachs auf die Viehwirtschaft umstellten.

1855 begann mit der „Mechanischen Bindfadenfabrik", dem Vorläufer des Klebefolienherstellers Monta, das **Industriezeitalter** in Immenstadt. Nach dem Zweiten Weltkrieg kamen aus dem Sudetenland die Kunert-Strumpfwerke dazu. Die legendäre Imme, ein nur wenige Jahre in Immenstadt produziertes Leichtmotorrad mit futuristischem Design, ließ den Namen der Stadt auf Deutschlands Straßen bekannt werden – die Immenstädter und angereiste Motorradenthusiasten aus aller Welt feiern noch heute am ersten Sonntag im Oktober den **Immetag** zum Gedenken an die Maschine und ihren Konstrukteur Norbert Riedel. Der war ein exzellenter Ingenieur, aber leider ein schlechter Kaufmann, denn die Riedelwerke gerieten bereits 1950 in finanzielle Schieflage. Heute ist ein Werk des Automobilzulieferers Bosch der größte Arbeitgeber der Stadt.

Stadtrundgang

Immenstadts große Bühne ist sein Marktplatz, gerahmt von den wichtigsten historischen Gebäuden. Die **Mariensäule** mitten auf dem Platz wurde 1733 aus Dankbarkeit für das Ende einer Pestepidemie gestiftet – der zugehörige Brunnen kam aber erst 1988 hinzu. Die vier Brunnenfiguren stehen für Landwirtschaft (Hütebub), Handwerk (Zimmermann), Gewerbe (Weberin) und Industrie (Strumpfformerin).

An der Westseite steht das **Königsegger Schloss.** Das von Hochmittelalter bis zum Vorabend der Französischen Revolution vor allem in Oberschwaben und Vorarlberg herrschende Haus Montfort war, nicht zuletzt wegen seiner gewaltigen Bauvorhaben, fast immer in Geldnot. So veräußerte man 1567 die Grafschaft Rothenfels und damit Immenstadt an die Herren von Königsegg. Das Stadtschloss, so die Bauinschrift, bestand damals schon als Amtshaus, erhielt seine heutige Gestalt aber im 17. Jahrhundert, als die Grafen Burg Rothenfels aufgaben und in die Stadt zogen. Das Schloss gehört nun einem Privatmann.

Im Gasthof **Goldener Adler** (Marktplatz 14) bettete einst Joseph II. von Österreich sein kaiserliches Haupt. Das **Rathaus** an der Südostecke des Platzes wurde 1640, also mitten im Dreißigjährigen Krieg, erbaut, was verwundert, da man aus dieser Zeit doch sonst immer nur von Mord und Totschlag, Pest und Plünderung hört. Im ersten Stock fanden bis 1820 die Immenstädter Leinwandschauen statt, auf denen die Qualität der gewebten Stoffbahnen geprüft wurde, bevor diese in den Handel kamen. Die so genannte Schrannenhalle im Erdgeschoss war Getreidelager und -markt.

Von seinem **Amtshaus** (Marienplatz 3) hatte der gräfliche Amtmann über einen holzverkleideten Gang einen direkten Zugang in die angrenzende **Pfarrkirche St. Nikolaus,** ohne sich zum Kirchgang unters Volk begeben zu müssen. Ein Vorgängerbau stand hier schon im Mittelalter. Die heutige Kirche, eine der größten im Oberallgäu, stammt im Kern aus dem frühen 18. Jahrhundert und wurde bei einem grundlegenden Umbau 1907/08 um das Querhaus und den Eingangsbereich erweitert. Im weißen, goldverzierten Innenraum fällt der Blick auf die Kanzel und die dunklen Stuckmarmoraltäre. An der Südwand hält eine Mond-

St. Joseph, Klosterkirche im Jesuitenstil

sichelmadonna aus der Werkstatt Ivo Strigels (um 1470) das Jesuskind. Den Chor flankieren zwei um 1520 von Jakob Maurus aus Kempten geschaffene Statuen der Pestheiligen Sebastian (als Märtyrer von Pfeilen durchbohrt) und Rochus.

Ein paar Schritte nördlich der Kirche wird der Klostergarten im Sommer für Open-Air-Veranstaltungen genutzt. Die Gebäude des früheren Kapuzinerklosters mussten in den 1980er-Jahren einem Pfarrzentrum weichen. Erhalten blieb die **Klosterkirche St. Josef** mit ihrer rosaroten Fassade im Jesuitenstil. Irgendwo unter dem Kirchenboden ruhen die leiblichen Überreste derer zu Königsegg-Rothenfels, die Gruft ist zerfallen und schon lange nicht mehr begehbar. Vor der Kirche erinnern Bronzeskulpturen von Willi Tannheimer an die allwöchentliche Verteilung des Klosterbrots an die Kinder der Armen.

Architekturbegeisterte sollten noch einen Abstecher auf die Südseite von Bahn und Bundesstraße zur städtischen Musikschule in der **Villa Edelweiß** (Adolph-Probst-Str. 6) machen. Die von einem großzügigen Garten umgebene Villa (gebaut 1882–84) entwarf der Augsburger Architekt Jean Keller für Edmund Probst, den Besitzer der Mechanischen Bindfadenfabrik. Auch die ehemalige **Arbeitersiedlung** der Fabrik blieb erhalten: Die dreigeschossigen Mietshäuser im Heimatstil, einige mit Jugendstilanklängen, stehen etwas westlich der Villa in der Edmund-Probst-Straße.

Museen

Museum Hofmühle: Die ehemals gräfliche Hofmühle, einst eine der leistungsstärksten Mühlen des Allgäus, erzählt auf über tausend Quadratmetern Ausstellungsfläche mit zahlreichen Modellen, lebensgroßen Puppen, nachgestellten Szenen und Computeranimationen die Sozial- und Wirtschaftsgeschichte der Region. Von der Ritterrüstung bis zum Motorrad, von der Leinwand bis zum Damenstrumpf – hier werden vergangene Lebenswelten anschaulich vermittelt. Kinder werden

Oberallgäu → Karte S. 130

zum Mitmachen eingeladen und dürfen beispielsweise einen Arbeitsroboter in Bewegung setzen oder Informationen per Knopfdruck abfragen.

▪ Mi–So 14–17 Uhr, Eintritt 3 €. An der Aach 14, www.museum-hofmuehle.de.

Bergbauernmuseum Diepolz: Diepolz war einmal die höchstgelegene Pfarrei im Allgäu, heute verfügt das Dorf über Deutschlands höchstgelegenes Bauernmuseum. Mit seinem abwechslungsreichen Erlebnisspielplatz, den Tieren zum Anfassen und dem Heuhüpfen bleibt das Museum vor allem Kindern in bester Erinnerung. Anders als in Wolfegg (→ S. 208) oder Illerbeuren (→ S. 42) ist in Diepolz kein Ensemble historischer Bauernhöfe versammelt. Vielmehr geht es vorrangig darum, den Besuchern die (konventionelle) Allgäuer Landwirtschaft näher zu bringen. Hier erfährt man beispielsweise, warum viele Kühe keine Hörner mehr tragen, weshalb die Allgäuer den Flachsanbau aufgaben oder was die Bauern im Winter so trieben. Kritische Aspekte oder für den Konsumenten vielleicht weniger angenehme Themen bleiben jedoch ausgespart.

Ein alter Hof, auf dem Museumsgelände Balken für Balken neu aufgebaut, ist wie zu Urgroßmutters Zeiten eingerichtet. Eine ebenfalls hierher versetzte Sennhütte dient nun als Vesperstube. Im bewirtschafteten Museumsbauernhof stehen Stall und Scheune den Besuchern offen. Am Melksimulator kann getestet werden, ob man sich als Knecht oder Magd eignen würde, und nach dem Treffen mit den Rindviechern Taurus, Scheck, Jennifer und einer namenlosen Kuh aus dem Klonlabor geht es hinab in den begehbaren Rindermagen!

▪ 10 km von Immenstadt im Ortsteil Diepolz. Ostern bis Anfang Nov. tägl. 10–18 Uhr, Eintritt 8 €. www.bergbauernmuseum.de.

Praktische Infos

Information **Gästeinformation Immenstadt.** Alpseehaus, Seestr. 10, ✆ 08323/998877. Tägl. 10–16 Uhr, April bis Okt. bis 18 Uhr. www.immenstadt.de, www.alpsee-gruenten.de

Baden **Freibad Kleiner Alpsee.** Baden im See oder im beheizten Becken, Sprungturm, Beachvolleyball, Abenteuerspielplatz. Ende Mai bis Anfang Sept. bei Badewetter 9–19 Uhr, Eintritt 5 €.

Noch echtes Hand-Werk: Wagnerei im Bergbauernmuseum

Strandbad Hauser. Öffentlicher Badeplatz am Ostufer des Großen Alpsees, mit Seecafé (ganzjährig tägl. 9–19 Uhr), Boots- und Schlittschuhverleih. Seepromenade 31.

Hallenbad mit Sauna. Im Auwald-Sportzentrum, Allgäuer Str. 15, ✆ 08323/98336. Kernzeit Winter tägl. 14–21 Uhr, während der Freibadsaison geschlossen. Tageskarte Hallenbad 6 €, Sauna 15 €.

Einkaufen **Sennerei Diepolz.** Beim Bergbauernmuseum. Filiale im Alpseehaus. Die Käsereigenossenschaft verarbeitet die Milch der örtlichen Kleinbauern zu Emmentaler und Bergkäse. Auch Fassbutter, Sahne, Trinkmilch und handgeschöpfter Quark sind erhältlich. www.bergkaeserei-diepolz.de, Mo–Sa 9–18 Uhr, So 14–18 Uhr.

Wochenmarkt. Sa vormittags auf dem Marienplatz.

Fahrradverleih **Myrtens Zweiradladen.** Bahnhofstr. 5, ✆ 08323/9558521, www.myrtens-zweiradladen.de, Mo–Fr 9.30–12.15/14–18 Uhr, im Winter Mi geschlossen.

Allgäu Natours. Bahnhofstr. 36A (hinter der Apotheke), ✆ 0160 9667 3857, www.allnatours.de, April bis Nov. tägl. 9–10/17–18 Uhr.

Feste/Veranstaltungen **Immenstädter Sommer.** Programmreihe mit Konzerten und Kleinkunst an verschiedenen Orten der Stadt, inzwischen auch im Winter. www.immenstaedter-sommer.de.

Bühler Seenachtsfest. Am einen Ende der Festwiese Trachtengruppen und Blasmusik, am anderen Ende DJ-Party, am Abend großes Feuerwerk. Ende Juli, www.seenachtsfest-buehl.de.

Klausentreiben. Vom 4. bis 6. Dez. sind abends die Bärbele und Klausen unterwegs (→ S. 167).

Hochseilgarten **Bärenfalle.** Alpsee-Bergwelt, ✆ 08323/968050, www.kletterwald-baerenfalle.de.

Alpsee Skytrail. Alpseehaus, Immenstadt-Bühl, Seestr. 10, ✆ 08323/998877, www.alpseeskytrail.de. Juli bis Sept. tägl.10–18 Uhr, Mai/Juni/Okt. Mi Ruhetag.

Kino **Union Filmtheater.** Mit Nostalgiefaktor, bequemen Sesseln und kurzer Werbung. Rothenfelsstr. 20, www.union-filmtheater.de.

Wandern mit Lamas Von der Schnuppertour (2 Std. 20 €) bis zur Zweitageswanderung. Klaus Eberle, Königseggstr.3, Immenstadt, ✆ 08323/9696612, www.lama-bewegung.de.

Marktbrunnen mit Königsegger Schloss

Wassersport **Wassersportschule Oberallgäu.** Seestr. 15, ✆ 08323/52200. Bootsverleih, Segel-, Kite- und Surfkurse. www.wassersportschule-oberallgaeu.de.

Hotels **Hirsch.** Zentral in Immenstadt gelegener Traditionsgasthof. Gut gefallen haben uns die neuen Landhauszimmer mit Safe und WLAN. Die Standardzimmer im Stil der 1970er sollte man eher meiden. DZ neu ab 100 €. Hirschstr. 11, ✆ 08323/989020, www.hotel-hirsch-immenstadt.de.

Zum lustigen Hirsch. Sechs Gästezimmer und eine Ferienwohnung mit viel Holz, Sitzecke, Großfoto mit Allgäumotiv und tatsächlich in jedem Zimmer ein Hirsch. DZ 90–110 €, Ferienwohnung 65 €/Tag. Immenstadt-Akams, ✆ 08323/4915, www.lustiger-hirsch.de.

Ferienwohnungen **Gästehaus Alpseeblick.** Drei Ferienwohnungen im Landhausstil, mit Balkon und WLAN, Liegewiese. Die Besitzer wohnen im Haus. Ferienwohnung 55–90 €/Tag. Rieder 16, Immenstadt-Bühl, ✆ 08323/98279, www.alpseeblick.de.

Verena Hiller. Zwei Ferienwohnungen, eine davon im Erdgeschoss und rollstuhlgerecht ausgestattet. Gute Bewertungen bei Holidaycheck. Ferienwohnung 55–90 €/Tag. Jörgstr. 16,

Immenstadt-Stein, ☎ 08323/2498, www.ferienwohnungen-hiller.de.

Camping Buchers Alpsee Camping. Relativ neu und schön gelegen mit direktem Seezugang. Wenige Dauercamper, Gastronomie, Minimarkt, Pool, schicke Wellnessoase mit Saunen, Fahrradverleih. Nov. bis Weihnachten geschlossen. Stellplatz mit 2 Pers. 35–45 €. Seestr. 25, Immenstadt-Bühl, ☎ 08323/7726, www.alpsee-camping.de.

Essen & Trinken Drei König. Traditionsgasthof auf der Sonnenseite des Marktplatzes. Gutbürgerliche Küche, Hauptgericht bis 20 €. Marienplatz 11, ☎ 08323/8628, www.dreikoenig.de.

Zum lustigen Hirsch. Gutbürgerliche Allgäuer Küche, Rindfleisch vom eigenen Hof. Do abends Kässpätzle-Schaukochen mit Livemusik. Die Gaststuben sind neu, aber auf alt gemacht, Biergarten mit schöner Aussicht. Hauptgericht bis 20 €. Tägl. ab 9 Uhr, durchgehend warme Küche, Di Ruhetag. Immenstadt-Akams, ☎ 08323/4915, www.lustiger-hirsch.de.

Bistro Relax. Beliebter Treffpunkt am Markt, von frühmorgens bis nach Mitternacht geöffnet. Bei unserem Besuch leider mit Musikberieselung. Marienplatz 3, www.bistro-relax.de.

Café Kohlhund. Leckerer Kuchen, Torten, Kleingebäck, auch eine kleine Karte mit warmen Tellergerichten. Mo–Sa 8–18 Uhr. Klosterplatz, www.cafe-kohlhund.de.

Strandcafé Bühl. Restaurant und Biergarten unter alten Kastanien mit Seeblick. Lage und Panorama sind erstklassig, das Essen ist akzeptabel (man zahlt halt für die Lage mit), Service wechselhaft. Tägl. ab 10 Uhr, durchgehend warme Küche. Seestr. 28, Immenstadt-Bühl, www.strandcafe-buehl.de.

Kühe unter Leistungsdruck

Ein Markenzeichen des Allgäus sind seine Kühe. Das original Allgäuer Braunvieh ist eine eher kleine, leichte und damit bergtaugliche Rasse. Leider sind nur noch wenige Hundert der etwa 500.000 im Allgäu weidenden Rindviecher vom echten Allgäuer Schlag. Die große Masse gehört zur Rasse Brown-Swiss, die keineswegs in der Schweiz, sondern in Nordamerika gezüchtet wurde. Brown-Swiss gibt mehr Milch – da kann das urallgäuerische Braunvieh nicht mithalten.

Wenn Sie ein eher zartbesaitetes Gemüt haben, möchten Sie über das Leben einer Milchkuh wahrscheinlich nicht wirklich etwas erfahren und überspringen jetzt besser den Rest des Absatzes. Die Kuh wird schon im zarten Teenageralter von gerade zwei Jahren künstlich befruchtet, das frisch geborene Kalb wird ihr dann nach wenigen Tagen weggenommen und mit Ersatzmilch aufgezogen. Das künstliche Melken treibt die Milchproduktion, das Euter wird zu einer schweren Last. Damit die Milchleistung nicht nachlässt, wird die Kuh jedes Jahr aufs Neue besamt. Immerhin darf sie vor der nächsten Geburt ein paar Wochen „trockenstehen" und sich vom Melkstress erholen. Im 19. Jahrhundert wurden Rinder 15 bis 20 Jahre alt. Heute hat eine Milchkuh nach durchschnittlich 27 „Nutzungsmonaten" ausgedient, wobei die allermeisten aufgrund von Fruchtbarkeitsstörungen oder Erkrankungen am Euter und an den Gliedmaßen ausfallen und deshalb zum Schlachter kommen. In der Biolandwirtschaft leben die Milchkühe länger und besser. Schon allein das sollte ein Argument sein, beim Einkauf Biomilch und -käse zu bevorzugen.

Der Große Alpsee im Spätsommer

Oberallgäu → Karte S. 130

Naturpark Nagelfluhkette

Der Naturpark Nagelfluhkette ist der erste grenzüberschreitende Naturpark zwischen Deutschland und Österreich und vereint Gemeinden aus dem südlichen Allgäu und dem Vorderen Bregenzerwald.

Die beteiligten Kommunen sind um den Gebirgszug der Nagelfluhkette angeordnet, die dem Naturpark den Namen stiftete. Der Nagelfluh, die Allgäuer nennen ihn Herrgottsbeton, besteht aus rundlichen Flusskieseln, die im Tertiärzeitalter mit Sand und Schlamm verbacken wurden. Auf bayerischer Seite dient das Naturparkkonzept vorrangig der Verbindung von Naturschutz und Tourismus. Wanderungen auf dem Kammweg der etwa 25 Kilometer langen Kette gehören wegen der spektakulären Aussicht zu den beliebtesten Touren im Allgäu. Auf der Vorarlberger Seite geht es weniger um Tourismus als um nachhaltige Forst- und Landwirtschaft, die hier eine noch größere Rolle spielen, dazu um energieeffizientes Bauen und Landschaftsbewusstsein. Österreich-Urlauber bevorzugen den Alpenhauptkamm weiter im Süden, während die voralpine Landschaft Bregenzerwald eher als Geheimtipp gehandelt wird.

Das **Alpseehaus** in Immenstadt-Bühl versteht sich als Tor zum Naturpark. Unter dem Motto „Expedition Nagelfluhkette" erleben wir die Bergwelt aus der Perspektive von Außerirdischen. Wir gleiten mit einem Raumschiff über die Landschaft und unternehmen nach der Landung allerlei Experimente, um das namengebende Gestein, die Tier- und Pflanzenwelt und auch die Menschen des Nagelfluhgebiets und seine Kultur besser kennenzulernen und zu verstehen. Im Alpseehaus residieren auch die Immenstädter Tourist-Information, der Bund Naturschutz und die Nationalparkverwaltung. Die Sennerei Diepolz verkauft hier ihre Käse und andere Produkte aus Bergbauernmilch. Vor dem Haus kann man sich an einem mächtigen Findlingsstein im Bouldern üben.

An Einsteiger und besonders Familien mit Kindern richtet sich der **Alpsee Skytrail.** Künftige Bergsteiger können sich in diesem Hochseilgarten gut gesichert über Balancierseile, Seilnetze, Schwebebalken oder wackelige Trittstufen hangeln und so ihre Trittsicherheit und Schwindelfreiheit erproben. Rund um das Alpseehaus sind weitere Stationen geplant, die Anfängern den Einstieg in die Berge erleichtern sollen, etwa zur Wetterkunde und zum Einschätzen von Distanzen.

Alpseehaus tägl. 10–16 Uhr, April bis Okt. bis 18 Uhr. Eintritt Erw. 3,50 €, Kinder frei. www.nagelfluhkette.info.

Alpsee Skytrail Juli bis Sept. tägl.10–18 Uhr, Mai/Juni/Okt. Mi Ruhetag. Eintritt 10 €. www.alpseeskytrail.de. Beide in Immenstadt-Bühl, Seestr. 10.

Am Alpsee

Der von steil ansteigenden Bergwiesen, Wäldern und Bergen umgebene **Große Alpsee** ist der größte Natursee des Allgäus und entsprechend beliebt. Im Sommer tummeln sich im Wasser, auf dem Wasser und um dieses herum Schwimmer (seit 1890 dürfen auch Frauen ins Wasser), Surfer, Tretbootfahrer, Segler, Flaneure und Sonnenbadende. Eine besondere Attraktion ist die **Santa Maria Loreto** (www.alpseesegler.de), Nachbau einer Lädine, also eines alten Lastenseglers vom Bodensee, mit der man im Sommer vom Bühler Hafen aus über den See schippern kann. Ein Hilfsmotor sorgt dafür, dass die Gäste auch bei Flaute, ohne rudern oder schwimmen zu müssen, wieder an Land kommen, auch die Spültoilette ist eine Konzession an die Moderne. Ein elf Kilometer langer, mit dem Eisvogelsymbol ausgezeichneter Wanderweg umrundet den See. Die am Nordufer parallel laufende Straße eignet sich auch für Inliner.

Auch der **Kleine Alpsee,** eigentlich nur ein Weiher, ist mit dem angrenzenden Freibad eine Bühne der Freizeitaktivitäten. Ein steiler Waldspaziergang (30 Min.) führt vom Schwimmbad-Parkplatz zur Burgruine Rothenfels und zu ihrer Vorburg Hugofels (Modelle stehen im Heimatmuseum Oberstdorf). Nur der **Teufelssee**, ein Restgewässer in einer verlandeten Bucht des Großen Alpsees, ist mit seinem verschilften Ufer und einem dichten Teppich aus Wasserpflanzen eher ein Paradies für Fische und Vögel als für Menschen.

Die Alpsee-Bergwelt

→ Karte S. 322/323

Westlich des Großen Alpsees wird man mit der Sesselbahn in das Action-Paradies der **Alpsee-Bergwelt** befördert. Von der Bergstation braust man auf Deutschlands längster Ganzjahresrodelbahn, dem Alpsee-Coaster, in rasanter Fahrt durch Steilkurven (68 sollen es sein!), Brücken und Tobel drei Kilometer weit bergab – leider ist das einer Achterbahn vergleichbare Vergnügen viel zu kurz und kann süchtig machen, was zu Lasten des Geldbeutels geht. Bei ausreichend Schnee kann man sich auf zwei Rodelbahnen mit eigenem oder geliehenem Schlitten vergnügen. Im Winter erschließt die Bergwelt-Sesselbahn ein besonders für Anfänger und Familien geeignetes Skigebiet, das bis auf 1450 Meter Höhe reicht. Im Sommer mag man sich im

Wanderung 2: Nagelfluhkette vom Hochgrat zum Mittag

→ S. 321

Anspruchsvolle Bergwanderung (T 3) mit weitem Ausblick, nicht mit Kleinkindern, nicht bei Nässe begehen

Kletterwald Bärenfalle, Bayerns größtem Hochseilgarten, auf Parcours verschiedenster Schwierigkeitsgrade von Baum zu Baum schwingen.

An der B 308 ca. 7 km westlich von Immenstadt im Ortsteil Ratholz. Mai bis Okt. tägl. 9–17 Uhr, im Sommer bis 19 Uhr; in den Schulferien Nachtrodeln Mi/Sa bis 22 Uhr. Berg- und Talfahrt 13 €, Coaster 7 €, Kletterwald 24 €. www.alpsee-bergwelt.de, www.kletterwald-baerenfalle.de.

Der Mittagberg

→ Karte S. 322/323

Vom Stadtrand Immenstadts schaukelt ein Sessellift (www.mittagbahn.de) auf den 1451 Meter hohen Mittagberg, abgekürzt Mittag, den östlichsten Gipfel der Nagelfluhkette. Wer gleich am frühen Morgen hochfährt, kann unweit der Gipfelstation noch den Sennern der Alpe Oberberg beim Käsen über die Schulter schauen. Ein kinderwagentauglicher Spazierweg, der auch im Winter begehbar gehalten wird, führt hinüber zum Bärenkopf. Ansonsten ist der Mittagberg ein beliebter Start- und Zielpunkt von Wanderungen (→ Wanderung 2, S. 316). Im Winter lädt der Berg zum Skifahren und Snowboarden ein. In der Hütte der Allgäu Bikers, gleich an der Bergstation, kann man Schneeschuhe mieten oder kaufen und geführte Touren buchen. Eine Rodelbahn zieht sich bis zur Talstation hinunter. Oder doch lieber eine Pause im Rasthaus an der Mittelstation mit dem herrlichen Spielplatz?

Oberallgäu → Karte S. 130

Mit dem Schneefahrrad auf Piste

„Affe auf Talfahrt", titelte einmal *Die Zeit*, und in der Tat sieht es etwas seltsam aus, wenn so ein Ding die Piste runterrutscht. Doch es macht Spaß und ist leichter und viel schneller zu lernen als der Umgang mit Ski und Snowboard. Das Ding heißt neudeutsch Snowbike, ältere Modelle liefen als Skibob, und sein Erfinder, der Österreicher Engelbert Brenter, ließ es sich 1952 als „Sitzski" patentieren. Wie ein Fahrrad ist das Snowbike mit Lenker und Sattel ausgestattet, anstelle der Räder gleitet es auf zwei Kufen. Für die Seitenstabilität sorgen zwei Kurzskier, die sich der Snowbiker unter die Füße schnallt. Anders als beim Ski wird nicht mit den Knien, sondern wie beim Zweirad aus der Hüfte gesteuert, indem man sein Gewicht zur Seite verlagert. Anfänger, die ein Snowbike ausleihen wollen, müssen zunächst einen halbtägigen Workshop mitmachen – ein guter Beitrag zur Pistensicherheit.

In der Schneesaison Kurse am Mittagberg gewöhnlich Sa/So. Infos unter www.mittagbahn.de und www.49-breitengrad.de, ✆ 08323/803344.

Gipfelstürmer am Hochgrat und Faulenzer an den Buchenegger Wasserfällen

Der Hochgrat → Karte S. 322/323

Der Hochgrat (1833 m ü. NN., www.hochgrat.de) gewährt als höchster Gipfel der Nagelfluhkette eine herrliche Aussicht über das Allgäu. Am Pfänder vorbei erspäht man einen Zipfel des Bodensees, jenseits des Rheintals das Alpsteinmassiv. Wer den Aufstieg scheut, kann sich von einer Gondelbahn hochliften lassen. Von der Bergstation bis zum Gipfel muss man weitere 120 Höhenmeter aufsteigen. Die gesamte, vom Mittag bis zum Hochhäderich 24 Kilometer lange Nagelfluhkette an einem Stück zu durchmessen wäre ein gutes Training für den Oberstaufener Alpin-Marathon. Üblicher ist die Gipfeltour (→ S. 321) vom Hochgrat ostwärts zum Mittag – doch auch diese Tour kann schnell stressig werden, wenn die letzte Seilbahn vom Mittag bereits um 17 Uhr talwärts fährt, und wird mit einer Zwischenübernachtung auf der Alpe Gund besser in zwei Etappen geteilt.

Aufstieg zum Hochgrat. Schöner als die ausgetretene Route auf dem Versorgungsweg über die Lauchalpen ist der etwas längere Aufstieg von der Talstation über Simatsgundalpe, Gratvorsäß und Brunnenauscharte (7,5 km, 980 m Aufstieg, 1:45 Std. reine Gehzeit) – eine Tour, die vor allem Kondition erfordert. Die letzten Meter vor dem Grat sind mit einem Drahtseil gesichert, künstliche Tritte helfen die Gras-Nagelfluh-Schrofen zu überwinden. Dem erfahrenen und trittsicheren Wanderer bereitet diese Passage aber keine Schwierigkeit.

Die Wasserfälle → Karte S. 322/323

Der große Höhenunterschied auf engem Raum sorgt rund um die Kette für eine besonders abwechslungs- und artenreiche Landschaft – dazu natürlich auch für spektakuläre Wasserfälle. Ein eindrucksvolles Naturschauspiel mit vierzig Meter Fallhöhe liefert der **Osterdorfer Wasserfall.** Der im oberen Teil bei Nässe schwierige und dann für Kinder nicht geeignete Zugang erfolgt vom Weiler Osterdorf (neben der B 308 zwischen Thalkirchdorf und Konstanzer) über den Sämmelalpweg, die Gehzeit beträgt eine halbe Stunde für den Weg in eine Richtung.

Populärer sind die **Buchenegger Wasserfälle,** auf bequemem Wanderweg eine halbe Stunde von Oberstaufen-Steibis entfernt, auf steilem Serpentinenweg auch vom Weiler Buchenegg zu erreichen. Am Fuß der beiden Fälle hat die herabstürzende Weißach Strudelbecken geformt, Gumpen, wie die Allgäuer sagen. Die natürlichen Pools werden auch im Sommer kaum wärmer als 17 Grad, sind aber als Badeplätze beliebt. Auf den Kiesbänken aalen sich Paare in der Sonne, am flachen Auslauf planschen Kinder und bauen Dämme, in den tieferen Bereichen näher am Wasserfall spielen junge Burschen „Gumpen jucken" und stürzen sich von hohen Felsen in die Fluten hinab.

Anfahrt: Oberstaufen – Bad Rain – Buchenegg – Parkplatz Wasserfälle (Parken 2 €). Alternativer Zugang auch mit Busanbindung vom ehemaligen Gasthof Hirsch (Brunold) zwischen Steibis und Hochgrat-Bahn. Parken am Gasthof 2 €.

Hündlekopf und Imberg

→ Karte S. 322/323 und 325

Passionierte Wanderer besuchen die Wasserfälle auf dem abwechslungsreichen **Premium-Wanderweg Wildes Wasser.** Als Einstieg in den elf Kilometer langen Rundweg empfiehlt sich der oben erwähnte Gasthof Hirsch. So hat man den langen Aufstieg über die Sonnhaldealpe zur Moos-Alpe am Beginn der Tour und am Kamm zwischen Moos-Alpe und **Hündlekopf** (1112 m ü. NN) Picknickplätze mit herrlicher Aussicht. Der Weg führt dann zum Wasserfall und bietet gegen Ende mit den Alpen Neugreuth (probieren Sie den Schafskäse mit Bärlauch) und Neugschwend noch zwei Einkehrmöglichkeiten. Wer es bequemer mag, schwebt mit der Gondel auf den Hündlekopf. An der Berggaststätte der Hündlebahn (www.hündle.de) startet ein familienfreundlicher, sechs Kilometer langer **Erlebnisrundweg.** Er ist mit dem Symbol schlauer Fuchs markiert und führt über die Alpe Obere Hündle (mit Käserei) zum Berggasthof Schwändle. Unterwegs erfährt man an verschiedenen Stationen Wissenswertes und Unterhaltsames zu Pflanzen, Tieren und Landschaft. Nach der Wanderung bringt uns die **Sommerrodelbahn** direkt zur Talstation der Hündlebahn, wo ein Streichelzoo erkundet sein will.

Auch das Wandergebiet **Imberg** (1325 m ü. NN) bei Steibis ist mit einer Gondelbahn erschlossen (www.imbergbahn.de). Eine beliebte und sogar kinderwagentaugliche Tour führt auf einem Wirtschaftsweg hinüber zur Alpe Hörmoos. 15 Gehminuten nordwestlich der Bergstation lädt auf der Alpe Hohenegg ein **Hochseilgarten** zu Kletterpartien ein (Auskunft bei Sport Hauber an der Talstation, www.sport-hauber.de).

Oberallgäu → Karte S. 130

Praktische Infos

Einkaufen **Michels Kräuter-Alp** verkauft Kräuter und Kräuterschnäpse. Alpe Hörmoos, Steibis, ✆ 08386/980551. Mitte Mai bis Anfang Nov. Kernzeit Sa–Mo 14.30–16.30 Uhr. www.kraeuteralp.de.

Lesen **„Tourenbuch** Wandern und Erleben im Naturpark Nagelfluhkette", mit Wanderkarte, erhältlich im Naturparkzentrum Alpseehaus oder bei den Tourist-Informationen.

Übernachten **Falkenhütte.** Auf 1450 m Höhe und nach dem Abgang der Tagestouristen wunderbar ruhig. Restaurant Mo Ruhetag. Anfahrt über eine Mautstraße (5 €) von Steibis oder Aufstieg von der Alpe Hörmoos (→ S. 324). DZ 110 €, DZ mit Etagenbad 95 €, Mehrbettzimmer 45 €/Pers. ✆ 08386/8113, www.falkenhuette.de.

Staufner Haus. Die bewirtschaftete Hütte des DAV am Hochgrat. Küche mit regionalen Produkten. Anfahrt mit der Hochgratbergbahn. Bett im DZ ohne Frühstück 30 €, Matratzenlager 25 €/Pers. Auch Halbpension möglich. ✆ 08386/8255, www.staufner-haus.de.

Alpe Gund. In einem Hochtal auf der Nordseite des Stuiben. Wer den gesamten Kamm der

Nagelfluhkette erwandern will, kann hier eine Zwischenübernachtung einlegen. Hüttenkomfort, kein Strom. Offen Ende Mai bis Okt., Di ab 17 Uhr und Mi Ruhetag. Übernachtung nur Do–Mo. Bett mit Frühstück 25–30 €. 47°31'25"N 10°09'54"O. ✆ 08323/4921, www.alpe-gund-huette-immenstadt-allgaeu.de.

Essen & Trinken **Bioalpe Sonnhalde.** Spezialität ist der gebackene Ziegenkäse mit Röstkartoffeln. Die Alp liegt auf der Südostseite des Hündlekopfs, 40 Min. Aufstieg vom Parkplatz Buchenegger Wasserfälle oder von Steibis-Brunold. Offen April bis Okt. ✆ 08386/962418, www.alpe-sonnhalde.de.

Wanderung 3: Nagelfluhschleife Alpenfreiheit → S. 324
Bergwanderung ohne technische Schwierigkeiten, bei Nässe verschlammte Passagen

Oberstaufen

7800 Einw., 791 m ü. NN

Oberstaufen zählt zu den Top-Feriendestinationen Deutschlands. Es gibt mehr Gästebetten als ständige Einwohner und jedes Jahr suchen über 200.000 Urlauber den vom Tourismusmarketing verheißenen Mix aus Genuss, Gesundheit, Naturerfahrung und Lifestyle.

Bezogen auf die Einwohnerzahl hat Oberstaufen mit den eingemeindeten Teilorten Thalkirchdorf und Steibis die meisten First-Class-Hotels. Glaubt man der Internet-Bewertungsplattform trustyou, sind die Gäste mit Oberstaufen auch außerordentlich zufrieden. Der Lifestyle mit Promitouch und Alpenflair kommt in Oberstaufen vor allem digital daher: kostenlose WLAN-Hotspots, Präsenz auf Twitter, Facebook und Google plus, Vorreiter bei dem anderswo geschmähten Internetdienst Google Street View, Videochat bei der Viehscheid usw. Dabei benutzt die Werbung (sie nennt sich Freundschaftsangebot), ob online oder gedruckt, konsequent das Gemeinschaft stiftende Du.

Stoufun im Alpgau wurde der Ort im 9. Jahrhundert in den Urkunden des Klosters St. Gallen genannt. Im Hochmittelalter gehörte es den Grafen von Montfort. Ihre im Bauernkrieg niedergebrannte Burg befand sich auf dem Felsrücken an Stelle der heutigen Schlossberg-Klinik. 1573 bis 1804 gehörte Staufen zur Grafschaft Königsegg-Rothenfels, einem reichsunmittelbaren Kleinstterritorium rund um die Burg Rothenfels (bei Immenstadt). Der 1853 erfolgte Anschluss an die Allgäubahn München–Lindau schuf die Voraussetzungen für den Fremdenverkehr. Nach dem Zweiten Weltkrieg brachte der aus Schlesien vertriebene Kurarzt Hermann Brosig die **Schrothsche Heilkur** nach Oberstaufen, das sich seit 1959 mit dem Prädikat „Schrothkurort" schmücken darf. Die Schrothkur hat nichts mit Jagd oder Naturkost zu tun, sondern geht auf den Fuhrmann Johann Schroth (1798–1856) zurück. Das Heilverfahren mit Packungen aus feuchtkalten Tüchern, Diät und dem Wechsel von Trink- und Trockentagen ist unter Experten hoch umstritten, doch Hermann Brosigs Sohn und Schwiegertochter sorgen als Kurärzte dafür, dass die Schrothkur weiterhin ein Markenzeichen von Oberstaufen bleibt. Dabei ist der von Johann

Winter in Oberstaufen

Oberallgäu → Karte S. 130

Schroth verordnete reichliche Genuss von Weißwein heute „keineswegs zwingend vorgeschrieben". Doch wer möchte der lächelnden Blondine im besten Alter, die auf der Schrothkur-Webseite ihr Weinglas hebt, die genüssliche Gesellschaft versagen?

Am **Kirchplatz** erinnern alte Schindelhäuser an die bäuerliche Vergangenheit. Im Gasthaus zum Löwen werden mindestens seit 1748 Gäste bewirtet. Josef Aurel Stadler, der die Emmentalerherstellung ins Allgäu brachte, hatte unter dem heutigen Hotel Bayerischer Hof seinen größten Käsekeller. Zwei Häuser südlich vom Bayerischen Hof wird das historische **Färberhaus** nun für Ausstellungen, Vorträge und Sitzungen des Gemeinderats genutzt. Außen im Dachgebälk entdeckt man noch die hölzernen Sprossen, an denen die Färber ihre Stoffbahnen zum Trocknen aufhängten.

Jenseits der Bahnlinie steht ein Bauernhaus wie aus dem Allgäuer Bilderbuch – und so sauber und aufgeräumt, wie ein echter Bauernhof niemals wäre. Dieser hier wurde von Maria Stadler, seiner letzten Bewohnerin, dem Heimatverein vermacht mit der Auflage, in dem 1788 gebauten Haus ein **Museum** einzurichten. Da im Haus auch eine Strumpfwirkerei ansässig war – die Maschinen sind noch erhalten –, wird das Anwesen **Beim Strumpfar** genannt. Man betritt es durch die Küche mit dem offenen Herd, sieht Stube, Schlafzimmer und einen Kurzwarenladen. Im ersten Stock findet sich dann ein Sammelsurium mit Volks- und Sakralkunst, Spielzeug und Puppen. Werkstätten vom Schuster, Drechsler, Schreiner, Seiler, Sattler und dergleichen Handwerk sind zu sehen, im Keller geht es ums Käsen, Schnapsbrennen und Mosten. Auch die Ortsgeschichte wird präsentiert.

▪ Mi/Fr 15–17 Uhr, So 10–12 Uhr. Eintritt 3 €. Jugetweg 10.

Praktische Infos

Information Oberstaufen Tourismus Marketing. Haus des Gastes, Hugo-von-Königsegg-Str. 8, ✆ 08386/93000, Mo–Fr 9–

17.30 Uhr, Sa 10–13 Uhr. www.oberstaufen.de. Filiale am Bahnhof. Die Gemeinde präsentiert sich unter www.oberstaufen.info.

Baden **Aquaria.** Badelandschaft mit Wasserbecken innen und außen, Riesenrutsche, Sauna und Wellnessbereich. SB-Restaurant. Tägl. 9–22 Uhr, Tageskarte 21 €. Alpenstr. 5, www.aquaria.de.

Freibad Thalkirchdorf. Familienbad mit schattiger Liegewiese, Spielplatz, Beachvolleyball und Alpenpanorama, Mai bis Sept. tägl. 9–19 Uhr. Eintritt 3 €.

> **Oberstaufen plus**
>
> Freies Parken, Skipass, freie Fahrt mit Bus und Bergbahn, gratis ins Erlebnisbad, Golfen ohne Greenfee, Rabatte bei Gastronomie und Einzelhandel – all diese und noch mehr Vorteile gewährt die Gästekarte Oberstaufen plus. Wer in Oberstaufen übernachtet, bekommt sie kostenlos für die Dauer des Aufenthalts. Damit werden die Urlaubsnebenkosten im sonst eher teuren Oberstaufen überschaubar.

Einkaufen **Alphörner** baut Josef Wagner, Im Ried-Weißach 2, ✆ 08386/1452, www.alphornhof-wagner.de. Für den Transport lässt sich das 3,70 m lange Instrument zerlegen, um des familiären und nachbarschaftlichen Friedens willen sollte es aber dennoch nicht in der Wohnung gespielt werden.

Käse. Dorfladen im Dorfhaus Thalkirchdorf, mit Sennerei und Käseschule, auch So geöffnet. www.dorfhaus.de, www.kaeseschule.de.

Obstbrände destilliert und verkauft Di–Fr 13–18, Sa 10–19 Uhr Fam. Nägele im Ortsteil Willis. Im Sommer kann man am Di/Do/Sa beim Schaubrennen dabei sein. ✆ 08386/4001, www.zurhoell.de.

Trachtenmode. Die führenden Geschäfte sind Strele (Rainwaldstr. 1, www.trachtenmoden-strele.de) und Trachten-Fink (Steibis, www.trachten-fink.de).

Webteppiche. Allgäuer Handwebereien Thalkirchdorf (AHT), Salzstr. 7–11. Einer der letzten deutschen Hersteller handgewebter Wollteppiche und Möbelstoffe. Mittwochnachmittag geschl. www.aht-teppiche.de.

Wochenmarkt. Fr vormittags auf dem Marienplatz.

Fahrradverleih **Sport-Hauber.** In der Au, Steibis, ✆ 08386/991078, www.sport-hauber.de. **Olis Bikeshop.** Rainwaldstr. 1, Oberstaufen, ✆ 08386/961064, www.olis-bikeshop.de.

Feste/Veranstaltungen **Fasnatziestag.** Wenn am Faschingsdienstag anderswo die Narretei schon ausklingt, erreicht sie in Oberstaufen mit dem vom Butz angeführten Festumzug ihren Höhepunkt. www.fasnatziestag.de.

Viehscheid. Ab Mitte September werden die Rinder von den Hochweiden ins Tal getrieben und auf ihre Besitzer verteilt – Anlass für ein zünftiges Fest mit Blasmusik und viel Bier. Wer das Event in Oberstaufen verpasst, kann eine Woche später beim Viehscheid in Thalkirchdorf nachfeiern.

Hochseilgarten **Klettergarten Hauber.** Ein Hindernisparcours aus Seilen oder Stahlkabeln, der in luftiger Höhe von Baum zu Baum führt und mit jeder Station etwas anspruchsvoller wird. Alpe Hohenegg (via Imbergbahn), tägl. 11–17 Uhr, Eintritt 17 €. www.sport-hauber.de.

Kinderbetreuung Das **Familienzentrum im Kurhaus** vermittelt Kinderbetreuerinnen, Kleinkinder werden im „Kindernest" gehütet. Der Oberstaufener **Kindersommer** bietet im Juli/August ein abwechslungsreiches Ferienprogramm für Vier- bis Fünfzehnjährige.

Rodeln Sommerrodelbahn am Hündle. 850 Meter in rasanter Fahrt durch 16 Steilkurven und über zwei Jumps. Einzelfahrt Erw. 5 €. www.huendle.de.

Neben der Hündle-Sommerrodelbahn ist der Streichelzoo überaus beliebt. Zwischen Hasen, Hühnern, Ziegen und Eseln kann man sich der Anziehungskraft der Tiere nur sehr schwer entziehen. Darüber hinaus warten ein Spielplatz und eine Minigolfanlage auf Gäste.

Hotels **Rosenalp.** Das familiengeführte Kurhotel, zentral und doch ruhig gelegen, gefällt mit großem Sportangebot. Sehr unterschiedliche Zimmer, Spa-Bereich mit Hallenbad, Sauna, Fitness, Massage und Kosmetik, Schrothkur und Ernährungsberatung. DZ ab 260 €. Am Lohacker 5. ✆ 08386/7060, www.rosenalp.de.

Mühlenhof. Ein familiengeführtes Hotel in ruhiger Lage etwa 1 km vom Ortszentrum, gut geeignet für Familien mit Kindern. Mit Sauna, Indoor-Pool und exzellenter Küche. DZ 120–130 €. Mühlenweg 13. ✆ 08386/93260, http://hotel-muehlenhof.de.

Berghof am Paradies. Ca. 3 km außerhalb gelegen, 15 Zimmer von unterschiedlicher Größe, Saunen und Dampfbad, Panoramaterrasse mit herrlichem Bergblick. Gutes Preis-Leistungs-Verhältnis. DZ 100–140 €. Berg 8. ☏ 08386/93320, www.berghof-am-paradies.de.

Ferienwohnungen Dorfhaus-Chalets. Die vier Apartments (mit Küchenzeile) und vier Zimmer im Thalkirchdorfer Dorfhaus sind modern und doch gemütlich eingerichtet, dabei allergikergerecht ohne Teppiche. Sauna, WLAN, Fahrradverleih, gutes Restaurant. 2 Pers. ab 140 €. Kirchdorfer Str. 7, Thalkirchdorf. ☏ 08325/9264380, www.dorfhaus.de.

Ferienhof Höß. Geräumige Ferienwohnungen auf einem bewirtschafteten Bauernhof. Die Tiere, der Spielplatz und der Traktor begeistern den Nachwuchs. Ferienwohnung für 2 Pers. 70–90 €/Tag. Höfen 11. ☏ 08386/2207, www.ferienhof-hoess.de.

Essen & Trinken Thalkirchdorfer Dorfhaus. Moderne Bauernstubengemütlichkeit. Allgäuer Küche, dank der hauseigenen Sennerei allerlei Käsegerichte. Hauptgericht bis 20 €. Tägl. ab 11.30 Uhr. Kirchdorfer Str. 7. ☏ 08325/9580, www.dorfhaus.de.

mein Tipp **Altstaufner Einkehr.** Ein Baudenkmal voller Leben. Gemütlichkeit pur mit Wandtäfelung, knarrenden Dielen und einem knisternden Feuer im Kamin. An großen Tischen kommt man mit anderen ins Gespräch. Das Essen ist gut und günstig – LandZunge-Qualität → S. 291) Hauptgericht bis 20 €. Mo Ruhetag, sonst ab 17 Uhr. Bahnhofstr. 4. ☏ 08386/7193, www.altstaufnereinkehr.de.

Books. Buchcafé mit Zeitschriften und Tageszeitungen. Terrasse, vegetarische Küche, Tagesgericht bis 10 €. Mo–Fr 9–19, Sa 9–18, So 10–18 Uhr. Hugo-von-Königsegg-Str. 12, www.bookscafe.de.

Blaues Haus. Tagescafé in nicht-bayerischen Blautönen. Süßes, Kaffeekult im Aran-Stil, wechselnde Tagesgerichte wie Krautkrapfen, Lasagne oder Wurstsalat. Die ausliegenden Bildbände und Einrichtungsaccessoires kann man kaufen. Tägl. 10–18 Uhr. Freibadweg 2. ☏ 08386/4476, www.blaueshaus-oberstaufen.de.

Ausgehen Bubis Bar. Die Top-Adresse für zweisame und einsame Herzen fortgeschrittenen Alters. Schlagermusik, Prominentenfotos mit vielen Sportlern, wenig Platz und deshalb bei gutem Besuch viel Körperkontakt. So Ruhetag. Rainwaldstr. 2, www.bubisbar.de.

Zum Apostl. Tanzen mit Livemusik für die Fans von Discofox und Volksmusik. Fr/Sa ab 20 Uhr. Bahnhofsplatz 2. www.apostl.de.

Königlich bayerische Enzianhütte. Deftige bayerische Wirtshausküche, Vegetarier sind hier fehl am Platz. Hauptgericht bis 25 €. Fr Hüttenabend. Di/Mi Ruhetag, sonst ab 14.30 Uhr, Sa/So auch vormittags. Mühlenstr. 24, Weissach, ☏ 08386/661, www.enzianhuette.de.

Oberallgäu → Karte S. 130

Gut gespurte Loipen zur Winter-Fitness

Sonthofen

21.000 Einw., 750 m ü. NN

In Deutschlands südlichster Stadt spielt der Tourismus nur eine Nebenrolle. Doch in der näheren Umgebung warten mit dem Hausberg Grünten oder der Starzlachklamm lohnende Ausflugsziele.

Die örtliche Wirtschaft stützt sich vor allem auf Verwaltung und Industrie. In Sonthofen sitzt das Landratsamt des Kreises Oberallgäu, die Bundeswehr ist mit drei Kasernen präsent. Aus dem früheren Staatsbetrieb Bayerische Hütten-, Berg- und Salzwerke (BHS) entwickelten sich erfolgreiche Maschinenbauunternehmen. 2005 wurde Sonthofen als Vorbild für ökologisches und nachhaltiges Planen und Handeln im Sinne der Alpenkonvention als „Alpenstadt des Jahres" ausgezeichnet, und seit 2009 darf es sich für sein Engagement um den fairen Handel auch mit dem Titel „Fairtrade-Stadt" schmücken.

Sehenswertes in der Stadt

Mit verwinkelten Gässlein und Fachwerkromantik kann Sonthofen nicht aufwarten. Der alte Ortskern zwischen Iller und Ostrach wurde im Zweiten Weltkrieg durch Luftangriffe weitgehend zerstört und die **Pfarrkirche St. Michael** mit dem barockisierenden Interieur ist eine abgespeckte Rekonstruktion der Nachkriegszeit. Der **Eggabrunnen** an der Südseite des Rathauses erinnert mit seinen schaurigen Bronzefiguren an einen alten Fasnachtsbrauch, der alle drei Jahre vom Heimatverein am Funkensonntag als Pantomime in Szene gesetzt wird: Eine Hexe bringt die Arbeit der Bauern durcheinander, vertreibt das Vieh und an-„eggt" an allen Ecken und Enden (daher der Name des Eggaspiels). Natürlich wird die böse Hexe schließlich überwältigt und es kehrt wieder Frieden ein. In eine Truhe gesperrt, muss sie auf den Feuertod im Funkenfeuer warten.

Auf der Westseite begrenzt der **Kalvarienberg** das Stadtzentrum. Die im Zweiten Weltkrieg aus dem Berg gehämmerten und gesprengten **Stollen** können im Rahmen von Führungen besichtigt werden (Termine und Anmeldung beim Gästeamt). Eine Ausstellung ist den früher hier heimischen Fledermäusen gewidmet. Oben auf dem Berg lädt der **Ökologische Kurpark** mit Blumenwiesen, Feuchtbiotopen und einem künstlichen Weiher zu einem Spaziergang ein. Hier beginnt auch der mit den Maskottchen Vio und Lina markierte **musikalische Wanderweg,** der mit zehn Mitmachstationen für Kinder und Infotafeln für Erwachsene die Allgäuer Volksmusik vorstellt. Der Weg umrundet in einer knappen Stunde die über dem Illertal thronende **Ordensburg,** erbaut 1934–36 als Kaderschmiede des Dritten Reichs. Heute dient sie als Kaserne der Bundeswehr und ist nach dem Widerstandskämpfer Generaloberst Beck benannt.

Kunstfreunde machen noch einen Abstecher zur **Kapelle St. Leonhard,** die auf einem Moränenhügel über den Ortsteil Berghofen wacht. Das schindelgedeckte Kirchlein birgt einen kostbaren Flügelaltar, der um 1438 in der

Memminger Werkstatt von Hans Strigel dem Älteren angefertigt wurde. Die Flügel stammen wohl – wie auch die Freskenreste an den Wänden des Chors – von Hans Strigel selbst. Die Apostel und Heiligen malte er in zarten Farbtönen als schmale Figuren mit feingliedrigen Händen. Der heilige Cyriakus (ganz links) ist ganz nach der Mode zu Zeiten Strigels gekleidet. Der Märtyrer Dionysius hält nach der Enthauptung seinen Kopf in der Hand. Die drei Holzfiguren im Zentrum des Schreins zeigen Maria mit dem Kind, begleitet von der Märtyrerin Agatha und dem heiligen Leonhard, Schutzpatron des Viehs und der Gefangenen. Ihr Holzschnitzer, der unbekannt gebliebene „Meister von Berghofen", wird dem Umkreis des in Ulm wirkenden Hans Multscher zugerechnet. Auch die Altarrückwand mit ihrer Kreuzigungsszene lohnt einen Blick.

In einem Wäldchen am Südrand von Berghofen versteckt sich die **Burgruine Fluhenstein.** Eine Infotafel zeigt historische Ansichten und Pläne der Burg. Gebaut wurde sie nach 1362 von Oswald von Heimenhofen. Im 15. Jahrhundert verloren die Heimenhofener ihre kleine Herrschaft wegen Überschuldung an das Hochstift Augsburg. Der soziale Abstieg muss dramatisch gewesen sein: Der Sohn des letzten Burgherrn habe, so die Überlieferung, nach dem Verkauf aller Besitztümer eine Leibeigene geehelicht und seine Nachkommen damit auch um das adelige „von" im Namen gebracht. Auf der Burg walteten noch bis 1769 die Amtsleute des Augsburger Bischofs. Später wurde das Gemäuer als Steinbruch an einen Bauern verkauft.

Der heilige Dionysius (rechts) hilft bei Kopfschmerz

Museen

Heimathaus: Gleich gegenüber der Pfarrkirche beherbergt ein denkmalgeschütztes Bauernhaus aus dem 18. Jahrhundert seit 1930 das Oberstaufener

Geheimnisvolle Zeichen

Vor dem Eingang des Heimathauses befindet sich ein bei Oberried geborgener Zeichenstein, ein Findling mit Einritzungen in Form von Buchstaben, Symbolen und einem Mühlespiel. Mühlespiele auf Zeichensteinen sind aus ganz Europa bekannt. Kein Wunder, sagen die einen, denn Mühle zählt zu den ältesten Spielen und warum sollen es nicht auch die Hirten gespielt haben? Andere sehen in der vermeintlichen Mühleritzung ein vorchristliches Symbol für die drei Reiche Himmel, Erde und Unterwelt.

Heimatmuseum. Schwerpunkte der Ausstellung sind die Ortsgeschichte und die Alltagskultur vergangener Tage. Da geht es um Sennerei, Leinenherstellung und das von den Bauern in den langen Allgäuer Wintern ausgeübte Nagelschmiedehandwerk, man sieht eine alte Küche und die Stube. Andere Räume sind der Sakralkunst und Volksfrömmigkeit gewidmet, zeigen Trachten, die Masken des Egga-Spiels und die größte Weihnachtskrippe weit und breit.

▪ Dez. bis Okt. Di–Do, Sa/So 15–18 Uhr. Eintritt 2,50 €. Sonnenstr. 1, www.sonthofen.de.

Museum der Schirme: Dass viele Tier- und Pflanzenarten vom Aussterben bedroht sind, das weiß man. Doch es gibt auch Berufe, die es demnächst nicht mehr geben wird, z. B. den Schirmmacher. Vielleicht ein Dutzend Schirmmachermeister gehen ihrem Beruf noch nach, nur einer bildet noch aus. Was nicht weiter verwundert, kostet doch ein fernöstlicher Fabrikschirm heute beim Discounter keine fünf Euro mehr. Die Schirmmacherfamilie Braunmüller hat über die Jahre eine Sammlung von Sonnen- und Regenschirmen, von Stoffen, Griffen und Werkzeugen zusammengetragen, die bis in die 1840er-Jahre zurückreicht, und hat damit Deutschlands erstes Schirmmuseum eingerichtet.

▪ Mo–Fr 9.30–12/14.30–17 Uhr, Sa 9.30–12 Uhr. Eintritt frei, Zugang durch das Geschäft Braunmüller. Bahnhofstr. 2.

Modellmuseum mini-mobil: Das Verkehrsmuseum en miniature wendet sich an Kinder und an das Kind im Manne. Als vielleicht größte HO-Modellsammlung weltweit zeigt es 18.000 Modelle von Autos, Flugzeugen, Schiffen und Eisenbahnen, dazu wechselnde Sonderausstellungen mit Fahrzeugen von Post, Polizei und Feuerwehr und dergleichen. Im angeschlossenen Laden kann man die eigene Sammlung ergänzen.

▪ Mi/Do/Fr/So 11–17 Uhr. Eintritt 7 €. Oberstdorferstr. 10, www.minimobil-museum.de.

Abgründige Starzlachklamm

Gebirgsjägermuseum: Das Oberallgäu war die Geburtsstätte dieser im Ersten Weltkrieg erstmals aufgestellten Spezialtruppe. Die gebirgstauglichen Soldaten wurden unter den Pionieren des Wintersports rekrutiert, die anfangs noch mit eigener Skiausrüstung in die Kasernen einrückten. Die im Torhaus der Grüntenkaserne eingerichtete „Historische Sammlung der Gebirgstruppe Sonthofen" ist das einzige Museum der Gebirgsjäger, die im Zweiten Weltkrieg oft gegen Partisanen eingesetzt wurden und sich dabei auch vieler Kriegsverbrechen schuldig machten. Es wäre interessant zu sehen, wie kritisch sich das Museum mit dieser Vergangenheit auseinandersetzt.

Grüntenkaserne, nur So 10–12 Uhr. Eintritt frei, Ausweis erforderlich. Salzweg 24.

Ziele in der Umgebung

Hinanger Wasserfall

Der moosbewachsene Tobel oberhalb des Ortsteils Hinang lockt im Sommer mit erfrischender Kühle. Mit etwas Glück kann man am späten Nachmittag, wenn die Sonne den Wasserfall beleuchtet, einen Regenbogen sehen. Im Winter schaffen Eiszapfen eine bizarre Welt.

▪ Parkmöglichkeit am Alpweg von Hinang zum Hotel Sonnenklause.

Starzlachklamm

Die wildromantische Schlucht ist das Werk der Starzlach, die auf 1070 Meter Höhe entspringt, unterwegs allerlei Rinnsale aufnimmt und dann zusehends tosend und schäumend gegen Felsen anrennt, sich in Wasserfällen talwärts stürzt, durch Strudel und Wassermühlen rotiert und sich in Kehren windet, bis sie schließlich, am Ende etwas flacher und zahmer geworden, in Sonthofen in die Ostrach mündet. Erst 1932 wurde die Klamm mit Handläufen, Stegen, Brücken und Sprengtunneln erschlossen, ein rutschiger und feuchter Weg ab dem Sonthofer Ortsteil Winkel. Am Großen Wasserfall lädt der Klammwirt zur Brotzeit ein. Am Ende der Klamm geht es hinauf zur Alpe Topfen und zum Berggasthof Alpenblick. Der Rückweg zum Parkplatz Winkel führt über den alten Erzweg. Doch es bietet sich an, zuvor vom Gasthof noch einen Abstecher zur Erzgruben-Erlebniswelt zu machen.

▪ Klamm zugänglich Mai bis Okt. 8–18 Uhr, Eintritt 3,50 €. Für den Weg vom Parkplatz zum Ende der Klamm und zurück muss man 45 Min. rechnen, als Rundweg über die Alpe Topfen 1:15 Std. www.starzlachklamm.de.

Erzgruben-Erlebniswelt

Ein Museumsdorf erinnert an den bis ins 19. Jahrhundert am Grünten betriebenen Bergbau. Das hier abgebaute Erz war zwar hart und spröde, doch gut genug, um als Gusseisen zu Nägeln, Beschlägen, Waffen, Brunnenwinden und Ofenplatten verarbeitet zu werden, die man bis nach Ulm und Augsburg verkaufte. Das Hüttenwerk stand an der Mündung der Starzlach, wo heute sein Nachfolger Voith BHS Getriebe herstellt. Das Erz wurde am Südhang des Grünten aus dem Berg geholt. Hier hat die Gemeinde Burgberg zwei alte Stollen gesichert und als Besucherbergwerk geöffnet, ein alter Tagebau wurde mit Treppen und Stegen zugänglich

Im Museumsdorf Erzgruben-Erlebniswelt

Wanderung 4: Auf den Grünten → S. 326

Anstrengende, doch technisch einfache Bergwanderung (T 2) auf Wald- und Wiesenpfaden

gemacht. Im Museumsdorf erfährt man mehr über den Berg und die Welt der Knappen, auch eine alte Schmiede wurde neu aufgebaut.

■ Mai bis Okt, tägl. 10.30–17 Uhr; die Stollen nur mit Führung (Start 11.30/14.15 Uhr, im Sommer häufiger, Dauer 2–2:30 Std. Im Berg ist es 8°C feuchtkalt!). Eintritt 5 €, mit Grubenführung 8 €. Gehzeit vom Burgberg zum Museumsdorf 45 Min., mit dem Grubenbähnle (4 €) 20 Min. www.erzgruben.de.

Der Grünten

Der „Wächter des Allgäus", wie er genannt wird, ist mit seinen 1738 Metern nicht der höchste Berg der Allgäuer Alpen, aber ihr bis weit ins Unterland sichtbarer Vorposten. Schon früh lockte er die Bergwanderer: Kaiser Maximilian soll den Gipfel bezwungen haben, der Augsburger Fürstbischof Clemens Wenzeslaus ließ sich 1773 in einer Sänfte hinauftragen, wobei ihm 56 Bauern zur Hand gingen. Und 1852 gründete der Käsebaron Carl Hirnbein mit dem Grüntenhaus das erste Touristenhotel der Region. Der Name Grünten bedeutet Glatzkopf und weist darauf hin, dass der Berg schon früh abgeholzt wurde – die Bergwerke und Schmelzöfen brauchten ungeheuere Mengen an Brennholz. Mancher, der den Grünten nicht gesehen hat, hat ihn doch schon oft gehört: Die Antennen auf dem Gipfel senden die UKW-Programme des Bayerischen Rundfunks über Bodensee und Rhein bis nach Baden und in die Schweiz. Ein weiterer Blickfang auf dem Gipfel ist ein in den 1920er-Jahren gebautes Denkmal für gefallene Gebirgsjäger. Am „Grüntentag" treffen sich hier alljährlich Anfang September Kameradschaften aus dem In- und Ausland, um der Kriegstoten zu gedenken.

■ Die nicht öffentliche **Seilbahn** des Bayerischen Rundfunks auf den Grünten transportiert nur das Personal des Senders. Die **Radrunde** um den Berg auf weitgehend asphaltierten Wegen finden Sie auf www.outdooractive.com beschrieben.

Gunzesrieder Tal

Das über zehn Kilometer lange Gunzesrieder Tal befindet sich zwischen der Nagelfluhkette und der nördlichen Hörnergruppe um den Siplinger Kopf. Da die Fahrstraßen im Nichts enden, gibt es keinen Durchgangsverkehr, und die Mautpflicht tut ein Übriges, Autos fernzuhalten. Das ist wiederum gut für Radler, die gerne auf Asphalt fahren und Steigungen schätzen, aber auch Wanderer und Mountainbiker kommen auf ihre Kosten (Tourenvorschlag → S. 306). Das Tal beginnt sechs Kilometer westlich von Sonthofen mit dem zur Gemeinde Blaichach gehörenden Ort Gunzesried, einem 500-Seelen-Dorf mit Sennerei, Gasthöfen, Kapelle, Maibaum, mit ein bisschen Landwirtschaft, Fremdenverkehr und vielen Pendlern. An der Gunzesrieder Säge teilt sich der Weg: Südwärts geht es durch das Osterbachtal zum Riedberghorn (1783 m); weiter geradeaus entlang der Gunzesrieder Ach kommt man über Hochwei-

Radtour 2: MTB-Tour im Gunzesrieder Tal → S. 306

Leichte bis mittelschwere Biketour, auch für Familien geeignet den und Alphütten an die Südflanke des Hochgrats oder nach Balderschwang. Diesen Weg nahmen bis zum Zweiten Weltkrieg immer die Vorarlberger Hirten mit ihren Herden, um im September das Wäldervieh auf dem Sonthofer Mangenmarkt, dem größten Viehmarkt des Allgäus, zu verkaufen.

Der Käsepionier

Seit Beginn des 19. Jahrhunderts eroberten Schweizer Käser mit großen, zentnerschweren Laiben den europäischen Markt. Ihre unpasteurisierten Rohmilchkäse, am bekanntesten der Emmentaler, wurden auch im Tal und damit auch im Winter produziert, waren also ganzjährig verfügbar. Für den traditionellen Allgäuer Bergkäse brachen damit schlechte Zeiten an, denn die Käse der Schweizer Konkurrenz waren haltbarer und von besserer Qualität – und erzielten auch einen besseren Preis.

Kein Wunder, dass Allgäuer Käsehändler wie der Oberstaufener Josef Aurel Stadler (→ S. 157) versuchten, das Schweizer Knowhow zu ergründen. Ein Schweizer Geschäftsfreund vermittelte Stadler den Emmentaler Sennermeister Johann Althaus, der dann 1827 auf der Au-Alpe über dem Gunzesrieder Tal die ersten Allgäuer Emmentaler herstellte. Bald jedoch trennten sich Stadler und Althaus. Der Käser versuchte sein Glück auf dem Rothenfels'schen Sennhof in Blaichach, bekam in dem damals noch vom Ackerbau dominierten Tal aber zu wenig Milch – für einen Zentnerlaib Emmentaler werden etwa tausend Liter benötigt, was damals der Tagesleistung von etwa 150 gut genährten Milchkühen entsprach. Johann Alphaus zog deshalb zurück auf die Au-Alpe, um 1835 einen neuen, diesmal erfolgreichen Anlauf mit einer Talsennerei in Sonthofen zu nehmen.

Sein Sonthofer Wohnhaus (am Westende der Fußgängerzone) wurde 1998 abgerissen, doch der Platz davor heißt zu Ehren des Käsepioniers nun Johann-Althaus-Platz. Die beiden Lärchen auf dem Platz wurden noch von Johann Althaus selbst gepflanzt.

Oberallgäu → Karte S. 130

Basis-Infos

Information **Gästeamt.** Rathausplatz 1. ✆ 08321/615291, Mo–Fr 8–12/13–17 Uhr (Juni bis Sept. durchgehend), Jan./Febr. und Juni bis Sept. auch Sa 9–12 Uhr, Juli/Aug. auch So 10–13 Uhr. www.sonthofen.de und www.tourismus-sonthofen.de.

Abenteuersport **Spirits of Nature.** Canyon-Klettern in der Starzlachklamm, Iller-Touren im Schlauchkanadier (auch Verleih), Flying-Fox-Seilrutschen, Hochseilgarten und andere Adrenalinstimulantien. Moosweg 2, Burgberg, ✆ 08321/619465, www.spirits-of-nature.de.

MAP. Rafting- und Canyoning-Touren für Kinder und Erwachsene. Berger Steige 1, Fischen, ✆ 0176 7007 7777, www.map-erlebnis.de.

Gleitschirmschule Mergenthaler. Kurse, Tandemflüge, Ausrüstungsverkauf. Im Sontrapark, Hindelanger Str. 35, ✆ 08321/9970, www.gleitschirmfliegen-allgäu.de.

Baden **Wonnemar.** Erlebnisbad mit Rutschen und Wellenbecken, Solebad, Saunawelt und Spa-Bereich; ein 25-Meter-Becken zum Schwimmen gibt es auch. Tägl. 10–22 Uhr (Mai bis Sept. Badebereich nur bis 21 Uhr), Tageskarte 24 €. Stadionweg 5, www.wonnemar.de.

Familien-Vital-Park. Naturnahes und chlorfreies Freibad mit Sprungturm, Wasserrutsche, Beachvolleyball- und Boulefeld. Zur Anlage gehören auch Ferienwohnungen und ein Bistro. Bei Badewetter tägl. ab 9 Uhr. Eintritt 5 €. Blaichacherstr. 29a, Burgberg, www.familienvitalpark.de.

Bergsport **Bergschule Oberallgäu.** Geführte Bergwanderungen, Kurse für Bergsteiger und Kletterer. Edelweißstr. 5, Burgberg, ✆ 08321/4953, www.alpinschule.de.

Einkaufen **Allgäu Outlet.** Auf zwei Etagen gute Auswahl an Outdoor- und Sportbekleidung. Mo–Fr 9.30–18.30 Uhr, Sa bis 18 Uhr. Immenstädter Str. 11, www.allgaeuoutlet.de.

Enzianbrennerei Turra. Stefan Weber zählt zu wenigen Auserwählten mit Grabrecht – nicht auf dem Friedhof, sondern hoch in den Bergen darf er alle paar Jahre eine begrenzte Menge Wurzeln des streng geschützten Gelben Enzians ausgraben und zu Schnaps verarbeiten. Wohl bekomm's! Mo–Fr 9.30–12/14.30–18 Uhr, Sa 9–13 Uhr. Hochstr. 10, www.enzian-brennerei.de.

Sennerei Gunzesried. Rohmilchkäse ohne Silofütterung. Tägl. 9–12/15–18 Uhr, Do 10.15 Uhr Sennereiführung. Talstr. 32, Gunzesried, www.gunzesrieder-bergkaese.de.

Fashion for Friends. Die Halbitalienerin Silvia Fili-Montanini landete nach einer langen Karriere in der Mode- und Lederwarenbranche in Sonthofen, verkauft dort hochwertige Mode aus nachhaltiger Produktion. Di–Fr 10–12.30/14.30–18 Uhr, Sa 10–14 Uhr. Blumenstr. 2, www.f4f.cc.

Fahrradverleih Die kostenlosen Citybikes am Radl-Bahnhof auf dem Rathausplatz können nach Registrierung beim **Gästeamt** genutzt werden. E-Bikes, Tourenräder und Mountainbikes verleihen: **Radsport Hermann,** Eichendorffstr. 1, ✆ 08321/86958, www.radcenter-hermann.de. **Radsport Schaich,** Bogenstr. 2, ✆ 08321/787443, www.radsport-schaich.de.

Feste/Veranstaltungen **Bärbeletreiben** (4. Dez.) und **Klausentreiben** (5./6. Dez.).

Egga-Spiele. Alle drei Jahre (demnächst 2019) am Sonntag nach Aschermittwoch, auf dem Platz vor der Markthalle.

Kino **Filmburg.** Familienbetrieb mit zwei Kinosälen. Promenadenstr. 1a, www.filmburg-sonthofen.de.

Kultur **Sonthofer Kulturwerkstatt.** Konzerte und Kleinkunst. Altstädter Str. 7, ✆ 08321/2492, www.kult-werk.de.

Übernachten/Essen & Trinken

Hotels/Gästehäuser **Gästehaus Schmideler.** Familiengeführter Betrieb, ca. 15 Gehminuten vom Zentrum mit Zimmern, Apartments, Ferienwohnungen und Café/Konditorei. Allergikerfreundliche Zimmer, auf der Rückseite des Hauses ruhig, die Dependance gegenüber etwas moderner eingerichtet. Sauna. Liegewiese, Garage. DZ 120 €. Grüntenstr. 29, ✆ 08321/66600, www.schmideler.de.

Blick vom Grünten auf Sonthofen

Berggasthof Sonne. Familienfreundlicher Gasthof in einem Weiler 5 km außerhalb von Sonthofen, Hunde sind willkommen, ein Auto ist von Vorteil. Ausblick mit Abendsonne, Restaurant mit Hausbrauerei, durchgehend warme Küche. DZ 100–130 €. Imberg 12, ✆ 08321/3360, www.berggasthof-sonthofen.de.

Landhaus Waibelhof. Altes Bauernhaus mit separatem Gästehaus, in Laufweite vom Dorfzentrum. Liebevoll eingerichtete Apartments, teilweise mit Küchenzeile. Tagesraum mit Leseecke, Sauna, Spa, Kneipp-Anwendungen, Garten mit Kräutern, Liegewiese mit Bergblick. Aufmerksame und kundige Wirtin. Apartment ab 120 €. Moosackerweg 1, Gunzesried, ✆ 08321/4580, www.waibelhof.de.

Grüntenhaus. Das erste Touristenhotel des Allgäus ist heute eine bewirtschaftete Berghütte inmitten einer Alpweide. Offen von Mai bis Mitte Nov., im Winter nur Sa/So. Übernachtung im schlichten Vierbett-Zimmer oder Matratzenlager. ÜF pro Pers. 30/40 €. Auf dem Grünten. ✆ 08321/3372, www.gruentenhaus.de.

Camping **Camping an der Iller.** Wenig Schatten, viele Dauercamper. Ganzjährig geöffnet. Stellplatz mit 2 Pers. 25 €. Sinwagstr. 2, ✆ 08321/2350, www.illercamping.de.

Essen & Trinken **Brauereigasthof Hirsch.** Rustikales Lokal mit angenehmer Atmosphäre und großen Portionen guter regionaler Küche. Empfohlen sei das Zanderfilet. Wechselnde Mittagsgerichte. Hauptgericht bis 25 €. Di Ruhetag. Hirschstr. 2, ✆ 08321/67280, www.brauereigasthof-hirsch.com.

mein Tipp **Zum Dorfwirt.** Gutbürgerliche Küche mit frischen Zutaten auf hohem Niveau. Der steirische Patron und Küchenchef Guido Ritzinger macht mit einem feinen Gespür für die passenden Kräuter und Gewürze selbst aus Allerweltsgerichten wie der Rindsroulade einen kulinarischen Hochgenuss. Sonntags gibt's wechselnde Braten. Hauptgericht bis 25 €. Warme Küche 11.30–14/17.15–21 Uhr, Mi Ruhetag. Burgbergstr. 42, Blaichach, ✆ 08321/88822, www.dorfwirt-blaichach.de.

Oberallgäu → Karte S. 130

Bärbeles und wilde Klausen

Am Abend des Barbaratags (4. Dezember) machen als alte Weiber verkleidete junge Frauen Sonthofens Fußgängerzone unsicher. Auf einen Böllerschuss hin rennen sie mit einem Schellengürtel um den Bauch als laut scheppernde Wildbärbele los und schwingen, begleitet von ihren Rutenträgerinnen, ihre aus Weidengerten gebundenen Ruten. Symbolisch vertreiben die Bärbele die Dämonen und bösen Geister der Winternächte. Wer auch immer sich ihnen in den Weg stellt, bekommt deftige Schläge von zarter Frauenhand was junge Burschen nur zu gerne erdulden und, indem sie freiwillig die Bahn der Bärbele kreuzen, in solcherart Spießrutenlauf ihre Männlichkeit zu beweisen suchen.

Gegen jene Dämonen, welche die Bärbele nicht haben vertreiben können, treten dann an den beiden Folgeabenden die Klausen an, Verwandte des ostalpinen Krampus in Gestalt furchterregender Zottelmonster mit Fellen, Hörnern, Schellen und Kuhglocken. So wollte man den echten Dämonen vorgaukeln, andere, stärkere Geister würden ihr Unwesen treiben. Mancher Klausen mag sich an einem vorwitzigen Zuschauer oder gar an einem jungen Mädchen dafür revanchieren, was ihm die Bärbele am Vorabend antaten, und ihm eine Abreibung mit Schnee und Rute verpassen. Doch ein strenges Reglement und zahlreiche Ordner und Polizisten sorgen dafür, dass beim wilden Treiben alles im Rahmen bleibt und keiner über die Stränge schlägt.

Die Hörnerdörfer

Die zwischen Sonthofen und Oberstdorf liegenden Gemeinden Balderschwang, Bolsterlang, Fischen, Obermaiselstein und Ofterschwang haben sich zur Verwaltungsgemeinschaft Hörnergruppe zusammengeschlossen. Sie versprechen abwechslungsreichen Naturgenuss vom Löwenzahnfrühling bis zum goldenen Herbst, dazu schneeweißen Winterzauber.

Nein, nicht die Kuhhörner sind hier Namensgeber, obgleich immer mehr Bauern erkennen, wie wichtig die Hörner für die Rindviecher sind und aufs Enthornen verzichten. Benannt sind die Dörfer vielmehr nach der Berggruppe, die sich über ihnen erhebt, eine großartige Silhouette vom Ofterschwanger (1406 m) bis zum Riedberger Horn (1787 m), an manchen Stellen wie aus Stein gemeißelt.

Ofterschwang

Eine ungewöhnliche Sportdisziplin wird in Ofterschwang gepflegt. Hier spielt man auf einer Anlage beim Allgäuer Berghof Disc Golf, wobei eine Frisbeescheibe auf verschiedenen Bahnen in eine Art Basketballkorb geworfen werden muss.

▪ Mai bis Okt. Do/Fr 13–18 Uhr, Sa/So 10–18 Uhr, www.frizbee.at.

Information **Gästeinformation Ofterschwang.** Kirchgasse 1, ✆ 08321/82157, Mo–Fr 9–12.30/13.30–17 Uhr, Sa 9–12.30 Uhr, So 10–12 Uhr, www.ofterschwang.de.

Einkaufen **Schuh Keller.** Clogs und hölzerne Stallschuhe von einem der letzten Holzschuhmacher in Deutschland. Auch Maßanfertigung von Haferlschuhen. Ortsstr. 21, Kierwang (zwischen Ofterschwang und Bolsterlang), Mo–Fr 8–12/13–18 Uhr, Sa 8.30–12 Uhr, www.keller-schuh.de.

Feste/Veranstaltungen **Ski-Weltcup Damen** mit Slalom und Riesenslalom, im März am Ofterschwanger Horn. www.weltcup-ofterschwang.de.

Wandern **Hörner-Panorama-Weg.** Eine Runde von 12 km über Ofterschwanger Horn, Sigiswanger Horn und Rangiswanger Horn mit herrlicher Aussicht. Der schönste Aufstieg (2 km) ist der Weg von der Gunzesrieder Säge (siehe S. 306) durch den Ostertaltobel zur Anger-Hütte. Kürzer und bequemer geht es, wenn man sich von der Ofterschwanger Sesselbahn auf den Berg liften lässt. Karte, Track und Tourbeschreibung unter www.outdooractive.com.

Übernachten **Sonnenalp.** Luxus pur. Das Haus der Spitzenklasse schafft den Spagat, die Bedürfnisse von Kindern und Jugendlichen nach Sport und Action ebenso zu befriedigen wie den Älteren ein tolles Kultur- und Wellnessprogramm zu bieten. DZ mit HP ab 530 €. Schweineberg 10, Ofterschwang, ✆ 08321/2720, www.sonnenalp.de.

Allgäuer Berghof. Familienhotel in herrlicher Alleinlage auf einer Alm, vor allem für Familien mit Kleinkindern geeignet. Spielplätze, Kinderskischule, Ausrüstung und Kurse kann man bequem im Hotel buchen. DZ all-inclusive ab 240 €, Apartment AI pro Pers. 160–320 €. Alpe Eck, Ofterschwang, ✆ 08321/8060, www.allgaeuer-berghof.de.

Bolsterlang

In Bolsterlang, dem nächsten der „Hödös“, wie die Einheimischen die Hörnerdörfer nennen, startet die **Hörnerbahn** zum Ski- und Wandergebiet der Hörnergruppe. Von der Mittelstation durch den Wald talab läuft ein **Parcours für Bogenschützen**, die hier auf lebensgroße Plastiktiere anlegen. Unten im Dorf können Anfänger auf einem Übungsplatz erste Erfahrungen mit Pfeil und Bogen sammeln.

▪ Bogenkurse für Anfänger im Sommer Di–Do nachmittags, Sa/So vormittags. Anmeldung beim Gästeamt, ✆ 08326/8314, www.bolsterlang.de.

Aus Balderschwang geht Gottes Wort in alle Welt

Oberallgäu → Karte S. 130

Gästeinformation Bolsterlang. Rathausweg 4, ✆ 08326/8314, Mo–Fr 8–12/13–16.30 Uhr (Mi 15–16.30 Uhr), in der Saison auch Sa 9–11.30 Uhr www.bolsterlang.de.

Obermaiselstein

In Obermaiselstein findet man etwa 20 Gehminuten südlich vom Zentrum die **Sturmannshöhle** am Hang des Schwarzenbergs. Begleitet vom Rauschen des Höhlenbachs geht es 300 Meter weit in die einzige begehbare Naturhöhle des Allgäus hinab. Man trifft hier auf eine stets vier Grad kalte und feuchte Unterwelt mit einem Höhlensee.

Sturmannshöhle, Führungen Mai bis Okt. tägl. 9.30–16.30 Uhr jede Stunde, Nov. bis April Mi–So 11–16 Uhr. Eintritt 5 €. www.obermaiselstein.de.

Gästeinformation Obermaiselstein. Am Scheid 18, ✆ 08326/277, Mo–Fr 8–17 Uhr, in der Saison auch Sa 15.30–17.30 Uhr, www.obermaiselstein.de.

Balderschwang

Balderschwang ist mit 320 Einwohnern die zweitkleinste Gemeinde Bayerns, zugleich jene mit dem am höchsten gelegenen Ortszentrum (1044 m) und, ein weiterer Rekord, Deutschlands Ort mit den meisten Niederschlägen. „Bayerisch-Sibirien" wird es denn auch genannt – der Bregenzerwald war stets näher als das Allgäu, vor dem Bau der Riedbergstraße (1961) war das Walserdorf überhaupt nur von Österreich aus zu erreichen. Die CSU fährt hier Traumergebnisse ein: Alle acht Ratsherren und -damen sind Christsoziale. Immerhin, bei der Bundestagswahl 2017 gab es auch zwei Stimmen für die Linke und drei für die Grünen. Es gibt keine Schule, keinen Kindergarten und keinen Hartz-IV-Empfänger. Aber es gibt einen Pfarrer: Dr. Richard Kocher leitet zugleich Radio Horeb, einen Sender der streng katholischen Radio-Maria-Familie, dessen Balderschwanger Studio der größte Arbeitgeber im Dorf ist. Die amtliche Statistik (2016) zählt 900 Gästebetten, neun aktive Landwirte, davon vier Tierhalter mit zusammen 114 Rindern. Rechnet man die auf den Alpen sömmernden Vierbeinergäste hinzu, sind es allerdings deutlich mehr. Im Winter ist Balderschwang ein beliebtes Skigebiet. Es ist deutlich preiswerter als die angesagten Nachbarn wie Damüls, Warth und Oberstdorf, dafür weniger mondän. Man muss allerdings mit gelegentlichen Wartezeiten an den Liften rechnen. Im Sommer vergnügt man sich auf Wanderungen oder Mountainbike-Touren zu den Bergsennereien. Am Parkplatz Wannenkopfhütte der Riedbergstraße startet die zum Premiumwanderweg geadelte Beslerrunde (→ S. 328).

Gästeinformation Balderschwang. Dorf 16, ✆ 08328/1056, Mo–Fr 9–12 Uhr, in der Saison auch Mo–Fr 14–16 Uhr. www.balderschwang.de.

Bio-Berghotel Ifenblick. Renovierte Hotelanlage in Laufweite zum Dorfzentrum. Mit Wellnessbereich, Sport- und Aktivangeboten. All-inclusive mit Bioprodukten aus dem Allgäu. DZ AI 220–280 €. Gschwend 49, Balderschwang, ✆ 08328/92470, www.berghotel-ifenblick.de.

Landhaus am Siplinger. Allergikerfreundlich eingerichtete Ferienwohnungen, WLAN, gut ausgestattete Küche. Sauna, Kletterwand, Schneeschuh- und Fahrradverleih, der Wirt ist Skilehrer. Studios und Apartments 55–140 €. Oberberg 3, Balderschwang, ✆ 08328/329, www.landhaus-siplinger.de.

Schwabenhof. Bikerhotel mit einfach eingerichteten, preislich angemessenen Zimmern. Die Chefin kümmert sich beim Einchecken um jeden Gast persönlich, der Chef führt auch mal eine Ausfahrt. Für Kinder gibt es Spiele, Außenspielplatz und Badeteich, auch Wohnmobilfahrer sind willkommen. DZ/Apartment mit Frühstück 90–140 €. Schwabenhof 23, Balderschwang, ✆ 08328/924060, www.schwabenhof.com.

Wanderung 5: Rund um den Besler → S. 328
Gut ausgebauter und gesicherter Premiumwanderweg, verlangt aber Trittsicherheit und etwas Bergerfahrung (T 2)

Bad Hindelang

5000 Einw., 830–1140 m ü. NN

Zufriedene Kühe kauen genüsslich auf saftigen Buckelwiesen die bunten Wiesenblumen, gerahmt von sattgrünen Wäldern und schroffen Gipfeln. Kein Golfplatz, kein Spaßbad und keine Partymeile.

80 Prozent der rund 140 Quadratkilometer Gemeindefläche stehen unter Landschafts- und Naturschutz. Das Naturschutzgebiet Allgäuer Hochalpen ist Deutschlands artenreichste Gebirgslandschaft. Hier gedeihen allein 70 Pflanzenarten, die auf der Roten Liste stehen, darunter auch der fleischfressende Sonnentau oder der Frauenschuh, die größte Orchidee des Alpenraumes.

In den 1980er-Jahren stand die Bewirtschaftung der Berglandschaft mit ihren steilen Hängen und Hochalmen auf der Kippe – die Bergbauern waren gegenüber den Großbetrieben im Tal nicht mehr konkurrenzfähig. Doch mit den Wiesen, so die Befürchtung, würden auch die Urlauber schwinden, die ja der herrlichen Landschaft wegen kamen. So begannen die Bauern das damals pionierhafte und weithin beachtete **Hindelanger Modell:** Landwirtschaft nach ökologischen Prinzipien mit artgerechter Tierhaltung, weitgehender Eigenerzeugung des Viehfutters ohne Stickstoffdünger und Gentechnik, schließlich Direktverarbeitung und -vermarktung sämtlicher landwirtschaftlicher Produkte vor Ort. Für ihre Landschaftspflege und den höheren Aufwand bekamen die Bauern einen Ausgleich aus der Gemeindekasse.

Geraniengemütlichkeit in Bad Oberdorf

Oberallgäu → Karte S. 130

Mit seinem Naturkapital und dem Öko-Leitbild konnte sich Hindelang als Urlaubsort mit sanftem Tourismus vermarkten. Heute spricht der Kurdirektor lieber von „intelligentem Tourismus" – was auch immer das sein mag. Längst erschließen die Hindelanger wieder neue Skigebiete und beschneien ihre Pisten mit Schneekanonen, was ja nun nicht gerade nachhaltig ist. Nur eine Minderheit der örtlichen Gastronomen bietet ihren Gästen vorrangig Milch und Fleisch von den hiesigen Bauern an. Statt mit ökologisch/nachhaltig wird nun mit „familienfreundlich" geworben. Die Marketinggesellschaft Bayern Tourismus krönte Bad Hindelang zur ersten „Kinderland-Hauptstadt", einen Tag lang durften Kinder im Rathaus regieren. Auch mit dem Klima punkten die Hindelanger. Allergiker können hier tief durch- und aufatmen, denn die Gebirgsluft des heilklimatischen Kurorts, der sich seit 2002 „Bad Hindelang" nennen darf, ist besonders arm an Pollen und Schimmelpilzsporen.

Ortsgeschichte

Die Marktgemeinde gliedert sich in sechs Teilorte auf zwei Etagen: unten im Ostrachtal die Dörfer Vorderhinterlang, Bad Hindelang, Bad Oberdorf und Hinterstein, weiter oben die Wintersportzentren Oberjoch und Unterjoch. Beide Etagen verbindet mit 106 Kurven und Serpentinen die **Jochstraße.** Deutschlands kurvenreichste Passstraße ist sozusagen die Lebensader von Bad Hindelang. Nachdem Graf Hugo von Montfort im 16. Jahrhundert den alten Saumpfad zu einem Karrenweg hatte ausbauen lassen, holperten und ächzten die Salzfuhrwerke durch Hindelang. An Spitzentagen waren bis zu 300 Pferde eingespannt, um das in Fässer gepackte **Salz** aus den Haller Salinen über den Jochpass zu schleppen – viel Verkehr damals, an dem Wirte, Händler, Pferdeknechte und die den Zoll abschöpfenden Landesherren gut verdienten. In die andere Richtung, also nach Tirol, exportierte Hindelang Spieße und Hellebarden für die Landsknechte im Dienst des Kaisers. Eisenerz,

Wasserkraft und Feuerholz waren die natürlichen Ressourcen für die **Waffenfertigung** in den Hammerschmieden des Ostrachtals. Ab 1490 wurde oberhalb des Kraftwerks Bruck Eisenerz abgebaut, ab 1540 ist eine Schmelzhütte nachgewiesen. Als dank fortschreitender Kriegstechnik die Spieße nicht mehr gefragt waren, stellten die Schmiede auf zivile Produkte wie Schaufeln, Bergschuhnägel, Schellen fürs Vieh und schließlich Bratpfannen um, die sich noch heute gut verkaufen.

Im 19. Jahrhundert kam der **Fremdenverkehr.** Aus den bescheidenen Anfängen eines Badehauses (seit 1864) entwickelte sich bald ein reger Kurbetrieb. Prinzregent Luitpold, der in Hinterstein ein großes Jagdrevier besaß, besuchte gern das nach ihm benannte Prinz-Luitpold-Schwefelmineralbad und gewährte Oberdorf 1900 das Privileg, den Ortsnamen mit dem Zusatz Bad schmücken zu dürfen. Sicherlich verdankt Hindelang auch diesem „Promifaktor", dass es ab 1905 mit einer Postbuslinie an den Bahnhof Sonthofen angebunden wurde.

Bad Hindelang (Ortsteil)

Während die anderen Ortsteile sehr dörflich wirken, präsentiert sich Bad Hindelang im Ortszentrum als eine Kleinstadt, die zu repräsentieren weiß. Das **Rathaus** (Marktstraße 9) wurde als Jagdschloss für den Habsburgersprössling Sigismund Franz (1630–1665) gebaut. Ohne je die Priesterweihe empfangen zu haben, kam der Cousin des Kaisers als Sechzehnjähriger auf den Bischofsthron, brachte es anschließend noch zur Würde eines Erzherzogs von Tirol und starb wenige Tage vor seiner bereits anberaumten Hochzeit. Im Rathaus sehenswert ist die ehemalige Schlosskapelle (mittlerweile Trauzimmer) mit einem Stuckzierwappen des Fürstbischofs Johann Christoph von Freyberg und einem schmucken, grün glasierten Rokokokachelofen.

Den **Rathausbrunnen** schmückt eine Bronzeskulptur des aus Hinterstein stammenden Bildhauers Willi Tannheimer. Sie zeigt ein Tanzpaar in Alt-Hindelanger Tracht mit Radhaube und Frack beim Sechsertanz, eine Art Quadrille. Das Haus der Raiffeisenbank war früher ein Nebengebäude des Fuggerschen Stutenhofs (Schlossplatz 2), auf dem edle Pferde gezüchtet wurden. Am Westende der Marktstraße baute sich der Stutenhofverwalter und Salzkonzessionär Thomas Scholl 1671 das **Salzfaktorhaus** (Marktstr. 31), vor dem unter amtlicher Aufsicht das Salz für die nächste Etappe auf neue Fuhrwerke umgeladen wurde. Über dem mit Halbsäulen und gemalter Scheinarchitektur geschmückten Eingang stecken drei Kanonenkugeln aus den napoleonischen Kriegen in der Fassade, deretwegen das Gebäude auch das „Haus mit den drei Kugeln" genannt wird.

Während das 1922 errichtete und noch ganz dem Heimatschutzstil verhaftete **Postgebäude** (Poststr. 1) von Thomas Wechs sen. mit der neuen Nutzung als Kurmittelhaus äußerlich kaum verändert wurde, sieht man der Halle des **Bauernmarkts** gegenüber nicht an, dass sie einmal ein bemerkenswertes Bauwerk war. Um- und Anbauten haben die 1929 von Georg Werner, einem Architekten der bayerischen Postbauschule, ganz im Zeichen der Neuen Sachlichkeit und des Bauhausstils geplante **Kraftwagenhalle** der Postbusse bis zur Unkenntlichkeit entstellt.

Das im früheren Sägewerk der Oberen Mühle eingerichtete **Heimatmuseum** widmet sich dem Alltagsleben anno dazumal. Die vielseitige Themenpalette reicht von Landwirtschaft und Handwerk bis zum Vereinsleben und den Anfängen des Wintersports. Auch das Brauchtumszimmer und die wohl unumgänglichen Mineralien und Fossilien fehlen nicht.

■ Mi–Mo 10–18 Uhr, Eintritt frei. Ostrachstr. 40.

Bad Oberdorf

Die Oberdorfer **Kirche St. Jodokus** wurde 1936/37 von Thomas Wechs geplant, den wir schon als Architekten der Hindelanger Post kennengelernt haben. Blickfang im Innenraum ist der Hindelanger Altar (1519), ein spätgotischer Hochaltar des Füssener Holzschnitzers Jörg Lederer mit der Krönung Marias als zentralem Motiv. Davor sieht man einen lebensgroßen Christus, ebenfalls aus Holz, der mit Palmwedel auf einem Esel reitet (1470). Die Figur wird dem gleichen unbekannten Meister zugeschrieben, der die Marienstatue in der Immenstadter Nikolauskirche schuf, und wird am Palmsonntag bei der Prozession vorangetragen. Schließlich befindet sich hinter dem Gitter im Seitenschiff ein Tafelbild mit byzantinisch anmutender Madonna (1493) von Hans Holbein dem Älteren, nach dem die Kirche im Volksmund auch Liebfrauenkirche genannt wird.

Drei **Hammerschmieden** sind heute noch in Bad Oberdorf in Betrieb. Das durch einen Seitenkanal der Ostrach geleitete Wasser treibt über mächtige Wasserräder die schweren Hämmer, Schleifsteine und Blasebälge an. Gefragt sind vor allem gusseiserne Pfannen: schwer, sorgfältig verarbeitet, ewig haltbar.

Hintersteiner Tal

Hinterstein ist das Tor zur alpinen Welt der Allgäuer Hochalpen. Nach der Wanderung erfrischt man sich in der **Prinze Gumpe,** einem schlichten, vom Zipfelsbach gespeisten Naturbad, in dem zu schwimmen sich schon Prinz Luitpold die Ehre gab. Ein Klangspiel am Wegesrand und indianisch anmutende Metallskulpturen stimmen auf das **Kutschenmuseum** ein, das sich von einer Sammlung alter Kutschen längst zum Gesamtkunstwerk entwickelt hat, zu einer ganz eigenen, fast schon kitschig-esoterischen Welt. Der Sammler Martin Weber verzaubert hier die Besucher mit Ensembles aus lebensgroßen Puppen, ausgestopften Tieren, Kutschen und Schlitten, Spiegeln, Astwerk, künstlichem Schnee und dazu noch Sphärenmusik.

Schlichte Eleganz:
St. Jodokus in Bad Oberdorf

▪ Am Ortsende Hinterstein rechts in die Straße „Im Schlauchen" einbiegen, dann wieder rechts zum Fluss und an der Brücke parken. Von dort noch 5 Gehminuten zum Kutschenmuseum. Tägl. 8–20 Uhr, Eintritt gegen Spende.

Nur der Bus darf von Hinterstein noch acht Kilometer weiter talauf bis zum Gasthof **Giebelhaus** (1060 m, www.giebelhaus.de) fahren. Die Alpe ist einer der besten Beobachtungsplätze für Steinadler im Allgäu. Der Landesbund für Vogelschutz (LBV) unterhält eine Ausstellung über die Natur im

Wanderung 6: Schrecksee und Hochvogel → S. 330

Zweitagestour für geübte Bergwanderer (T 2 bis T 3), gut geeignet, um Hüttenluft zu schnuppern und Erfahrungen im alpinen Bereich zu machen

Hintersteiner Tal, zeigt dazu einen Film und einen nachgebauten Adlerhorst. Vor dem Haus ist eine multimediale Tierstimmentafel aufgebaut, mit der man die Rufe der typischen Alpentiere kennen lernen kann. Im Sommer ist die **Adlerhütte** Ausgangspunkt der geführten Wanderungen zur Adlerbeobachtung.

■ Juni–Sept. Sa 10.30 Uhr, Anmeldung unter ✆ 08331/966770, www.allgaeuer-hochalpen.de.

Am Giebelhaus beginnen anspruchsvolle Hochgebirgstouren wie etwa auf den Hochvogel (2561 m), aber auch leichte Wanderungen für Genießer oder Familien. Sogar für Kinderwagen und normale Tourenräder eignet sich der asphaltierte Fahrweg (2,7 km) zur **Alpe Laufbichl,** auf deren Wiesen sich im Sommer auch Molkeschweine tummeln.

Oberjoch und Unterjoch

Die beiden oberen Ortsteile von Bad Hindelang werben mit allergenarmer Höhenluft und den guten Wintersportmöglichkeiten – im Alpinen Trainingszentrum Allgäu trainieren die Spitzensportler des Deutsche Skiverbands. In der wärmeren Jahreszeit kann man sich nahe der Talstation des Iselerlifts im **Hochmoorschwimmbad** abkühlen und auf dem Naturlehrpfad noch eine Runde um das naturbelassene Moorwasserbecken drehen. Der **Iselerlift** (www.bergbahnen-hindelang-oberjoch.de) bringt die Gäste hinauf zum **Salewa-Klettersteig** (→ S. 310), dem leider nur für Gruppen offenen **Allgäuer Indianerland** (www.bergindianer.de) und zum **Schmugglersteig.** Nach einer Schnellausbildung zum Schmuggler oder Zöllner müssen die einen das am Iselerlift empfangene Schmuggelgut über die Grenze bringen, die anderen die Schmuggler stellen und dingfest machen – ein bei Groß und Klein beliebtes Wanderspiel, bei dem man sogar einen Schatz gewinnen kann. (Gehzeit mit Kindern 2–3 Stunden). Während Oberjoch eher auf Action setzt, geht es in **Unterjoch** ländlicher und beschaulicher zu. Langlauf, Kneippsches Wassertreten im Dorfgarten, Maibaum und viel frische Luft sind hier angesagt.

Basis-Infos

Information **Gästeinformation.** Unterer Buigenweg 2, ✆ 08324/8920, Mo–Fr 8–17 Uhr, (Juni bis Sept. durchgehend), Jan./Febr. und Mai bis Okt. auch Sa 9–12 Uhr. www.badhindelang.de.

Bad Hindelang PLUS

Viele (doch nicht alle!) Gastgeber in Bad Hindelang ermöglichen mit der Gästekarte Plus einen Urlaub fast ohne Nebenkosten. Bergbahnen, Busse, Parkplätze und Bäder sind gratis, im Winter ist auch der Skipass inbegriffen.

Bergbahnen **Hornbahn.** Gondelbahn von Hindelang (Ostrachstr. 20) zum Imberger Horn. Gut zum Downhill-Biken, Rodeln und Wandern (auch im Winter), kein Skizirkus. Berg- und Talfahrt 15 €. www.hornbahn-hindelang.de.

Iselerbahn. Sesselbahn von Oberjoch (Paßstr. 44) auf den Iseler. Oben gibt es Skipisten, einen speziellen Übungspark für Anfänger, Schneekinderland. Im Sommer Ausgangspunkt für eher anspruchsvolle Touren, weniger für Spaziergänge. Berg- und Talfahrt 15 €. www.bergbahnen-hindelang-oberjoch.de.

Einkaufen **Pfannen** und andere handgeschmiedete Utensilien verkaufen die Bad Oberdorfer **Hammerschmieden:** Albert Scholl, Hornweg 3 (beim Parkplatz Grüebplätzle), www.hammerschmiede-scholl.de. Franz Scholl, Schmittenweg 17, www.hammerschmiede-badoberdorf.de. Konrad Nessler, Ostrachstr. 46.

Kulinarische Spezialitäten gibt es auf dem Hindelanger Bauernmarkt, Am Bauernmarkt 3, Mo–Fr 9.30—18 Uhr, Sa 9.30–13 Uhr.

Lederwaren, nämlich Lederbekleidung nach Maß und Täschnerartikel aus Hirschleder, fertigt Klaus Bensmann, Ostrachstr. 38, www.kbleder.de.

Metallskulpturen mit Edelrost und andere außergewöhnliche Gartendeko gibt es beim „Metallmichl" Michael Blanz. Marktstr. 25, Mo–Fr 9–18 Uhr, Sa 9–13 Uhr. www.metallmichl.de.

Alphörner baut Stefan Wechs, Auf dem Buck 2, Hinterstein, www.wechs-volksmusik.de.

Schlitten, handgefertigt und mit Gurtbespannung für den bequemen Sitz, fertigt neben allerlei Holzspielzeug und Drechselarbeiten Wagnermeister Rudolf Finkel, Kurze Gasse 2, Bad Oberdorf, Mo–Fr 9–12/14–18 Uhr, Sa 9–12 Uhr. Finkels Holzlädele ist zugleich Showroom für die **Holzkunstwerke** von Sohn Christoph (www.christophfinkel.com).

Käse, auch von Schaf und Ziege, verkauft die Biokäserei Obere Mühle, Ostrachstr. 40, tägl. 10–13/14–18 Uhr. www.obere-muehle.de.

Feste/Veranstaltungen **Schlittenhunderennen** im Januar in Unterjoch. **Hornerschlittenrennen** im Februar in Vorderhindelang. **Viehscheid** mit Krämermarkt am 10./11. Sept. in Hindelang, eine Woche später und deutlich kleiner in Unterjoch. **Jochpass Memorial & Historic Rallye,** im Oktober Oldtimerpräsentation und -rennen am Jochpass. www.jochpass.com.

Altar der Hintersteinkapelle

Kultur **Hindelanger Bauerntheater** (im Kurhaus) und **Bauerntheater Hinterstein,** zwei engagierte Laienspielgruppen. Für Nordlichter und andere, die sich mit der Hindelanger (niederalemannischen) Mundart etwas schwertun, gibt es auch sprachlich entschärfte Aufführungen.

Aktiv

Abenteuersport **Way Beyond.** Canyon-Klettern in der Starzlachklamm und am Osterbach, Rafting auf der Iller, Wildwasser-Tubing, Hochseilgarten und andere Nervenkitzel. Poststr. 1, ✆ 08324/952210, www.waybeyond.de.

Baden **Naturbad Hindelang.** Zwei 50-Meter-Becken, im Kinderbereich mit abenteuerlicher Pirateninsel und Floßfähre. Ostrachstr. 21, Mai bis Sept. bei Badewetter 9–19 Uhr, Eintritt 4 €.

Prinze Gumpe. Naturbecken im Kneippkurgarten, Auf dem Buck 6, Hinterstein, Eintritt frei.

Hochmoorschwimmbad. Mit Liegewiese, Schlammbecken und Kinderspielplatz. Paßstr. 53, Oberjoch, Eintritt frei.

Eissport Eislaufen und Stockschießen auf dem **Natureisplatz Hindelang,** Ostrachstr. 20, beim Parkplatz Hornbergbahn. Eine reine **Eisstockbahn** gibt es in **Unterjoch**, Sonnenstr. 39.

Fahrradverleih **Intersport Waibel.** Mountainbikes, Tourenräder und E-Bikes. Unterer Buigenweg 1, Mo–Fr 9–18 Uhr, Sa 9–13 Uhr, www.intersport-waibel.de. **Sabines E-Bike-Verleih.** Am Bauernmarkt 1, Mo–Sa 9.30–18 Uhr, www.sabine-trendshop.de.

Mountainbike Bike Park. An der Talstation der Hornbahn, Verleih, Verkauf, Schulung, Waschstation. Ostrachstr. 20, www.bikepark-hindelang.de.

Reiten Du-Familotel-Krone. Reiterhof und Reitschule, Sorgschrofenstr. 1, Unterjoch, ✆ 0151 7271 9156, www.bibi.de.

Rodeln Drei Rodelpisten ab Bergstation der **Hornbergbahn.**

Übernachten/Essen & Trinken

Hotels Kinderhotel Oberjoch. Familienhotel mit betreuten Clubs für Kinder, Schwimmbad, Sauna und Wellness. Showprogramm und Freizeitangebote. All inclusive (Essen, alkoholfreie Getränke) 150–400 €/Pers. Am Prinzenwald 3, Oberjoch, ✆ 08324/7090, www.kinderhoteloberjoch.de.

MeinTipp **Prinz-Luitpold-Bad.** Die Lage bei der Schwefelquelle und die Tradition machen das Haus zum führenden Kur- und Wellnesshotel in Hindelang. Und manche Räume und Hallen gleichen einem Antiquitätenladen, denn der Stilmix des Historismus wird wie zur Zeit des Prinzregenten noch immer gepflegt. Alle Zimmer mit WLAN, Balkon und Bergblick. Thermalhallenbad und -freibad, Sauna, großes Wellnessangebot. DZ 160–230 €. Andreas-Gross-Str. 7, Bad Oberdorf, ✆ 08324/8900, www.luitpoldbad.de.

Ferienwohnungen Haus Sonnenruh. Kleines, inhabergeführtes Haus. Zimmer im Landhausstil mit Balkon. Durchweg zufriedene Gäste. Apartment 80–120 €. Buchsäckergasse 3, Bad Oberdorf, ✆ 08324/8592, www.haussonnenruh.de.

Obere Mühle. Nachdem ein Brand ihr Hotel in Schutt und Asche legte, baut Familie Egger-Rohrmoser nun luxuriöse Ferienwohnungen mit Wellnessbereich. Eröffnung 2020. Ostrachstr. 36–40, ✆ 08324/2857, www.obere-muehle.de.

Bauernhof Haflingerhof. Biolandhof mit Pferden, Käserei und Hofladen. Sieben modern und allergikergerecht ausgestattete Ferienwohnungen für bis zu 6 Pers., Heuspielzimmer, Spielgeräte, Sauna. Auf Wunsch mit Frühstück oder Halbpension. Apartment 70–160 €. Ornachstr. 29, Oberjoch, ✆ 08324/7698, www.haflingerhof.de.

Camping Comfortcamp Grän. Dieser Platz im Tannheimer Tal hat uns besser gefallen als der Platz in Oberjoch. Mit Hallenbad, Sauna, Familienbadezimmern, Kinderspielzimmer. Ganzjährig geöffnet. Stellplatz mit 2 Pers. 40–50 €. Engetalstr. 13, Grän, ✆ 0043/5675-6570, www.comfortcamp.eu.

Berghütte Willersalpe. Eine Alpe ohne Fahrweg und Seilbahn. Haflinger bringen Nudeln und Bier hoch und den Käse runter. Den Strom für Rührwerk und Melkmaschine liefern Windräder und die Fotovoltaik-Anlage. Die Alm und ihre Sennen, die Bertele-Brüder, genießen Kultstatus und die Einfachheit hat deshalb ihren Preis. Mai bis Okt. Matratzenlager mit HP 40 €. Hintersteiner Tal, ✆ 0171/9939847.

Essen & Trinken Obere Mühle. Feinschmeckertipp in einer früheren Sägemühle. Küchenchef Oliver Egger gibt den Klassikern der Allgäuer Küche einen mediterranen Touch. Alles wird frisch zubereitet, Teigwaren selbst gemacht. Die Lebensmittel stammen weitgehend aus der Region, Nachhaltigkeit wird großgeschrieben. Menü 50 €, Hauptgericht bis 35 €. Warme Küche Mi–So 18–22 Uhr. Ostrachstr. 36–40, ✆ 08324/2857, www.obere-muehle.de.

MeinTipp **Zwölfhundert NN.** Christoph Jäger und sein Team zaubern in der einsehbaren Küche feine Köstlichkeiten auf den Teller. Besonders die vegetarischen Kreationen bescheren dem Gaumen ungeahnte Genüsse. Nicht nur für Schweizer gibt's dienstags Käsefondue wahlweise klassisch halb-halb oder als Hausmischung. Menü 35/70/85 €. Warme Küche Do–Di 18–22 Uhr. Panoramahotel Oberjoch, Paßstr. 39, Oberjoch, ✆ 08324/9333500, www.alpin-chalets.com.

Wirtshaus Kematsried. In einem früheren Bauernhof können sich Tagestouristen und Hausgäste mit deftiger Hausmannskost und selbst gebackenem Brot stärken. Gelobt wird die Saltimbocca vom Hirschrücken auf hausgemachten Steinpilznudeln. Alle Gerichte auch in kleinen Portionen, spezielle Kinderkarte. Hauptgericht bis 25 €. Di Ruhetag. Ornachstr. 31, Oberjoch, ✆ 08324/7365, www.wirtshaus-kematsried.de.

Giebelhaus. Uriger Berggasthof im Naturschutzgebiet. Die Gaststube mit viel Holz und ausgestopften Tieren. Im Winter ist auch eine stilvolle Anfahrt mit der Pferdekutsche möglich. Hauptgericht bis 20 €. Mi Ruhetag. Hintersteiner Tal, ✆ 08324/8146, www.giebelhaus.de.

Oberstdorf

10.000 Einw., 815 m ü. NN

Deutschlands südlichstes Dorf liegt in einem windgeschützten Talkessel, umgeben von mächtigen Gipfeln wie dem Nebelhorn (2224 m), der Mädelesgabel (2645 m) oder dem Großen Krottenkopf (2657 m), dem höchsten Berg der Allgäuer Alpen.

Bei dieser Kulisse wundert es nicht, dass Oberstdorf das größte Wander- und Bergsportzentrum des Landes ist: Da geht es in Wanderstiefeln querfeldein, am Seil durch die Felswand, im Kajak durchs wilde Wasser, auf Kufen übers Eis, auf Skiern oder Snowboards durch die weiße Pracht, am Gleitschirm oder auf dem Sprungski adlergleich durch die Lüfte. Der Trachten- und Heimatschutzverein, mit etwa tausend Mitgliedern der größte seiner Art, sorgt dafür, dass außer Sport- und Naturvergnügen auch die Kultur ihren Platz findet: Höhepunkt ist der nur alle fünf Jahre (nächstes Mal 2020) gebotene „Tanz der wilden Mändle“.

Erstmals erwähnt wurde das „oberste Dorf“ 1141, als der Augsburger Bischof die Kirche St. Johannes weihte. Abseits der großen Verkehrswege gelegen blieb der Ort ein Bauerndorf ohne Handelsverkehr. Die Saumwege nach Süden, über Schrofenpass und Mädelejoch, waren beschwerlich und wurden wenig genutzt – bis heute ist die durch Oberstdorf führende B 19 letztendlich eine Sackgasse, die im Kleinwalsertal vor den Bergen endet. Erst spät gewährte der künftige Kaiser Maximilian 1494 das Marktrecht.

Folgenreich war die wohl schon von den Römern genutzte Schwefelquelle im Ortsteil Tiefenbach. Die Grafen von Montfort und ihre Nachfolger aus dem Haus Königsegg-Rothenfels unterhielten hier seit 1518 ein Badehaus. 1856 berichtet Dr. Joseph Groß in seinem Reiseführer „Die Allgäuer Alpen um Sonthofen und Oberstdorf“, dass in Oberstdorf bereits über 30 Häuser zur Aufnahme von Fremden eingerichtet seien, und empfiehlt es als Kurort bei Lungenleiden. Die am 6. Mai 1865 in Windeseile von einem schindelgedeckten Dach zum anderen übergesprungene Feuersbrunst, die das halbe Dorf samt Kirche, Schule und Rathaus zerstörte, bahnte den Weg für den

Die Pfarrkirche von Oberstdorf

Neubau von Gasthöfen und Pensionen. Bauern wurden zu Bergführern, der neu gegründete Deutsche Alpenverein errichtete Höhenwege und Berghütten, das Moorbad am Rauhen öffnete seine Pforten und ab 1888 verbanden Dampfzüge Oberstdorf mit Sonthofen und der großen, weiten Welt.

Ein Neubau ganz anderer Art sticht an der nördlichen Ortseinfahrt ins Auge: Die Firmenzentrale des Bauunternehmens Geiger, genauer gesagt deren über drei Etagen reichendes Foyer, wird einmal nicht durch Höhe oder schiere Masse, sondern durch Form und Material zum Blickfang (→ Bild S. 286). Der parallel zur Straße geschwungene Baukörper ist in den oberen Etagen mit Holzlamellen verkleidet und ähnelt einem Schiffsrumpf. Hinter der Lamellenhaut verbirgt sich ein großflächig verglaster Stahlbetonbau. Die rein äußerlich weniger repräsentativen Büros befinden sich in zwei rückseitig angebauten Flügeln.

Südliche Giebelwand der Seelenkapelle

Kirchen und Kapellen

Als eines der wenigen Bauwerke im Ortszentrum überstand die **Seelenkapelle** den großen Stadtbrand von 1865. Sie steht auf der Westseite der Pfarrkirche und inmitten eines alten, aufgelassenen Friedhofs. Ungewöhnlich ist die Bemalung der nördlichen Giebelwand. Das in der Renaissancezeit (16. Jh.) entstandene Werk „Gemahl an der Todten Capell" schlägt den Bogen von der Leidensgeschichte Jesu zur Auferstehung und ewigen Vollendung. Die überlebensgroße Schnitzfigur des als Diakon gewandeten heiligen Michael begleitet einen betenden Menschen in den Himmel. Sieben große Passionsbilder des Fischener Barockmalers Johann Baptist Herz überlebten den Stadtbrand durch göttliche Fügung, eingelagert und nahezu vergessen im Dachspeicher der Seelenkapelle. Nun hängen sie wieder in der 1866 errichteten **Pfarrkirche St. Johann.**

Vom Stadtbrand unberührt blieben auch die drei **Lorettokapellen,** etwa einen Kilometer südlich des Zentrums an der Birgsauer Straße, deren Besuch sich gut mit einem Spaziergang zum Moorweiher verbinden lässt. Engel sollen das Haus, in dem die Mutter Jesu aufwuchs, über einige Zwischenstationen ins italienische Loreto versetzt haben, das damit zu einem der bedeutendsten Pilgerorte der katholischen Welt wurde. Und weil sich das einfache Volk nicht eben mal eine Wallfahrt nach Loreto leisten konnte, wurden im Zeitalter der Gegenreformation überall in den katholischen Landen Loretokapellen gebaut, zu denen die Gläubigen dann stellvertretend pilgern konnten. Mancher mag hier auf ein Wunder gehofft haben. So berichtet die Schöllanger Chronik vom

Eröffnungsgottesdienst der neuen Kapelle am 1. Oktober 1658: „... Wunderzeichen geschehen mit einem todten Kind des Michael Bratt welches ohn Tauf gestorben ist, wieder lebendig worden, aber nach der Tauf wieder gestorben sein soll."

In der kleinsten und ältesten, der **Appachkapelle,** wurden Fresken aus dem 16. Jahrhundert freigelegt, die Heilige und Szenen aus der Heilsgeschichte darstellen. Die größte und eigentliche **Kapelle Maria Loretto,** ein barocker Zentralbau, besitzt einen prachtvollen Hochaltar des Füssener Bildhauers Anton Sturm (1690–1757). Engel präsentieren das Gnadenbild in Gestalt der in einen weiten Brokatumhang gekleideten Madonna, die wahrscheinlich noch aus der Zeit um 1500 stammt.

Museen und Ausstellungen

Das **Heimatmuseum** ist in einem alten Bauernhaus untergebracht. Es stellt in drei Dutzend Räumen die Alltagswelt vergangener Zeiten vor, von der Bauernstube über die Alpwirtschaft und verschiedene Werkstätten bis zu den Trachten und den mythischen Gestalten des Klaus und des wilden Mändle. Modelle zeigen eine Alpe und den mühsamen Heuzug, im Keller ist eine Dorfsennerei untergebracht. In einem anderen Raum lernt man das ausgestorbene Handwerk des Röhrmeisters kennen, der mit dem Deichelbohrer aus Baumstämmen Wasserrohre machte. Das ungewöhnlichste Exponat des Museums dürfte ein vom Hofschuhmachermeister Josef Schratt gefertigter Lederskischuh der Größe 480 ein – ein halbes Jahrhundert war dies der größte Schuh der Welt (aktuell hält die Firma Lowa den Rekord mit einem Wanderschuh der Größe 1071).

▪ Weihnachten bis Okt. Di–Sa 11–17 Uhr, an Regentagen auch So. Führung Di 16 Uhr. Eintritt 3 €. Oststr. 13, www.oberstdorf-heimatmuseum.de.

Die **Bergschau** vermittelt über mehrere Stationen auf spannende und aktive Art die Entwicklung von Flora und Fauna der Allgäuer Alpen sowie die Entstehungsgeschichte der Berge. Neben den vier Bergschau-Zentren im Tal und auf der Höh sind im Sommer auch Bergschau-Infopunkte zu besichtigen und Bergschau-Wege zu erwandern.

▪ Altes Rathaus am Marktplatz, Tägl. 14–18 Uhr. Eintritt 1 €. www.bergschau.com.

Der Adlerkönig

In der Abteilung Jagd des Oberstdorfer Heimatmuseums ist die Büste des Adlerkönigs Leo Dorn aus Hinterstein ausgestellt. Der hatte schon als Jugendlicher am Seil hängend den Adlern die Eier aus dem Nest geholt (wir kennen das von der Geierwally) und im Lauf seines Lebens 76 (vielleicht waren es auch 79) Steinadler zur Strecke gebracht. Den letzten soll er vom Misthaufen geschossen haben. Als Nebenerwerb verkaufte Dorn die begehrten Adlerfedern, sogar Kanzler Bismarck soll mit einer Dorn'schen Adlerfeder geschrieben haben. Nicht nur die Adler, auch die Wilderer verfolgte der Leibjäger des Prinzregenten ohne Pardon, wenn es sein musste bis nach Tirol. 41 Missetäter soll er dingfest gemacht haben, der Dorn Leo, und mancher Wildfrevler verlor bei der unausweichlichen Schießerei sein Leben. Ludwig Ganghofer hat dem auch auf Postkarten und Gemälden porträtierten Mannsbild mit der Kurzgeschichte „Adlerjagd" ein literarisches Denkmal gesetzt.

Oberallgäu → Karte S. 130

Kunst und Kultur erwartet die Besucher in der 1885 vom Brauereibesitzer Melchior Jauss erbauten **Villa Jauss.** Heute ist der an einen toskanischen Palazzo erinnernde Prachtbau im Fuggerpark Schauplatz von Konzerten und wechselnden Kunstausstellungen. In fünf Räumen werden Zeichnungen, Radierungen und Lithografien aus dem 20. Jahrhundert gezeigt, darunter Meisterwerke von Picasso, Dalí und Chagall.

▪ Offen zu den Sonderausstellungen. Fuggerpark 7, www.villa-jauss.de.

Wer Oberstdorf aus der Perspektive eines Skispringers sehen will, besucht die **Audi Arena** mit den beiden Schattenbergschanzen. Hier ist einer der Austragungsorte der legendären Vierschanzentournee. Ein putziger Schrägaufzug bringt interessierte Besucher zum Schanzentisch der Großschanze, immerhin schon 85 Meter über dem Erdboden, dann geht es mit dem Lift noch weiter zur Panoramaplattform auf dem Turm. Ein kleines Skimuseum erzählt die Geschichte des Wintersports und der Oberstdorfer Schanzen.

▪ Tägl. 10–18 Uhr, Führung 11 Uhr. Eintritt 6 €, mit Führung 10 €. www.audiarena.de.

Abenteuer Breitachklamm

Breitachklamm

Naturgewalt pur dank einem wild rauschenden Bach, der sich, eingezwängt von hohen Steilwänden, mit viel Getöse und sprühender Gischt durch Wassermulden, Strudellöcher und über Felsbänke talwärts stürzt. Entstanden ist die tiefste Felsschlucht der Alpen am Ende der letzten Eiszeit, als der Breitachgletscher abschmolz und sich die Breitach ihren Weg zur Iller bahnte. Auf Initiative des Pfarrers von Tiefenbach wurde 1905 mit viel Mühe und Sprengstoff ein Weg durch die Klamm geschaffen, dessen Geländer, Stege und Brücken der Bach bis heute alle paar Jahre bei außergewöhnlichem Hochwasser mit sich reißt und zertrümmert. Die übliche Tour durch die Schlucht (30 Minuten) beginnt unten beim Gasthof Breitachklamm (Tiefenstein), wo ein Besucherzentrum mit der Naturkunde der Klamm vertraut macht, und endet am Gasthof Walserschanze (Walsertal) – beide sind von Oberstdorf gut mit dem Bus zu erreichen. Als Rundweg (1 Std.) geht man über die Alpe Dornach wieder zurück.

▪ Sommer 9–18 Uhr, Winter 9–17 Uhr. Einlass bis 1 Std. vor Schließung. Eintritt 5 €. www.breitachklamm.com.

Stillachtal

Söllereck: Der von einer Kabinenbahn erschlossene Hang des Söllereck verspricht Spaß und Abenteuer besonders für Familien. Tarzanschwünge und Balanceakte im Hochseilgarten, rasante

Abfahrten im Coaster, Schatzsuche mit Geocaching, dazu Spielplätze samt Kletternetz und Matschecke, nicht zu vergessen die Einkehr, sei es im Gasthof Schönblick oder zur Vesper auf der Alpe Schrattenwang, wo man frühmorgens auch beim Käsen zuschauen kann. Ein gut vier Kilometer langer, auch mit Kinderwagen begehbarer Naturerlebnisweg geht über Feuchtwiesen und durch Bergwälder zum Gasthof Hochleite. Tafeln und kindgerechte Mitmachstationen am Wegrand vermitteln Wissen über die Geologie des Gebiets und seine Pflanzen- und Tierwelt. Von der Hochleite kann man in einer Stunde weiter zum Freibergsee und zur Skiflugschanze absteigen. Anspruchsvoller ist der Anderl-Heckmair-Weg, angelegt zum Gedenken an den Erstbesteiger der Eiger-Nordwand, der von der Bergstation zum Söllereckgipfel und auf dem Kammpfad hinüber zum Fellhorn führt (→ unten).

Heini-Klopfer-Skiflugschanze: Wie ein Pfeil ragt sie in den Himmel. Die Heini-Klopfer-Schanze, eine im 39-Grad-Winkel frei auskragende Spannbetonkonstruktion, ist die drittgrößte Skiflugschanze der Welt und sah bereits Weltmeisterschaften. Zweihundert Meter weite Skiflüge sind hier an der Tagesordnung – und bei Geschwindigkeiten von über hundert Stundenkilometern und der damit verbundenen Flut optischer Reize eine extrem hohe physische und psychische Belastung für die Athleten. Der Name erinnert an den Architekten und Skispringer Heini Klopfer, der 1949 den Vorgänger der heutigen Schanze baute. Zwei Aufzüge bringen die Besucher auf den Turm. Am Wochenende und in den bayerischen Schulferien dürfen sie auf dem Balken mit einer VR-Brille das Gefühl des Skifliegens am eigenen Körper erleben. Auf einem Erlebnisweg, gespickt mit spannenden Hintergrundinformationen zu Athleten, Trainern und zur Geschichte des Sports geht es dann vom Turm wieder abwärts an allen wichtigen Stationen eines Skisprungs vorbei.

▪ April bis Okt. tägl. 9.30–17.30 Uhr, Winter 9.30–16.30 Uhr. Führung Do 14 Uhr nach Anmeldung ✆ 08322/70052101. Berg- und Talfahrt mit Erlebnisweg 12 €. Birgsauer Str., www.skiflugschanze-oberstdorf.de.

Freibergsee: Es bietet sich an, den Besuch der Schanze mit einem Spaziergang zum Freibergsee zu verbinden. Im Sommer lädt ein Freibad mit Liegewiese, Spielplatz, Restaurant und Bootsverleih zum Verweilen ein.

Fellhorn: Das Fellhorn (2038 m) ist der Blumenberg der Allgäuer Alpen und besonders für seine Alpenrosen berühmt. Eine Kabinenbahn schwebt vom Stillachtal auf den Gipfel. Unten wie oben, dort ergänzt um Dioramen, stimmen in den Liftstationen Filme mit Kuhgeläut und Donnergrollen auf das Bergerlebnis ein. Nächste Wanderziele sind der auf bequemen Wegen (von der Mittelstation auch mit dem Kinderwagen) zu erreichende *Schlappoldsee* und die Alpe Schlappold. Auf Deutschlands höchstgelegener Sommerweide (1760 m) dürfen die Kühe noch ihre Hörner behalten, Schweine die beim Käsen anfallende Molke trinken und zutrauliche Ziegen sich bei den Passanten ihre Streicheleinheiten holen. Für Radler ist der durchgehend asphaltierte und etwa fünf Kilometer lange Aufstieg von Faistenoy im Stillachtal (860 m) zur Alpe eine große Herausforderung, für die man viel Kraft und Ausdauer braucht. Gut begehbare Wege verbinden das Fellhorn mit der Kanzelwand, von der eine Bergbahn nach Riezlern (Kleinwalsertal) hinabfährt. Im Winter ist das Fellhorn in Verbindung mit der Kanzelwand die wohl größte Skiarena des Allgäus. An der Mittelstation machen im Easypark die Kleinen große Sprünge. Gleich nebenan zeigen im Funslope die etwas älteren Boarder und Freestyler ihr Können.

▪ Schlappoldalpe Juli/Aug. Käsereibesichtigung. Treffpunkt Di/Do 9.10 Uhr Talstation Fellhornbahn. www.alpe-schlappold.de.

Oberallgäu → Karte S. 130

Die wilden Mändle

Da kann einem schon bange werden, wenn die wilden Männer aus dem Dunkel springen. Vierzehn unheimliche Gestalten von großem Wuchs, gekleidet in ein Häs aus Tannenbart, auf dem Kopf ein von Stechpalmenzweigen geflochtener Kranz. Doch keine Angst: Die wilden Mändle, wie sie in Oberstdorf heißen, zeigen sich nur alle fünf Jahre (demnächst 2020) im Rahmen einer Veranstaltung des Heimatvereins, und in den Kostümen stecken brave Burschen aus ehrbaren Familien.

Wilde Männer?

Heimatpfleger und Touristiker bewerben den Wilde-Mändle-Tanz als letztes Überbleibsel eines uralten heidnischen Brauchs, der einst im gesamten Alpenraum verbreitet gewesen sei (ob keltischen oder germanischen Ursprungs, ist umstritten). Zu Zeiten des „Tausendjährigen Reichs" wurde er als „ältester deutscher Kulttanz" zum nationalen Kulturgut erhoben, im König der wilden Männer wollte man nun Gott Thor erkennen.

Die Tourist-Information verweist auf die *Vita Columbani* aus der Feder des Jonas von Bobbio († 659), in der von einem Gelage wilder Männern die Rede sei, und führt ein Bild aus der Chronik des Jean Froissart († 1405) vom *Bal des Ardents* („Ball der Brennenden") an, als beim Polterabend einer Pariser Hofdame ein königlicher Streich danebenging und vier „wilde Männer" in ihren Kostümen elendig verbrannten (worauf der nur durchs beherzte Eingreifen seiner Tante gerettete König Karl VI. dem Wahnsinn verfiel).

Ursprünglich waren sie gefürchtete Dämonen, Stellvertreter für die wilde und unberechenbare Natur, und Waldmenschen, primitiv und mit rohen Kräften. Doch dann bekamen die alpinen Verwandten des Yeti (Himalaja) und des Eisenhans (Brüder Grimm) dank eines sich wandelnden Verhältnisses zur Natur im Zeitalter der Romantik auch positive Züge. Clemens Wenzeslaus, Fürstbischof von Augsburg und Kurfürst von Trier, war 1793 von einer Darbietung der „Comedy von den zwölf wilden Mannen" (Schöllanger Chronik) durch seine Oberstdorfer Untertanen sehr angetan. Für eine neuerliche Aufführung (1811) vor dem inzwischen pensionierten Fürstbischof komponierte ein Oberstdorfer Schullehrer das Wilde-Mändle-Lied für die damals aufkommenden Blasmusikkapellen. Damit waren die wilden Männer nun endgültig gezähmt und zur guten Unterhaltung geworden.

Einödsbach: Der Name sagt alles – von den drei Häusern in Deutschlands südlichster Siedlung ist nur der Gasthof noch ständig bewohnt. Schon an der Fellhornbahn ist für Autos Schluss und der Bus endet zwei Kilometer talab in *Birgsau*. Vom Gasthof steigt man über Petersalpe und *Enzianhütte* (www.enzianhuette-oberstdorf.de) in vier Stunden zur *Rappenseehütte* (www.rappenseehuette.de) auf, die ihrerseits Ausgangspunkt für den *Heilbronner Weg* ist, einen der ältesten und beliebtesten alpinen Höhensteige im Allgäu.

Trettachtal

→ Karte S. 335

Eine für den gewöhnlichen Autoverkehr gesperrte Straße führt von Oberstdorf südwärts ins Wandergebiet Trettachtal. Unterwegs passiert man den sagenumwobenen **Christlessee**, tiefgrün bis dunkelblau, im Sommer eiskalt, doch im Winter nie zugefroren. Des Rätsels Lösung sind die auf dem Seegrund sprudelnden Quellen, die ihn stets mit frischem Wasser speisen. Das Café-Restaurant Christlessee (www.christlessee.de, mit Ferienwohnungen und Streichelzoo) versorgt hungrige Gäste, dabei werden Gerichte mit Fleisch aus eigener Aufzucht serviert.

Sieben Kilometer nach Oberstdorf erreicht man den Weiler **Spielmannsau**, das bis 1844 noch zu Österreich gehörte. Spaziergänger besuchen hier die Wasserfälle im **Trautbachtobel**. Richtung Süden erblickt man die markante **Trettachspitze** (2595 m), sozusagen das Allgäuer Matterhorn. Der Fahrweg geht von Spielmannsau noch weiter zur **Alpe Oberau** (Vesper, Matratzenlager) und zur Materialseilbahn der **Kemptner Hütte** (www.kemptner-huette.de). Für Wanderer auf den Spuren des Europäischen Fernwanderwegs E 5 beginnt hier mit dem Saumweg über das **Mädelejoch** (1973 m) ins Lechtal die eigentliche Alpenüberquerung.

Die von Trettach, Oybach und Dietersbach eingerahmte **Höfatsgruppe** ist dank ihrem quarzreichen Hauptgestein Fleckenmergel ein botanisches Paradies, wie man es im Allgäu nur selten findet. Vor allem das Edelweiß gedeiht hier prächtig, wenn man es denn lässt. In der Vergangenheit wurde es systematisch abgeerntet und so beinahe ausgerottet, wobei mancher Edelweißdieb an den extrem steilen, grasbewachsenen Flanken zu Tode stürzte, bis schließlich die Bergwacht einen Zeltposten einrichtete, um das Edelweiß und auch die Räuber zu schützen. Die eigentliche Höfats (2259 m), neben dem Rauheck Hauptgipfel der Gruppe, taugt nur für erfahrene Kletterer. Allerdings lässt sich das Massiv auf einer Tagestour leicht umrunden (→ S. 334).

Etwas unterhalb vom Christlessee mündet der **Dietersbach** in die Trettach. Ein steiler Wanderweg folgt diesem Zufluss durch den **Hölltobel** mit seinen imposanten Wasserfällen hinauf nach **Gerstruben**. Das Dorf mit seinen aus massiven Holzbalken errichteten Bauernhäusern und der Kapelle wurde 1892 wegen eines geplanten Stausees verlassen, doch zum Glück wurde die Staumauer nie gebaut. Später kaufte ein Wormser Lederfabrikant das gesamte Dietersbachtal und machte es zu seinem Jagdrevier. Ständig bewohnt ist heute nur noch der Gasthof (Mittwoch Ruhetag). Mehr über Deutschlands einziges Walserdorf kann man im Gerstrubener Dorfmuseum erfahren, das leider nur selten geöffnet hat (im Sommer Do 13–16 Uhr).

Wanderung 7: Rund um die Höfats

→ S. 334

Abwechslungsreiche Bergwanderung (T 2) auf Pfaden und Wirtschaftswegen

Oberallgäu → Karte S. 130

Nebelhorn

→ Karte S. 335

Ob das Nebelhorn besonders viel von Nebelschwaden umwabert wird? Es bleibt ein bisschen rätselhaft, warum ausgerechnet dieser Berg Nebelhorn heißt. Zum wohl bekanntesten Berg des Allgäus wurde das Nebelhorn spätestens 1930, als hier die erste Luftseilbahn der Region in Betrieb ging und massenweise Ausflügler nach oben brachte, die im Edmund-Propst-Haus des Alpenvereins sogar übernachten konnten. Da die Luftlinie zwischen der Talstation und der Bergstation Höfatsblick beinahe fünf Kilometer misst, wurde die Fahrstrecke mit der Mittelstation Seealpe unterteilt. Dennoch mussten Stahlseile mit einer zuvor unerreichten Länge hergestellt werden. Der oberste Abschnitt, vom Höfatsblick zum Gipfel, wurde erst 1991 eingeweiht.

Skifahrer schätzen am höchsten Skigebiet des Allgäus die lange, bis unten mit Schneekanonen ausgestattete **Talabfahrt.** Für Schlittenfahrer gibt es ab der Station Seealpe eine **Rodelbahn** ins Tal. Im Sommer lädt an der Seealpe der **Naturerlebnispfad** „Uff d'r Alp" besonders Kinder dazu ein, auf unterhaltsame Art Wissenswertes über das Zusammenspiel von Mensch, Natur und Tier zu erfahren. Um den Gipfel wurde ein auch im Winter offen gehaltener **Panoramaweg** angelegt, der mit Kinderwagen und Rollstuhl befahren werden kann. Alpinisten lockt der **Hindelanger Klettersteig**, der vom Nebelhorngipfel über einen recht zerklüfteten und schmalen Felsgrat bis zum Großen Daumen führt. Dem mit Klettersteigset und Klettergurt ausgerüsteten Kletterer helfen Leitern und Sicherungsseile, doch manches luftige Gratstück muss auch ohne Sicherung begangen werden.

Basis-Infos

→ Karte S. 186/187

Information **Tourismus Oberstdorf.** Prinzregentenplatz 1, ✆ 08322/7000, Mo–Fr 9–17 Uhr, Sa 9–12 Uhr. Filiale am Bahnhof tägl. 10–17 Uhr. www.oberstdorf.de und www.oberstdorf-online.info.

Bergbahnen Alle Bahnen bieten Ermäßigungen für Studenten, Familien und Vielfahrer (GUT-Ticket, 4-Gipfel-Pass).

Fellhornbahn. Tägl. 9–16 Uhr (Sommer 8.30–16.30 Uhr), Berg- und Talfahrt 30 €. ok-bergbahnen.com.

Nebelhornbahn. Tägl. 9–16 Uhr (Sommer 8.30–16.30 Uhr), Berg- und Talfahrt 37 €. ok-bergbahnen.com.

Söllereckbahn. Tägl. 9–17 Uhr, Berg- und Talfahrt 16 €. www.familienberg-soellereck.de.

Einkaufen **Wochenmarkt.** Mai bis Okt. Sa 8–13 Uhr auf dem Marktplatz.

Schuhhaus Schratt 8 Hier soll er erfunden worden sein, der kultige Haferlschuh, inspiriert vom Huf der Gämse, gebaut für Jäger, Bergbauern und alle, die im Leben sicheren Tritt brauchen. Weststr. 12, Mo–Fr 9–19 Uhr, Sa 9–18 Uhr. www.schratt-1803.de.

Örgeli- und Harmonika-Werkstatt Tauscher 4 Der Instrumentenbauer Andreas Tauscher fertigt Schwyzerörgeli und andere Harmonikas für die Volksmusik. Termine nach Vereinbarung. Hochstiftstr. 11, ✆ 08322/9599608, www.harmonika-tauscher.de.

Feste/Veranstaltungen **Oberstdorfer Musiksommer.** Internationales Klassikfestival, im Juli/August an verschiedenen Spielorten im Allgäu. www.oberstdorfer-musiksommer.de.

Aktiv

Baden **Naturbad Freibergsee.** Mai bis Sept. tägl. 8–20 Uhr, Eintritt 5 €. Restaurant ganzjährig geöffnet. http://naturbad-freibergsee.de.

Moorbad Oberstdorf. Mit Kinderbecken und Kinderspiellandschaft, Gastronomie. Am Rauhen 3, Mai bis Sept. tägl. bei Badewetter 10–19 Uhr, Juli/Aug. 10–20 Uhr. Eintritt 3,50 €.

Einkaufen in Oberstdorf

Oberallgäu → Karte S. 130

Moorbad Reichenbach. Das urige, privat betriebene Moorbad im Oberstdorfer Ortsteil Reichenbach wird als Geheimtipp unter Ruhesuchenden gehandelt. Mai bis Sept. tägl. bei Badewetter 10–19 Uhr, Juli/Aug. 9.30–20 Uhr. Eintritt 3 €. Wer abends im Moorstüble isst, hat ab 17 Uhr freien Eintritt ins Bad. www.moorstueble.de.

Eissport **Eissportzentrum.** Eishalle mit Ganzjahresbetrieb. Tägl. 10.30–12 und 14.30–16.30 Uhr Publikumslauf (mit Schlittschuhverleih), im Winter Fr ab 17 Uhr Eisstockkegeln. www.eissportzentrum-oberstdorf.de.

Fahrradverleih/E-Bikes **E-Bike Verleih Allgäu.** Bahnhofsplatz 1, ✆ 08322/95290, April bis Okt. tägl. 9–13 und 14–18 Uhr. www.e-bike-allgaeu.de.

Zweirad Center Hasselberger. E-Bikes, Mountainbikes und Tourenräder. Bahnhofsplatz 1c, ✆ 08322/4467, Mo–Fr 9–12 und 14.30–18 Uhr, Sa 9–12 Uhr, www.zweirad center-oberstdorf.de.

Radsport Heckmair. Mountainbikes und Tourenräder. Nebelhornstr. 46, ✆ 08322/2210, Mo/Di/Do/Fr 9–12 und 14.30–18 Uhr, Mi/Sa 9–12 Uhr, www.heckmair.de.

Hochseilgarten **Kletterwald Söllereck.** Bergstation Söllereck, Mai bis Okt. tägl. 10–17 Uhr. 3 Std. inkl. Bahnfahrt 28 €. www.familien berg-soellereck.de.

Klettern **Klettergarten Klingenbichl.** Ein ehemaliger Steinbruch am Nordrand von Oberstdorf, Touren von einfach und kindergeeignet bis anspruchsvoll. Das Gelände gehört der Alpinschule Oberstdorf, darf von Einzelpersonen aber jederzeit genutzt werden. Am Burgbichl.

Klettergarten Jehlefelsen. Gut für Fortgeschrittene und Könner (Schwierigkeitsgrad VI bis XI). An der Kirche von Tiefenbach parken, den Wanderweg nach Wasach nehmen, die Kletterfelsen findet man dann links im Wald.

Alpinschule Oberstdorf. Kletterkurse (auch für Kinder und Jugendliche), geführte Wanderungen. Im Oberen Winkel 12a, ✆ 08322/940750, www.alpinschule-oberstdorf.de.

Oase Alpincenter. Bergsteiger- und Kletterkurse, Eisklettern, geführte Touren. Bahnhofplatz 5, ✆ 08322/8000980, www.oase-alpin.de.

Reiten **Reiterhof St. Georg.** Pferde, Ponys, Unterricht, Reiterferien. Lochwiesen 2, Tiefenbach, ✆ 0170/1868077, www.alpenreiterhof.de.

Ponyhof Boxler. Auch Zimmer und Ferienwohnungen. Am Dummelsmoos 37, ✆ 08322/96210, Mai bis Nov. Di–So 14–17 Uhr, Mai/Juni/Sept. auch Di Ruhetag. www.landhaus-boxler.de.

Ponyhof Schöllang. Mit Ferienwohnungen, Rubihornstr. 13, Schöllang, ✆ 08326/381987, www.ferienwohnungen-ponyhof.de.

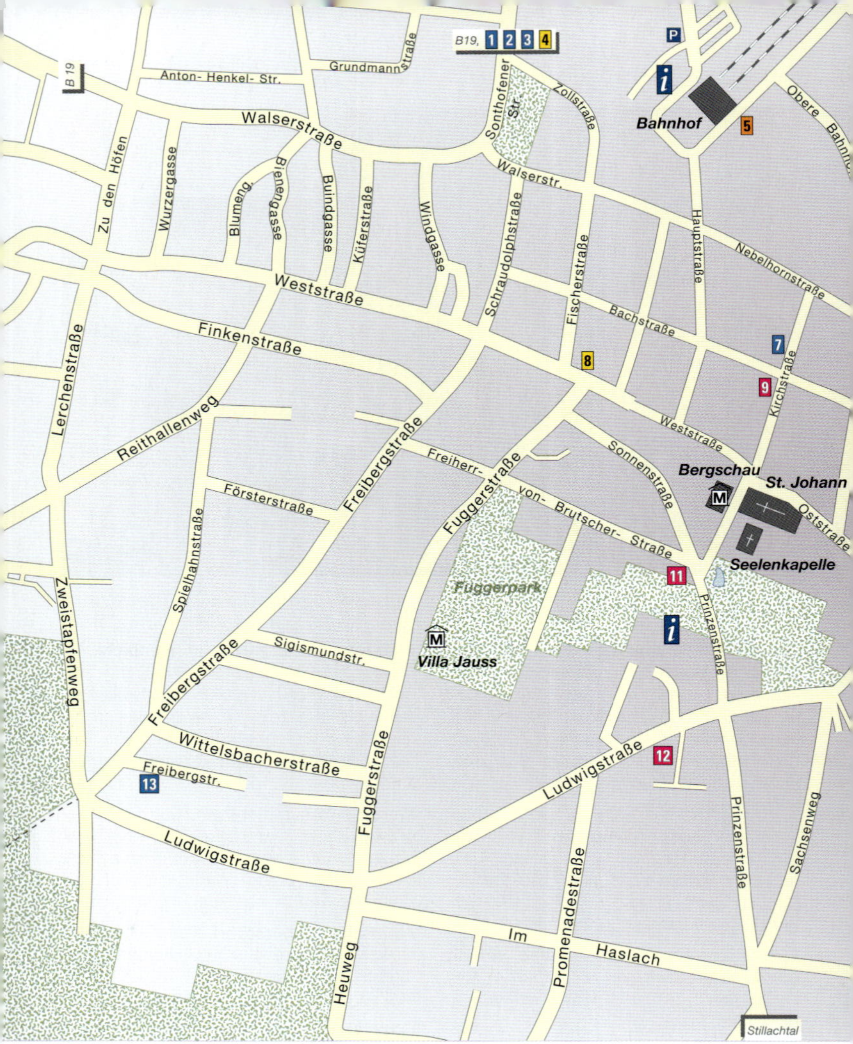

Rodeln **Allgäu Coaster.** Söllereck-Talstation, tägl. 10–18 Uhr, Winter bis 16.30 Uhr, im Nov. und nach Ostern Betriebsferien. Fahrt 5,50 €. www.ok-bergbahnen.com.

Naturrodelbahn Nebelhorn. Von der Station Seealpe (1280 m) bis an den Ortsrand von Oberstdorf, mit Verleih, Tageskarte Lift 35 €. www.ok-bergbahnen.com.

Übernachten

Hotels **Landhaus Freiberg** **13** Acht Zimmer, vier Sterne, edles Design und ein preisgekröntes Feinschmeckerrestaurant. DZ 180–320 €. Freibergstr. 21, ✆ 08322/96780, www.landhaus-freiberg.de.

Geldernhaus **14** Die liebevoll restaurierte Villa wurde 1911 als Feriensitz des Alfons Graf von Mirbach-Geldern-Egmont gebaut, der hier wie andere Adelige und Industrielle gern zur illustren Jagdgesellschaft des Prinzregenten Luit-

pold und des späteren Königs Ludwig III. von Bayern gehörte. Des Grafen Schwiegertochter wurde durch ihren Briefwechsel mit Rilke bekannt und das Haus gehört noch immer der gräflichen Familie. Die Gäste können den Wellnessbereich und die anderen Einrichtungen des benachbarten 5-Sterne-Parkhotels Frank genießen. 130–215 €. Lorettostr. 16, ✆ 08322/977570, www.geldernhaus.de.

Explorer Hotel **1** Trendiges Hotel mit Passivhausstandard für junge, sportliche Gäste. Lässiger Umgang, man duzt sich, auf der Explorer Wall in der Lobby kann man seine Urlaubserlebnisse posten. Snackbar, Spa, Skiraum, WLAN, iPad-Verleih. 2 km vom Bahnhof Oberstdorf, tagsüber Busverbindung. DZ 100–150 €. An der Breitach 3, ✆ 08322/940790, www.explorer-hotel.com.

Sonnenheim **6** Das familiengeführte Hotel liegt ruhig in einem Wohngebiet zwischen Bahnhof und Nebelhornbahn. Zimmer geräumig, die Einrichtung nicht mehr ganz neu, doch gepflegt, Balkon oder Terrasse, Sitzecke, Wasserkocher, Minibar. Sauna im Haus. Auch

Ferienwohnungen. DZ 100–130 €, Waltenbergstr. 6, ✆ 08322/809980, www.sonnenheim-oberstdorf.de.

Saschas Kachelofen **7** Zentral und doch ruhig gelegen, 19 Zimmer mit WLAN, Restaurant, viele Stammgäste. DZ 130–150 €. Kirchstr. 3, ✆ 08322/97750, www.saschas-kachelofen.de.

Ferienwohnungen Schittlerhaus. Sechs frisch renovierte, sehr saubere und mit Stil eingerichtete Ferienwohnungen. Balkon, gut ausgestattete Küche, Brötchenservice. Busverbindung nach Oberstdorf. Ferienwohnung für 2 Pers. 65–125 € zzgl. Endreinigung. Sonnenkopfweg 4, Schöllang, ✆ 08326/36090, www.schittlerhaus.de.

Heute Salat mit Geranien-Bouquet?

mein Tipp **Berghütte Enzianhütte.** Der etwas andere Hüttenzauber, nämlich mit Wellness (Sauna, Whirlpool, Massagen) und hervorragender Küche, die schon den Testessern vom „Feinschmecker" mundete. Juni bis Mitte Okt. Matratzenlager mit Frühstück 35 €, Bett 45 €, DZ 100 €. Die Hütte (1804 m) liegt zwei Gehstunden oberhalb von Einödsbach. ✆ 0170/7931655, www.enzianhuette-oberstdorf.de.

Jugendherberge JH Oberstdorf. Herrliche Lage mit Alpenrundblick auf Oberstdorfs Sonnenterrasse, umgeben von Wiesen und Weiden. 215 Betten, überwiegend Vierbett- und Sechsbettzimmer, WLAN, Garten, Kletterwand, Spielplatz, Verleih von Langlauf-Ausrüstung. 3 km vom Bahnhof. Bett mit Frühstück 30–35 €, DZ 70–90 €. Kornau 8, ✆ 08322/98755, www.oberstdorf.jugendherberge.de.

Camping Campingplatz Oberstdorf **2** Wiesenplatz zwischen Bahn und Straße. Mit WLAN (gegen Gebühr), Bewirtung und Kinderclub. Für Zelter eher geeignet als die Konkurrenz nebenan. 2 Pers. mit Stellplatz 30 €. Rubingerstr. 16, ✆ 08322/6625, www.camping-oberstdorf.de.

Rubi Camp **3** Große, mit Rasengittersteinen und Platten befestigte Parzellen mit Anschlüssen für Wasser, Kanal, Sat-TV und Strom. Für Caravans und Wohnmobile die beste Wahl. 2 Pers. mit Stellplatz 40 €. Rubingerstr. 34, ✆ 08322/959202, www.rubi-camp.de.

Essen & Trinken/Ausgehen

→ Karte S. 186/187

Essen & Trinken Maximilians Restaurant **13** Küchenchef Tobias Eisele und sein Team wurden für ihre kreativen Neuinterpretationen französischer Küchenklassiker und regionaler Gerichte mit einem Michelin-Stern belohnt. Hauptgericht bis 45 €, Menü 100 €. Di–Sa ab 18 Uhr. Reservierung empfohlen. Freibergstr. 21, ✆ 08322/96780, www.das-maximilians.de.

Königliches Jagdhaus **12** Zünftig und schmackhaft zubereitete Gerichte mit frischen und guten Produkten aus der Gegend, originelle Kombinationen (z. B. Ente mit Quittensoße). Im Sommer schöner Biergarten mit alten Bäumen. Hauptgericht bis 25 €. Menü 35/40 €. Fr–Di ab 12 Uhr, Do ab 17.30 Uhr, Ludwigstr. 13, ✆ 08322/987380, www.koeniglichses-jagdhaus.de.

Löwen Strauss **9** Peter A. Strauss, Mitglied bei Europas Eliteköchen, hat Löwen völlig umgekrempelt und ihm zu neuem Glanz verholfen. Mit der **Löwenwirtschaft** (tägl. ab 7.30 Uhr) entstand ein Designerwirtshaus, hell, modern, mit Oberstdorfs längstem Sofa und doch auch mit Kuhglocken und dem obligatorischen Stammtisch. Die Küche serviert alpenländische Klassiker (bis 35 €), abends manchmal mit weiß-blauer Gaudi musikalisch unterlegt. Gourmets genießen im **Ess Atelier** (Do–So ab 18 Uhr, ✆ 08322/800080) die Strauss'sche Kochkunst, die den zweiten Michelin-Stern nach Oberstdorf holte. Kirchstr. 1, www.oberstdorf-hotel.org.

Riegers **10** Oberstdorfs erstes LandZunge-Restaurant (→ S. 281). Mediterranes Ambiente mit Holz und Stein, überdachte Terrasse. Einheimische Fleischgerichte, Flammkuchen, Pasta. Hauptgericht bis 25 €. Di–Sa ab 17 Uhr. Rankgasse 7, ✆ 08322/3831, www.riegers-restaurant.de.

Laiter. Ausflugslokal mit schöner Terrasse. Rindfleisch und Forellen aus eigener Zucht. Spezialität ist die Hirschhaxe. Mi Kässpätzleabend. Hauptgericht bis 20 €. Warme Küche tägl. 11–15 Uhr. Laiter 5, im Stillachtal zwischen Skiflugschanze und Fellhornbahn, ✆ 08322/4860, www.laiter.de.

Spezerei **11** Die alte Apotheke ist eine Mischung aus Restaurant, Bar, Café und Ladenlokal, das Einrichtungsgegenstände und Lebensmittel verkauft. Frühstück, kleine Karte mit kalten Gerichten, leckere Kuchen. Mi–So ab 10 Uhr. Freiherr-von-Brutscher-Str. 1, www.spezerei-oberstdorf.de.

Ausgehen **Dampfbierbrauerei** 5 Hausbrauerei, bayerische Küche und zünftige Livemusik, Biergarten. Mi–So ab 11 Uhr. Bahnhofplatz 6–8, www.dampfbierbrauerei.de.

Die „Rechtler" von Oberstdorf

Wenn Bürgermeister Laurent Mies eine neue Straße bauen oder ein Gewerbegebiet ausweisen will, muss er oft nicht nur seinen Gemeinderat, sondern auch die „Rechtler" überzeugen. Dies sind die Nachkommen jener alteingesessenen Oberstdorfer Bauernfamilien, die in alter Zeit das Recht auf Nutzung der Allmende hatten, also von Wasser, Weide, Weg und Wald, aber auch die Pflicht zu deren Pflege. Mancherorts, zum Beispiel in Preußen, wurde solcher Gemeinbesitz per Gesetz abgeschafft, anderswo ging der Grund und Boden an die politische Gemeinde über, die remoRechte standen nun jedem Einwohner zu und irgendwann dann keinem mehr.

Doch die Oberstdorfer Rechtler waren störrisch. Über Jahrzehnte wehrten sie sich politisch und juristisch gegen den Verlust ihres althergebrachten Gemeinschaftsbesitzes und rangen 1951 der politischen Gemeinde Oberstdorf einen Vertrag ab: Die Marktgemeinde bekam 1200 Hektar Land überwiegend im Tal, die Rechtler wurden Eigentümer von 1700 Hektar Weide, Wald und Ödland, vorwiegend an den Berghängen. 1953 landete der „Verein der ehemaligen Rechtler der Ortsgemeinde Oberstdorf", wie er nun hieß, einen weiteren Coup und erwarb das Jagdrevier des verstorbenen Freiherrn von Heyl um Gerstruben und das Oytal. Heute sind die Rechtler mit etwa 5000 Hektar der größte Grundbesitzer auf Oberstdorfer Gemarkung. Geht es um eine neue Zufahrt zur Nebelhornbahn, einen neuen Auslauf für die Skiflugschanze, ein Wasserkraftwerk, stets mischen die Rechtler mit, weil ihnen das Land gehört. Und haben dabei mit ihrem wertkonservativen Geschäftsgebaren, das eher auf den Erhalt der Landschaft als auf das schnelle Geld setzt, Oberstdorf sicher schon manche Bausünde erspart. *(Mehr zum Thema unter www.rechtler.de)*

Oberallgäu → Karte S. 130

Sackgasse Kleinwalsertal: kein Weg nach Österreich

Kleinwalsertal

5000 Einw., 1088–1244 m ü. NN

Als drittgrößte Tourismusdestination Österreichs lockt das Kleinwalsertal jedes Jahr knapp dreihunderttausend Touristen an. Die meisten Gäste kommen im Winter zum Skifahren, eine Minderheit im Sommer zum Wandern und Bergwandern. Der für die Übernachtungsgäste kostenlose Walserbus verbindet das Tal mit dem Bahnhof Oberstdorf.

Zwischen den Saisonzeiten, wenn den Wanderern zu viel und den Skifahrern zu wenig Schnee liegt, kehrt im Kleinwalsertal die Ruhe ein. Während sich Tirol verstärkt um einen sanften, naturfreundlichen Tourismus bemüht, herrscht im Kleinwalsertal ein schroffes Nebeneinander vom „Hardcore-Tourismus" der Bergbahnbetreiber und den ruhigen Restgebieten, in denen sich vor allem mächtige Jagdherren der Erschließung widersetzen. Ob dieses Modell Zukunft hat? Immerhin verweigerten die Bürger der geplanten Panoramabahn zwischen dem Walmendinger Horn und dem Ifen ihre Zustimmung.

Das politisch zu Vorarlberg (Österreich) gehörende Kleinwalsertal wird auf drei Seiten von hohen Bergen eingekesselt und so von Österreich getrennt. Der einzige Straßenzugang besteht vom deutschen Oberstdorf. Deshalb ist das etwa 15 Kilometer lange Tal seit dem Zollvertrag von 1891 deutsches Wirtschaftsgebiet und konnte so zollfrei mit Deutschland handeln. Man zahlte mit D-Mark statt mit Schilling, und bis heute bemisst sich die Mehrwertsteuer auf die in Deutschland üblichen 19 Prozent anstatt auf die österreichischen 20 Prozent.

Der Name, die Mundart, die alten Bauernhäuser – sie erinnern noch immer an die ersten Siedler, die im 13. Jahrhundert über Zwischenstationen aus dem schweizerischen Wallis ins zuvor unbewohnte Tal kamen, von Zuhause vertrieben durch Leibeigenschaft und Hungersnot, in die Fremde gelockt von der Aussicht auf persönliche Freiheit und andere Privilegien. Als einzige Steuer verlangten die Herren des Kleinwalsertals, damals die Freiherren von Rettenberg, von den Siedlern einen Laib Käse pro Familie und Jahr. Der Grund, warum die Rettenberger, der Bischof von Chur, die Herren von Vaz und andere Adlige zwischen Rhein und Inn ausgerechnet die Walser ins Land holten, war, dass nur diese über das für die Bewirtschaftung der hoch gelegenen Bergregionen notwendige Wissen und die entsprechende Technik verfügten. Doch 1451 legten sich die freiheitsliebenden Bergbauern mit Erzherzog Sigismund von Tirol an, der gerade die Herrschaft Bregenz erworben hatte. Sie verloren – und ihre Täler, das Kleinwalsertal und das weiter südlich gelegene Große Walsertal, gehören seither zu Österreich.

Riezlern

Von Oberstdorf kommend erreicht man beim Gasthof Walserschanz österreichisches Gebiet. Hier gibt es einen Zugang zur Breitachklamm (→ S. 180). Dann passiert man den Weiler Unterwestegg mit der **Kapelle Maria Hilf,** die einen schönen spätgotischen Flügelaltar birgt.

Riezlern (1088 m), die größte Ortschaft im Tal, ist Standort eines Spielcasinos, an dem auch die katholische Kirche beteiligt ist. Es hatte seine besten Umsätze zu jener Zeit, als mancher Deutsche mit dem Koffer voller D-Mark kam, um von der Verschwiegenheit der österreichischen Banken zu profitieren. Im Gästeamt erhält man die Broschüre zum **Walser Kulturweg,** der insgesamt vierzig Gebäude, Brücken, Sühnekreuze und andere bedeutsame Kulturdenkmäler vorstellt. Der Weg ist in drei Etappen aufgeteilt, die jeweils an den Pfarrkirchen von Riezlern, Hirschegg und Mittelberg beginnen.

In Riezlern startet auch die **Kanzelwandbahn** hinauf zum grenzüberschreitenden Skizirkus mit der Fellhornbahn (→ S. 181). Von der Bergstation der Kanzelwandbahn führt der für Kinder konzipierte **Wassererlebnispfad Burmiwasser** mit allerlei Mitmachstationen hinüber zum Riezler Alpsee. Alternativ zum „Normalweg" führt auch ein kurzer, für Anfänger geeigneter **Klettersteig** auf den Kanzelwand-Gipfel, während Geübte am nahen Zwei-Länder-Klettersteig ihre Kräfte messen.

Hirschegg

Im Veranstaltungszentrum **Walserhaus** am Hirschegger Dorfplatz schildert ein **Skimuseum** mit alten Fotos, archaisch anmutenden Skiern, handgefertigten Skischuhen und dergleichen die Entwicklung des alpinen Skilaufs von den Anfängen bis zum Zweiten Weltkrieg. Im Walserhaus ist eine weitere Station der **Bergschau** eingerichtet, die auch in Oberstdorf und am Eingang zur Breitachklamm zu finden ist. Hier in Hirschegg geht es vor allem um die Geologie und die Steine der Allgäuer Alpen. Großpanoramen zeigen die Landschaft mit ihrer Tier- und Pflanzenwelt, eine steinzeitliche Feuerstelle vom Gottesackerplateau wurde rekonstruiert und durch ein Videomikroskop kann man funkelnde Kristallstrukturen entdecken. Wer die lange und ausgeprägte Trittsicherheit erfordernde Wandertour auf das **Gottesackerplateau** auf sich nimmt,

Oberallgäu → Karte S. 130

Wanderung 8: Vom Söllereck zur Kanzelwand → S. 336
Leichte Gratwanderung (T 2) auf gut ausgebauten Wegen mit Ausblick

Wanderung 9: Über den Gottesacker → S. 339

Bergwanderung für geübte Geher über schwierigen Karstgrund mit Spalten und Löchern (T 3)

wird zwischen Hirscheggs Hausberg, dem **Hohen Ifen** (2223 m), und den im Norden nahezu senkrecht abfallenden Gottesackerwänden mit dem Erlebnis einer bizarren, von Rissen und Dolinen zerfurchten Karstlandschaft belohnt, aus deren Schluchten im Frühsommer eine unerwartet farbige Blütenwelt sprießt.

■ Skimuseum und Bergschau Mo–Fr 9–18 Uhr, Sa/So 10–16 Uhr, Eintritt frei.

Mittelberg

In Mittelberg lohnt sich die Besichtigung der **Pfarrkirche St. Jodok.** Ein Stein an der Außenmauer des Chors trägt die Jahreszahl 1302 – ein erstaunlich frühes, wenn nicht das erste Beispiel für die Verwendung indisch-arabischer Ziffern an Gebäuden oder Gedenksteinen im Alpenraum. An der Spitze des Turms erkennt man auf historischen Verputzflächen das rot-weiß-rote österreichische Wappen, den Doppeladler und die Jahreszahlen 1371 und 1384. An der Nordwand des Innenraums finden wir einen Zyklus spätgotischer Wandfresken. Ein Taufstein (1495) trägt die Wappen seiner Stifter Erzherzog Sigismund und Gattin Katharina von Sachsen. 50 Meter nördlich der Kirche und gegenüber dem Hotel Alte Krone steht neben der Straße ein **Sühnekreuz.** Es soll als Buße von einem Mann gemeißelt und aufgerichtet worden sein, der im Streit seine drei Brüder erschlagen hatte. Ein weiteres, stark verwittertes Sühnekreuz steht am Parkplatz der Walmendingerhornbahn.

Mittelberg oder der am Ende des Tals gelegene Weiler **Baad** sind Ausgangspunkte für die Umrundung des **Großen Widdersteins** (2536 m). Auf diesen Wegen sind dereinst die ersten Walser ins Tal gekommen.

Praktische Infos

Information **Kleinwalsertal Tourismus.** Im Walserhaus, Hirschegg, ✆ 0043/5517/51140, Juni bis Sept. Mo–Fr 8–18 Uhr, Sa/So 8–13/15–18 Uhr, Okt. bis Mai reduziert. www.kleinwalsertal.com.

Verkehr Der **Walserbus** erschließt alle Ortschaften im Tal. Inhaber der Kleinwalsertaler Gästekarte fahren in Österreich gratis, auf deutschem Gebiet (ab Walserschanze) ermäßigt. Die Hauptlinie 1 folgt der Kleinwalsertalstraße von Oberstdorf bis zum Talschluss in Baad.

Alpinschule **Bergschule Kleinwalsertal.** Kletterkurse (auch für Kinder und Jugendliche), geführte Wanderungen, Tiefschneekurse und -touren. Walserstr. 262, Hirschegg, ✆ 0043/5517/30245, www.bergschule.at.

Ausgehen **Casino Kleinwalsertal.** Roulette, Black Jack, Poker, Automaten – hier spielt man mit Gottes Segen, denn zu den Eigentümern des Casinos gehört indirekt auch die katholische Kirche. Kleiderordnung beachten! Lebendspiel tägl. ab 15 Uhr. Walserstr. 31, Riezlern, www.casinos.at.

Baden **Freibad Kleinwalstertal.** Mit Wasserrutsche und Sprudelliegen, Walserstr. 82 (an der Kanzelwandbahn), Riezlern, Juni bis Aug. bei Badewetter tägl. 9–20 Uhr, Eintritt 7 €.

Bergbahnen **Kanzelwandbahn.** Riezlern, Berg- und Talfahrt 30 €. **Ifenbahn.** Hirschegg, Berg- und Talfahrt im Sommer (nur bis Ifenhütte, 1586 m) 20 €, im Winter (bis Hahnenköpfle 2143 m) 30 €. **Walmendingerhornbahn.** Mittelberg, Berg- und Talfahrt 27 €. www.ok-bergbahnen.com.

Einkaufen **Wochenmarkt.** Fr 9–12 Uhr beim Walserhaus in Hirschegg.

Walser Buura. Die Direktvermarktung der Walser Landwirte, außer in Hofläden und auf dem Markt auch in der Metzgerei Beck, Riezlern, Schwarzwassertalstr. 26 (Di Ruhetag). www.walserbuura.at.

IKuh. In einem umgebauten Stall trifft Bodenständiges auf Savoir vivre und Murmeltiersalbe auf Arganöl. Leidtobelweg 2a, Hirschegg, Mo–

Fr 10–12.30 und 14–18 Uhr, Sa 10–12.30 Uhr, www.ikuh.at.

Fahrradverleih/E-Bikes **Kessler Sport.** Walserstr. 73, Riezlern, ✆ 0043/5517/368540, www.sport-kessler.com.

Feste/Veranstaltungen Almabtrieb und Viehscheid in Riezlern immer Mitte September.

Reiten **Eberlehof.** Shetlandponys für Kinder, Mahdtalweg 8, Riezlern, ✆ 0043/5517/20073, www.eberlehof.com.

Feursteins Bergbauernhof. Geführte Ausritte zu Pferde. Höfle 2, Mittelberg, ✆ 0043/650/8224915, www.biohof-feurstein.at.

Wandern Unter dem Etikett **Walser Omgang** sind neun verschiedene Wege zusammengefasst, die einen regenerierend, die anderen aktivierend, wieder andere sollen zur inneren Balance verhelfen. Das hinter dem Programm stehende „Lebensfeuer-Konzept" des Triathleten und Trainers Sepp Neuhauser mag nicht jedermanns Sache sein, doch man kann die markierten Routen auch einfach wandernd genießen. Wegbeschreibungen und eine Infobroschüre gibt es bei der Touristinformation.

Der **Große Walserweg** (www.walserweg.com) führt auf den Spuren der Walser in etwa 30 Tagesetappen vom Kleinwalsertal durch Graubünden ins Wallis.

Hotels **Travelcharme Ifen Hotel.** Die Gestapo nutzte den markanten Rundbau auf einem Plateau am Fuß des Hohen Ifen als „Ehrengefängnis". Nach dem Krieg kamen Widerstandskämpfer und Prominente wie Heinz Rühmann und Bruno Kreisky. 2005 wurde das frühere Leithotel des Kleinwalsertals dann abgerissen. Ein Glück, dass beim Neubau das alte Ifen mit seinem schnörkellosen Stil zumindest äußerlich wieder auferstand. Lärchenholzböden und bodentiefe Fenster holen die Berglandschaft in die von Lorenzo Bellini gestalteten Zimmer, das Restaurant Kilian Stuba (vgl. unten) wird als Aufsteiger im Gourmethimmel gefeiert und das Spa sucht seinesgleichen im Tal. DZ ab 250 €. Oberseitestr. 6, Hirschegg, ✆ 0043/5517/6080, www.travelcharme.com.

Hotel Kasimir. Freundlich und gut geführt. Jedes Jahr im Herbst führt Familie Hämmerle Renovierungen und Modernisierungen an ihrem Gästehaus aus. Zimmer mit Teppichboden, Balkon, WLAN. Ferienwohnung 90–120 €, DZ 100–140 €. Walserstr. 28, Riezlern, ✆ 0043/5517/5206, www.hotel-kasimir.at.

Kleines Berghotel. Bikehotel mit einem fröhlichen Wirt, die Zimmer sind groß und sauber,

Die Dorfkirche von Hirschegg

mit WLAN, doch ein bisschen altmodisch möbliert. Sauna, Mountainbike-Touren und -Verleih. DZ 90–135 €. Westeggweg 6, Riezlern, ✆ 0043/5517/53380, www.das-kleine-berghotel.at.

Camping **Vorderboden.** Leicht geneigtes Wiesengelände mit Baumgruppen, zwischen Breitach und der nachts wenig befahrenen Straße. 2 Pers. mit Stellplatz 35 €. Ende Mai bis Anfang Okt. ✆ 0043/5517/6138, www.camping-vorderboden.de.

Essen & Trinken **Kilian Stuba.** Im Gourmetrestaurant des Ifen Hotels sitzt der Gast zu Pianoklängen zwischen Granit, Eichen- und Lärchenholz an elegant gedeckten Tischen, hat durchs Panoramafenster die Bergkulisse im Blick und speist regional geprägte Edelgerichte, für die der junge Küchenchef Sascha Kemmerer und sein Team schon mit zwei Hauben und einem Stern ausgezeichnet wurden. Hauptgericht bis 50 €, Menü 90/105/120 €. Di–Sa ab 18.30 Uhr. Reservierung ✆ 0043/5517/608540. Oberseitestr. 6, Hirschegg.

Walser Stuba. Rustikales Ambiente und regionale Küche mit Pfiff. Wirt Jeremias Riezler ist, wie früher schon sein Vater, im Vereinsvorstand der Direktvermarkter Walser Buura. Hauptgericht bis 35 €, Menü 65 €. Mi–So ab 18.30 Uhr. Eggstr. 2, Riezlern, ✆ 0043/5517/53460, www.walserstuba.at.

Oberallgäu → Karte S. 130

Westallgäu und bayerischer Bodensee

Für viele Urlauber ist das Westallgäu nur ein Durchgangsland auf dem Weg zu ihrem eigentlichen Reiseziel. Dabei hat die Region landschaftlich, kulturell und auch kulinarisch doch einiges zu bieten, was zum Verweilen einlädt.

Gerade mal 18 Kilometer misst Bayerns Zugang zum Meer. Platz genug für die Bayerische Riviera mit dem Inselstädtchen Lindau, dem Bayerns Könige einen stattlichen Hafen samt Leuchtturm und monumentalem Wappentier spendierten. → S. 246

Die auf einem Terrain sanfter Moränenhügel ausgebreitete Landschaft des Westallgäus leuchtet als Mosaik aus satten Wiesen, auf denen Kühe grasen und die im Mai der gelbe Löwenzahn überzieht, aufgelockert von dunkelgrünen Fichtenwäldchen, durch setzt von in Mulden eingebetteten Seen und geheimnisvollen Mooren, dazwischen immer wieder ordentlich geputzte Weiler und Gehöfte. Am Horizont glänzen die Alpen bis in den Sommer hinein schneebedeckt. Mitten durch die Region läuft die Grenze zwischen Württemberg und Bayern. Hier der Altkreis Wangen, heute zum Schmerz der Alteingesessenen mit dem Autokennzeichen RV zu einem Anhängsel des Kreises Ravensburg und damit von Oberschwaben degradiert; dort der Landkreis Lindau, von dem aus München doch ziemlich weit weg ist, während man mit dem angrenzenden österreichischen Bundesland Vorarlberg nicht nur sprachlich viele Gemeinsamkeiten hat.

Die kurze Fahrt hinunter ans Schwäbische Meer bringt uns in eine andere Welt. Es weht ein milderer Wind als im Allgäu, der Frühling kommt schneller und das Herbstlaub glänzt noch im goldenen Oktober, wenn das Allgäu schon sein schneeweißes Wintergewand anlegt. Wir tauchen ein in eine Landschaft mit mediterranem Charme. Genuss und Lebensart sind hier zu Hause und man trinkt statt Bier lieber den am See vorzüglich gedeihenden Wein. Aktivurlauber schnüren nicht die Wanderstiefel, sondern schwingen sich aufs Rad zur Seeumrundung.

Was anschauen?

Das württembergische Allgäu ist altes Fürstenland. Das vom Mittelalter bis heute mächtige und wohlhabende Haus Waldburg errichtete an die zehn **Burgen** und **Schlösser,** von denen beispielsweise die Waldburg (→ S. 216) oder das Neue Schloss Kißlegg (→ S. 206) besichtigt werden können.

Das Adelsgeschlecht ließ sich auch bei der Ausstattung von **Gotteshäusern** nicht lumpen: St. Gallus und Ulrich in Kißlegg (→ S. 206) und die Stiftskirche von Wolfegg (→ S. 208) sind hervorragende Beispiele barocker Sakralkunst. Weingarten (→ S. 215) prunkt mit einer der größten Barockkirchen Süddeutschlands.

Neben barockem Glanz und Gloria bietet die Region auch **Kunst des 20. Jahrhunderts.** So haben Sepp Mahler in Bad Wurzach (→ S. 198), Wolfgang von Websky in Wangen (→ S. 220), Rudolf Wachter in Kißlegg (→ S. 207) und Friedrich Hechelmann in Isny (→ S. 232) jeweils eigene Werkschauen. Das Kunstmuseum Ravensburg (→ S. 215) präsentiert in Wechselausstellungen moderne Kunst.

Wangen (→ S. 218), Leutkirch (→ S. 200) und Isny (→ S. 228), die drei **Städte** des Westallgäus, ebenso das oberschwäbische Ravensburg (→ S. 210) gefallen mit kopfsteingepflasterten Gassen, trutzigen Mauern und romantischen Türmen. Auf der Bodenseeinsel Lindau lassen Sie sich durch die Altstadt treiben und besuchen den Hafen mit Leuchtturm und dem bayerischen Löwen. → S. 246

Von den **Museen** der Region macht uns das Wolfegger Bauernhausmuseum (→ S. 208) mit dem Landleben und dem harten Los der Schwabenkinder vertraut. In Ravensburg führt das Museum Humpis-Quartier (→ S. 215) durch 1000 Jahre Ravensburger Kulturgeschichte. Lindenberg präsentiert sich im Hutmuseum (→ S. 238) als Stadt der Hüte. Bibliophile besichtigen mit Isnys Prädikantenbibliothek (→ S. 232) oder Lindaus Reichsstädtischer Bibliothek (→ S. 249) alte Büchersammlungen.

Was unternehmen?

Spuren der Eiszeit wie der Industrialisierung trifft man auf einer Fahrt mit der Torfbahn durchs **Wurzacher Ried** (→ S. 198). Das Moor ist auch das Brut- und Rastgebiet zahlreicher Vogelarten.

Naturwunder entstehen und vergehen jedes Jahr im Isnyer **Eistobel** (→ S. 233), der auch an heißen Sommertagen eine kühle Schluchtenwanderung mit Bademöglichkeit verheißt.

Eine abwechslungsreiche Wandertour, mal am schattigen Wildbach entlang, mal über offenes Gelände mit Alpenblick, führt durch **Hausbachklamm** und **Wildrosenmoos** (→ S. 243).

Im Scheidegger **Reptilienzoo** (→ S. 241) darf man unter Aufsicht Schlangen und anderes Getier sogar anfassen. Dem Himmel näher kommt man im gleichen Ort auf dem **Skywalk Allgäu** (→ S. 242).

Westallgäu und bayerischer Bodensee
5,5 km
Ochsenhausen
Ulm
B 312
A 7
Biberach
Hochdorf
Ingoldingen
L 283
B 465
Bad Schussenried
Steinhausen an der Rot
Rot an der Rot
Bellamont
Landsberg
Memmingen
Eberhardzell
Oberessendorf
Kempten
Ellwangen
Moos-hausen
Aulendorf
Haslach
Unterschwarzach
L 275
Dietmanns
Hauerz
Aitrach
Haisterkirch
L 314
Kardorf
Bad Waldsee
Baierz
Wurzacher Moor
Bad Wurzach
Wolpertswende
L 260
Iller
Seibranz
Reute
Lautrach
B 30
Schloss Zeil
A 96
Legau
Bergatreute
Eintürnen
Arnach
Diepoldshofen
Baienfurt
Wolfegg
L 265
Leutkirch i. A.
St 2009
Rötsee
Weingarten
Bauernhausmuseum
Ellmeney
Gebrazhofen
Ravensburg
Rötenbach
Vogt
Center Parcs
Kimratshofen
Frauenzell
Kißlegg
Urlau
L 325
Schmidsfelden
Waldburg
Karsee
Leupolz
Waltershofen
Merazhofen
Friesenhofen
L 324
St 2376
Grünkraut
Meggen
L 320
Rimpach
Eschachtal
Christazhofen
B 32
Ratzenried
Neutrauchburg
Eisenbach
Bodnegg
Schwarzer Grat 1118
Amtzell
Deuchelried
NSG Bodenmöser
Isny
Wangen i. A.
Eisenharz
Großholzleute
L 326
St 2055
Tannau
Eglofs
B 12
Alttrauchburg
L 333
Neukirch
Hergatz
Gestratz
Maierhöfen
Argen
Opfenbach
Eistobel
Weitnau
Heimenkirch
Röthenbach
Grünenbach
Sibratshofen
Friedrichshafen
Goßholz
Wilhams
Oberreitnau
Lindenberg im Allgäu
Weißensberg
Simmerberg
Stiefenhofen
Rehlings
Weiler
Missen
St 2006
B 308
B 31
Sigmarszell
St 2001
Scheidegg
St 2005
Immenstadt
Nonnenhorn
Wasserburg
Bad Schachen
Hörbranz
Oberstaufen
Scheffau
Lindau
Eichenberg
Steibis
Lochau
Bodensee
Bregenz
Aach
Imberg 1304
Pfänder 1062
L2
Sulzberg
Hochgrat 1834
Doren
Hoher Häderich 1565
Dornbirn
Feldkirch
Krumbach

Bad Wurzach

14.500 Einw., 654 m ü. NN

Die „Kleine Residenz am Ried" ist das älteste Moorheilbad im Allgäu und hat zudem auch eine Thermalquelle. Weitere Attraktionen sind eine Fahrt durchs Moor und die spätexpressionistischen Bilder des Malers Sepp Mahler.

Weltlicher Mittelpunkt des Kurstädtchens ist sein **Schloss** (www.schloss-badwurzach.de). Der barocke Dreiflügelbau wurde 1723–28 als Residenz für die Wurzacher Linie der Grafen Waldburg-Zeil erbaut und beherbergt heute ein Seniorenheim und das Salvatorkolleg, eine katholische Ordensschule. Besichtigen kann man tagsüber das wohl schönste Treppenhaus des oberschwäbischen Barocks: elegant geschwungen mit raffinierten optischen Täuschungen. Das Deckenfresko zeigt Motive aus der griechischen Mythologie, insbesondere aus dem Leben des Helden Herkules. Der frühere Schauplatz für höfische Feste dient nun als Kulisse für Konzerte und standesamtliche Trauungen. Den kirchlichen Segen mag man sich dann in der Schlosskapelle geben lassen. Sie ist bedeutend älter als das Schloss selbst und hat an der linken Wand mit dem „Wurzacher Kreuzweg" eine Bildfolge des sonst vor allem für seine Glasfenster bekannten Sakralkünstlers Ivo Schaible (1912–1990).

In der Obhut der Salvatorianerbrüder befindet sich auch der **Gottesberg** am Südrand der Stadt, vom dem man eine gute Aussicht auf die Alpen hat. Die von den Patres gehütete Barockkapelle zum Heiligen Kreuz (www.gottesberg.org) ist alljährlich am zweiten Freitag im Juli Schauplatz des Heilig-Blut-Fests und damit Ziel einer großen Reiterprozession. Anders als beim Blutritt im benachbarten Weingarten dürfen in Bad Wurzach auch Frauen mitreiten.

Verglichen mit dem Schloss strahlt die frühklassizistische **Stadtkirche St. Verena** (1775/77) eine wohltuende Ruhe aus. Innen viel Weiß und strenge Symmetrie, über allem ein 22 x 10 Meter messendes Deckenbild aus der Hand des Kressbronner Meisters Andreas Brugger (1737–1812). Das bedeutendste Kunstwerk, ein spätmittelalterlicher Gnadenstuhl (also eine Darstellung von Gottvater, Christus und Heiligem Geist), steht in einer gewöhnlich verschlossenen Kapelle auf der Westseite der Empore.

Rechts an der Westwand im Erdgeschoss der Kirche erinnert ein Marmorepitaph an Helena von Waldburg, geborene Hohenzollern (1462–1514), Mutter des Bauernjörg und Stifterin des **Klosters Maria Rosengarten.** Das 2007 aufgelassene Kloster gleich neben der Stadtkirche und mit sehenswerter Hauskapelle beherbergt nun die Tourist-Information, das Naturschutzzentrum und die multimediale **Erlebnisausstellung Moor Extrem.**

Am Kloster vorbei geht es zum Kurhaus, weiter zum Kurpark und schließlich zum **Wurzacher Ried,** einer abwechslungsreichen Landschaft mit Hochmoor, Niedermoor, Streuwiesen und Auwäldern. Entstanden ist sie Ende der letzten Eiszeit vor etwa 20.000 Jahren, als eine Moräne das Ablaufen des in das Wurzacher Becken fließenden Schmelzwassers verhinderte, sodass es sich dort staute. Mit zunehmender Erwärmung verlandete der so entstandene See, abgestorbene Pflanzenmassen lagerten sich ab und verrotteten unter Sauerstoffmangel zu Torf.

→ Karte S. 196

Der Fürst des Allgäus

Wer dereinst viel besaß, besitzt heut umso mehr. So zählt die Familie Waldburg-Zeil zu Deutschlands Superreichen und zieht auch lange nach Abschaffung der Adelsherrschaft im Allgäu noch immer viele Fäden. Eberhard von Tanne-Waldburg (1170–1234) gilt als der Ahnherr des Hauses, das mittels steter Treue zu Kaiser, Reich und katholischer Kirche im 14. Jahrhundert zum reichsunmittelbaren, also nur dem Kaiser untergeordneten Adel aufstieg. Kenner der Blaublüterszene rechnen die Waldburg-Zeiler zu den Edelsten der Edlen, dem hochfreien Uradel.

An der Spitze des Geschlechts steht heute Maria Erich Wunibald Aloysius Reichserbtruchsess und achter Fürst von Waldburg zu Zeil und Trauchburg, Mitglied im Malteserorden und darüber hinaus engagiert im Schutz von Denkmälern und Rotwild. Seine Durchlaucht, wie ihn hier alle nennen, besitzt Felder und Wälder, Seen und Berge, Wiesen und Schlösser, Rehakliniken und Kurzentren, Spielcasinos und einen Flugplatz. Vor allem aber herrscht er über die veröffentlichte Meinung der Region. „Wir möchten dabei sein, wo Meinung gemacht wird, und wir möchten nicht, dass sie ganz ohne uns gemacht wird", zitierte *Der Spiegel* seinen verstorbenen Vater Fürst Georg. Seine Durchlaucht ist Hauptgesellschafter der *Allgäuer Zeitung*, hält über das Medienhaus *Schwäbisch Media* Anteile an der *Schwäbischen Zeitung*, dem Regionalsender *Radio 7*, an Fernsehstationen und Internetportalen. Kein Wunder also, dass die Allgäuer auf ihren Fürsten nichts kommen lassen.

Am westlichen Rand des Rieds liegt der beschauliche **Riedsee,** an dessen Ufern eine Teilstrecke des **Torflehrpfads** entlangführt. Er ist insgesamt 1,5 Kilometer lang und erzählt auf zwölf Infotafeln die Geschichte des erst 1996 eingestellten Torfabbaus. Man kann ihn auch im Rahmen einer Führung des **Naturschutzzentrums** begehen, das als die das Ried betreuende zentrale Informationsstelle Ausgangspunkt für verschiedene Exkursionen in die Moorlandschaft ist und in seinen Räumlichkeiten Ausstellungen zur Welt der Moore zeigt. Noch mehr zum Thema Torf erfährt man in den Schuppen des ehemaligen Zeil'schen Torfwerks, wo nun das **Oberschwäbische Torfmuseum** eingerichtet ist. An den leider viel zu seltenen Öffnungstagen tuckert und ruckelt vom Museum aus auch eine **Torfbahn** durchs Moor, statt Torfziegel und Arbeiter transportiert sie nun Ausflügler.

Naturschutzzentrum Wurzacher Ried, Rosengarten 1, tägl. 10–18 Uhr, Nov. bis März bis 17 Uhr. Eintritt 4 €. www.wurzacher-ried.de.

Torfmuseum, Dr.-Harry-Wiegand-Str. 4/1, April bis Okt. jeden zweiten So und jeden vierten Sa im Monat, 13–17 Uhr. Museum mit Bahnfahrt 5 €. www.torfbahn.de.

Motive aus dem Ried begegnen uns auch immer wieder auf den Bildern des Wurzacher Malers und Dichters Sepp Mahler (1901–1975), dem im **Leprosenhaus** eine Dauerausstellung gewidmet ist. Die außerhalb der Stadt stehende einstige Quarantänestation sollte im Mittelalter und der frühen Neuzeit die an Lepra Erkrankten vom Rest der Bevölkerung isolieren. Der jetzige Bau mit seiner Barockkapelle stammt von 1696. Knapp hundert Jahre später wurde das Leprosorium aufgelöst, wo früher der Friedhof war, befindet sich heute ein duftender Kräutergarten. Das Haus selbst wurde von Torfstechern bezogen, zeitweise diente es als Lazarett. Sepp Mahler, dessen Eltern im Torfwerk arbeiteten, wurde hier geboren. Die Höhe hinter dem Haus sah am Karfreitag des Jahres 1525 die **Schlacht am Leprosenberg,** bei der im Rahmen des Bauernkriegs die fürstlichen Truppen unter Georg III. von Waldburg-Zeil, genannt Bauernjörg, die aufständischen Bauern schlugen und ihre Anführer hinrichteten. Ein Kreuz erinnert an die namenlos gebliebenen Toten.

■ Leprosenhaus, Ravensburger Str. 10, April bis Okt. So 14–17 Uhr, Führungen am dritten Samstag im Monat 15 Uhr. Eintritt frei. www.leprosenhaus.de.

Praktische Infos

Information Bad Wurzach Info. Rosengarten 1, ✆ 07564/302150, www.bad-wurzach.de. April bis Okt. Mo–Fr 9–12.30/13.30–17 Uhr, Sa 10–12.30 Uhr; Nov. bis März Mi nachmittags und Sa geschlossen. www.ferienregion-allgaeu.de.

Baden Vitalium. Thermalbad mit Sauna und Fitness-Studio, Mo–So 10–22 Uhr, Mo Damensauna. Tageskarte 17 €. Am Reischberg, Karl-Wilhelm-Heck-Str. 8, www.vitalium-therme.de.

Frei- und Hallenbad am Riedpark. Im Sommer Mo–Fr 13.30–19, Sa/So 11–19 Uhr, Mitte Sept. bis Mitte Mai Di/Mi/Fr 14–21, Sa/So 10–17 Uhr. Eintritt 4 €. Birkenweg 4, ✆ 07564/5571.

Einkaufen Käserei Vogler. Mit Vesperstube und Käsemuseum, Mo/Di 9–12/15–17.30 (im Sommer bis 19 Uhr), Mi 9–12, Do–So 9–17.30 (im Sommer bis 19 Uhr). Gospoldshofen, www.kaeserei-vogler.de.

Feste/Veranstaltungen Blutritt. Wallfahrt mit Reiterprozession am zweiten Freitag im Juli. www.gottesberg.org.

Führungen Käsereibesichtigung. April bis Okt. Do 14.30 Uhr, Käserei Vogler, Gospoldshofen, www.kaeserei-vogler.de.

Übernachten Adler. Der Gasthof liegt mitten in der Stadt beim Schloss. Eher kleine, doch saubere Zimmer mit Schreibtisch und WLAN, Garage, Restaurant. DZ 105 €. Schlossstr. 8, ✆ 07564/93030, www.hotel-adler-bad-wurzach.de.

Essen & Trinken Adler (siehe oben). Vom renommierten Restaurantführer Michelin mit einem Bib-Gourmand für sorgfältig zubereitete, preiswerte Mahlzeiten ausgezeichnet. Die Mitgliedschaft im Verband LandZunge (→ S. 291) garantiert, dass die Küche vor allem regionale Produkte verarbeitet. Hauptgericht bis 25 €, Menü 30 €. Mi–So ab 17 Uhr, So auch mittags geöffnet.

Naturwunder Wurzacher Ried

Leutkirch

22.000 Einw., 655 m ü. NN

Die streckenweise noch von einer Mauer eingefasste Altstadt hat Charme und alte Bausubstanz bewahrt, sie steht als Ensemble unter Denkmalschutz.

Der zuerst in einer Urkunde von 766 erwähnte Ort entstand durch das Zusammenwachsen zweier Dörfer mit der „Leutekirche" St. Martin als Mittelpunkt. Diese ist auch im Stadtwappen abgebildet. 1293 wurde Leutkirch zur Freien Reichstadt. Viel Platz hatte die Stadt aber nicht. Hier zwängt der Hausberg Wilhelmshöhe der Stadtmauer die Richtung auf, dort zieht die unberechenbare Eschach die Grenze. Quelle städtischen Wohlstands war wie im benachbarten Wangen die Leinwandweberei. 1546 schloss sich die Stadt der Reformation an. Bis zur kurzzeitigen Einverleibung durch Bayern (1802), die auch die Religionsfreiheit brachte, durften in Leutkirch höchstens 25 katholische Familien wohnen. Im Zuge der politischen Neuordnung Deutschlands durch Napoleon kam Leutkirch dann 1810 zum Königreich Württemberg. Das Oberamt, also der Landkreis Leutkirch, wurde 1938 aufgelöst und den Kreisen Wangen und Biberach zugeschlagen.

Der Bockturm wacht über Leutkirch

Eine blühende Zukunft erhoffen sich die Leutkircher vom neuen Freizeitpark auf dem Gelände der früheren Heeresmunitionsanstalt im Ortsteil Urlau. Gefördert durch einen satten Landeszuschuss schuf das Unternehmen *Center Parcs* knapp tausend Ferienbungalows rund um ein Erlebnisbad mit tropischen Gärten, Whirlpools und Saunen, dazu Restaurants und allen nur denkbaren Freizeitangeboten.

Die Altstadt

Herz der Stadt ist der **Gänsbühl,** ein sanft ansteigender Platz in der Mitte der von Nord nach Süd verlaufenden Marktstraße. Rund um den Gänselieselbrunnen gruppieren sich mit Rathaus, Schwäbischer Zeitung und Volksbank die politischen, medialen und wirtschaftlichen Lokalmächte. Über den Platz, ja die ganz Stadt wacht der Bockturm mit Ausguck, der Wohnung des Turmwächters und der früheren Arrestzelle für Ruhestörer und dergleichen Missetäter. Daneben residiert das Heimatmuseum im mächtigen, mit einem barocken Walmdach gedeckten Haus Bock.

Pilaster, Gesimse und stuckverzierte Fensterlaibungen zieren die Fassade des **Rathauses.** Über dem Balkon des spätbarocken Baus (1740) prangt das Stadtwappen. Im Schwörsaal legten die Räte und Bürger alljährlich vor der Schwurhand den Eid auf die Verfassung ab. Der Ratssaal prunkt mit einer Stuckdecke von Johannes Schütz (1704–1752), dessen Stuckaturen auch Schloss und Pfarrkirche von Wolfegg schmücken. Der zentrale Sinnspruch mahnt die Ratsherren, für Gerechtigkeit und Frieden einzutreten. Frauenfiguren in den Ecken verkörpern christliches Handeln, die in der Mitte symbolisieren die Tugenden Hoffnung, Glaube, Liebe und Geduld.

▪ Mo–Fr 8–12, Sa 9.30–11.30, Do auch 14–17.30 Uhr. Eintritt frei.

Das **Museum im Bock** ist der Geschichte der ehemals Freien Reichstadt und ihrer Menschen gewidmet. Voll eingerichtete Werkstätten von Käsern, Wagnern, Schuhmachern, und Schmieden geben uns Einblick in die Arbeit der Handwerker. Beim Seiler in der ehemaligen Folterkammer, früher zynisch Wahrsage genannt, darf man sich selbst einen Strick drehen. Das Weberzimmer erinnert an die Leinenweberei, im Kinderzimmer veranschaulichen Puppenstuben und -küchen den bürgerlichen Traum vom Wohnen im 19. Jahrhundert. Ein Schwerpunkt der Sammlung ist die Glasherstellung. Die Exponate, darunter wundervolle emailverzierte Trinkgläser, stammen aus den Glashütten des Berglands Adelegg, dem „dunklen Herzen des Allgäus" zwischen Leutkirch, Isny und Kempten.

▪ Gänsbühl 6. Mi 14–17 Uhr, So 13–17 Uhr. Eintritt 3 €.

Unter den Platanen im unteren Teil des Gänsbühls findet montags der Wochenmarkt statt. Das **Kornhaus** (1509) an der Stirnseite war der zentrale Umschlagplatz für den Getreidehandel, nur hier durften die Bauern ihr Korn ver-

Die Hirtin am Gänsbühl

kaufen und die Händler ihre Vorräte lagern. Heute sind im Kornhaus die Stadtbücherei und die Städtische Galerie zu Hause. Ein paar Schritte die Marktstraße hinauf residieren Tourist-Information und Volkshochschule im **Gotischen Haus.** Das mächtige Gebäude wurde 1377–79 über einem Steinsockel in Bohlenständerbauweise gebaut, die Konstruktion ist an der Rückseite noch deutlich nachzuvollziehen. Innen findet man Reste gotischer Stuben und eine Rauchküche.

Doch besuchen wir zuvor noch die **Pfarrkirche St. Martin.** Im Mittelalter war sie eine Reichspfarrei, über deren Pfarrer und Einkünfte allein der Kaiser verfügte. Der heutige Kirchenbau mit seinen Spitzbogenfenstern und Rippengewölben entstand 1519 als spätgotische Hallenkirche. Auch nach der Reformation in Leutkirch verblieb Sankt Martin den Katholiken. Die Protestanten nutzten zunächst die Spitalkirche, bevor sie sich 1613–15 mit der **Dreifaltigkeitskirche** ihr eigenes Gotteshaus bauten – eine Predigtsaalkirche, in der der Altar nicht mehr im Chor, sondern

Westallgäu und bayerischer Bodensee → Karte S. 196

nach protestantischem Verständnis inmitten der Gemeinde platziert ist. Ein Umbau im Stil der 1970er-Jahre, der unter anderem die Raumhöhe halbierte, hat der Kirche viel von ihrem Charme genommen. Vielleicht ist sie deswegen meistens verschlossen?

Schlösser, Parks und Gärten

Am Nordrand der Altstadt steht in der Bachstraße gegenüber dem Kino das **Stadtschloss,** ein mächtiges Bürgerhaus der 1553 nach Leutkirch gezogenen Kaufmannsfamilie Furttenbach. Joseph Furttenbach d. Ä. (1591–1667), ein Universalgelehrter und der bekannteste Sohn der Dynastie, schrieb mit *Newes Itinerarium Italiae* einen viel gelesenen Reisebericht über seine Lehrjahre in Italien – er traf dort auch Galileo Galilei – und wirkte später als Stadtbaumeister in Ulm. Hinter dem Stadtschloss wurde eine Grünanlage nach ihm benannt. Josef selbst plante nach seiner Rückkehr aus Italien für seinen Bruder Hieronymus den heute eher schlichten Barockgarten am **Schloss Hummelsberg,** dem heutigen Stift St. Anna. Der Zugang zum Garten mit seinem hübschen Teehaus erfolgt nicht über die Kemptener Straße, sondern über den Pulverturm an der Südostecke der Stadtmauer. Unterwegs durchquert man einen beliebten Abenteuerspielplatz.

Im Park von Schloss Zeil

Der Gang auf die **Wilhelmshöhe** lässt das Herz höher schlagen, liegt diese doch gut sechzig Meter über der Altstadt. Hinauf gelangt man entweder durch den Bockturm und an der Grundschule vorbei oder über den Hoherbergweg beim Pulverturm. Die nach König Wilhelm I. von Württemberg benannte Höhe mit ihren prächtigen Bäumen wurde im 19. Jahrhundert als Naherholungsgebiet entdeckt, hier feiern die Leutkircher ihre Feste.

Auf der **Vogelhalde,** dem Südhang der Wilhelmshöhe, führt ein aussichtsreicher Spazierweg am Waldrand entlang in Richtung Stadtweiher, vorbei an einem Kriegerdenkmal, nach dem sich zur rechten Seite hin eine trichterförmig abfallende Wiese öffnet. Diese **Thingstätte** wurde in der Nazizeit für Kundgebungen, Sonnwendfeiern und „Spiele zur Pflege der Volksgemeinschaft" geschaffen. Die Sitzränge hat man nach dem Krieg wieder entfernt. Auch das etwas erhöhte, mit Eichen und einer Hainbuchenhecke bepflanzte Rondell war Teil der Thingstätte.

Auf einer eiszeitlichen Endmoräne im Norden der Stadt thront **Schloss Zeil,** Wohnstatt derer von Waldburg-Zeil. Das Renaissanceschloss wurde nie durch Krieg, Belagerung oder andere Katastrophen demoliert. Höfe, Gartenanlagen, der Park und die Aussichtsterrasse mit ihrem herrlichen Alpenblick sind frei zugänglich, ebenso die Schlosskirche St. Maria, in deren Gruft die gräfliche Familie ihre Altvorderen zu bestatten pflegt. Der Bronzebrunnen im Ehrenhof gilt als Hauptwerk von Maximilian Rueß (1925–1990). Er zeigt unter dem von Maria gekrönten Lebensbaum Allegorien auf die vier Jahreszeiten und berühmte Familienmitglieder der Adelsdynastie: Wilhelm den Älteren, der als Erster mit dem Titel des

Reichserbtruchsessen geehrt wurde; seinen Sohn Kardinal Otto, Bischof von Augsburg und ein führender Kopf der Gegenreformation; Georg III., genannt Bauernjörg, Feldhauptmann gegen die Aufständischen im Bauernkrieg. Die den Brunnen umgebenden Tierskulpturen stehen für die Naturverbundenheit der Waldburger.

Center Parcs Allgäu

Das Feriendorf mitten im Grünen, der Größe nach eigentlich eine kleine Stadt, zielt nicht nur auf Übernachtungsgäste – auch Tagesbesucher sind willkommen. Im Mittelpunkt steht der *Spa & Country Club* mit Saunalandschaft, Solebecken und Massagen. Nicht nur Kinder und Jugendliche begeistert das Badeparadies *Aqua Mundo* mit Riesenrutschen, Wellenbad und Wasserspielplatz. Auch Tauchkurse werden hier angeboten. Der Kinderbauernhof lädt zum Ponyreiten ein, ein Hochseilgarten zum Balancieren.

▪ Allgäuallee 40, www.tagesausflugcenterparcs.de. An der L 318 5 km außerhalb Richtung Isny.

Schmidsfelden

Der Ort zählt zu den wenigen erhaltenen Glasmacherdörfern Deutschlands. Seit einigen Jahren glüht in der 1898 stillgelegten Glashütte wieder ein Ofen, Glasmacher Stefan Michaelis zeigt hier sein Können, in den Obergeschossen wurde ein Museum eingerichtet. Gegenüber, im früheren Magazin der Hütte, sind auf dem Dachboden über der Naturschutzausstellung noch ein paar Regale mit alten Glaswaren bestückt. Um das Hüttengebäude scharen sich die nach gründlicher Renovierung wieder bewohnten Arbeiterhäuser, im Oberdorf wartet die barocke Villa des Hüttenmeisters auf eine Sanierung. Schmidsfelden ist zudem eine Station am *Glasmacherweg*. Auf den Infotafeln des von hier noch zwölf Kilometer langen Themenwegs durchs Eschachtal und über den Schwarzen Grat nach Wengen kann man mehr über die Glasbläserei in der Adelegg erfahren. Leider ist die Route kein Rundweg, man muss also am Ende wieder zurücklaufen.

▪ Museum und Glashütte Ostern bis Mitte Nov. Di–Fr 10–12.30/14–17, Sa 14–17, So 10–17 Uhr. Eintritt 5,50 €, www.schmidsfelden.net. Schmidsfelden liegt an der L 319 etwa 13 km südöstlich von Leutkirch und ist von dort ohne nennenswerte Steigungen zu erreichen.

Eisenbach/Kreuzthal

Auch die Geschichte des „einsamsten Dorfes von Deutschland" wurde von der Glasmacherei bestimmt. Von Alt-Eisenbach, wo im Tal des Eisenbachs die alte Glashütte stand, ist heute nichts mehr übrig. Im heutigen Dorf, an der Mündung des Eisenbachs in die Eschach, findet man aber noch einige Spuren der Glasbläser. Am Standort der letzten Glashütte wurden gemauerte Stollen (Taschenlampe erforderlich!) und die Reste des Ofens erschlossen. Ein Arbeiterhaus steht noch. Und vor allem *Haus Tanne*, Verwaltungsgebäude der Glasfabrik und zugleich Jagdschlösschen der Grafen von Quadt. Nach Schließung der Glashütte florierte es als nobles Hotel, war dann Kinderheim, Sanatorium für Lungenkranke, Schullandheim und Aussiedlerunterkunft. Heute versucht es, als Tagungshaus an bessere Zeiten anzuknüpfen. Gern hätte man die Wandbilder im Festsaal gesehen, doch das Haus ist nur an Sommerwochenenden geöffnet. In der Remise befindet sich eine Porzellanpuppenwerkstatt mit Verkauf. Außerdem werden jährlich wechselnde Ausstellungen gezeigt.

Die Eschach trennt Baden-Württemberg und Bayern. Eisenbach, auf dem linken Ufer, gehört heute zu Isny, während Kreuzthal, auf der anderen Flussseite, ein Teilort der zwölf Kilometer entfernten Gemeinde Buchenbergs ist. Auf der bayerischen Seite stehen der Dorfgasthof Kreuz und die *Kirche St. Martin*, ein eigenwilliger Bau (1746)

Westallgäu und bayerischer Bodensee → Karte S. 196

mit sechseckigem Turm. Durch logenartige Fenster in der Längswand konnten die Standesherren die Messe verfolgen, ohne sich unters Volk mischen zu müssen.

■ Remise von Haus Tanne Mai bis Okt. Mi–So 11–16 Uhr. Eintritt 2–4 €. www.haustanne.de.

Praktische Infos

Information **Tourist-Information.** Marktstr. 32 (Gotisches Haus), ✆ 07561/87154, www.leutkirch.de. Mo–Fr 9–12.30/14–17 Uhr, im Sommer auch Sa 10–12 Uhr. www.ferienregion-allgaeu.de.

Ausgehen **Alcazar.** Party-Location am Ellerazhofer Weiher. Fr+Sa ab 21 Uhr. Campingweg 5, Ellerazhofen, ✆ 0171/4468367, www.alcazar-leutkirch.de.

Baden **Aqua Mondo.** Tropisches Erlebnisbad mit Wasserrutschen, Wellenbecken und allem Klimbim. Tägl. 11–21 Uhr. Tageskarte 35–40 €. Bus 7551 ab Leutkirch und Isny. Center Parcs, Allgäuallee 40 (ehem. Unteröschhöfe), Urlau, www.tagesausflugcenterparcs.de.

Auf dem gleichen Gelände auch das **Deep Nature Spa** mit Sauna, Welness und Spa-Anwendungen. Eintritt 20–30 €.

Freibad Stadtweiher. Im Sommer tägl. ab 8.30 Uhr. Eintritt 3,50 €. Kemptener Str. 65. Weitere Badeplätze sind das mit einem Campingplatz verbundene **Moorfreibad Hinterweiher** in Herlazhofen und der **Ellerazhofer Weiher**.

Einkaufen **Glasmanufaktur Michaelis.** Handgedrehte und mundgeblasene Einzelstücke, Originale und Kleinserien – die Gläser von Stefan Michaelis sind echte Unikate. Schmidsfelden, www.schmidsfelden.net.

Fahrradverleih **Radsport Geser.** Bahnhof 5, ✆ 07561/4246. Mittwochnachmittag geschlossen.

Fallschirmspringen **Skydive Nuggets.** Bietet Tandemsprünge und die Ausbildung zum Fallschirmspringer an. Am Flugplatz Leutkirch, www.skydive-nuggets.de.

Der Allgäuer Seelenpfarrer

Wer auf der Landstraße zwischen Leutkirch und Wangen unterwegs ist, sollte in Merazhofen haltmachen und auf dem Friedhof das Grab des Augustinus Hieber besuchen, der bis zu seinem Tod (1968) in der Gemeinde als Seelsorger wirkte. Sein Grab ist über und über mit Wunschzetteln, Danktäfelchen und Votivgaben geschmückt. Pfarrer Hieber galt schon zu Lebzeiten als Wunderheiler bei Krankheiten und Unfruchtbarkeit. Inzwischen hat sich ein regelrechter Kult um ihn entwickelt. Straßen werden nach Augustinus Hieber benannt und Denkmäler aufgestellt, seine Anhänger bitten und beten darum, die Amtskirche möge doch endlich das Verfahren zu seiner Seligsprechung eröffnen.

Auf der anderen Seite des Argentals hat der Geistliche, so glauben jedenfalls seine Fans, im Weiler Meggen ein klares Zeichen seiner Wunderkraft gesetzt: Mitten auf einer grünen Wiese erkennt man am Boden ein Kreuz, weil hier der Graswuchs etwas kümmerlicher gedeiht. Und Hieber habe dieses seit Sommer 1972 zu bestaunende Wunder prophezeit! Täglich kommen Pilger, um sich am Rasenkreuz inspirieren oder heilen zu lassen, und die Amtskirche hat schließlich bei aller Skepsis dem Bau eines Andachtsraums zugestimmt. Ob nun Wunder oder übler Betrug, kaum jemand glaubt jedenfalls, dass es bei diesem inzwischen von Gitterkäfig und Maschendrahtzaun gleich mehrfach geschützten Rasenkreuz mit rechten Dingen zugeht.

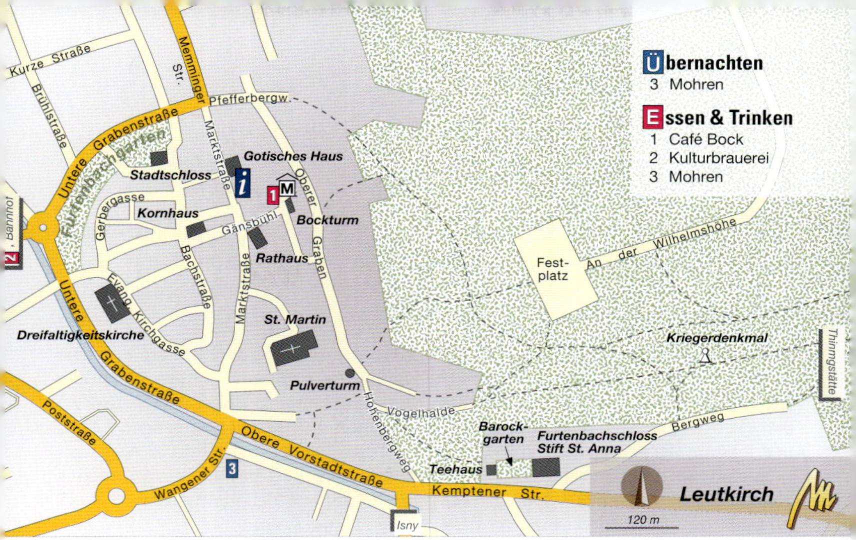

Feste/Veranstaltungen Historisches **Kinderfest,** im Juli, www.kinderfest-leutkirch.de. **Altstadt-Sommerfestival,** im August, mit Konzerten, Kinderprogramm und sportlichen Veranstaltungen, www.also-leutkirch.de.

Der **Kulturverein Larifari** organisiert regelmäßig Rock-, Pop-, Blues- und Jazzkonzerte, aber auch Kleinkunst-Events und Partys im Bocksaal hinter dem Rathaus. Gänsbühl 9, www.larifari-ev.de.

Kino **Centraltheater.** Das inzwischen von einem Verein betriebene Kino mit Empore und dem Charme der 1980er-Jahre zeigt Do–So unterhaltsame wie anspruchsvolle Filme. Bachstr. 10, www.kino-leutkirch.de.

Stadtführungen Neben den herkömmlichen Führungen empfiehlt sich die **Probierle-Tour,** eine kulinarische Führung durch das Leutkircher „Wirtschaftsleben". Termine im Internet.

Übernachten **Brauereigasthof Mohren** **3** Der älteste Gasthof der Stadt prunkt mit schön bemalter Fassade. Zehn Gästezimmer unterschiedlicher Größe, teils modern, teils rustikal eingerichtet. DZ 85 €. Wangener Str. 1, ✆ 07561/98570, www.haerle-brauereigasthof-mohren.de.

Camping **Moorfreibad.** Badeplatz, Restaurant, viele Dauercamper. Mitte April bis Mitte Okt., 2 Pers. mit Stellplatz 15 €. Herlazhofen, ✆ 07561/5513, www.campingmoorbad.de.

Essen & Trinken **Brauereigasthof Mohren** **3** Urige Gaststube mit währschafter Allgäuer Kost, z. B. Linsen mit Spätzle und Siedfleisch oder Zwiebelrostbraten. Der Gasthof ist Mitglied bei LandZunge (→ S. 291). Hauptgericht bis 20 €. Tägl. 9–14/17–22.30 Uhr, im Sommer durchgehend. Wangener Str. 1, ✆ 07561/98570, www.brauereigasthof mohren.de.

Café Bock **1** In einem historischen Gebäude am Hauptplatz der Stadt, puristisches Interieur in kontrastreichem Dunkelbraun-Weiß, Eichendielen, Außenterrasse. Üppiges Frühstück bis 12 Uhr, wechselnde Mittagsgerichte, knackige Salate, natürlich auch Kaffee und Kuchen. Mo/Di/Do/Fr/Sa 9–14/17–24 Uhr, So 9–18 Uhr. Am Gänsbühl 6, ✆ 07561/912402, www.cafebock.de.

Kulturbrauerei **2** Die Gaststätte in Isnys Bürgerbahnhof (eine Bürgerinitiative stemmte die Sanierung des von der Bahn aufgegebenen Hauses). Hell und freundlich eingerichtet, mit Eisenbahnambiente, Außenplätze am Bahnhofsplatz, bunt gemischtes Publikum, bayerische Küche, Hauptgericht bis 25 €. Tägl. ab 11 Uhr. Bahnhof 1, ✆ 07561/8489801, http://www.leutkircher-kulturbrauerei.de.

Rössle. Der Neubau hat den Charme der alten Bauernwirtschaft bewahrt. Ländliche Küche in LandZunge-Qualität (→ S. 291), große Auswahl an Allgäuer Bieren. Biergarten, Spielplatz, Bauerngarten, Hofladen. Hauptgericht bis 20 €. Mi–Sa 11–14/17–24 Uhr, So durchgehend. Haselburg (an der L 318 nach Isny). ✆ 07561/9834501, www.roessle-haselburg.de.

Kißlegg

8500 Einw., 700 m ü. NN

Der mit zwei Schlössern gesegnete Luftkurort Kißlegg liegt eingebettet in eine durch Rad- und Wanderwege gut erschlossene Seenlandschaft. Südlich des Orts lädt das Naturschutzgebiet Arrisrieder Moos zu Spaziergängen auf dem Hochmoorlehrpfad ein.

Liebhaber des oberschwäbischen Barocks besuchen die Kißlegger **Pfarrkirche Sankt Gallus und Ulrich.** Für den barocken Umbau zeichnete der Füssener Johann Georg Fischer verantwortlich, für die Innenausstattung engagierte man Johannes Schütz aus Wessobrunn. Aufmerksamkeit verdient die elegante Madonna mit Kind (zwischen Chor und linkem Seitenaltar) von Hans Zürn (1623). Am Westende des Deckenfreskos sehen wir die „Verwerfung der Irrlehrer", die vom Erzengel Michael samt ihren Schriften in den Abgrund gestoßen werden. Und dann sind da noch auf den Seitenaltären die „Heiligen Leiber", vornehm gekleidete und mit Juwelen geschmückte Kunstskelette, die man dereinst um einzelne Reliquienknochen herum baute – Frömmigkeit mit Gruselfaktor. Nur im Rahmen von Kirchenführungen (April bis Okt. Mi 15 Uhr) wird der Augsburger Silberschatz gezeigt, ein wertvolles Ensemble aus Heiligenfiguren.

Das **Alte Schloss** mit seinen Staffelgiebeln und den runden Ecktürmen wurde im 16. Jahrhundert unter dem damaligen Ortsherrn Hans Ulrich von Schellenberg errichtet. Heute wohnen hier seine Nachfolger, die Grafen von Waldburg-Wolffegg. Das dreigeschossige **Neue Schloss** dagegen, gebaut 1721–27 unter dem schon erwähnten Johann Georg Fischer, war Besitz der inzwischen ausgestorbenen Wurzacher

Kißlegg, Altes Schloss

Linie des Hauses Waldburg und gehört nun der Gemeinde Kißlegg, die dort eine Heimatstube und ein Museum mit Werken des Holzbildhauers **Rudolf Wachter** (1923–2011) unterhält, der mit Kettensäge und anderem Großgerät elegante Skulpturen schuf. Das Treppenhaus schmücken acht lebensgroße Sybillen aus Stuckmarmor von Joseph Anton Feuchtmayer, in der Schlosskapelle schafft das raffinierte Deckenfresko die Illusion einer Kuppel. Der Schlosspark im englischen Stil geht auf den letzten Schlossherrn, Fürst Eberhard II. von Waldburg-Zeil-Wurzach (1828–1903), zurück.

▪ Neues Schloss April bis Okt. Di/Do/Fr 14–17, So 13–17 Uhr (Heimatstube nur So geöffnet). Viele Räume sind nur mit Führung (Sa/So 15 Uhr) zugänglich. Eintritt 4 €. www.kisslegg.de.

Information **Gäste- und Bürgerbüro.** Neues Schloss, Schlossstraße 5, ✆ 07563/936142, www.kisslegg.de. Mo–Fr (nicht Mi nachmittag) 9–12.30/14–17 Uhr, Sa 10–12.30 Uhr, April bis Okt. auch So 13–17 Uhr. www.ferienregion-allgaeu.de.

Ausgehen **Zappa.** Cafébar mit Szene und Kultur, das Ambiente zwischen Lounge und Wohnzimmer. Di–Sa ab 19 Uhr. Herrenstr.17, www.zappa-cafe-bar.de.

Baden **Strandbad Obersee.** Baden im See oder im beheizten Becken. Schattiger Kleinkindermatschbereich, Beachvolleyball, Kiosk. Im Sommer tägl. ab 9 Uhr. Eintritt 3,50 €.

Übernachten/Essen & Trinken **Gasthof Ochsen.** Zentral im Ortskern, ein kleiner Innenhof mit Biergarten trennt das kürzlich sanierte Haupthaus vom Nebengebäude. Ansprechender Wellnessbereich mit Sauna, DZ 90–120 €, Herrenstr. 21, ✆ 07563/91090, www.ochsen-kisslegg.de.

Ferienhof Sontheim. Zwei Ferienwohnungen auf einem aktiven Bauernhof (Milchvieh, Kleintiere), schön gelegen am Argensee mit Liegewiese, Steg und Boot. Spielplatz, Fahrradverleih. FeWo ab 40 €/Tag. Argensee, ✆ 07563/676, www.sontheim-argensee.de.

Wolfegg

3500 Einw., 650 m ü. NN

Das Örtchen an der Oberschwäbischen Barockstraße trumpft mit seiner Stiftskirche und hochkarätigen Konzerten. Im Bauernhausmuseum verbringen Familien einen erlebnisreichen Tag.

Das über dem Dorf thronende **Renaissanceschloss** ist Stammsitz der Wolfegger Linie des Adelsgeschlechts Waldburg und kann nur ausnahmsweise besichtigt werden, etwa von den Gästen der Wolfegger Konzerte oder im Rahmen des Kinderferienprogramms der Gemeinde. Schade, zumindest den Rittersaal hätte man gern gesehen und hier die Ahnen Seiner Durchlaucht bewundert, die als 24 lebensgroße, aus Stuck und Holz gearbeitete Ritterfiguren den Raum bewachen. Nicht zugänglich ist auch die gräfliche Sammlung von Grafiken aus Spätmittelalter und Renaissance, die in den letzten Jahren durch spektakuläre Verkäufe kostbarer Einzelstücke ins Rampenlicht geriet. Dabei hatte doch ihr Begründer, der seinerzeit zugleich als Feldherr wie als Schöngeist berühmte Reichserbtruchsess Maximilian Willibald von Waldburg-Wolfegg (1604–1667), seinen Nachkommen auferlegt, die Sammlung ungeschmälert zusammenzuhalten.

Älter noch als das Schloss ist die **Alte Pfarr,** die heute als Veranstaltungsraum genutzte mittelalterliche Kirche. Mit der Gründung eines Stifts der Augustiner-Chorherren und dem Bau der Stiftskirche **Sankt Katharina** (1733–1736) geriet die Alte Pfarr ins Abseits. Sankt Katharina ist ein Spätwerk des Barockbaumeisters Johann Georg Fischer (1673–1747). Wie bei der Kißlegger Pfarrkirche arbeitete Fischer mit

Westallgäu und bayerischer Bodensee → Karte S. 196

dem Wessobrunner Stuckateur Johannes Schütz (1704–1752) zusammen. Die Vorlage für das imposante Deckenfresko lieferte der Wangener Franz Joseph Spiegler. Das Szenario mit gerüsteten Kriegern auf barocken Rössern, mit Kanonen und einem Feldlager thematisiert mit dem Zweikampf von Rovereto den Gründungsmythos des Stifts: Als im Venedigerkrieg 1487 die Söldnerheere von Sigismund von Tirol und die der Republik Venedig aufeinandertrafen, schienen sie etwa gleich stark, und so wollte keiner den Angriff wagen. Die Feldherren entschieden schließlich, die Sache mit einem ritterlichen Zweikampf auszutragen – ein bizarrer Rückgriff ins Mittelalter. Der junge Johann Graf von Waldburg-Sonnenberg, Schwiegervater des Bauernjörg, gewann das Ringen mit dem Beistand der heiligen Katharina und erfüllte später in Wolfegg sein Gelübde, nach einem Sieg der himmlischen Verbündeten ein Kloster zu stiften.

St. Katharina, Barockjuwel mit Schlachtszenen

Das in die Hügellandschaft am Wolfegger Ortsrand platzierte **Bauernhausmuseum** versammelt ein gutes Dutzend Bauernhäuser mit Nebengebäuden aus der Region. An ihren alten Standorten vom Verfall oder gar Abriss bedroht, wurden sie in sorgfältiger Handarbeit zerlegt, nach Wolfegg transportiert und hier wieder aufgebaut. Die originalgetreu wieder eingerichteten Stuben und Werkstätten lassen uns eintauchen in den Alltag der Menschen, die einst hier gelebt und gearbeitet haben. Dass das Bild vom Landleben nicht allzu romantisch gerät, dafür sorgt die multimedial aufbereitete Dauerausstellung vom Schicksal der „Schwabenkinder“: Sieben- bis Fünfzehnjährige aus den armen österreichischen Bergtälern, die bis ins 20. Jahrhundert im Spätwinter über die Alpen zogen, um dann, Sklaven gleich, auf den Kindermärkten von Kempten und Ravensburg als Saisonarbeitskräfte an die Bauern verkauft zu werden. Auf dem Rundgang durch das zehn Hektar große Gelände durchstreift man Streuobstwiesen und Bauerngärten, trifft auf Hühner, Schweine, Gänse und Kühe. An vielen Wochenenden bietet das Museum themenbezogene Veranstaltungen, sei es ein Käsemarkt oder das Schlachten und Metzgern einer Sau nach traditioneller Art. Ferienprogramme laden Kinder und Erwachsene zum Mitmachen bei verschiedenen Aktionen ein.

■ Mai bis Sept. tägl. 10–18 Uhr, April/Okt. Di–So 10–17 Uhr. Führung So 14 Uhr. Eintritt 6 €. www.bauernhausmuseum-wolfegg.de.

Ein ungewöhnlicher Akt passiven Widerstands gegen das NS-Regime macht die **Pfarrkirche St. Jakobus** im Wolfegger Ortsteil **Rötenbach** zur Sehenswürdigkeit: Von der Decke schaut

Hier wohnt das „Fürstliche Haus Waldburg-Wolfegg-Waldsee"

Adolf Hitler auf die Gläubigen herab. Das im Sommer 1944 vom Wangener Kirchenmaler August Braun gemalte Fresko zeigt den ewigen Kampf zwischen Gut (links) und Böse (rechts). Zuoberst bei den Bösen prosten sich gerade, vom Kreuz abgewandt, Bonzen im Frack und eine Dame im Abendkleid zu. Ein Teufel versucht einen der Kriegsgewinnler in den Abgrund zu zerren. Darunter ein mit Nickelbrille verfremdeter Hitler, daneben Churchill, ihnen den Rücken zuwendend liest ein Mann in einer hebräischen Zeitung. Davor zwei Proletarier als Repräsentanten des Kommunismus und eine Gruppe biblischer Gestalten, Judas, Pharisäer und der Hohepriester Kaiphas, der dafür sorgte, dass Jesus von den Römern gekreuzigt wurde. August Braun hat über den Rötenbacher Hitler nie ein öffentliches Wort verloren.

Information **Wolfegg-Information.** Rötenbacher Str. 13, ✆ 07527/960151, www.wolfegg.de. Mo–Do 9–12/14–16, Fr 9–12 Uhr; Juni bis Mitte Sept. auch Fr 14–17 Uhr. www.ferienregion-allgaeu.de.

Feste/Veranstaltungen Ende Juni oder Juli Klassikmusikfestival **Wolfegger Konzerte,** www.wolfegger-konzerte.de. Anfang Sept. **Internationale Festspiele,** ein Festspielwochenende im Rahmen der Ludwigsburger Schlossfestspiele, www.schlossfestspiele.de. Anfang Sept. **Museumsfest** im Bauernhausmuseum, www.bauernhausmuseum-wolfegg.de. Dez./Jan. Aufführungen des **Bauerntheaters Rötenbach,** www.roetenbach.de. Dez./Jan. **Wolfegger Wintermusik,** nämlich Kammermusik in der alten Kirche, www.wolfeggerwintermusik.de.

Übernachten **Landhotel Allgäuer Hof.** Ein neueres Hotel mit geräumigen und modern eingerichteten Zimmern. Freundliches Personal, üppiges Frühstücksbuffet, genügend Parkplätze. Gemütlicher Garten, kleines Hallenbad, Sauna und Wellness-Angebote. DZ 130 €. Waldseer Str. 36, Alttann, ✆ 07527/290, www.landhotel-allgaeuer-hof.de.

Hotel-Gasthof zur Post. Traditionsreiches altes Gebäude mitten im Dorf. Mit Naturholzmöbeln im Landhausstil ausgestattete Zimmer, teilweise mit Teppichböden, Internetzugang, Sat-TV. Einladender Biergarten, Spielplatz. DZ 90 €. Rötenbacher Str. 5, Wolfegg, ✆ 07527/96140, www.hotel-post-wolfegg.de.

Essen & Trinken **Museumsgaststätte Fischerhaus.** Museales Wirtshaus mit Biergarten, regionale Gerichte. Schön gelegen, aus der Küche könnte man jedoch mehr machen, und beim sonntäglichen Massenansturm wirkte das Personal stark überfordert. März–Nov. Di–So ab 11 Uhr. Fischergasse 29, ✆ 07527/9603790.

Blick von der Burg über die Stadt, im Vordergrund der Mehlsack

Ravensburg

50.000 Einw., 450 m ü. NN

Die in der Talmulde der Schussen mit dem Nachbarort Weingarten zusammengewachsene Kreisstadt punktet mit einem mittelalterlichen Stadtkern, interessanten Museen und vielfältigen Einkaufsmöglichkeiten.

Richtig, Ravensburg gehört nicht mehr zum Allgäu, sondern zu Oberschwaben. Lokalpatrioten mögen verzeihen, dass mit einem Blick über den Tellerrand ihre Stadt hier dennoch in einem Allgäubuch vorgestellt wird. Der Abstecher über die historischen Grenzen hinaus in die heimliche Hauptstadt des südlichen Oberschwaben lohnt sich nämlich. Wohl ein Dutzend Türme, Relikte der mächtigen Stadtbefestigung, prägen das Stadtbild. Nicht nur an Markttagen herrscht in den Gassen lebendige Geschäftigkeit.

Stadtgeschichte

Ravensburg entwickelte sich ab dem 12. Jahrhundert zunächst im Bereich der heutigen Marktstraße aus einer Siedlung von Dienstleuten und Händlern zu Füßen der Veitsburg, dem Stammsitz des Welfengeschlechts. Nach dem Tod seines einzigen Sohnes vermachte Welf VI. den Schussengau samt Ravensburg seinem Neffen, dem Staufer Friedrich Barbarossa. Nachdem dann im 13. Jahrhundert auch die Staufer ausstarben, wurde die Burg Reichsbesitz und die junge Stadt regierte sich fortan selbst. König Rudolf I. bestätigte 1276 die Privilegien einer Freien Reichsstadt.

Weltgeltung erlangte Ravensburg durch die **Große Ravensburger Handelsgesellschaft** (1380–1530), deren Niederlassungen von Krakau bis Ibiza, von Dubrovnik bis Brügge reichten. Ausgangspunkt für die wirtschaftliche Entwicklung war das exportorientierte Papier- und Leinwandgewerbe. Vor der Stadt entstanden sieben Papiermühlen, deren Erzeugnisse in ganz Mitteleuropa verkauft wurden. Aus dem 14. und 15. Jahrhundert stammen auch die meisten markanten Gebäude, die noch heute das Stadtbild von Ravensburg prägen. Ab dem Ende des 15. Jahrhunderts geriet die Ravensburger Handelsgesellschaft jedoch gegenüber der Konkurrenz der Fugger und Welser ins Hintertreffen. Zu lange hielt sie am etablierten Warenhandel fest, scheute die neuartigen Bankgeschäfte und beteiligte sich nicht an den riskanten, doch gewinnträchtigen Indien- und Amerikafahrten.

Bei der Reformation entschied sich Ravensburg für die konfessionelle Parität und gehörte damit zu den wenigen Städten im Reich, in denen Katholiken und Protestanten gleichberechtigt waren. Die mit der Verlagerung der Handelsrouten und durch den Dreißigjährigen Krieg geschwächte Stadt verlor dann mit dem Reichsdeputationshauptschluss ihre Freiheiten als Reichsstadt und fiel nach kurzem bayerischem Zwischenspiel 1810 an das Königreich Württemberg.

Wirtschaftliche Erholung brachte erst die im 19. Jahrhundert einsetzende Industrialisierung. Dabei konnte die neu entstehende Maschinenbau- und Textilindustrie an Tradition und Knowhow der noch immer aktiven Papiermühlen anknüpfen. Ein dunkles Kapitel war der alljährliche Kindermarkt, auf dem die Bauern ihre „Schwabenkinder" einkauften (→ S. 208). Zum Glück blieb Ravensburg von den Bomben des Zweiten Weltkriegs weitgehend verschont und konnte so sein mittelalterlich geprägtes Stadtbild bewahren.

Unterstadt

Die Eisenbahnstraße führt vom Bahnhof schnurstracks in die Altstadt. Nach Überqueren der viel befahrene Karlstraße passiert man eine schmale Grünanlage, die den Verlauf des früheren Stadtgrabens und der anschließenden Stadtmauer markiert. Erster Blickfang der Unterstadt ist der **Altshauser Hof,** einst Niederlassung der Deutschordensritter in Ravensburg. Sie erhielt ihr barockes Gesicht um 1730 durch Johann Caspar Bagnato, der wie später auch sein Sohn (→ S. 221) für den Orden und andere Auftraggeber rund um den Bodensee zahlreiche Bauwerke entwarf und auch für den barocken Umbau der Veitsburg verantwortlich war.

Etwa um die gleiche Zeit entstand auch das hübsche **Pfarrhaus** von **St. Jodok.** Das Gotteshaus selbst, eine dreischiffige Basilika aus unverputztem Bruchstein, wurde 1385 als Pfarrkirche für die Unterstadt gebaut. Innen findet man links und rechts des Chorbogens schöne Sandsteinkonsolen mit Engelsbüsten, ein spätgotisches Chorgestühl und im Chorraum das bei einer Renovierung freigelegte Fresko des *Feiertagschristus*, ein volkstümliches Bildmotiv in Gestalt des von allerlei Werkzeugen umgebenen Schmerzensmannes, das die Betrachter daran erinnern soll, am Tag des Herrn die Arbeit ruhen zu lassen. Vor der Kirche gedenkt eine Stele der in Auschwitz ermordeten Roma und Sinti aus der Pfarrgemeinde St. Jodok.

Am Frauentor

An einem Brunnen erreichen wir den Marienplatz, die repräsentative Nord-Süd-Achse der Altstadt. Offiziell heißt die Brunnenplastik mit dreibeinigen Stahlfiguren zwischen einbeinigen, fünf Meter hohen Wasserspeiern *Caide*, aus dem Portugiesischen übersetzt Wasserfall, doch der Volksmund nennt das Kunstwerk nach seinem Schöpfer Robert Schad hintersinnig **Schadbrunnen.** Das einst heftig umstrittene Kunstwerk war ursprünglich als offener Wassertisch geplant und sollte zwischen Rathaus und Lederhaus stehen.

Westallgäu und bayerischer Bodensee → Karte S. 196

Grüner Turm mit Unterer Mang (links)

Nach links, also Richtung Norden, endet die Sichtachse an einem Eckpunkt der Stadtmauer, dem **Grünen Turm,** so benannt nach seinen grün glasierten Ziegeln. Im Stadtmuseum kann man aus der Nähe den Abschlussziegel eines Turmgrats betrachten, dessen Stirnseite mit einem männlichen Kopf plastisch gestaltet ist. Dieser symbolisiert mit Bart und Hut einen Juden. Die Gasse links vom Turm war bis zur Vertreibung 1430 das Judenviertel der Stadt, und die *Judenziegel* am Turm sollten, vergleichbar den dämonischen Wasserspeiern mancher mittelalterlicher Kirchen, das aus der Judengasse aufsteigende Übel abwehren.

In der **Unteren Mang,** dem Fachwerkhaus gegenüber dem Turm, glättete („mangelte") und färbte man dereinst Leinwände. Geschützt vom weit vorkragenden Dach sind auf der Giebelseite noch die Holzgestelle zum Trocknen der Stoffbahnen erhalten. Die direkt mit dem Grünen Turm und auf der Rückseite mit der Stadtmauer verbundene **Bauhütte** wurde in reichstädtischer Zeit vom städtischen Bauhof, der Bauverwaltung und vom Eichamt genutzt, das in der Stadt verwendete Gewichte und Maße überwachte. Am Südende schließt sich das **Frauentor** mit seinen vier prägnanten Staffelgiebeln an.

Das Tor hat seinen Namen von der im 14. Jahrhundert anstelle eines Vorgängers erbauten **Liebfrauenkirche.** Nur noch als Kopie (das Original befindet sich im Bode-Museum Berlin) steht in der Kirche die berühmte *Ravensburger Schutzmantelmadonna*, ein spätgotisches Werk des Ulmer Holzschnitzers Michael Erhart. Der Überlieferung nach rettete die Madonna Ravensburg in der Endphase des Zweiten Weltkriegs vor einem Luftangriff, indem sie dem anfliegenden Bomberpiloten erschien, der sich daraufhin ein anderes Ziel suchte. Aus Dankbarkeit nannten die Ravensburger dann nach dem Krieg ihre vom Holzmarkt über den Rathausplatz bis zum Viehmarkt reichende Stadtmitte in Marienplatz um.

Am Blaserturm

Am **Weingartner Hof,** einst gebaut als Amtshaus des Klosters Weingarten und heute Sitz der Tourist-Information und städtischer Ämter, biegen wir in die Kirchgasse, die uns wieder auf die Mitte des Marienplatzes bringt. Ähnlich wie in Isny (→ S. 224) erhebt sich hier der stolze 51 m hohe **Blaserturm** im Renaissancestil, auf dem ein Turmwächter über die Stadt wachte und die Bürger mit seiner Trompete vor Feuer und Feind warnte und sie zudem regelmäßig um 4 Uhr morgens weckte, ihnen auch Mittagsstunde und Nachtruhe signalisierte. An diese Tradition erinnert das Turmbläser-Quintett des Stadtorchesters. An den Turm angebaut ist das **Waaghaus,** in dem sich früher die Stadtwaage und die städtische Münze befanden. In der Kaufhalle der Leinwandhändler im Obergeschoss prüfte der städtische Leinwandschauer die Qualität und Menge der auf den Markt gebrachten Leinwand. Nach dem Niedergang des Textilhandels diente der Raum als *Schwörsaal*, in dem die städtischen Amtsträger ihren Eid ablegten und die Bürgerschaft ihnen Gehorsam schwor.

Blaserturm: Ostern bis Ende Sept. tägl. 11–16 Uhr, 3 €. Turmblasen Mai bis Okt. am ersten Sonntag im Monat 11 Uhr.

Gegenüber dem Waaghaus steht das 1574 im Renaissancestil erneuerte **Lederhaus,** in dem Gerber, Sattler, Gürtler, Schuhmacher und Kürschner ihre Waren feilboten. Die Grisaillemalereien an der Fassade täuschen mit ihren variierenden Grautönen räumliche Tiefe vor. Einige Elemente, etwa die Wappen im Giebelfeld, wurden bei einer Renovierung um die Jahrhundertwende eingefügt. Werfen wir noch einen kurzen Blick in die zum Untertor führende **Bachgasse**, eine beliebte Einkaufsmeile. Gleich hinter dem Lederhaus stiftete der mit seinen Papiermühlen reich gewordene Patrizier Frik Holbein 1408 ein **Seelhaus** als Herberge für die Jakobspilger. Wer hier Aufnahme fand, sollte zum Dank für das Seelenheil des Stifters beten.

Täuschend echt: gemalte Illusionen am Lederhaus

Rathaus und Kornhaus

Zurück zum Marienplatz. Das spätgotische **Rathaus** mit seinem Staffelgiebel und der charakteristischen Fensterreihe im Obergeschoss hatte zu ebener Erde ursprünglich eine offene Arkadenhalle mit Verkaufsständen. Am Eingang finden wir die Ravensburger Elle, exakt 61,59 cm lang, als Norm für die in der Reichsstadt benutzten Maßstäbe. Ein Renaissance-Erker schmückt die dem Waaghaus zugewandte Fassade, hier verkündete das Stadtgericht seine Todesurteile. Die Glocke im „Kupferle", dem Türmchen auf dem Dach, rief die Ratsherren zur Sitzung. Die beiden spätgotischen Ratssäle können nur im Rahmen von Stadtführungen besichtigt werden.

Nach Süden hin schließt sich das **Kornhaus** an, in dem bis ins 20. Jahrhundert Getreide gehandelt und gelagert wurde. Heute ist hier die Stadtbücherei zu Hause. Gegenüber lohnt sich ein Blick in die evangelische **Stadtkirche,** 1349 geweiht als Klosterkirche der Karmeliter und ausgestattet mit alten Glasfenstern und den Grabplatten der reichen Patrizier. Auf der Nordseite des Chors erreicht man über eine kleine Treppe die Kapelle der Ravensburger Handelsgesellschaft von 1452.

Marktstraße

Die zwischen Waaghaus und Rathaus beginnende Marktstraße führt uns durch die Oberstadt, den ältesten Teil von Ravensburg. Vornehme Bürgerhäuser säumen die Straße, wie eh und je bieten Händler und Bauern aus der Umgebung immer samstags den Städtern Obst, Gemüse und Blumen an. Metzger und Bäcker haben sich in der **Brotlaube** platziert. Im Saal über den Arkaden war lange ein Theater zu Hause, heute unterhält im Gewölbekeller der Brotlaube ein Figurentheater Kinder und Erwachsene.

Um die Ecke vom Museum Ravensburger sehen wir am Knick der Burgstraße die Obere Mang (→ S. 212) mit der Gaststätte **Räuberhöhle –** Ravensburgs Kultkneipe, dereinst Treffpunkt der links-alternativen Szene Oberschwabens. Die Marktstraße endet am **Obertor,** erbaut im 15. Jahrhundert am Ort seines Vorgängers. Aus dem Erker auf der Außenseite konnte man Feinde mit Pech und Schwefel begießen. Das Armsünderglöcklein im Giebel wurde bei Hinrichtungen geläutet.

Mehlsack und Veitsburg

Ein steiler Aufgang bringt uns vorbei am ehemaligen Kloster der Franziskanerinnen zum **Mehlsack** (Turmbesteigungen Juni bis Sept. Sa/So 11–16 Uhr). Er wurde 1425–29 am südöstlichsten Punkt der Stadtmauer errichtet und schützte die Reichsstadt vor der ihr nicht immer wohlgesonnenen **Veits-**

Marktstraße mit dem Eingang der Brotlaube

burg, auf der die Habsburger Landvögte walteten. Die von den Welfen angelegte Burg war die Keimzelle der Stadt. Das Hauptgebäude brannte gegen Ende des Dreißigjährigen Kriegs nieder, ein Ravensburger Bürger und ein schwedischer Soldat wurden als Brandstifter ermittelt. Unversehrt blieben die Stallungen, heute umgebaut zur Jugendherberge. 1748 konnte endlich die Stadt die Veitsburg erwerben und beauftragte den mit einer Ravensburgerin verheirateten Johann Caspar Bagnato, auf den Ruinen ein Lustschlösschen mit Schankwirtschaft zu bauen – der Biergarten ist noch immer ein lohnendes Ausflugsziel.

Die Ravensburger Museen

Vier Museen reihen sich Perlen gleich entlang der Markt- und Burgstraße und machen mit ihren spannenden und inspirierenden Ausstellungen die Ravensburger Oberstadt zum Anziehungspunkt für kulturell Interessierte.

Das 2015 vom Verband der Kunstkritiker als Museum des Jahres ausgezeichnete **Kunstmuseum Ravensburg** beherbergt mit der vom Werbeberater Peter Selinka (1924–2006) und seiner Frau Gudrun gesammelten Kunst des 20. Jahrhunderts eine der größten Privatsammlungen Südwestdeutschlands. Neben einer wechselnden Auswahl aus der Selinka-Kollektion mit Schwerpunkt auf dem deutsche Expressionismus und den Künstlergruppen COBRA und SPUR zeigt das als Passivhaus konzipierte Museum auch Wechselausstellungen moderner und zeitgenössischer Kunst.

▪ Burgstr. 9, www.kunstmuseum-ravensburg.de, Di–So 11–18 Uhr, Do bis 19 Uhr, Führung So 15 Uhr. Eintritt 7 €.

Das **Museum Ravensburger** lädt im Stammhaus des Buch- und Spielverlags Otto Maier Ravensburger AG zu einem interaktiven Familienausflug in die Welt der Spiele ein. Wie entsteht ein Spiel? Warum passt ein Puzzleteil ins andere? Wie ist es, als Spielfigur selbst auf dem Brett zu stehen? Mitmachen ist hier ausdrücklich erwünscht!

▪ Marktstr. 26, www.ravensburger.de. April bis Sept. Di–So 10–18 Uhr, Okt. bis März bis 17 Uhr. Eintritt 9,50 €, Kinder bis 14 Jahre 7,50 €.

Das **Wirtschaftsmuseum Ravensburg** erzählt im Gebäude der ältesten Oberamtskasse Württembergs mit kurzweiligen Anekdoten und originalen Objekten Wirtschaftsgeschichte(n) des 19. und 20. Jahrhunderts. Im begehbaren Tresor erfahren wir per Knopfdruck mehr übers Geld. Eine am Maslowschen Modell orientierte Bedürfnispyramide beschäftigt sich mit den Bedürfnissen des Menschen und den Antworten, die der Markt darauf gibt. Auch der Wandel der Landwirtschaft wird thematisiert.

▪ Marktstr. 22, www.wirtschaftsmuseum-ravensburg.de. Di–So 11–18, Do bis 20 Uhr. Eintritt 3 €.

Das in mehreren miteinander verbundenen Häusern der Patrizierfamilie Humpis eingerichtete **Museum Humpis-Quartier** (MHQ) führt mit der Dauerausstellung *Ravensburger Lebenswelten* anhand der Lebensgeschichte von vier Hausbewohnern durch 1000 Jahre Ravensburger Kulturgeschichte, angefangen mit einer Lederwerkstatt im heutigen Kellergeschoss über die Wohnräume von Hans Humpis, Bürgermeister und um 1500 Haupt der Großen Ravensburger Handelsgesellschaft, bis hin zum Badezimmer einer „Fremdenpension" aus den 1920er-Jahren. Wechselnde Sonderausstellungen präsentieren spannende historische Themen.

▪ Marktstr. 45, www.museum-humpis-quartier.de. Di–So 11–18, Do bis 20 Uhr. Eintritt 5 €.

Basilika Weingarten

Auf der Anhöhe des Martinbergs steht die größte Barockkirche Deutschlands. Schon von fern schimmern die beiden Glockentürme und die mächtige, 66 Meter hohe Kuppel mit ihrem grün-

Westallgäu und bayerischer Bodensee → Karte S. 196

kupfernen Dach. Der bombastische Bau war der architektonische Höhepunkt des rund tausend Jahre alten Klosters, das heute in weiten Teilen von der Pädagogischen Hochschule Weingarten genutzt wird. Hinter der bauchig geschwungenen Fassade der Klosterkirche verbirgt sich verschwenderische Pracht. Unzählige Stuckarbeiten, Figuren und großartige Deckengemälde schmücken das ovale Kirchenschiff, kein Eckchen blieb ausgespart. Unter der Leitung von Franz Beer wurde 1715 mit dem Bau der Basilika begonnen, die 1724 dem heiligen Martin geweiht wurde. Fassade und Kuppel plante der sonst vor allem für das Haus Württemberg tätige Architekt Donasto Giuseppe Frisoni, das Chorgestühl und die Stuckaturen schuf Joseph Anton Feuchtmayer, die Deckengemälde mit ihrer verblüffenden Raumwirkung stammen von Cosmas Damian Asam. Neben dem Hochaltar ist der Heilig-Blut-Altar am Choreingang der spirituelle Höhepunkt der Kirche. Hinter einer Glasscheibe glänzt die Nachbildung der Reliquie mit der vom Blut Christi getränkten Golgatha-Erde – das Original wird im Tresor verwahrt. In der Gruft ruhen die sterblichen Überreste der Welfenfamilie (→ S. 271), die das Kloster 1056 gestiftet hatte.

▪ April bis Okt. tägl. 8–19 Uhr, Nov. bis März 8–17 Uhr. www.st-martin-weingarten.de.

Waldburg

In der auf einem Drumlin (→ S. 264) über dem gleichnamigen Dorf thronenden Waldburg begann vor gut tausend Jahren die Karriere der Herren von Waldburg, zunächst als Dienstleute der Welfenkaiser. Auf der gut erhaltenen und als Museum eingerichteten Schlossburg werden Repliken der Reichskleinodien gezeigt, also der Heiligen Lanze, des Reichsapfels und neuerdings auch der Krone, die der Kaiser im Hochmittelalter seinen getreuen Truchsessen zur sicheren Verwahrung anvertraute. Die Ausstellung beleuchtet die Geschichte der Waldburg, schildert die Grausamkeiten des mittelalterlichen Justizwesens und erklärt alte Techniken der Landvermessung und Kartenherstellung. Höhepunkt ist eine Kopie der ersten Amerikakarte (1507) von Martin Waldseemüller. Das Original, nämlich das zum Weltkulturerbe geadelte, einzige noch erhaltene Exemplar der Karte, auf der zum ersten Mal Amerika als Kontinent dargestellt war, verkaufte das gräfliche Haus vor einigen Jahren an die amerikanische Kongressbibliothek. Von den Anstrengungen der Besichtigung kann man sich anschließend im Burgcafé erholen.

▪ April bis Sept. nur So 11–18 Uhr. Eintritt 9 €. www.schlosswaldburg.de. Waldburg liegt zwischen Ravensburg und Wangen etwas abseits der B 32.

Wer mit Kindern von Ravensburg auf der L 325 zur Waldburg fährt, mag am Ausflugslokal Hirscheck einen Stopp einlegen und das **Wildfreigehege Locherholz** mit seinem großen Abenteuerspielplatz besuchen. An Tieren gibt's Mufflons, Damwild und Wildschweine zu beobachten.

Praktische Infos

Information **Tourist-Information,** Lederhaus, Marienplatz 35, ✆ 0751/82-800, www.ravensburg.de. Mo–Fr 9–17.30, Sa 10–13 Uhr.

Veranstaltungen **Rutenfest.** Der Anlass ist banal: Im 15. und 16. Jh. gingen die Lehrer zu so genannten Rutengängen in den nahen Wald, um Holzruten für die Züchtigung der Pennäler zu schneiden. Bald entwickelte sich das Rutenfest zum größten oberschwäbischen Heimat- und Schülerfest. Ravensburgs Tradition wird in einem Festumzug mit historischen und bunten Kostümen sowie mit Armbrust- und Bogenschießen lebendig. Auch Mädchen dürfen inzwischen mitmachen! Ein bisschen wenigstens und nicht überall. Gefeiert wird am letzten Wochenende vor den baden-württembergischen Sommerferien. www.troko.org, www.das-rutenfest.de und www.rutenfest.info.

Blutritt. Über zweitausend Reiter ziehen bei dieser Prozession von der Basilika Weingarten durch die Stadt und die umliegende Feldflur.

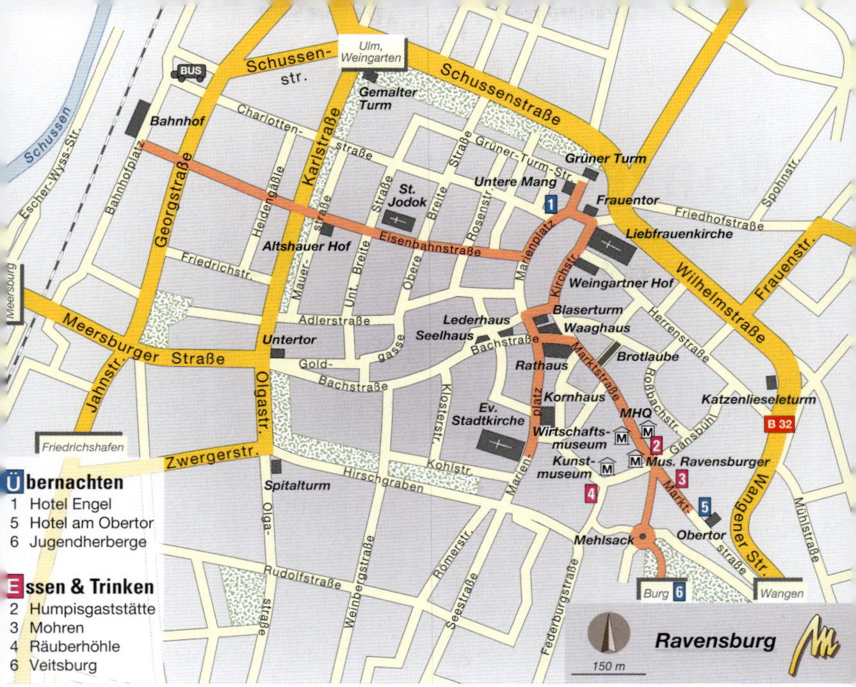

Im Mittelpunkt des dreistündigen Ritts steht eine Monstranz, die der Überlieferung nach einen Blutstropfen von Jesus Christus enthält. www.blutritt.de.

Übernachten/Essen & Trinken **Hotel Obertor 5** Familienbetrieb im Museumsviertel. Kleine, praktisch eingerichtete Zimmer mit Schreibtisch und Sitzecke, im Untergeschoss ein Wellness-Bereich mit Laufband, Fahrrad, Whirlpool, Sauna und Infrarotkabine. DZ 150 €. Marktstraße 67, ✆ 0751/36670, www.hotelobertor.de.

Mein Tipp **Hotel Engel 1** Traditionshaus im Herzen der Stadt. Die zehn komfortablen, allergikergeeigneten Zimmer wurden kürzlich renoviert und neu eingerichtet. Zum Parkhaus läuft man 5 Min. Auch das Restaurant mit seinen Außenplätzen am Marienplatz und der preiswerten oberschwäbischen Küche wird empfohlen. DZ 140–150 €. Marienplatz 71, ✆ 0751/23484, www.engel-ravensburg.de.

Jugendherberge Veitsburg 6 Hoch über der Stadt in einer alten Burg mit herrlichem Ausblick. 2012 grundlegend saniert, überwiegend 4-Bett-Zimmer mit Du/WC, radlerfreundlich, auch tagsüber geöffnet. Bett 25–35 €. Veitsburgerstr. 1, ✆ 0751/25363, www.jugendherberge.de.

Humpisgaststätte 2 Das Wirtshaus beeindruckt mehr mit seiner urigen Atmosphäre als mit der Küche, die eher kleine Portionen gutbürgerlicher Klassiker oder von Fusion-Gerichte mit mediterranem Touch auftischt. Gelobt wird Pizza. Gemütlicher Service, die Bedienungen sind zumeist Originale und haben ihren ganz speziellen Charme. Tägl. ab 9 Uhr. Marktstr. 47, ✆ 0751/35459891.

Mohren 3 Wer's zwar gemütlich, doch etwas moderner mag, lässt die Humpisgaststätte links liegen und kehrt weiter oben im Wirtshaus Mohren ein. Oberschwäbische Küche, günstige Mittagsgerichte, Loungeatmosphäre. Tägl. ab 10.30 Uhr. Marktstr. 61, ✆ 0751/18054310, www.mohren-ravensburg.de.

Veitsburg 6 Burgrestaurant mit schattigem Biergarten. Der manchmal etwas träge Service lässt genügend Zeit, die wunderbare Aussicht zu genießen. Wechselnde Öffnungszeiten. www.restaurant-veitsburg.de.

Räuberhöhle 4 Die Kultkneipe sieht von außen so aus, wie sie heißt. Hier treffen sich Generationen und Kulturen zum geselligen Beisammensein. Kleine Vesperkarte, leider zieht der Qualm auch in den Nichtraucherbereich. Tägl. abends geöffnet. Burgstr. 14, www.freundederraeuberhoehle.de.

Wangen

27.000 Einw., 570 m ü. NN

„In Wange bleibt ma hange!", wissen Volksmund und Stadtmarketing. Sie haben dabei nicht die mittelalterliche Richtstatt im Sinn, sondern die schmucke, denkmalgeschützte Altstadt mit ihren bunt bemalten Barockfassaden, den gotischen Staffelgiebeln und den goldenen Wirtshausschildern, den Erkern, Türmen und Toren.

Weitgehend Fußgängerzone, lädt der Stadtkern zum Flanieren ein. Vor allem in der Herren- und Paradiesstraße sowie am Markt glänzen die prunkvollen Bürgerhäuser der Patrizier und der Kaufleute, die es in der Freien Reichsstadt zu Wohlstand gebracht hatten. Die Bausubstanz ist bis heute nahezu unverändert geblieben. Augenfällig auf den Gassen und Plätzen sind auch die zahlreichen Brunnen. Zwei Dutzend sollen es sein, manche uralt und eher zweckdienlich als schön, andere aus jüngster Zeit und als Figurenbrunnen mit viel Humor gestaltet, so etwa der Amtsschimmelbrunnen vor dem Landratsamt oder die „Verdruckten Allgäuer" in der Brotlaube.

Wer Wangen lediglich an einem Tag besuchen möchte, sollte einen Mittwoch wählen. Dann nämlich steht die Altstadt ganz im Zeichen des Wochenmarkts. Die Leser der Schwäbischen Zeitung kürten ihn zum schönsten Markt in dem bis Ulm reichenden Verbreitungsgebiet des Blattes. Bis 1995 wurde zeitgleich mit dem Wochenmarkt auch ein Schweinemarkt abgehalten. Wir müssen uns heute auf dem Saumarkt mit einer originellen Skulptur begnügen: Der heilige Antonius, Patron der Haustiere, hütet eine Schar bronzener Sauen und Ferkel, von denen eines gerade zu entwischen scheint.

Wangen gehört zu den ältesten Orten des Allgäus. Eine Besiedlung des sanft ansteigenden Talhangs am Ufer der Oberen Argen ist bereits um 600 n. Chr. nachweisbar, seit 815 gehörte es dem Kloster Sankt Gallen. Dank der günstigen Lage am Kreuzungspunkt der einstigen Römerstraße von Augsburg nach Mailand mit der Route Kempten – Ravensburg entwickelte sich ein florierender Handel, ab dem 12. Jahrhundert gab es auf dem Gelände der heutigen Oberstadt einen Markt. Die Vogtei, also die weltliche Herrschaft über die Stadt, hatten die Staufer, die mit ihren vielen Stadtgründungen die süddeutsche Kulturlandschaft nachhaltig prägten. Gemäß einer von Kaiser Friedrich II. 1217 unterzeichneten Urkunde hatte Wangen damals schon die Rechte einer Stadt. 1276 emanzipierten sich die Wangener endgültig vom Kloster Sankt Gallen, indem ihnen König Rudolf I. den Status einer Freien Reichsstadt gewährte.

Für den wirtschaftlichen Aufschwung sorgten vor allem die Leinwandweberei und die Herstellung von Sensen. Landwirtschaftliche Flächen außerhalb der Stadtmauern sicherten auch in wirtschaftlich schwierigen Zeiten die Versorgung der Stadt. Vom Bauernkrieg blieb Wangen verschont, allerdings verheerte 1539 ein Großbrand weite Teile der Oberstadt, 1753 traf es die Unterstadt. Viele der heutigen Häuser entstanden beim Wiederaufbau bald nach diesen Katastrophen. Der Dreißigjährige Krieg brachte Plünderungen, Vertreibungen, Kontributionen und zu allem Übel auch noch die Pest. Durch die Kriegslasten entstand ein Schuldenberg, der die Stadt wirtschaftlich in die Knie zwang. Mit dem Reichsdeputationshauptschluss endete die Selbst-

Der heilige Antonius auf dem Wangener Saumarkt

ständigkeit. 1803 fiel Wangen zunächst an Bayern, bald darauf an das Königreich Württemberg.

1973 erhielt Wangen, wohl zum Trost für den mit der Auflösung des Landkreises Wangen verbundenen Prestigeverlust, den Status einer Großen Kreisstadt. Die Alteingesessenen haben es freilich bis heute nicht verwunden, dass die inoffizielle Hauptstadt des württembergischen Allgäus jetzt zum oberschwäbischen Landkreis Ravensburg gehört und sie mit dem Autokennzeichen RV (statt wie früher WG) über die Hügel brettern müssen.

Am Marktplatz

Wer mit dem Auto anreist, parkt beim E-Center, überquert auf einem Brücklein die Argen und erreicht dann die spätmittelalterliche Stadterweiterung Unterstadt. Deren Mitte ist der **Postplatz**, ein ausgewogenes Ensemble um das von einem Storchennest gekrönte Kornhaus, in dem heute die Stadtbücherei zu Hause ist. Auf der Westseite erkennt man in der Rückfront des Rathauses noch staufische und spätgotische Bauelemente. Durch das **Pfaffentor** geht es in die Oberstadt. Im Durchgang klebt ein Messingschuh am Boden und zitiert das schon erwähnte Marketingmotto vom Hängenbleiben. Nach dem Durchgang rechts thront Joseph Michael Neustifters Brunnenskulptur *Verdruckte Allgäuer*. Der Künstler setzt hier den Spruch in Szene, dass man sechs Allgäuer problemlos übereinanderstapeln könne, ohne dass der unterste mehr „verdruckt“ werde als der oberste. Doch Vorsicht: Einer der Verdruckten, nämlich jener mit dem Antlitz der langjährigen Bürgermeisters Dr. Jörg Leist, spuckt ab und an auf allzu neugierige Brunnengucker!

Zum Markt hin prunkt das **Rathaus** mit einer Barockfassade (1721) nach dem Entwurf des Bregenzers Franz Anton Kuen (1679–1742), der sich sonst vor allem als Bildhauer betätigte. Im barocken Treppenaufgang hängt eine frühe Version von Google Earth, nämlich Johann Andreas Rauchs (1575–1632) *Wangener Landtafel* (1617), ein sechs Quadratmeter großes, maßstabsgetreues Landschaftsbild aus der Vogelperspektive. Mit etwas Glück und Chuzpe kann man sich auch die Rauch'sche *Stadtansicht von Wangen* (1611) im Ratssaal anschauen. Der exzellente Kartenmaler hat sich in der Friedhofskapelle St. Wolfgang selbst porträtiert. Dort blickt er uns als rothaariger Judas aus dem Abendmahlsbild entgegen.

Schräg rechts vom Rathaus setzt das **Hinderofenhaus** einen italienischen Akzent. Das Renaissancepalais mit seinem schönen Innenhof wurde 1542 für den Kaufmann Onofrius Hinderofen erbaut, der rege Handelskontakte nach Italien hatte. Zeitweilig als Landratsamt genutzt, beherbergt das Gebäude heute in den Fluren von Volkshochschule und Stadtverwaltung eine **Gemäldesammlung** mit Werken von **Wolfgang von Websky** (1895–1992), der in Wangen seinen Lebensabend verbrachte. Die Bilder im Stil des expressiven Realismus sind während der üblichen Bürozeiten zugänglich. Einen Vorgeschmack gibt www.websky.de.

Die **Stadtkirche St. Martin,** eine flach gedeckte Pfeilerbasilika, entstand weitgehend im 14./15. Jahrhundert. Barock sind Kanzel und Seitenaltäre, neugotisch der Hochaltar. Gehen Sie auch um die Kirche herum. Am Chor und auf der Rückseite, wo die Wangener früher ihre Toten begruben, sind ausdrucksstarke Epitaphe (Grabplatten) in die Kirchenmauer eingelassen. Ubbo Enningas sperrige Aluminiumskulptur *Seelenmal* erinnert mit einer sechs Meter hohen Doppelhelix, zwei Figurenschalen und einem übergroßen Totenschädel daran, dass niemand dem Tod entrinnen kann.

Paradiesstraße und Alter Friedhof

In der vom Marktplatz ostwärts führenden Paradiesstraße bezieht das **Café Walfisch** seinen Namen auf eine hübsche Fassadenmalerei der Bibelge-

Herrenstraße mit Stadtbrunnen und Frauentor

schichte von Jonas und dem Wal. Das braun-orange **Martinstor,** auch Lindauer Tor genannt, erhielt seine heutige Form 1608. Im Tordurchgang erkennt man noch die Reste eines Freskos (15. Jahrhundert) mit der Kreuztragung Christi. Das Bild mussten die Wangener auf ihrem Gang zum Friedhof passieren.

Die rund 400 Jahre alte **Rochuskapelle** (gebaut 1593, geöffnet bei Führungen) auf dem Alten Friedhof enthält eine in 66 Felder eingeteilte Holzdecke mit Szenen aus dem Leben Jesu und Ereignissen aus der Apostelgeschichte. Dazwischen findet man die Wappen der damaligen Wangener Bürgerfamilien. Beachtenswert sind auch die Rosenkranzmedaillons aus der Bad Waldseer Bildhauerwerkstatt Zürn.

Herrenstraße

Die Herrenstraße hat ihren Namen zu Recht, denn hier wohnten in den Häusern Bürgermeister, Räte und die Oberschicht – die „Herren der Stadt". Die spätgotische Häuserreihe entstand nach dem verheerenden Brand von 1539. Beachtenswert sind die gotischen Staffelgiebel und die schmucken Wirtshausschilder. Handwerk hatte offenbar schon damals goldenen Boden. Wo heute an der Einmündung der Schmiedstraße der **Stadtbrunnen** mit der Mariensäule steht, befand sich dereinst der Pranger.

Das nach einem Brand neu aufgebaute Haus an der Ecke zur Schmiedstraße war früher die Zechstube der Schmiede. Wangener Sensen wurden bis nach Italien verkauft, das Gewerbe florierte und in der Schmiedstraße reihte sich eine Werkstatt an die andere. Die Fassadenmalerei **Herrenstraße 23** (Café Flügler) hält eine Episode fest, als Waldburger Truppen ausgerechnet durch die Schmiedstraße in die Stadt eindringen wollten – und dort von den kräftigen Schmieden gehörig verdroschen wurden.

Das Richtung Ravensburg aus der Altstadt führende **Frauentor** besteht vermutlich schon seit der Stadtgründung. Seine heutige Gestalt erhielt es 1608 und prunkt seither mit zierlichen Ecktürmchen und Fassadenmalereien. Das **Ritterhaus** (heute Stadtkasse) rechts neben dem Tor wurde 1789 als Kanzlei für die Reichsritterschaft des Bezirks Bodensee-Allgäu nach den Plänen des Deutschordensbaumeisters und Klosterarchitekten Franz Anton Bagnato (1731–1803) erbaut. Auf der anderen Straßenseite gefällt **Herrenstr. 35/37** mit seiner Kombination aus Ständerbauweise (unten) und Riegelfachwerk (oben).

Gehen wir ein paar Schritte in die Zunfthausgasse. Das **Zunfthaus der Weber** mit seinen schmalen, gotischen Fenstern ist nach dem Rathaus der älteste Profanbau in Wangen. Damals wie heute nimmt es einen zentralen Platz im gesellschaftlichen Leben der Stadt ein. Im Erdgeschoss befindet sich ein Café, in den anderen Stockwerken gibt es Seminarräume und der für Veranstaltungen genutzte Zunftsaal mit Wandmalereien und einem wiederhergestellten Kachelofen.

Wangener Museumslandschaft

Die Wangener Museen reihen sich entlang der nordwestlichen Stadtmauer am Rande der historischen Altstadt. Über den Eingang in der ehemaligen **Eselmühle,** einem schmucken Fachwerkgebäude, das bis 1937 als Getreidemühle diente, kann man mit nur einem Ticket gleich sieben ganz unterschiedliche Ausstellungen erleben

▪ April bis Okt. Di–Fr, So 14–17 Uhr, Sa 11–17 Uhr. Eintritt 4 €. Eselberg 1, www.amv-wangen.org.

Stadtmuseum: Als die Eselmühle saniert wurde, erneuerte man auch Mühlrad und Mahlwerk und so beginnt der Rundgang durch das heutige Stadtmuseum mit der rekonstruierten Arbeitsstätte des Müllers. Auch die Stube, die

 → Karte S. 196

Die Fabel vom Esel mit dem Salz

Ein mit Salz beladener Esel musste durch einen Fluss, stürzte und blieb einige Augenblicke behaglich in der kühlen Flut liegen. Beim Aufstehen fühlte er sich um einen großen Teil seiner Last erleichtert, weil das Salz im Wasser geschmolzen war. Langohr merkte sich diesen Vorteil und wandte ihn gleich am folgenden Tage an, als er mit Schwämmen beladen den Fluss überqueren sollte. Diesmal ging er absichtlich in die Knie, sah sich nun aber arg getäuscht. Die Schwämme sogen nämlich das Wasser auf und waren jetzt bedeutend schwerer als vorher. Der Esel samt seiner Last ist vom Fluss mitgerissen worden und jämmerlich ertrunken. Und die Moral? Sei vorsichtig mit deinen Mitteln: das eine dient nicht für jeden Fall. *(Erzählt nach Äsop)*

Küche und der Stall sind noch vorhanden. Auf dem Weg durchs Museum lernen wir die Wangener Zünfte kennen, Exponate heben das große handwerkliche Geschick der Leinwandweber und Schmiede hervor. Ungewöhnlich ist die Sammlung von Feierabendziegeln, also von Dachziegeln, die Beschriftungen, Datierungen, Symbole oder Dekorationen aufweisen. Vielleicht hatten die Ziegler bei ihrer monotonen Arbeit mitunter das Bedürfnis, den einen oder anderen Ziegel zu gestalten bzw. zu beschreiben. Denkbar ist auch, dass die Feierabendziegel gegen ein Trinkgeld auf besonderen Wunsch des Bauherrn gefertigt wurden. Am Ende des Rundgangs wird schließlich an bedeutende Wangener Künstler wie den Hofmaler Joseph Anton von Gegenbaur (1800–1876) und den Barockmaler Franz Joseph Spiegler (1691–1756) erinnert, aus deren Werk Bilder und Skulpturen gezeigt werden.

Sammlung mechanischer Musikinstrumente: Das Museum in den Obergeschossen der Mühle verdankt die Stadt einem Hobby ihres langjährigen Oberbürgermeisters Dr. Jörg Leist, der im Laufe der Jahre einen ansehnlichen Schatz von Instrumenten zusammengetragen hat. Er reicht von handlichen Spieldosen über Drehorgeln und einen mechanischen Flügel bis hin zu mächtigen Orchestrien, die ganze Orchester imitierten. Die meisten dieser in Biedermeier- und Gründerzeitstuben gezeigten Exponate gehörten ursprünglich zu der im Lindauer Stadtmuseum ausgestellten Sammlung Kalina.

- Vorführungen der Musikinstrumente Sa 15 Uhr.

Käsereimuseum: Das in einem weitläufigen Seitenflügel untergebrachte Museum gibt einen detaillierten Einblick in die Entwicklung der Allgäuer Milchwirtschaft im 19./20. Jahrhundert. Man lernt den Produktionsprozess einer Käserei kennen, weiß nach dem Besuch, dass der Bergkäse gewöhnlich im Tal gemacht wird, und erfährt so manches über die Herstellung von Schmelzkäse, bei dem der Kuh das Lachen vergehen könnte.

Deutsches Eichendorff-Museum: Die im Biedermeierstil eingerichtete Ausstellung zeigt Manuskripte und Erstausgaben, Stiche und Radierungen, Illustrationen und Notenblätter mit Vertonungen von Gedichten *Joseph Freiherr von Eichendorffs* (1788–1857) und dokumentiert so Leben und Werk des schlesischen Dichters. Dass sein Nachlass seit 1954 in Wangen aufbewahrt wird, ist dem Umstand zu verdanken, dass der ebenfalls aus Schlesien stammende Eichendorff-Spezialist Willibald Köhler (1886–1976) nach dem Zweiten Weltkrieg in Wangen eine neue Heimat fand. Er hatte zuvor in Eichendorffs Sterbeort Neisse (heute Nysa) die Gedenkstätte des romantischen Dichters betreut und konnte bei der Vertreibung zahlreiche Unterlagen mitnehmen.

Gustav-Freytag-Museum: Der schlesische Studienrat Willibald Köhler, Begründer des Eichendorff-Museums, versuchte nach dem Zweiten Weltkrieg schlesische Künstler und Intellektuelle in Wangen zusammenzuführen. Im Stadtteil Atzenberg entstand eine kleine Künstlerkolonie, die 1951 als *Wangener Kreis* an die Öffentlichkeit trat. So kam auch der Nachlass des Schriftstellers und Politikers *Gustav Freytag* (1816–1895) in die Stadt. Oder wenigstens ein Teil seines literarischen Erbes, denn andere, vielleicht bedeutendere Hinterlassenschaften lagern in den Bibliotheken in Frankfurt und Berlin. Freytags *Soll und Haben* gehörte im 19. Jahrhundert zu den meistgelesenen Romanen, seine *Bilder aus der deutschen Vergangenheit* standen im Bücherschrank des an Geschichte und Nation interessierten Bürgertums. Ein monumentales Historienbild in der Wangener Ausstellung zeigt Freytag auf dem Feldherrnhügel der Sedan-Schlacht, an der er als Kriegsberichterstatter teilnahm.

Badstube: Die mächtige, von Kreuzgewölben überdachte Halle mit Kupferkessel, Waschzubern und Lichtnischen, ein in Südwestdeutschland einzigartiges Kleinod, versetzt Besucher in die Atmosphäre eines mittelalterlichen Bades. Die begleitende Ausstellung informiert über die einstigen Gepflogenheiten in der 1589 erbauten Badstube, wo streng nach Geschlechtern getrennt gebadet wurde. Im mit heißem Wasser gefüllten Zuber konnten sich nur die Wohlhabenden räkeln, die Armen mussten sich mit einem Platz auf der Schwitzbank begnügen. Der Bader, also der Pächter des Badehauses, schnitt seinen Kunden auch die Haare und rasierte sie, zog ihnen faule Zähne und

Auf der Schwitzbank im Badehaus

Westallgäu und bayerischer Bodensee → Karte S. 196

Die Mondsichelmadonna von Deuchelried

behandelte allerlei Gebrechen mit Aderlass und Schröpfkur. Um 1700 wurde der Badebetrieb eingestellt. Es heißt, Stadt und Bürger hätten sich die Heizkosten nicht mehr leisten können, und die Allgegenwart von Pest und Syphilis im 17. Jahrhundert brachte die öffentlichen Bäder in Verruf. Dementsprechend diente das Gebäude dann als Armenhaus und Obdachlosenasyl. In den Obergeschossen (von der Badstube nicht direkt zugänglich) präsentiert heute die **Städtische Galerie** Wechselausstellungen mit Kunst der Gegenwart.

▪ Galerie Di–Fr, So 14–17 Uhr, Sa 11–17 Uhr. Eintritt 3 €, mit Museen 5 €. www.galerie-wangen.de.

Museumsdruckerei: Zu sehen ist eine originalgetreu eingerichtete Buchdruckerei, in der auf alten Maschinen aus dem 19. Jahrhundert, darunter der seinerseits schon museale Nachbau einer hölzernen Gutenberg-Presse, die alte Kunst des Buchdrucks wieder lebendig wird.

▪ April bis Okt. auf Anfrage bei Max Zeller, ✆ 07522/5698.

Deuchelried

Marienstatuen findet man im Allgäu mehr als genug, doch die von Franz Anton Kuen um 1720 geschaffene Madonna der Deuchelrieder Pfarrkirche gehört zum Schönsten, was die spätbarocke Holzbildhauerei hervorgebracht hat. Schwungvoll und mit wallendem Gewand steht die fast lebensgroße, sternenumkränzte jugendliche Himmelskönigin auf einer Mondsichel im Hochaltar. Außerdem: Der behutsam sanierte Dorfplatz wurde mit einem Architekturpreis ausgezeichnet.

▪ Deuchelried liegt an der K 8009 ca. 2 km westlich vom Stadtzentrum Wangen.

Eglofs

Etwa auf der Mitte zwischen Wangen und Isny lohnt sich ein kurzer Abstecher nach Eglofs. Der Reichsadler über dem Rathauseingang erinnert daran, dass König Rudolf seinen „Freien von Eglofs" einst das Lindauer Stadtrecht schenkte, ohne dass Eglofs damals schon eine Stadtmauer besessen, Markt gehalten oder auch nur entfernt städtisches Flair besessen hätte. Vielleicht war das der Grund, warum Rudolfs Nachfolger den Ort alsbald verpfändeten. Mehr dazu im preisgekrönten *Heimatmuseum* am Dorfplatz. Dieses überrascht zudem mit einer Ofenkachelsammlung und einer Ausstellung zur Entwicklung der Musik im Westallgäu. Einige Instrumente darf man selbst ausprobieren. Anschließend hat man die Qual der Wahl zwischen dem *Gasthaus zur Rose* und Ellgassens *Hofwirtschaft zum Löwen*. Wir haben uns für den Löwen entschieden.

▪ Heimatmuseum Eglofs Mai bis Okt. So 10–12/13.30–16 Uhr, Eintritt 3 €. Am Dorfplatz, www.eglofs.de.

Basis-Infos

Information **Gästeamt.** Bindstr. 10, ✆ 07522/74211, www.wangen.de. Mo–Fr 9–17, im Sommer auch Sa 9–12 Uhr. Der handliche Stadtplan zeigt außer Parkplätzen auch die frei zugänglichen Toiletten! www.ferienregion-allgaeu.de.

Baden Beheiztes **Freibad Stefanshöhe** (30 Gehminuten vom Stadtzentrum). Mit Beachvolleyball, Kletterturm und Restaurant/Café, Juni bis Sept. Mo–Fr 7–20.30 Uhr, Sa/So 8.30–20.30 Uhr. www.stefanshoehe.de.

Eine weitere Bademöglichkeit ist der von einem Campingplatz (siehe unten) bewirtschaftete **Weiher Röhrenmoos.**

Panoramabad Eglofs. Das nächste Hallenbad (mit Sauna) findet man 10 km außerhalb. Mo Ruhetag. www.panoramabad-eglofs.de.

E-Bike-Verleih **Bike Station,** Rotgerberweg 11, www.bike-station.eu. Im Sommer auch durch das **Gästeamt,** Reservierung möglich.

Eseltrekking Wanderungen und mehrtägige Touren bietet Tanja Schulze, Oberau 8, ✆ 07522/7075584, www.kreativschnecke-aktiv.de.

Feste/Veranstaltungen **Kinder- & Heimatfest,** mit Feuerwerk und Umzug alljährlich Ende Juli in der Altstadt. **Festspiele,** Juli/Aug. Theater in der Altstadt auf der Freiluftbühne Zunftwinkel, www.festspiele-wangen.de. **Narrensprung** am Rosenmontag. Mittelalterliches **Burgfest** in Neuravensburg, Mitte August. **Dackelrennen** „um die Wurst" am vorletzten September-Wochenende, www.dackel rennen-wangen.de.

Führungen **Stadtführungen** durch die Altstadt ganzjährig Do 15.30 Uhr, von Mai bis Mitte Okt. auch Sa 14 Uhr, 3 €. Mai bis Okt. Sa 10.30 Uhr „Auf den Spuren ins Paradies" mit Besichtigung der Rochus-Kapelle, 4 €. Alle 14 Tage Fr 21 Uhr (Sept. bis März 20 Uhr) „Von Gaunern, Galgenvögeln & Gefahren", eine Zeitreise ins 19. Jh., auf der gar schröckliche Begebenheiten nicht ausgeschlossen sind, 10 €. Beginn der Touren jeweils am Gästeamt.

Kulinarische Führungen durch Käsereien, Brauereien, eine Schnapsbrennerei und eine Kaffeerösterei vermittelt das Gästeamt.

Kino Im **Lichtspielhaus Sohler,** Lindauer Str. 7, www.kino-wangen.de, betreibt auch die Initiative Weiße Wand ihr Programmkino. www.weisse-wand.info.

Ein Wangener Flachsnarr

Westallgäu und bayerischer Bodensee → Karte S. 196

Puppentheater Kasperfamilie. Lange Gasse 43, Aufführungen für Kinder gewöhnlich Di–So 16 Uhr, für Erwachsene Sa 20 Uhr. Reservierung unter ☎ 07522/914353, www.wangener-puppentheater.de.

Radtour Themenradweg Wasser. Malerische Seen, von Libellen umschwärmte Weiher, plätschernde Bäche, blühende Feuchtwiesen und geheimnisvolle Moore prägen die Landschaft rund um Wangen und laden zu einer Entdeckungsreise ein. Die 35 km lange Rundfahrt, weitgehend auf Asphaltwegen, hat nach dem Argental einen etwas kraftraubenden Anstieg, ist insgesamt aber auch für Kinder geeignet, zumal es am Weg allerlei Möglichkeiten zum Baden und Planschen gibt. Beschreibung, Karte und GPS-Track gibt's bei der Tourist-Information oder unter www.outdooractive.com.

Reiten Reiterhof Lanz. Neuravensburg-Degetsweiler, ☎ 07528/7227, www.reiterhof-lanz.de, mit Reithalle und Springplatz, Unterricht für Jung und Alt.

Wintersport Eisbahn Stefanshöhe. Neben dem Freibad, ☎ 07522/1225, www.eisstadion-wangen.de, Nov. bis Febr. Do–So (in den Schulferien tägl.) 14–18 Uhr. Fr 10–12 Uhr Walzer und 19–22 Uhr Eisdisco.

Übernachten

Hotels/Gasthöfe Hotel Mohren-Post 2 Der Traditionsgasthof genoss eine Rundum-Sanierung. Die (außer zum Innenhof) angenehm hellen Zimmer sind mit roten Teppichböden und neuen Möbeln eingerichtet. Gemütliche Gaststube mit Kachelofen und wechselnder Kunst. WLAN, Parkplätze und Fahrradkeller. DZ 110–140 €. Herrenstr. 27, ☎ 07522/21076, www.hotel-mohren-post.de.

Hotel Allgovia 1 Neubau mit Fahrstuhl, wenige Schritte außerhalb der Altstadt. Die Zimmer des inhabergeführten Hotels sind zweckmäßig und modern eingerichtet, mit TV, WLAN und Balkon. Auch größere Familienzimmer. Terrasse mit Biergarten, an der Hausbar edle Whiskys. Sauna, Kosmetikstudio im Haus. DZ 100–140 €. Scherrichmühlweg 15, ☎ 07522/9168890, www.hotel-allgovia.de.

Ferienwohnungen Maria Hengge. Ruhige Lage mit Alpenblick 2 km außerhalb im Ortsteil Deuchelried, 2 Fewos für bis zu 5 Pers. im Dachgeschoss mit Balkon, 40 €/Tag für 2 Pers. Steibisberger Weg 39, ☎ 07522/8395, www.dreilaenderblick.de.

Camping Die vom ADAC mit fünf Sternen bewerteten **Wohnmobilstellplätze** mit Strom und Sani-Station gibt's auf dem Parkplatz P 17 „Vorderes Ebnet" an der Argen, 10 Gehminuten südlich der Altstadt am Ende der Straße Am Klösterle.

Campingplatz Röhrenmoos. Ein kleiner, familienfreundlicher Platz, 5 km außerhalb an einem Badesee gelegen, naturnah gestaltet. Auch Bungalows werden vermietet. 2 Erw. mit Stellplatz 20 €. ☎ 07522/21413, www.röhrenmoos.de.

Essen & Trinken

Lamm 7 Schwäbische und Allgäuer Spezialitäten werden hier sorgsam zubereitet und liebevoll angerichtet. Spezialität des Hauses ist die „Wangener Legende", ein kleines Rückensteak mit Maultauschen, Schupfnudeln, Kraut und Röstzwiebeln. Zum Nachtisch gibt's Nonnenfürzle oder Kratzeta. Salat und Gemüse stammen zu einem großen Teil von der Bodenseeinsel Reichenau. Hauptgericht bis 20 €. Mo Ruhetag. Bindstr. 60, ☎ 07522/6675, www.lamm-wangen.de.

Zum Stiefel 3 Einfach und preiswert, bekannt für seine guten Schnitzel. Schwäbische Küche, Spezialität Krautkrapfen. So/Mo Ruhetag Eselberg 6, ☎ 07522/3802.

Mein Tipp **Fidelisbäck 5** Tradition seit bald einem halben Jahrtausend. Ein Besuch lohnt sich schon allein wegen der „Seelen" und der knusprigen Backwaren. Mittwochs treffen sich die Marktgänger zu Leberkäs, Wurstsalat und dergleichen. Schmackhaft ist auch die hausgemachte Wurstplatte mit Semmeln und Brezeln. Schattiger Biergarten hinter dem Haus. Gastwirtschaft Mo–Fr 8–22 Uhr, Sa bis 14 Uhr. Paradiesstr. 3, www.fidelisbaeck.de.

Hinderofen 4 Der Treff am Markt zum Sehen und Gesehenwerden. Bei schlechtem Wetter bleibt der Rückzug ins Gewölbe mit leicht gestylter Bistroatmosphäre. Preiswertes Frühstücksbüfett, wechselnde Mittagsgerichte,

Kuchen aus eigner Herstellung. Tägl. tagsüber, im Sommer auch abends. Marktplatz 11, www.hinderofencafe.de.

Weinstube Kempter 6 Museale Einrichtung, Spezialitäten sind „alte Seelen" (gefülltes Stangenbrot mit Gurken, Rauchfleisch, Käse und Zwiebeln) oder der Wurstsalat „halb und halb" (Wurstsalat mit Bratkartoffeln). Di Ruhetag, sonst ab 17 Uhr, Mi auch zur Marktzeit. Bindstr. 54, ✆ 07522/9733824.

Außerhalb **Hofwirtschaft zum Löwen.** Im „Dorf der freien Leut" steht auch die Hofwirtschaft (mit Hotel) von Familie Ellgass. Der Wirt ist zugleich noch Bauer, das Kochen hat er sich selbst beigebracht. Auf der Karte stehen auch viele Gerichte vom eigenen Rind – Josef Ellgass züchtet Pinzgauer. Stammkunden schätzen das Zwiebelfleisch oder den Rostbraten, Vegetarier loben die Tiroler Schlutzkrapfen. Bier gibt's von Farny und Härle, aus Meckatz und Andechs. Menü um 40 €, Hauptgericht bis 25 €. Di–So ab 17 Uhr. Dorfplatz, Argenbühl-Eglofs, ✆ 07566/1578, www.hofwirtschaft-ellgass.de.

Leonhardts Stall. Zünftige Besenwirtschaft in und vor einer umgebauten Scheune. Stilgerecht isst man Schlachtplatte, Kutteln und dergleichen, doch auch Salatplatten werden angeboten. Zum Trinken am besten Most. Hauptgericht bis 15 €. Unregelmäßig geöffnet (Termine siehe Website). 5 km außerhalb im Wangener Ortsteil Humbrechts, ✆ 07522/9155360, www.stall-besen.de.

Isny

13.500 Einw., 710 m ü. NN

Das Städtchen zwischen Mittelalter, Barock und Zukunftsträumen lädt zu Spaziergängen durch die romantische Altstadt ein. Im Schloss zeigt der Maler Friedrich Hechelmann seine mystisch-magische Bilderwelt. Naturliebhaber besuchen in der Umgebung das Rotmoos, den Eistobel und das Wandergebiet Adelegg.

Eine Stadtmauer mit Wehrgang und zwei Toren umgibt die denkmalgeschützte Altstadt. Aus der Vogelperspektive blickt man auf ein Oval, angelegt um zwei sich im Zentrum rechtwinklig kreuzende Hauptstraßenachsen. Türme ragen aus dem Ziegelrot der reich gegliederten Dachlandschaft empor, verwinkelte Höfe verstecken sich im Schatten. Alles in allem historisch, idyllisch und ein wenig verschlafen. Doch was ist das Besondere an Isny? Ein Alleinstellungsmerkmal müsse her, befanden Stadtverwaltung und Honoratiorenschaft. Der Schweizer Stararchitekt Peter Zumthor entwarf daraufhin für Isny ein neues Stadttor aus durchsichtigen Glasziegeln und schwarzem Mörtel, doch ein Bürgerentscheid zeigte dem kantigen Glasturm die Rote Karte.

In der Umgebung gibt es den einsamen und waldreichen Mittelgebirgszug Adelegg zu entdecken und mit dessen Gipfel, dem Schwarzen Grat (1119 Meter), den höchsten Berg Württembergs zu erklimmen. Naturfreunde besuchen zudem auch die Schlucht Eistobel und die Moorlandschaft Rotmoos.

Stadtgeschichte

Keimzelle der Stadt war wohl das Reiterkastell Vemania, angelegt um 280 n. Chr. als Teil einer Postenkette des Donau-Iller-Limes, der die römische Provinz Rätien vor den von Norden einfallenden Alamannen schützen sollte. Mit dem Abzug der Römer verschwindet Vemania aus den Quellen, doch seine Mauern auf einer Anhöhe über Argen, etwa zwei Kilometer östlich des heutigen Stadtzentrums, waren noch im Mittelalter sichtbar.

Erst 1043 taucht der Ort wieder aus dem Dunkel der Geschichte auf: Die Grafen von Altshausen-Veringen stifteten in ihrem Fronhof *Villa Ysinensi* den Heiligen Georg und Jakobus eine Kirche. Es darf gerätselt werden, was Ysinensi zu bedeuten hat. Im antikenbegeisterten 19. Jahrhundert wollte man darin die ägyptische Göttin Isis erkennen, der römische Legionäre auch nördlich der Alpen huldigten. 1096 übergaben die Ortsherren die Kirche nebst ein paar Bauernhöfen den Hirsauer Benediktinermönchen zur Gründung eines Klosters. Um das Kloster herum entwickelte sich ein Handelsplatz, der 1281 durch König Rudolf von Habsburg das Stadtrecht erhielt. Mit der Herstellung und dem Handel von Leinwand kamen die Isnyer zunehmend zu Wohlstand und kauften sich 1365 von ihren adeligen Stadtherren frei. Im 16. Jahrhundert schloss sich die Stadt der Reformation an und wurde damit eine protestantische Oase im weitgehend papsttreuen Allgäu; das Kloster und die ihm gehörende Vorstadt blieben aber katholisch.

Nicht die Soldateska des Dreißigjährigen Krieges, sondern eine durch die Unachtsamkeit einer Magd entfachte Feuersbrunst zerstörte anno 1631 den größten Teil der Stadt samt Rathaus, Kloster und Pfarrkirche. Im Folgejahr beraubten die Schweden und ihnen

Bürger als Melkkuh –
der Isnyer Steuerzahlerbrunnen (Leo Wirth, 1999)

nachsetzende kaisertreue Truppen die Abgebrannten, anschließend suchte die Pest Isny heim, sodass am Ende des Krieges nur noch etwa 250 Menschen in der Stadt lebten. Das heutige Altstadtensemble entstand überwiegend beim Wiederaufbau in der zweiten Hälfte des 17. Jahrhunderts.

1803 fielen Kloster und Stadt an die Grafen von Quadt-Wykrat. Die Landesherrschaft der Grafen blieb eine Episode, schon 1806 wurde ihr Fürstentum dem Königreich Württemberg einverleibt. Ihren neuen Besitz, und damit auch das Kloster, durften die Quadt-Wykrater jedoch behalten – bis heute gehören ihnen ausgedehnte Ländereien um Isny. Familienchef Alexander Graf Quadt saß lange im Isnyer Gemeinderat und amtete als Ortsvorsteher im Ortsteil Rohrbach.

Die Randlage im äußersten Zipfel des Landes und die Zollschranken gegenüber Bayern schwächten lange Zeit Handel und Produktion. Erst mit dem Zollverein und schließlich dem Anschluss an das Eisenbahnnetz (1874) besserte sich die Wirtschaftslage. Ein Verschönerungsverein mühte sich um die Förderung des Fremdenverkehrs, legte Wanderwege an und schmückte den Hausberg Schwarzer Grat mit einem Aussichtsturm. Während der Revolution 1918/19 bildete sich in Isny ein Arbeiterrat – doch der war kein Ausdruck revolutionärer Gesinnung, sondern ein Geschöpf der örtlichen Honoratioren, die das Gremium präventiv gründeten, um den Sozialdemokraten zuvorzukommen. Der Rat versprach denn auch, sich aus jeder Politik herauszuhalten und sich auf wirtschaftliche Fragen zu beschränken.

Größte Arbeitgeber in Isny sind heute die Wohnwagen- und Wohnmobilfabrik Dethleffs, der Jagdwaffenhersteller Blaser und die Waldburg-Zeil'schen Kur- und Rehakliniken. Eine private Fachhochschule bildet Chemiker, Pharmazeuten und Physikingenieure aus.

Westallgäu und bayerischer Bodensee → Karte S. 196

Stadtgarten und Espantor

Wir beginnen den Stadtrundgang (→ S. 235) am **Kurhaus.** Auf der Nordseite des Gebäudes erinnert das charmante **Gartenhaus** an die Zeit, als die rein protestantische Bürgerschaft der Reichsstadt Isny gerne billige Mägde und Dienstboten aus dem (katholischen) Umland rekrutierte, diese aber nicht innerhalb der Stadt wohnen ließ. Für sie errichtete man in den Gärten vor den Stadtmauern einfache Häuschen. Neben dem Gartenhaus befindet sich ein von Jägerzaun und Buchsbaumhecken umzingelter Bauerngarten mit allgäutypischen Nutzpflanzen.

Blaserturm mit Hallgebäude

Zwischen Gartenhaus und Straße plätschert die Ach. Flussab knarrt am Ende des Parks das Mühlrad der **Unteren Mühle.** Das als Begegnungsstätte genutzte Gebäude sieht zwar aus wie die alte Klostermühle, ist aber ein Neubau aus den 1970er-Jahren.

Zwischen Ach und Stadtmauer erstreckt sich der **Kurpark.** Rentner flanieren, Jugendliche knutschen und blödeln, Enten tummeln sich auf den Weihern. Auf dem **Käsbrückle** überqueren wir den Graben und betreten die Altstadt. Früher wurden hier die zentnerschweren Käselaibe nach Isny gerollt. Auf der Innenseite der Stadtmauer kann man den Wehrgang erklettern. Rechts passieren wir den **Speicherturm,** einen Backsteinbau mit Kegeldach, der zeitweise als Kerker diente. Das **Espantor** hat seinen Namen von einem altertümlichen Wort für Allmende, jenes Land in gemeinschaftlichem Besitz, das dereinst alle Stadtbürger als Weide nutzen durften. In diesem Torturm mit unregelmäßigem, trapezförmigem Grundriss präsentieren während der Sommermonate Künstler aus der Region in wechselnden Ausstellungen ihre Arbeiten (Mi–Sa 15–18, So 11–17 Uhr).

Marktplatz

Im Zentrum des Platzes erhebt sich der **Blaserturm,** in dessen Turmstübchen ein Wächter nach Feind und Feuer Ausschau hielt. Das an den Turm gebaute **Hallgebäude** mit seinem Arkadengang diente den Kaufleuten als Lager und Handelsort. Hier prüfte auch der städtische Leinwandschauer die Qualität und Menge der auf den Markt gebrachten Leinwand. Auf der Westseite birgt das nach dem Isnyer Reformator Paul Fagius benannte **Paul-Fagius-Haus** noch Bauteile des mittelalterlichen Spitals, nämlich die Gewölbedecke des Saals (im Erdgeschoss links) und Fresken mit biblischen Szenen, die jetzt etwas deplatziert oben an der Treppenhauswand prangen.

An der Nordostecke des Marktplatzes steht das von einem Storchennest gekrönte **Rathaus**. Im Rahmen von Führungen oder für Trauungen öffnet sich der historische Sitzungssaal mit seiner prächtigen Holzkassettendecke und dem mit Sinnsprüchen und Szenen der biblischen Jakobsgeschichte geschmückten Kachelofen (1695) aus der Winterthurer Werkstatt von Abraham Pfau. Unter den Erkerfenstern prangen Steinplatten mit den Familienwappen des Johannes Albrecht (nämlich Samson, der dem Löwen das Maul aufreißt) und seiner Ehefrau Susanna, geborene Wachter (mit dem Wachturm als Wappen). Der als einfacher Gastwirtssohn in Leutkirch geborene Johannes Albrecht (1637–1706) herrschte nach einer Bilderbuchkarriere über ein europaweites Handelsimperium. Das ursprünglich gotische Haus brachte seine Frau, Tochter eines Isnyer Bürgermeisters, in die Ehe ein. Die Albrechts modernisierten das spätere Rathaus nach barockem Zeitgeschmack und ließen beispielsweise den Erker anfügen, ihre Erben verkauften den Bau 1733 an die Stadt. In den 1970er-Jahren wurde das Rathaus dann wiederum modernisiert und erweitert, indem man das Albrechtsche Haus durch einen neuen, historisierenden Mitteltrakt mit dem Haus Wassertorstraße Nr. 5, einer ehemaligen Peitschenfabrik, verband.

Rund ums Schloss

Begeben wir uns nun durch die Wassertorstraße zum **Wassertor,** in dem heute ein Museum untergebracht ist, und zur Nikolaikirche. Ihre Außenmauern und die Rundbogenarkaden des Langhauses stammen noch von einer gotischen Pfeilerbasilika (1288), der spätgotische Chor und der Turm wurden im 15. Jahrhundert angefügt. Dem Innenraum stiften Holzkassettendecke, die hölzerne Wandtäfelung und das Gestühl einen Hauch von Gemütlichkeit. Die Ausrichtung der Bänke nicht hin zum Altar, sondern zur Mitte des Raumes zeigt, dass für Isnys evangelische Christen Zürich näher lag als Wittenberg und dass man sich eher an Zwingli als an Luther orientierte. Ganz anders als die evangelische Kirche prunkt die frühere Klosterkirche **St. Georg und Jakobus** mit Rokokostuck und opulenten Fresken. In der mit einer bemalten Kassettendecke geschmückten Marienkapelle hängen Porträts der 48 Äbte des Isnyer Konvents. Obgleich innerhalb der Mauern einer evangelischen Stadt gelegen, war die Klosterkirche zugleich Pfarrkirche für die katholischen Landbewohner.

Das **Schloss**, wie die Isnyer es nennen, war als Benediktinerkloster Keimzelle und Herz der Stadt. Sein Status als nur dem Kaiser untergebene Reichsabtei rettete den Konvent über die Reformation. Das Ende kam erst 1803 mit dem Reichsdeputationshauptschluss, als Isny samt Kloster an die Grafen von Quadt-Wykrat fiel, die so für ihre an Napoleon verlorenen Territorien im Rheinland entschädigt wurden. 1942 verkaufte die Familie das Schloss an die Stadt Stuttgart. Diese richtete hier, wohl angesichts des drohenden Bombenterrors für die Zentren Hitlerdeutschlands, eine Außenstation des Stuttgarter Bürgerhospitals ein, die nach dem Krieg als medizinsch-geriatrische Abteilung weitergeführt wurde. 1996 stand das Schloss erneut zum Verkauf. Der Stadt Isny war's zu teuer, eine Bürgerstiftung sprang in die Bresche und richtete eine Kunsthalle ein.

Museen und Ausstellungen

Stadtmuseum: Isnys Museum zur Stadtgeschichte zieht um. Früher im Mühlturm zu Hause, wird es nun im Schloss eingerichtet und soll im Sommer 2020 mit einer neu konzipierten Dauerausstellung wieder eröffnet werden. Eine Besonderheit des alten Museums war seine akribisch rekonstruierte Münzwerkstatt. Besucher konnten sich

Westallgäu und bayerischer Bodensee → Karte S. 196

hier mit der tonnenschweren Presse ein Andenken prägen.

Wassertormuseum: Als ehemaliges Stadtgefängnis bietet der im 13. Jahrhundert errichtete Torturm interessante Einblicke in die Gedankenwelt der Häftlinge. Die an den Wänden hinterlassenen Kritzeleien und Kalenderstriche lassen vor allem auf Langeweile schließen. Sehr lange war allerdings niemand hier, 38 Striche haben wir im Höchstfall gezählt. Die oberen Stockwerke widmen sich der Geschichte der Feuerwehr. Außerdem werden eine Schusterwerkstatt und eine Ausstellung zu den abenteuerlichen Anfängen des Wintersports gezeigt. Ganz oben, von der Türmerwohnung aus, hat man einen herrlichen Blick über die Stadt bis hinüber zur Adelegg.

■ Nur mit Führung, Mai bis Okt. Sa 14 Uhr. Eintritt 3 €.

Prädikantenbibliothek: Der Konstanzer Domherr Johannes Guldin stiftete 1462 seiner Vaterstadt Isny eine Predigerstelle (Prädikatur) „zu underwisung des wegs zu der ewigen sälikeit“. Für seine Arbeit sollte dem Prediger eine Bibliothek zur Verfügung stehen, die bald ihren Platz im Turm der Nikolaikirche fand. Durch eine schwere, handgeschmiedete Tür an der nördlichen Chorwand betritt man einen schmalen Gang, an dessen Ende eine steile Treppe erklommen werden muss, um in die über der Sakristei eingerichtete Bibliothek zu gelangen: ein etwa fünf mal fünf Meter messender Raum mit freskengeschmücktem Kreuzgewölbe und Terrakottafliesen im Bienenwabenmuster, in der Mitte ein Tisch mit Teppich – ganz so, wie man ihn 1475 eingerichtet hatte. Nur die an den Eisenringen angebrachten Hängeregale wurden bald durch Stehregale ersetzt, alle prall gefüllt mit alten Büchern. Die als „bibliothekarisches Gesamtdenkmal“ geschützte Predigerbücherei enthält zahlreiche Handschriften, Inkunabeln und Frühdrucke, darunter Schriften von Luther und Melanchthon, die Schedel'sche Weltchronik (1493) oder den Weltatlas (1571) des flämischen Kartografen Abraham Ortelius.

■ Führungen Ostern bis Okt. Mi 10.30 Uhr und erster Samstag im Monat 14 Uhr. Anmeldung bei der Tourist-Information oder beim Pfarramt. www.isny-evangelisch.de.

Kunst im Schloss: Die *Kunsthalle* zeigt auf zwei Etagen eine Werkschau des in Isny geborenen Malers, Buchillustrators und Filmemachers Friedrich Hechelmann – ein Meister des Lichts, der seinen Durchbruch mit *Zwerg Nase* hatte, für Michael Ende *(Momo)* und Cornelia Funke *(Geisterritter)* arbeitete und gerne zarte Engelsgestalten malt. Ein einführender Film macht mit dem Werk und der Persönlichkeit des Künstlers vertraut. Dazu schmücken etwa 60 hochwertige Repliken antiker Marmor- und Bronzeskulpturen die Gänge und Hallen – die Originale stehen in Museen in aller Welt, um sie zu sehen, müsste man weit reisen. Das *Refektorium*, der ehemalige Speisesaal der Mönche, wird heute als Veranstaltungssaal genutzt. Dahinter findet man im *Innenhof* als weitere Attraktion ein Ensemble Hechelmannscher Bronzeplastiken aus der Mythen- und Fabelwelt. In der ehemaligen Remise des Schlosses präsentiert die *Städtische Galerie* wechselnde Kunstausstellungen.

■ Mi–Fr 14–18 Uhr, Sa/So 11–18 Uhr. Eintritt 5 €. www.hechelmann.de.

Rotmoos

Nordwestlich von Isny füllen im Naturschutzgebiet Bodenmöser zwischen den landwirtschaftlich genutzten Flächen mehrere Moore und Heideflächen eine flache Senke. Bis ins 19. Jahrhundert entsorgte die Stadt hier über den Stadtbach ihre Abwässer, sodass die stadtnahen Flächen, wenn man sie nur richtig entwässerte, ein gut gedüngtes Ackerland abgaben. Der Rotmoosweg, eine hinter dem Kurhaus beginnende Birkenallee, führt ins Moor. Tafeln am Wegrand informieren über Tiere und Pflanzen. Wer bis zum Segelfluggelände geht und sich unmittelbar davor links Richtung Bodenmühle hält, kann den Spaziergang zu einer gut einstündigen Rundwanderung durch die Moorlandschaft ausdehnen.

Eistobel

Rauschende Wasserfälle, unheimliche Strudellöcher, wuchtige Steinblöcke, gewaltige Felswände und im Winter eine kalte Schönheit wie im Lande der Eishexe von Narnia – dieses Naturwunder sollte man sich nicht entgehen lassen. Seit 1884 führt ein gut gesicherter Pfad durch die 3,5 Kilometer lange Schlucht, die am Ende der letzten Eiszeit als Abflussrinne eines Schmelzwassersees entstand. Im Schatten eines mächtigen Waldes aus Ahornbäumen, Buchen, Eschen und Ulmen tauchen flinke Wasseramseln nach Insektenlarven und Kleinkrebsen, tummeln sich Forellen und flirren farbenprächtige Libellen. Einen Vorgeschmack vermittelt der einführende Film, der im Infopavillon am Haupteingang zur Schlucht gezeigt wird.

▪ Zugang von der Argentobelbrücke zwischen Maierhöfen und Grünenbach, 7 km südlich von Isny. Eintritt 2,50 €, www.eistobel.de. Etwa in der Mitte der Schlucht Ausstiegsmöglichkeit für Rundwanderung (2 Std.) zurück zum Infopavillon. Bei Schnee und Eis sollte man die Schlucht nur mit Schuhspikes begehen.

Schloss Rimpach

Das von Joseph Anton Feuchtmayr 1754 geplante Jagdschloss der Grafen von Waldburg-Zeil an der Landstraße nach Leutkirch ist nur von außen zu besichtigen. Die Straße führte früher mitten durch den Torturm hindurch, der die beiden Gebäudeflügel verbindet. Die Schlosskapelle ist immerhin zu Gottesdiensten geöffnet.

Winterzauber am Eistobel

Adelegg

Die Adelegg ist ein waldreiches und kaum besiedeltes Mittelgebirge zwischen Isny und Kempten. Ihr höchster Gipfel, der Schwarze Grat (1119 m ü. NN), ist zugleich der höchste Berg in Württemberg. Durch die Adelegg führen zahlreiche Forstwege, das Gebiet eignet sich damit eher für Mountainbike- als für Wandertouren. Einstiege sind von Isny aus Großholzleute oder das Tal der Kurklinik Überruh, von der man auf dem Rotwildlehrpfad etwa eine Stunde zum *Schwarzen Grat* läuft. Dort warten ein Aussichtsturm mit Panoramatafel, Picknickbänke und ein Spielplatz. Bei klarer Luft sieht man oben vom Turm in der Ferne den Bodensee glänzen. Eine knappe Stunde läuft man vom Gipfel nach Eisenbach (→ S. 203), 20 Minuten sind es zur *Alpe Wenger Egg*, einer bewirtschafteten Alm am Raggenhorn, die im Sommer Vesper und eigenen Käse verkauft.

Alttrauchburg

Die gut erhaltene Burgruine Alttrauchburg thront auf einem Bergsporn unter dem Sonneck. Bis ins 20. Jahrhundert stand sie inmitten von Almwiesen, heute führt die Anfahrt durch einen monotonen Nadelwald. 1306 erwarben die Truchsesse von Waldburg die Burg, nach einer Erbteilung wurde sie Stammsitz der Trauchburger Nebenlinie des Hauses Waldburg. Im 18. Jahrhundert gab die inzwischen gräfliche Familie die abgelegene Burg auf, viele Steine wurden zum Bau von Schloss Neutrauchburg ins Tal geschleppt. Heute ist die Burgruine mit Gaststätte und ritterlichem Spielplatz ein beliebtes Ausflugsziel. Im August trifft man sich zum Burgfest.

■ Anfahrt von Isny über Kleinweiler (B 12). Burgführungen von Mitte Juli bis Anfang Sept. Mi 15 Uhr. Gaststätte Ostern bis Okt. Mi–So 11–20 Uhr, www.burggaststätte-alttrauchburg.de.

Basis-Infos

Information **Isny Marketing.** Unterer Grabenweg 18 (Umzug ins Hallgebäude geplant), ✆ 075262/975630, www.isny.de. Mo–Fr 9–12.30/14–17 (Mai bis Okt. durchgehend), Sa 10–12 Uhr. www.ferienregion-allgaeu.de.

Baden **Waldbad.** Von einer Quelle gespeister Badesee, bewirtschaftet vom angrenzenden Campingplatz. Mitte Mai bis Sept., bei Badewetter ab 10 Uhr, Eintritt 2,50 €. Lohbauerstr. 59, Isny, www.waldbad-camping-isny.de.

Gesundheitswelt Überruh. Hallenbad mit Saunalandschaft und medizinischer Wellness. Bolsternang-Überruh. Okt. bis April Mo–Fr 17–22 Uhr, Sa/So 15–22 Uhr; Mai bis Sept. tägl. 17–22 Uhr. Einlass bis 20.30 Uhr. Tageskarte 14 €. www.gw-ueberruh.de.

E-Bike- und Fahrradverleih **Radladen.** St.-Lukas-Weg, Neutrauchburg, ✆ 0176 4702 2200, www.radladen.org.

Einkaufen Do vormittags **Wochenmarkt** in der Fußgängerzone (Wassertorstraße).

Käseladen. Verkaufsstelle der Lindenberger Käserei Baldauf. Sa nachmittags zu. Beim Blaserturm, Bergtorstr. 6.

Käsküche Isny. Biokäse aus eigener und fremder Herstellung, ein paar andere ausgesuchte Lebensmittel aus der Region ergänzen das Sortiment. Mo–Fr 9–12.30/14–18.30, Sa 9–14, So 14–18 Uhr. Maierhöfener Str. 78, www.kaeskueche-isny.de.

Feste/Veranstaltungen Mitte Juni **Isny-Oper-Festival,** Oper ohne Schwellenangst auf der Freilichtbühne vor dem Diebsturm, www.isny-oper.de. Anfang August **Theaterfestival** mit Kleinkunst, Poetry und Musik im Zelt am Burgwanger Baggersee, www.theaterfestival-isny.de. Im August Isnyer **Töpfermarkt** im Kurpark. Ende Sept. **Schwarzer-Grat-Berglauf** für Läufer und Mountainbiker, auch der Bürgermeister rennt mit, www.isny-berglauf.de.

Führungen Unter dem Motto „Isny erzählt Geschichte" von Juni bis Mitte Sept. jeden Sa 9.30 Uhr **Stadtführung** ab Kurhaus. Darüber hinaus diverse **kulturelle Führungen** und **Naturexkursionen** im Angebot. www.isny.de.

Kino **Neues Ringtheater.** Lindauer Str. 2, www.kino-isny.de.

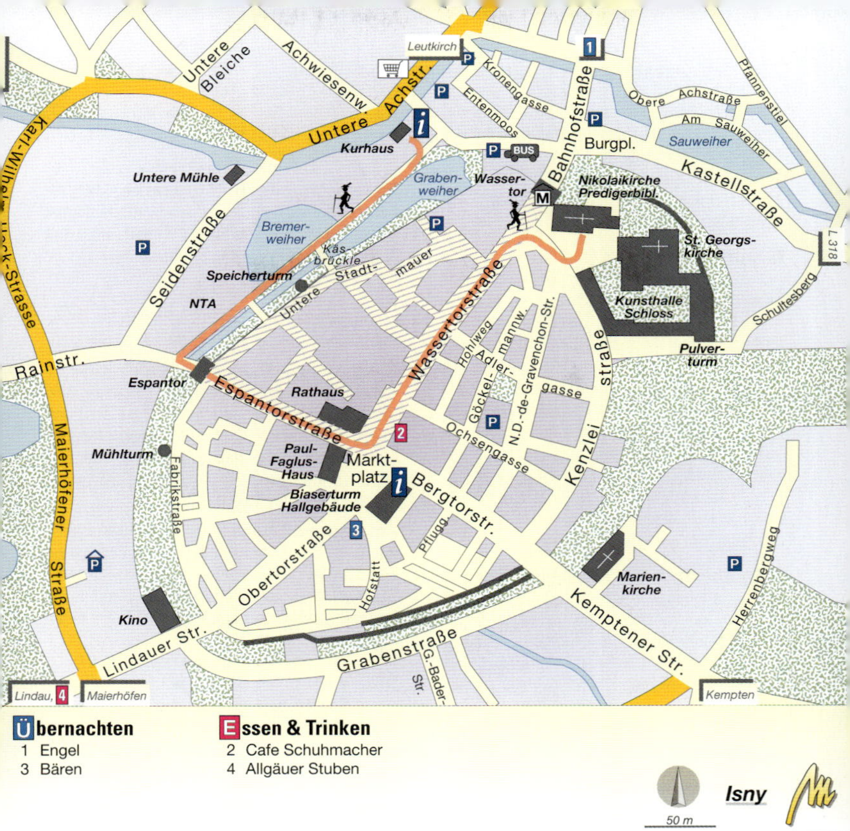

Radwandern In Isny startet der **Allgäu-Radweg** über Weitnau nach Kempten auf der alten Bahntrasse, die durch Christian Wagners Kultfilm „Wallers letzter Gang" bekannt wurde. Im weiteren Verlauf geht die Route über Marktoberdorf nach Schongau. Für den Rückweg nach Isny kann man dann den **Bodensee-Königssee-Radweg** (www.bodensee-koenigssee-radweg.de) nehmen.

Wintersport Isny hat seine **Langlaufloipen** vom Deutschen Skiverband zertifizieren lassen und darf sich deshalb „Nordic Aktiv Zentrum" nennen. Im Winter werden geführte **Schneeschuhtouren** auf die Adelegg anboten (Termine bei der Tourist-Information). Die **Sprungschanzen** am Hasenberg trainieren selbst im Sommer Anfänger und Profis – ein Erlebnis auch für die Zuschauer.

Übernachten

Hotels/Gasthöfe **Schloss Neutrauchburg.** Das Rokoko-Amtshaus der Grafschaft Waldburg-Zeil-Trauchburg wurde zum Hotel und Tagungszentrum umgebaut. Geräumige Zimmer mit Marmorbädern, Frühstücksterrasse, gepflegter Park mit altem Baumbestand. DZ 160–180 €. Schlossstr. 11, Neutrauchburg, ✆ 07562/9756460, www.schloss-neutrauchburg.de.

Engel **1** Zehn geräumige, helle und behaglich eingerichtete Zimmer, WLAN, nunmehr in der vierten Generation von Brauerfamilie Stolz geführt. Restaurant (Mi/Do Ruhetag) mit Allgäuer Spezialitäten. DZ 90–110 €. Bahnhofstr. 36, Isny, ✆ 07562/971510, www.engel-isny.de.

Bären **3** Ein Gasthof mit Tradition: Schon 1599 soll hier Herzog Friedrich von Württemberg auf einer Romreise Quartier genommen haben. 23 renovierte und neu ausgestattete Zimmer mit TV und Internetzugang. Freundlicher Service, gute Küche. Restaurant Di Ruhetag. DZ 95–110 €. Obertorstr. 9, ✆ 07562/2420, www.baeren-isny.de.

Krone. Eine Oase der Entschleunigung gleich neben der Kirche von Maierhöfen. Zimmer im modernen Landhausstil, teilweise mit Himmelbett und Südbalkon. Spa-Bereich mit Hallenbad, Sauna, Massage, Garten mit Kneipp-Pfad. Das Restaurant serviert regionale und saisonale Küche: vom Bodenseefelchen über Käseschmankerl bis zur Maultaschenvariante „Schlutzkrapfen". LandZunge-Betrieb (→ S. 291), ausgezeichnet von Gault Millau und Feinschmecker. Hauptgericht bis 20 €, Halbpension möglich. Restaurant Mo–Sa ab 14.30, So 11–14.30 Uhr. DZ 120–210 €. Kirchweg 2, Maierhöfen, ✆ 08383/254, www.naturlandhaus-krone.de.

Sontheim. Kleiner, gepflegter Familienbetrieb in Alleinlage etwas außerhalb von Maierhöfen (6 km von Isny). Relativ große Zimmer, neue Bäder, WLAN, Spielplatz; Halbpension möglich. Im Restaurant (Mo Ruhetag) gibt's Damwild aus eigener Zucht. Gut für Familien, Wanderer und Radler. DZ 125–140 €. Reute 7, Maierhöfen, ✆ 08383/202, www.gasthof-pension-sontheim.de.

Ferienwohnungen Sternfärbe. Vier Ferienwohnungen im historischen Baudenkmal einer früheren Färberei. Aufenthaltsraum mit Kreuzgewölbe, moderne Ausstattung kontrastiert mit antiken Möbeln, Garten am Bach. Auch Einzelapartments. FeWo 2 Pers. 60–80 €. Kronengasse 8, ✆ 07562/9708900, www.urlaub-im-baudenkmal-isny.de.

Camping Waldbad. Am Federholzweiher 20 Gehminuten vom Stadtzentrum. Einfacher Platz ohne Dauercamper, auch Mietcaravans und Bungalow. Badeplatz, WLAN, Fahrradverleih. März bis Okt. geöffnet. 2 Erw. mit Stellplatz 30 €. Lohbauerstr. 59, ✆ 07562/2389, www.waldbad-camping-isny.de.

Am Badsee. Einsam und ohne Busanschluss inmitten von Feldern und Weiden an einem kleinen See. Parzellierte Wiesenplätze mit Baumbestand, überwiegend Dauercamper. Die Betreiber bewirtschaften gleichzeitig einen Bauernhof. Mitte April bis Okt. 2 Erw. mit Stellplatz 25 €. Almisried 1, Isny-Beuren, ✆ 07562/1026, www.campingbadsee.de.

Essen & Trinken

→ Karte S. 235

Allgäuer Stuben **4** Im Hotel Hohe Linde, leichte frische Gerichte für Feinschmecker und Liebhaber der traditionellen Küche. Terrasse, Showküche. Chef Karl-Heinz Rimmele ist Mitglied bei der Küchenmeistergilde Eurotoques, Tochter Susanne gibt ihr Können in Kochkursen weiter. Hauptgericht bis 25 €. Mo–Sa ab 17 Uhr. Lindauer Str. 75, ✆ 07562/97597, www.hotel-hohe-linde.de.

Bäckerei/Café Schuhmacher **2** Hell und modern eingerichtetes Café, sonnige Außenplätze in der Fußgängerzone. Auch Vesper, Salate und warme Gerichte bis 10 €. Probieren Sie die mit Ziegenkäse überbackenen Semmelknödelscheiben an knackigem Salat. Tägl. 7–19 Uhr. Wassertorstr. 4.

Landhotel zur Grenze. Gourmetküche in gemütlichem Landhotel. Freundlich, familiär – bei Rainers fühlt man sich gut beraten und aufhoben. Auch rustikale Gästezimmer. Hauptgericht um 25 €, Menü 40–75 €. Mo ganztags und Dienstag mittags Ruhetag. 2 km außerhalb an der Maierhöfener Straße. ✆ 076562/975510, www.landhotel-zur-grenze.de.

mein Tipp **Adler.** Nein, hier soll nicht der Honoratiorentreff in Isnys Wassertorstraße empfohlen werden, sondern der Adler im Ortsteil Großholzleute. Errichtet wurde das urdeutsche Gasthaus um das Jahr 1500 als Amtshaus mit Gerichtslaube, war es während des Bauernkrieges Versammlungsort der aufständischen Bauern. Später befand sich hier eine Posthalterei. Zu den illustren Gästen zählten Kaiserin Maria Theresia und ihre Tochter, die später von den französischen Revolutionären enthauptete Marie Antoinette. Im Herbst 1958 las Günter Grass hier vor der Gruppe 47 erste Auszüge aus seinem noch unvollendeten Roman „Die Blechtrommel". Allgäuer und italienische Küche. Tägl. ab 11.30 Uhr, im Winter reduziert. Hauptstr. 27, Großholzleute, ✆ 07562/6239674.

Berggasthof Haldenhof. Innen urig und gemütlich, außen schöne Terrasse mit Blick ins Voralpenland. Große Portionen, Klassiker sind Kässpätzle oder Schnitzel mit Kartoffelsalat. Spielecke. Hauptgericht bis 25 €. Mo/Di/Fr ab 14 Uhr, Do ab 17 Uhr, Sa/So ab 12 Uhr, Mi Ruhetag. Neutrauchburg, 5 km außerhalb an der L 265, ✆ 07562/9816364, www.haldenhof-isny.de.

Lindenberg

11.000 Einw., 780 m ü. NN

Oben und zugleich mittendrin in herrlicher Voralpenlandschaft punktet Lindenberg mit Käse, Hüten und viel Sonnenschein. Es laden Spaziergänge oder das Bad im Waldsee, und wenn das Wetter einmal nicht mitspielt, ab ins Hutmuseum.

Der Luftkurort in meistens nebelfreier Höhenlage rühmt sich als „sonnenreichste Gemeinde Bayerns" – ein hart umkämpftes Prädikat, das manchen Urlauber lockt, das allerdings auch der Nachbarort Scheidegg beansprucht. Hier misst Meteomedia, dort der Deutsche Wetterdienst, und so gibt es im Duell der Sonnenkönige eben mehrere Sieger.

Als Lintiberc wurde Lindenberg erstmals in einer Urkunde von 857 erwähnt. Gegen Ende des Mittelalters etablierten sich die Habsburger als Landesherren, erst 1814 kam das zuvor vorarlbergische Städtchen zu Bayern. Als Wahrzeichen gilt die neubarocke **Pfarrkirche St. Peter und Paul** mit ihren Zwillingstürmen an der Eingangsfront und einem dritten, eigenartig gestauchten Zwiebelturm über dem Chor. Lokalpatrioten nennen das vom Münchner Architekten Franz Rank geplante Gotteshaus „Dom des Westallgäus". Der vom Wasser eines angrenzenden Moors gespeiste **Waldsee** ist das bevorzugte Naherholungsgebiet der Lindenberger. Ein Freibad lädt zum Schwimmen und Faulenzen, es gibt ausgeschilderte Wanderwege und einen Naturlehrpfad durchs Moor.

Nach der Überlieferung haben einst Lindenberger Pferdehändler die Kunst des Strohflechtens und Hutnähens aus Italien mitgebracht. Bald wurde Lindenberg zu Europas **Strohhutmetropole.** Die in Heimarbeit hergestellten Strohhüte wurden von Hausierern und auf

Im Westallgäuer Dom

Westallgäu und bayerischer Bodensee → Karte S. 196

Die Lindenberger Cowboys

Der König Jörg sei der Erste gewesen, meinen die einen. Nein, nein, der König Franz Josef habe damit angefangen, meinen die anderen. Und wieder andere sagen, schon lange bevor der Urahn dieses Geschlechts der Großbauern, Wirtsleute und oft genug auch Bürgermeister in den Ort gekommen sei, hätten die Lindenberger Pferde nach Italien gebracht. Im 18. Jahrhundert wurde dies für viele Familien zu einem einträglichen Broterwerb, denn dank ihrer guten Verbindungen zu Kunden wie Lieferanten hatten die Lindenberger Pferdehändler ein Beinahe-Monopol auf den transalpinen Pferdehandel. Teams aus vier oder fünf Männern reisten nach Norddeutschland und brachten von dort vielleicht zwei Dutzend Pferde zurück nach Lindenberg. Dort wurden die Tiere neu beschlagen und der Trupp rüstete sich für die Alpenüberquerung. Nach insgesamt zweimonatiger Wanderung traf der Treck endlich in Mailand ein, wo die Abnehmer der Lindenberger Cowboys saßen. So schnupperten auch einfache Bauernburschen und Viehtreiber die Luft der großen weiten Welt. Das Ende der Pferdetrecks brachte die Eisenbahn, die Lindenberg ins Abseits stellte. 1868 soll die letzte Pferdekarawane nach Italien aufgebrochen sein.

Märkten in ganz Europa vertrieben. Um 1900, zur Blütezeit der Hutfabrikation, produzierten die Heimarbeiter an 1500 Nähmaschinen etwa vier Millionen Hüte pro Jahr. Heute, da Hüte ziemlich außer Mode sind, sind die Lindenberger Strohhüte weitgehend Erinnerung, die etwa das örtliche Hutmuseum pflegt. Die Firma *Mayser*, Deutschlands größter und Lindenbergs letzter Huthersteller, hat immerhin noch Atelier und Qualitätskontrolle vor Ort, produziert ihre Kopfbedeckungen inzwischen aber im Ausland. Und dann ist da noch der alle zwei Jahre gefeierte **Huttag**, an dem eine Jury auch die deutsche Hutkönigin wählt.

Eingerichtet ist das **Hutmuseum** in einem vom Stuttgarter Industriearchitekten Philipp Jakob Manz (1861–1936) entworfenen Produktionsgebäude mit Kesselhaus der früheren Hutfabrik Reich, einst der bedeutendste Arbeitgeber der Stadt. Die Hutherstellung, Lindenberg als Stadt der Hüte und die wechselnde Hutmode sind die drei großen Themen der Dauerausstellung. Diese begrüßt uns mit der Installation einer Almwiese, über die ab und an ein Hut fliegt. Ein Glaskubus führt die Entstehung eines Huts filmisch vor Augen; ringsumher vermitteln Maschinen und Vitrinen Technik- und Industriegeschichte, die anhand der erzählten Lebensschicksale von Fabrikherren und Arbeiterinnen personalisiert werden. Im oberen Geschoss kreist das Thema Hutmode, angefangen mit den „Scheuklappen" der Biedermeier-Damen bis zu Bauhelm und Reinraummaske, um Anja Luithles Installation *Huttornado*, der als Wirbel weißer Hüte im Raum aufsteigt. Zum Abschluss dürfen Frauen wie Männer erproben, welche Kopfbedeckung ihnen am besten steht – gar nicht so einfach, den passenden Hut zu finden.

▪ Museumsplatz 1, www.deutsches-hutmuseum.de. Di–So 9.30–17 Uhr, Eintritt 6 €.

Bekannt ist Lindenberg zudem durch seinen **Käse** – man wundert sich, dass die Stadt kein Käsemuseum besitzt. Im 19. Jahrhundert waren die Käsehändler noch vor den Hutfabrikanten die größten Steuerzahler. Neue Verfahren erlaubten es damals, die Käseherstellung von den Almen ins Tal zu holen. Emmentaler war angesagt, zur Reife und Lagerung der zentnerschweren Laibe wurden große Käsekeller angelegt, denn es gab ja noch keine elektrischen Kühlaggregate. Dann kam der Schmelzkäse. Ältere erinnern sich noch an den in Lindenberg produzierten Schmelzkäse Marke *Velveta* oder die gleichfalls aus dem Hause Kraft stammenden *Scheibletten*, die in der verschwenderischen Kombination mit Schinken, Ananas und Cocktailkirsche als Toast Hawaii ein Symbol der Wirtschaftswunderjahre waren.

Die **Allgäuer Käsestraße** ist keine touristische Route von A nach B, sondern ein ganzes Netz von Radwegen zwischen Wangen, Isny, Oberstaufen und Scheidegg. Im gleichnamigen Verein (www.allgäuer-käsestrasse.de) haben sich Sennereien, Hofläden und Gastwirte zusammengeschlossen, um die Direktvermarktung von Käse und Milchprodukten mit einem naturnahen Tourismus zu verbinden.

Der Käsereibesitzer Reinhard Kohler brachte nach dem Ersten Weltkrieg die in der Schweiz entwickelten Kniffs und Techniken zur Produktion dieser auch ohne Kühlung gut haltbaren Käse nach Lindenberg. Aus den *Kohler-Werken* wurde eine Produktionsstätte von *Kraft Foods*, über die Zwischenstation *Bayernland* gehört die Lindenberger Käsefabrik inzwischen dem weltweiten Marktführer *Schreiber-Rupp*. Noch immer im Besitz der Gründerfamilien ist hingegen der im Nachbarort Heimenkirch heimische Käsekonzern *Hochland*, der unter anderem McDonald's

Kneipe im Industriedenkmal Kesselhaus

beliefert. Neben der schieren Masse produzieren Lindenbergs Käsereien auch Klasse: Die Firma *Baldauf* lässt in ihren Kellern handwerklich gefertigte Rohmilchkäse reifen.

Die Dynastien der Pferdehändler, Hutfabrikanten, Käserei- und „Realitätenbesitzer", oft genug miteinander versippt und verschwägert, haben sich auf dem **Alten Friedhof** an der Aureliuskirche prächtige Grabmäler geschaffen.

Praktische Infos

Information **Tourist-Information.** Im Hutmuseum, Museumsplatz 1, ✆ 08381/9284310, www.lindenberg.de. Di–So 9.30–17 Uhr. www.westallgaeu.de.

Anfahrt Mit dem **Rad** schweißarm auf dem Bahntrassenradweg vom Bahnhof Röthenbach. Bergziegen hingegen wählen die Auffahrt (Steigung bis 15 %) vom Bahnhof Heimenkirch über den Nadenberg.

Ausgehen **Bleifrei.** Trendiger Club mit Nachtcafé auf zwei Etagen, Fr/Sa ab 22 Uhr. Hauptstr. 3, www.bleifrei-lindenberg.de.

Baden **Freibad Waldsee** (20 Gehminuten vom Stadtzentrum). Mit Beachvolleyball, Kinderspielplatz und Restaurant/Café. Eintritt frei.

Hallenbad, Am Mühlbach 6, Mo–Mi, Fr 15–21 Uhr, Sa/So 10–15.30 Uhr, Eintritt 3 €, Sauna 8 €. Das in die Jahre gekommene Bad soll 2020 abgerissen und durch einen Neubau ersetzt werden.

Einkaufen **Wochenmarkt.** Sa vormittags.

Mayser Kopfdeckungen. Bismarckstr. 4, www.mayser-kopfbedeckungen.de, Werksverkauf, auch Udo Lindenberg deckt sich hier regelmäßig mit Kopfbedeckungen ein.

Baldaufs Käs- und Weinkeller. Goßholz 5, www.baldauf-kaese.de, Mo–Fr 8.30–12.30/14.30–18 Uhr, Sa nur vormittags.

Schaubrennerei Fink. Heimen 78, Opfenbach, www.schaubrennerei-fink.de. Verkauf (auch online) von edlen Obstbränden, Schaubrennen nach Anmeldung Juni bis Okt. Mi 10–16 Uhr. ✆ 08385/1226.

Feste/Veranstaltungen **Simon- & Judamarkt,** 27./28. Okt., sowie **Maimarkt** Mitte Mai, beide mit Ständen und Fahrgeschäften. **Huttag**, Anfang Mai, mit Oldtimertreffen, Hutmodenschau, Wahl der Hutkönigin. **Käse- und Gourmetfestival,** am letzten Augustwochenende. **Kulturtage im Kesselhaus,** Ende Sept., mit Kleinkunstprogramm. **Westallgäuer Kunstausstellung,** Ende Oktober im Löwensaal, mit Malerei, Plastik und Fotografie.

Führungen **Brauereibesichtigung** mit Verkostung beim Meckatzer Löwenbräu, ✆ 08381/50412, www.meckatzer.de, Termine auf der Webseite, Eintritt mit Kostprobe 9 €.

Kino **Neues Krone Kino.** Hauptstraße Ecke Bahnhofstraße, ✆ 08381/2500, www.kino-lindenberg.de. Immer am dritten Donnerstag im Monat zeigt der Filmclub „Filmriss" einen besonderen Streifen.

Wintersport **Eisplatz.** Kunsteisbahn zum Schlittschuhlaufen, Hockey und Eisstockschießen, im Winter tägl. ab 14 Uhr. Am Waldsee, ✆ 08381/83476, www.eisplatz-lindenberg.de.

Hotels/Gasthöfe **Hotel Waldsee.** Das schon etwas ältere, aber renovierte Hotel mit Flair liegt direkt am Waldsee – nehmen Sie unbedingt ein Zimmer zur Seeseite. Eher kleine, liebevoll eingerichtete Zimmer, WLAN, gutes Restaurant. DZ 100–125 €. Austr. 41, ✆ 08381/92610, www.hotel-waldsee.de.

Lindenberger Hof. Inhabergeführtes Hotel im Zentrum. Man hat die Wahl zwischen dem Haupthaus und den etwas besser ausgestatteten Komfortzimmern im Neubau. Das Frühstücksbüfett lässt keine Wünsche offen. WLAN, kostenlose Parkplätze. DZ 100–135 €. Hauptstr. 50, ✆ 08381/3040, www.lindenbergerhof.de.

Ferienwohnungen **Rittler.** Zwei komfortable und gemütlich eingerichtete Fewos für 2–4 Pers. Wohnküche, Sat-TV, Fitness- und Spieleraum, Sauna, schöner Garten mit Pool und Grill. 2 Pers. 65–75 €/Tag. Hauptstr. 34, ✆ 08381/890119, www.ferienwohnung-rittler.de.

Camping **Alpenblick.** Am Südhang von Lindenberg, auch Bungalows. Mit Streichelzoo, Spielplatz, ein alter Burggraben dient als Badeteich, kleine Gaststätte. Ganzjährig geöffnet. 2 Erw. und Stellplatz 25 €/Tag. Schreckenmanklitz 18, 88171 Weiler, ✆ 08381/3447, www.camping-alpenblick.de.

Essen & Trinken **Bacalau.** Im Waldsee-Hotel. Wie der Name verspricht, verwöhnt Küchenchef Bodo Hartmann die Gaumen vor allem mit Fisch und mit Meeresfrüchten, dazu mit Pastagerichten und Salatkreationen. Hauptgericht bis 25 €. Mo Ruhetag. Austr. 41, ✆ 08381/92610, www.hotel-waldsee.de.

Kesselhaus. Italienische Küche ohne Pizza, dafür ergänzt um ein paar Allgäuer Spezialitäten. Riesige Portionen, Blickfang im Lokal ist ein alter Dampfkessel der Hutfabrik Reich. Hauptgericht bis 20 €. Di–So ab 11 Uhr. Museumsplatz 1, ✆ 08381/9282555.

Kura Kura. Multikulturelle Speisen wie Rösti und Nudelpfannen, Thaicurry, indonesische Gerichte, leckere Salate und Pizzen. Zu trinken gibt's außer Wein und Bier auch Cocktails, Teespezialitäten und Lassi. Außenplätze für warme Abende. Mo Ruhetag. Löwenstr. 1, ✆ 08381/5122.

Bäckerei Schwarz. Bäckerei mit Café, auch So geöffnet. Mo–Fr preiswerter Mittagstisch. Hauptstr. 28 (Hutmacherplatz).

Scheidegg

4.200 Einw., 804 m ü. NN

Der Heilklima- und Kneippkurort auf dem Pfänderrücken imponiert mit tollen Ausblicken über den Bodensee bis zu den Alpengipfeln: ein Volltreffer für Wanderer und andere Naturfreunde.

Die Tradition Scheideggs als Erholungsort reicht zurück bis in Kaisers Zeiten, als eine Stichbahn von Röthenbach (an der Bahnstrecke München – Lindau) die ersten Sommerfrischler brachte. Der Kurbetrieb begann mit dem Bau der **Prinzregent Luitpold-Kinderheilstätte** (1916), die sich bis heute der Rehabilitation von Kindern, Jugendlichen und jungen Erwachsenen verschrieben hat. Unter dem Etikett **glutenfreies Scheidegg**, einem bundesweit wohl einmaligen Angebot glutenfreier Kost in Restaurants und Gasthöfen, umwirbt Scheidegg seit einigen Jahren die wachsende Zahl der an Zöliakie Erkrankten, die keine Getreideerzeugnisse mehr vertragen.

Neben Urlaubern und Kurgästen beherbergt Scheidegg auch manchen Pilger, da ein Zweig des Münchner Jakobswegs, von Kempten kommend, durch Scheidegg und dann weiter nach Bregenz führt. In der Ortsmitte ruft die **Pfarrkirche St. Gallus** die Pilger zu einer besinnlichen Pause. Ihr in den 1880er-Jahren von Ludwig Glötzle, dem angesehensten Kirchenmaler seiner Zeit, ausgeschmückter Innenraum imitiert den Rokokostil.

An einem Regentag empfiehlt sich der Besuch des Scheidegger **Handwerkermuseums „Heimathaus“**, sollte es denn geöffnet sein. Neben den Werkstätten von Küfer, Korbmacher, Schindelschnitzer und anderen vergessenen Gewerken sieht man eine Wohnung von anno dazumal und ein altes Schulzimmer.

▪ Führungen erster und dritter So im Monat sowie jeden Mi 10 Uhr. Eintritt 3 €.

An der Bundesstraße nach Lindau hegt Scheideggs **Reptilienzoo** Krokodile, heimische wie exotische Schlangen, Echsen, Schildkröten und Spinnengetier. Ein großzügiges Terrarienhaus sorgt dafür, dass man die Tiere auch in der kühleren Jahreszeit zu Gesicht bekommt.

▪ An der B 308. Sa–Do 10–18 Uhr, Okt./Nov./Febr./März nur bis 17 Uhr, Dez./Jan. geschlossen. Eintritt 8 €. www.reptilienzoo-scheidegg.com.

In unmittelbarer Nähe der Reptilienshow stürzt sich in den **Scheidegger Wasserfällen** der Rickenbach über zwei

Naturschauspiel Scheidegger Wasserfall

Stufen 40 Meter hinab, um sich dann weiter seinen Weg in die wildromantische Rohrachschlucht zu suchen. Kinder freuen sich an einem kleinen Streichelzoo und dem Wasserspielplatz, dessen Geräte mit der nahezu vergessenen Wasserhebetechnik eines „Hydraulischen Widders" gespeist werden. Als Außenstandort der Lindauer Landesgartenschau (2021) soll das Gelände aufgewertet werden. Auch im Winter ist die Eiswelt der dann frei zugänglichen Wasserfälle ein Erlebnis.

▪ April bis Okt. tägl. 9–19 Uhr, bei schlechtem Wetter geschlossen. Eintritt 2 €.

Oberhalb der Prinzregent-Luitpold-Klinik kommt man auf dem **Skywalk Allgäu** dem Himmel etwas näher. Der an Stahlstützen zwischen und über die Baumkronen gehängte Weg eröffnet neue Blicke auf den Wald und die Berge. Dank eines Fahrstuhls kann man den mit Holzplanken belegten Abschnitt des Hochwegs auch mit Kinderwagen oder Rollstuhl meistern; ein anderer, durch Hindernisse erschwerter Abschnitt und die abschließende Röhrenrutsche erfordern allerdings Beweglichkeit. Unten am Boden warten noch Naturlehrpfad und Abenteuerspielplatz.

▪ Vom Parkplatz an der Prinzregent-Luitpold-Klinik ausgeschildert, ca. 10 Gehminuten; von Scheidegg 45 Gehminuten. April bis Okt. tägl. 10–18 Uhr, Einlass bis 17 Uhr; im Winter reduziert bzw. geschlossen. Eintritt 11 €. www.skywalk-allgaeu.de.

Information **Scheidegg-Tourismus.** Rathausplatz 8, ☏ 08381/89555, www.scheidegg.de. Mo–Fr 9–17 Uhr; im Sommer auch Sa 10–12 Uhr.

Baden **Alpenfreibad.** Am Ortsausgang Richtung Scheffau. Ein von Quellwasser (ohne Chlor) gespeistes Naturbad, das Becken ist ein ausbetonierter See. Parkähnlich angelegte Liegewiese mit Palmen und Sträuchern, Kinderbecken mit Rutsche, Spielplatz. Bewirtung, schöner Ausblick. Bei Badewetter tägl. 9–19 Uhr. Eintritt 3,50 €.

Einkaufen **Sennerei Böserscheidegg.** Käse und Fassbutter direkt von der Genossenschaft. Tägl. 7.30–18.30 Uhr (Sa/So Mittagspause 12–16 Uhr). Böserscheidegg, www.kaeserei-boeserscheidegg.de.

E-Bike-Verleih **Sport Hauber.** Blasenbergstr. 8, www.sport-hauber.de. Tägl. 9–17 Uhr.

Feste/Veranstaltungen **Fasnacht** mit Umzug und Rathaussturm, im Februar. Reiterprozession **Wendelinsritt,** zweiter Sonntag im Oktober.

Führungen **Geführte Wanderungen** bietet nahezu täglich das Tourismusbüro, mittwochs z. B. zur **Sennerei Böserscheidegg** mit Besichtigung und Verkostung. Die Termine findet man auch im Veranstaltungskalender.

Reiten **Erlebnisponyhof Rief.** Mit kleinem Tierpark und Abenteuerspielplatz. Im Sommer tägl. 13–17 Uhr, Reiten ohne Voranmeldung. Denzenmühle 3, Nähe Freibad, ☏ 08381/83680, www.erlebnisponyhof.de.

Übernachten **Landhotel Herzberger.** Wenige Gehminuten vom Ortszentrum, Zimmer ausgestattet mit Vollholzmöbeln, Sofa, Balkon/Terrasse, WLAN. Wellnessbereich mit Sauna. DZ 100–160 €. Bräuhausstr. 28, ☏ 08381/2563, www.haus-herzberger.de.

Zum Hirschen. Über dem Restaurant (siehe unten) individuell und stilsicher gestaltete Fremdenzimmer. DZ 130–140 €. Kirchstr. 1 (neben der Kirche), ☏ 08381/2119, www.gasthaus-zumhirschen.de.

Ferienhof Hölzler. Bauernhof am Ortsrand Scheidegg, vier moderne Fewos mit je zwei Schlafzimmern und gut ausgestatteter Küche. Eine Wohnung ist speziell für Familien mit Kleinkindern eingerichtet. Leseecke, Spielplatz, Grill, Liegewiese. 50–80 €/Tag. Hochberg 46, ☏ 08381/82196, www.ferienhof-hoelzler.de.

Pilgerzentrum. Deutschlands erste von der evangelischen Kirche getragene Pilgerherberge. 18 Betten in Schlafsälen, Frühstück. Anmeldung unter ☏ 0151/54875791. www.pilgerzentrum-scheidegg.de.

Essen & Trinken **Fünfländerblick.** Ein Tipp für Schönwettertage. Gutbürgerliche Küche (Rind, Schwein, Fisch), auch glutenfrei, im Winter gemütliches Kaminfeuer. Hauptgericht bis 25 €. Mo Ruhetag. Am Blasenberg 12, ☏ 08381/1609, www.fuenflaenderblick.de.

Zum Hirschen. Familie Stöckeler serviert neben gutbürgerlichen Klassikern auch Saisongerichte, täglich wechselnde Allgäuer Spezialitäten und spezielle Kinderangebote. Hauptgericht bis 20 €. Di/Mi Ruhetag. Kirchstr. 1 (neben der Kirche), ☏ 08381/2119, www.gasthaus-zumhirschen.de.

Weiler-Simmerberg 632/752 m ü. NN

Eine Dreifachgemeinde auf zwei Etagen: Im oft nebelverhangenen Tal der Rothach liegt der lebendige Hauptort Weiler, auf einem Höhenrücken mit Alpenblick die Ortsteile Simmerberg und Ellhofen. Aufgeräumte Bauernhäuser werben mit Blumenschmuck um Feriengäste.

Reizvolle Wanderziele um Weiler sind etwa die wildromantische **Hausbachklamm** oder der **Enschenstein** (47°33'21''N 9°54'31''O), eine Ansammlung von bis zu 20 m hohe Nagelfluhfelsen, die nahezu senkrecht aus dem umliegenden Sandstein ragen. Heimatforscher fanden hier Spuren einer vorkeltischen Wohnstatt. Den Besuch des **Erratischen Blocks** kann man sich dagegen getrost sparen: Der von einem Eiszeitgletscher über 65 km weit aus den Bergen „angeschleppte" Findling wurde als Steinbruch ausgeschlachtet, seine gewaltige Größe bezeugt inzwischen nur noch ein riesiges Loch.

Für Regentage empfiehlt sich das **Westallgäuer Heimatmuseum** im ehemaligen Gasthof Löwen. Es zeigt auf vier Etagen die Lebenswelt von anno dazumal mit einer komplett ausgestatteten Küche, Wohn- und Schlafstuben, einen Tante-Emma-Laden und die frühere Gaststube des Löwen. Wir sehen Gebrauchsgegenstände aus Haus und Hof sowie Gemälde und Skulpturen. Auch das Haushandwerk der Strohhutfertigung hat seinen Platz. In der Nachbarschaft, Hauptstraße 13, nutzt der Heimatverein das 1791 als Kornspeicher gebaute **Kornhaus** für Sonderausstellungen und Veranstaltungen.

Heimatmuseum, Hauptstr. 2, Weiler, Mi 10–12/14.30–21 Uhr. Eintritt 3 €, www.westallgaeuer-heimatmuseum.de.

Die **Pflanzenkundliche Schausammlung** geht auf den Weiler Botanikprofessor Carl Hummel zurück und zeigt in drei Schaufenstern je nach Jahreszeit blühende Pflanzen mit entsprechender Beschilderung sowie Pflege- und Haltungsanweisungen. Kern der Sammlung ist ein Herbarium heimischer Blüten und Pflanzen, sorgfältig getrocknet und auf Papierbögen gepresst. Fotos dokumentieren die heimische Tier- und Pflanzenwelt in ihren natürlichen Lebensräumen.

▪ Fridolin-Holzer-Str. 13, April bis Sept. Mo–Sa 9–17, So 11–17 Uhr. Eintritt frei.

Strudeltopf in der Hausbachklamm

Westallgäu und bayerischer Bodensee → Karte S. 196

Information **Tourist-Information.** Hauptstr. 14, ✆08387/39150, www.weiler-simmerberg.de. Mo–Fr 9–12.30/13.30–16.30 Uhr; im Sommer bis 17.30 sowie Sa 10–12 Uhr.

Anfahrt Mit dem **Rad** nach Weiler auf dem Bahntrassenradweg vom Bahnhof Röthenbach.

Baden **Freibad Weiler.** Kristinusstr. 71, mit Beachvolleyball, Kinderspielplatz und Restaurant/Café. Bei Badewetter tägl. 9–20 Uhr. Eintritt 4 €.

Das Weiler Dorffest

Einkaufen **Wochenmarkt.** Do nachmittags am Kirchplatz Weiler.

Hutfabrik Seeberger. Alois-von-Brinz-Str. 26, Weiler, www.seeberger-hats.com. Exklusive Hüte, Mützen und Accessoires direkt ab Fabrik. Mo–Fr 10–18 Uhr, Sa 10–16 Uhr.

Führungen **Brauereibesichtigung** mit Bierverkostung und „bayerischen Tapas" bei der Post Brauerei Weiler, Juni bis Sept. Di 10 Uhr für 16 €. Im Winter gibt's Anstich- und Zapfkurse für Thekenpersonal und Bürgermeister in spe. Anmeldung bei der Tourist-Information, ✆08387/39150, oder auf www.post-brauerei.de.

Käsereibesichtigung mit Verkauf bei der Sennerei Bremenried, Bregenzer Str. 96, Weiler, ✆08387/2658, www.kaese-bestellung.de, Juni bis Sept. Di 17 Uhr.

Übernachten **Tannenhof.** Ein elegantes Kur- und Sporthotel mit Badelandschaft, Beautyfarm, eigener Golfanlage, Squashcourt und dergleichen. DZ mit HP 230–320 €. Lindenberger Str. 33, Weiler, ✆08387/1235, www.tannenhof.com.

Zur Post. Das Hotel der Post Brauerei, mit gemütlicher Gaststube, einfache Zimmer mit TV, WLAN und kleinem Schreibtisch. DZ 110–130 €. Fridolin-Holzer-Str. 4, Weiler, ✆08387/1070, www.postinweiler.de.

Wucherhof. Drei Ferienwohnungen in einem alten, blumengeschmückten Bauernhaus. Bio-Landwirtschaft mit Milch- und Mutterkühen, morgens kräht der Hahn. Fewo für 2 Pers. 60–70 €/Tag. Obertrogen 5, ✆08387/3192, www.wucherhof.de.

Essen & Trinken **Krone.** Nach Schließung der Traube ist das Traditionsgasthaus die beste Wahl am Ort. Allgäuer Küche, kompetente Bedienung. Hauptgericht bis 25 €. Sa mittags, Di ganztags geschlossen. Alte Salzstr. 50, Simmerberg, ✆08387/1046, www.krone-simmerberg.de.

Wanderung 10:
Hausbachklamm und Wildrosenmoos → S. 341

Sportliche Wanderung ohne technische Schwierigkeiten, Kondition erforderlich

Stiefenhofen

1800 Einw., 805 m ü. NN

Die ein Dutzend verstreute Weiler zählende Gemeinde gilt als das Allgäuer Kräuterdorf. Man wohnt auf einem Kräuterhof, speist beim Kräuterwirt, ist mit der Wildkräuterführerin unterwegs und erholt sich im Kräutergarten.

Auslöser der Kräuterwelle war Tilman Schlossers Projekt **Artemisia,** so benannt nach dem lateinischen Gattungsnamen des Gemeinen Beifußes und zugleich nach einer griechischen Göttin. Der über die Jahre gewachsene Landschaftsgarten (Eintritt frei) im Ortsteil Hopfen hat sich zu einem magischen Kraftort entwickelt, esoterische Schwingungen inbegriffen. Mit seinen Bäumen, Blumen, Bächlein, Bänken, mit Skulpturen und natürlich mit dem Duft und Augenschmaus von allerlei Heil- und Gewürzkräutern verführt er zum Flanieren, Verweilen und Genießen. Ein Teehaus lädt ein, die Kräuteraufgüsse zu kosten, im Laden kann man die Mischungen dann erstehen, auch Seminare und Führungen werden angeboten.

Im Ortsteil Genhofen, fast schon in Rufweite von Oberstaufen, verdient die wohl im 14. Jahrhundert gebaute **Kirche Sankt Stephan** einen Besuch (tagsüber geöffnet). Genhofen liegt an der alten Salzstraße von Hall (Tirol) zur Handelsstadt Lindau. Um die beschwerliche Steigung Hahnenschenkel (Training für Bergradler!) bewältigen zu können, spannten die Fuhrleute beim Genhofer Schmied weitere Zugtiere vor, ließen Hufeisen erneuern und beteten in St. Stephan um ihr Seelenheil. Statt eines Kerzleins oder einer Gabe in den Opferstock spendeten sie jene Hufeisen, mit denen die Tür zur Sakristei beschlagen ist. Auch der Schmied zeigte sich spendabel. Sein Familiensymbol – Fachleute nennen es Hausmarke –, ein Hakenkreuz wie es später auch die Nazis benutzten, weist ihn als Stifter mehrerer Wandmalereien aus. Manche dieser schlichten, oft ornamentalen Fresken in Rot und Schwarz erinnern an Höhlenmalereien. Eligius, der Heilige der Schmiede mit einem hufeisenbeschlagenen Pferdefuß auf dem Arm, wacht im rechten Flügel des vom Kemptener Meister Adam Schlanz 1523 geschaffenen Hauptaltars über das Gotteshaus.

Information **Gästeamt.** Hauptstr. 16, ✆ 08383/7200, www.stiefenhofen.de. Mo–Do 9–12 Uhr, Fr 9–12/15–18 Uhr; im Sommer auch Sa 9–12 Uhr.

Einkaufen **Kräutergarten Artemisia.** Hopfen 29, www.artemisia.de, verkauft Tees, Wild- und Gartenkräuter, Räucherwerk, Honig. Mi–Fr 14–18 Uhr, Sa/So 10–18 Uhr.

Übernachten **Rössle.** Wohnen beim Kräuterwirt, die Zimmer von alt bis italienisch ganz unterschiedlich eingerichtet, mit Spielecke und kinderfreundlichem Garten, DZ 90–120 €. Restaurant angeschlossen (siehe unten). Hauptstr. 14, Stiefenhofen, ✆ 08383/92090, www.roessle.net.

Kräuterlandhof Baur. Bauernhof mit Ferienwohnungen im Haupthaus oder im separaten Gästehaus, Kühe, Kräutergarten und Stube mit Kräuter- und Gesundheitsliteratur. Fewo 2 Pers. 65–80 €. Hopfen 8, ✆ 08386/2190, www.ferienhof-baur.de.

Essen & Trinken **Rössle.** Beim Kräuterwirt trifft der Gourmet in urigem Ambiente auf den Bauern von nebenan. Axel Kulmus verfeinert Bodenständiges und kreiert köstliche Kräutergerichte wie etwa Heublumensüppchen oder die Brennnesselschupfnudeln. Kräutermenü 45 €, Mi Ruhetag. Hauptstr. 14, Stiefenhofen, ✆ 08383/92090, www.roessle.net.

Lindau

25.000 Einw., 401 m ü. NN

Weil Lindau nicht am Bodensee, sondern wirklich auf einer Insel im Bodensee liegt, erfand der den Schwaben wohlgesonnene Geograf Sebastian Münster in seiner „Cosmographia Universalis" (1544) für Lindau die Bezeichnung „schwäbisches Venedig". Ein Vergleich, der den Lindauern natürlich schmeichelte und den sie seither hochhalten.

Mit der Lage im Wasser ist aber die einzige Gemeinsamkeit mit Venedig schon genannt. Kanäle, die Lindau bis ins 19. Jahrhundert in drei Inseln unterteilten, sind längst zugeschüttet und überbaut. Paläste sucht man ebenso vergeblich wie den Hauch des Verfalls, der die Lagunenstadt durchzieht. Lindau ist eine schwäbisch-bayerische Bürgerstadt. Schwäbisch (proper und geputzt) von seiner Geschichte und den Menschen her; und bayerisch, weil seit Napoleon auch Bayern seine Schwaben hat.

Im Jahr 1848, als in München die Revolution tobte und Ludwig II. zum Rücktritt zwang, kaufte das Königshaus eine Erholungsvilla am See. Acht Jahre später kam dann der aus acht Tonnen Kelheimer Marmor gehauene bayerische Löwe auf seinen Thron an die Hafeneinfahrt. „Der Löwe von Lindau", schrieb Bezirksheimatpfleger Alfred Weitnauer, „sitzt aufrecht und gemütlich. Man sieht ihm an, dass er keinen anderen Gedanken zu hegen scheint als: ‚Mei Ruah will i ham.' Natürlich hätte das Bild bayerischer Friedfertigkeit auch durch einen schlafenden Löwen zum Ausdruck gebracht werden können. Zum Schlafen aber ist in diesem Fall die Lage zu exponiert und die Aussicht zu schön. Der Löwe weiß das."

Trotz des gewaltigen Besucherstroms hat Lindau seinen Charme bewahrt. Das Städtchen verkraftet die vielen Gäste ohne Identitätsverlust und ohne sich von dieser Einnahmequelle korrumpieren zu lassen. Das wirkt sympathisch. Lindau ist nicht großkopfert – trotz seiner Nobelpreisträger-Tagungen, die Studenten und Nachwuchswissenschaftlern regelmäßig den Kontakt zu den Größen ihrer Fächer vermitteln, und trotz seiner Psychotherapiewochen, die *der* Fachkongress sind, an dem in der Branche niemand vorbeikommt. Die Mischung aus biederem Bürgertum, intellektueller Weitläufigkeit und schöner Lage auf einer Insel im See macht Lindau zwar nicht zum „Schwäbischen Venedig", aber doch zu einer erlebenswerten Stadt.

Stilvollste Ankunft ist natürlich per Schiff und dann muss die Altstadt „erlaufen" werden. Was Freude macht, weil sie weitgehend autofrei ist. Und wer tatsächlich mit dem eigenen Wagen kommt, lässt diesen besser auf dem Festland. Auf dem Inselparkplatz ist nur selten ein Plätzchen frei und mit der für 2021 geplanten Gartenschau wird der Parkraum noch weiter schrumpfen.

Stadtgeschichte

Ob die Römer schon die Insel als Stützpunkt nutzten, ist historisch nicht gesichert. Im festländischen Stadtteil Aeschach jedoch fand man die Spuren einer römischen Villa, die wohl im Zusammenhang mit der römischen Siedlung Brigantium (Bregenz) stand. Die Lindauer Stadtgeschichte begann mit einer Fischersiedlung am heutigen Schrannenplatz und einem Chorfrauenstift. Dieses wurde der Legende nach 810 von einem Grafen als Dank für seine Rettung aus Seenot gegründet. Die Chorfrauen waren adelige Damen, die

Lindau, Marktplatz mit Neptunbrunnen und Stephanskirche

ohne monastisches Gelübde ein gemeinschaftliches religiöses Leben führten, aber auch ihre eigenen Wohnungen und Bediensteten haben durften.

Der Name Lindoua (Insel, auf der Linden wachsen) wird erstmals in einer Sankt Galler Urkunde von 882 genannt. Zwischen Kloster und Fischerdorf entwickelte sich ab dem 11. Jahrhundert eine **Kaufmannssiedlung.** Mit dem Ausbau des Nordhafens (Paradiesplatz), der Neuanlage des Südhafens und dem Bau von Lagerhäusern wurde Lindau zum Umschlagplatz für Waren von nah und fern. Im 13. Jahrhundert erreichte es den privilegierten Status einer Freien Reichsstadt und konnte somit eigene Steuern eintreiben und Gesetze erlassen. Die Äbtissinnen des Stifts führten ab 1466 den Fürstentitel und sahen sich als mindestens gleichrangig mit der Stadt – eine besonders nach der Reformation konfliktträchtige Konstellation, als das weiterhin katholische Stift mit dem jetzt protestantischen Stadtregiment um Weinberge, Patronatsrechte und sogar um den richtigen Kalender stritt. Lange durften die Lindauer jedes Kirchenfest gleich zweimal feiern, denn das Stift bestimmte die Feiertage nach dem gregorianischen Kalender, während die Stadt an dem auf Julius Cäsar zurückgehenden julianischen Kalender festhielt.

Seine Blütezeit erlebte Lindau im 15./16. Jahrhundert durch den Handel mit der Schweiz und Italien. Die **Lindau-Mailänder-Botenanstalt** beförderte von Augsburg über die Bodenseestadt Geschäftsbriefe, Geld und Waren in die oberitalienische Wirtschaftsmetropole, Lindauer Spediteure brachten Tiroler Salz und oberschwäbisches Getreide in die Schweiz. Im Mittelpunkt des politischen Geschehens stand Lindau, als 1496/97 im Großen Saal des Rathauses der **Reichstag** stattfand. 1802 endete die Reichsfreiheit und die Stadt ging samt dem Stift an Karl August von Bretzenheim, den unehelichen Sohn des bayerischen Kurfürsten und Bruder der vorletzten Äbtissin. Zum Glück musste der Kurfürst, der eigens zur Versorgung von Karl August die Herrschaft Bretzenheim erworben und diesem dazu das üppig dotierte Amt eines Großpriors der Malteserritter verschafft hatte, nicht mehr erleben, wie sein Sprössling Lindau alsbald ausgerechnet an Bayerns Erzfeind Österreich abtrat. Napoleon, dem das auch missfiel, griff mit dem Frieden von Pressburg (1805) korrigierend ein und übertrug die Bodenseestadt an **Bayern.**

Um die Mitte des 19. Jahrhunderts entwickelten sich Lindau und sein Vorort Bad Schachen dann zur Bayerischen Riviera, an der Adel und Großbürgertum ihre Villen bauten. Der Anschluss an das bayerische Eisenbahnnetz über einen eigens aufgeschütteten Damm (1854) und der repräsentative Ausbau des Seehafens begünstigten den Fremdenverkehr.

Deutschlands südlichster Leuchtturm

Als erste bayerische Stadt hatte Lindau in den 30er-Jahren des vergangenen Jahrhunderts einen nationalsozialistischen Oberbürgermeister, als eine der letzten Städte Deutschlands wurde es am 30. April 1945 von den Nationalsozialisten befreit und als Korridor zwischen den französischen Besatzungszonen in Deutschland und Österreich (Vorarlberg, Tirol) den Franzosen zugeschlagen. Die erst 1955 aufgehobene Sonderstellung als **französisches Bayern** gab Lindau gleichsam den Rang eines Bundeslandes und damit die Verfügung über Zölle und Verbrauchssteuern – eine Insel des Wohlstands im ausgebluteten, hungernden und frierenden Nachkriegsdeutschland.

Vom Hafen zum Rathaus

Knapp 5 Mio. Euro spendiert der Freistaat Bayern der Stadt für die Aufwertung der **Hinteren Insel**, also des Geländes zwischen Bahngleisen und See. Autofahrer mögen bedauern, dass damit der größte Parkplatz der Insel entfällt. Zum kleinen Teil wird er zu Grünanlagen im Rahmen der Gartenschau 2021, zum großen Teil aber mit Wohngebäuden überbaut, so wie auch das mit der Verlegung des Fernbahnhofs weg von der Insel in den Stadtteil Reutin überflüssig gewordene Gleisfeld.

Noch ist die künftige Nutzung des markanten **Bahnhofsgebäudes** ungewiss. Das architektonische Kleinod, noch von der Königlich Bayerischen Staatseisenbahn als repräsentatives „Tor zu Bayern" und mit großer Gastronomie geplant, wurde 1913–1922 in einem Stilgemisch aus Späthistorismus und Jugendstil errichtet. Werfen Sie auch einen Blick in den *Marmorsaal* auf der Seeseite des Bahnhofs. Die künftige Nutzung des über die Jahre systematisch vernachlässigten Bahnhofsgebäudes ist noch offen.

Am Nordende des Bahnhofsplatzes findet man im früheren Postgebäude das **Kunstmuseum am Inselbahnhof.** Während dem Umbau des Stadtmuseums zeigt Lindau hier seine großen Sommerausstellungen mit Kunst der Klassischen Moderne. Wir sind gespannt, was nach Picasso, Chagall, Miró, Matisse, Nolde, Klee, Macke und Hundertwasser der nächste große Name sein wird.

▪ April bis Sept. tägl. 10–18 Uhr, Eintritt 9 €. www.lindau.de.

Einen guten Blick auf den **Seehafen** hat man von der Dachterrasse des trendigen Bahnhofslokals. Der **Mangturm** wurde ursprünglich als Leuchtturm und Teil der Stadtbefestigung errichtet. Ein Rapunzelzopf wirbt für die regelmäßig im Turm veranstalteten Märchenstunden. Auf den Molenköpfen thronen der **Bayerische Löwe** und Bayerns einziger und zugleich Deutschlands südlichster **Leuchtturm.** Wer die 139 Stufen im Neuen Leuchtturm erklimmt, wie er in Abgrenzung zum Mangturm auch heißt, wird mit tollem Ausblick auf den See, die Berge und die Lindauer Altstadt belohnt und bekommt als Dreingabe noch eine humorvolle Ausstellung über den See und die Schifffahrt zu sehen.

Neuer Leuchtturm, April bis Sept. tägl. 11–18 Uhr, geringer Eintritt.

Mit dem **Augustin-Brunnen** vor dem Lindauer Hof ehrt Lindau nicht wie das Volkslied jenen legendären Wiener Bänkelsänger, sondern die literarische Figur des Spieldosenmachers Augustin Sumser, die Horst Wolfram Geißler mit seinem Roman „Der liebe Augustin" geschaffen hat. Geißler dichtet seinem Augustin ein Liebesverhältnis mit der jungen Fürstäbtissin Friederike von Bretzenheim an, das aber dank Eifersucht und Staatsraison nicht lange währen durfte. Die echte Friederike hingegen trat aus dem Stift aus, um einen von ihr erwählten Grafen zu ehelichen, dem sie dann acht Kinder gebar.

Der Lindauer Löwe

Der **Reichsplatz** war früher Lindaus Fischmarkt. Auf dem 1884 anlässlich des zwanzigjährigen Thronjubiläums von Ludwig II. erbauten **Lindavia-Brunnen** wacht Lindavia, eine die Stadt symbolisierende Verwandte der Germania, mit Krone auf dem Haupt, Steuerruder in der einen und Lindenzweig in der anderen Hand. Die anderen Bronzefiguren am Brunnen verkörpern die Erwerbszweige Fischerei, Garten- und Weinbau, Schifffahrt und Ackerbau.

Ihr ernstes, wenn nicht sorgenvolles Antlitz wendet Lindavia der Rückfront des **Alten Rathauses** zu, einem spätgotischen Bau aus den Jahren 1422–36. Er bekam im Historismus eine bunte Wandbemalung, deren Bilderfolge Ereignisse aus der Stadtgeschichte darstellt. In den früheren Markthallen im Erdgeschoss sind heute das Stadtarchiv und die 1538 gegründete **Ehemals Reichsstädtische Bibliothek** (ERB) zu Hause. Ein klimatisierter Glaskubus schützt die in schweren Holzregalen aufgereihten fast 13.000 Bände, darunter

Westallgäu und bayerischer Bodensee → Karte S. 196

Der Lindauer Reichstag

Im Alten Rathaus tagte 1496/97 der von Kaiser Maximilian einberufene Lindauer Reichstag, dem zu präsidieren seiner Majestät dann aber aufgrund von italienischen Kriegshändeln verwehrt blieb, sodass er sich durch Sohn Philipp vertreten ließ. Die Reichstände empfanden des Kaisers Abwesenheit als Affront und schickten deshalb auch Philipp wieder fort. Neben allerlei politischen Petitessen bestand der einzig folgenschwere Beschluss des Reichstags in der Aufhebung der kaiserlichen Schutzbriefe für die seit Beginn des Jahrhunderts neu im Reich aufgetauchten Sinti – der Beginn einer Verfolgung, die schlussendlich in die Gaskammern der Vernichtungslager mündete.

auch wertvolle Wiegendrucke, der größten historischen Rats- und Bürgerbibliothek am nördlichen Bodenseeufer. In wechselnden Ausstellungen liegen stets einige Bände zur Ansicht aufgeschlagen aus. Eine Informationswand bietet zudem Hintergrundwissen zur Geschichte der Stadt, ihres Rathauses und natürlich der ERB.

Am Alten Rathaus erzählen Bilder die Stadtgeschichte

▪ ERB, Reichsplatz, Anfang April bis Mitte Okt. Mi–So 14–18 Uhr, Eintritt frei. www.kultur-lindau.de.

Wir umrunden das Alte Rathaus, entdecken auf der Nordseite noch einen hübschen Renaissance-Treppengiebel und eine Uhr, die von den Wappen der Patriziergeschlechter, zwei Meerjungfrauen und einem Engel mit Habsburger Doppeladler gerahmt wird. Demgegenüber verblasst das barocke **Neue Rathaus,** das täglich um 11.45 Uhr mit einem Glockenspiel auf sich aufmerksam macht.

Maximilianstraße und Schrannenplatz

Die von repräsentativen Bürgerhäusern mit Laubengängen und Erkern gesäumte **Maximilianstraße** ist die zentrale Ost-West-Achse der Stadt und ihre beliebteste Einkaufsmeile. Auf der Nordseite schräg gegenüber dem Neuen Rathaus imponieren die Häuser *Zur Brodlaube* (Nr. 26) und *Zur Guten Hoffnung* (Nr. 24) mit Arkaden und Treppenabgängen in die Kellergewölbe, die nun als Ladengeschäfte genutzt werden. Das Ensemble bis hin zum Haus

Wegelin zum Pflug, das sich auf seinem Eckgrundstück mit einem nur halben Giebel begnügt, gefiel schon Adolph von Menzel, der es 1895 skizzierte.

Am Schrannenplatz trägt der **Diebsturm** einen hübschen Spitzkegelhelm mit vier filigranen Ecktürmchen. Zusammen mit dem Turm der Peterskirche war er Teil der Stadtbefestigung. Die folgte hier einem Graben, der streckenweise noch als Straßenname fortlebt und damals die sogenannte Hintere Insel von der ummauerten Hauptinsel abtrennte. Die äußerlich unscheinbare **Peterskirche** wurde um das Jahr 1000 gebaut und zählt damit zu den ältesten Gotteshäusern am Bodensee. Sie ist heute Gedenkstätte für die Opfer von Krieg und NS-Gewaltherrschaft. Gegenüber dem Eingang an der nördlichen Langhauswand zeigt eine frühgotische Rötelzeichnung den Heiligen Christophorus. Rechts daneben sieht man zwei Bilderreihen mit Szenen aus der Passion Christi und darunter, weitgehend zerstört, eine dritte Reihe mit Begebenheiten aus dem Leben des Petrus. Die auf 1485–1490 datierten Fresken werden aufgrund ihrer Signatur oft Hans Holbein dem Älteren zugeschrieben, doch ist diese Zuordnung umstritten, zumal von Holbein keine anderen Fresken überliefert sind. Die Marienkrönung im Chor und die Szenen am Chorbogen (oben das Weltgericht) wurden 1521 von dem Lindauer Künstler Mathis Miller gemalt.

Rund um den Marktplatz

Die Gasse **In der Grub** ist die älteste Verbindung zwischen der früheren Fischersiedlung um den Schrannenplatz und dem Stift im Osten der Insel. Schon fast am Markt unterbricht die **Stadtfuge** als Neubau die historische Häuserzeile mit einer durchgehenden, im unteren Bereich nur durch horizontale Fugen gegliederten Glasfassade. Das transparente Haus füllt die an der schmalsten Stelle gerade mal drei Meter breite Baulücke mit einer Buchhandlung, die quer durch den Block bis zur Cramergasse reicht und dort in einen Altbau übergeht.

Irgendwie schräg (Maximilianstraße)

1079 soll es gewesen sein, als das Lindauer Kloster seinen Markt aus Sicherheitsgründen vom Aeschacher Festland auf die Insel verlegte und damit eine inzwischen über tausendjährige Markttradition begründete, denn noch immer werden jeden Mittwoch und Samstag vormittags auf dem **Marktplatz** Fisch, Fleisch, Käse, Obst und Gemüse feilgeboten. Zentrum des Platzes ist der gusseiserne, 1840 aufgestellte Neptunbrunnen. Auf der Westseite dominiert das **Haus zum Cavazzen.** Der schöne Barockbau (1728/29) mit seiner bemalten Fassade und dem ungewöhnlich hohen, geschwungenen Mansarddach wird von den Lindauern als „schönstes Bürgerhaus am Bodensee" gepriesen. Die einen sagen, der seltsame Name gehe auf die lombardische Familie da Cavazza zurück, andere sehen einen Zusammenhang mit „Kawertschen" genannten Geldverleihern, doch so genau weiß es keiner. Nicht minder seltsam als der Name des Hauses ist das über dem Eingang angebrachte Wappen der Hausherrenfamilie von Seutter mit seiner Abbildung eines eisernen Feuerkorbs. Das Haus wird nach Abschluss der laufenden Sanierung wieder das derzeit geschlossene Stadtmuseum aufnehmen.

Auf der Ostseite des Markts, also dem Haus zum Cavazzen gegenüber, steht die evangelische **Stephanskirche.** Um 1180 vermutlich als dreischiffige Pfeilerbasilika errichtet, wurde die Kirche 1506 und 1781–83 entscheidend umgebaut. Im reformatorischen Bildersturm wurde die Ausstattung zerstört, der überbordende Prunk der Katholiken war nicht mehr gewünscht. Schließlich sollte sich der Kirchenbesucher auf die Predigt und nicht auf die Einrichtung konzentrieren. Bis heute ist die Stephanskirche eine Predigerkirche, in der die Sitzbänke auf die Kanzel, nicht auf den Altar ausgerichtet sind. Blickfang sind außer der Kanzel auch die bunt leuchtenden, von Adolf Kleemann gestalteten Chorfenster. Beachten Sie auch das Buntglasfenster links vom Südeingang, für das sich die Kirchengemeinde inzwischen auf einer Texttafel entschuldigt.

Nachdem beim großen Stadtbrand von 1728 das **Stift** in Flammen aufgegangen war, wurde der Barockbaumeister Johann Caspar Bagnato – er war auch Architekt von Schloss Mainau und vom Meersburger Neuen Schloss – beauftragt, die **Stiftskirche** (heute „Münster Unserer Lieben Frau") wiederaufzubauen. Das Ergebnis war eine

Casino Lindau, Treff für Glücksritter, Spielsüchtige und Geldwäscher

fast überladene Innenausstattung voll heiterer Beschwingtheit im Stil des Rokoko. Der 1752 fertiggestellte Neubau wurde mit Fresken von Giuseppe Ignazio Appiani und Stuckaturen von Georg Gigl verziert, die nach einem Dachstuhlbrand (1922) und dem Einsturz der Decke (1987) nur noch als Rekonstruktionen zu bestaunen sind. Im **Stiftsgebäude** arbeiten heute Amtsgericht und Dienststellen des Landratsamts. Der Rokoko-Saal mit den Deckenfresken von Franz Joseph Spiegler kann nur zu besonderen Anlässen besichtigt werden.

Den Block an der Nordostecke des Markts füllt das evangelische **Heilig-Geist-Spital,** ein Alters- und Pflegeheim. Am Ende der Schmiedgasse steht mit der **Heidenmauer** das Buckelquaderfundament eines alten Turms, der seit der Stauferzeit den Zugang zur Insel bewachte. Auf der anderen Straßenseite liegen der **Stadtgarten** und das 2000 neu erbaute **Casino.** Der **Maxhof** wurde 1804/1805 als Max-Josef-Kaserne gebaut, um das damals zu Österreich gehörende Lindau vor der Einverleibung nach Bayern zu schützen, ein letztlich vergebliches Unterfangen. In der **Alten Post** (Fischergasse 3) ging dereinst der *Mailänder Bote* aus und ein. Nur durch eine Passage gelangt man unter den Häusern hindurch zur **Gerberschanze.** Wie die anderen noch erhaltenen Schanzen rund um die Insel stammt sie aus dem 17. Jahrhundert und sollte die Insel vor einem österreichischen Angriff schützen.

Eine ehemalige Klosterkirche dient, völlig entkernt, als Hülle für das in den 1950er-Jahren eingerichtete **Stadttheater** – ein toller Saal ganz im Stil der Zeit mit gerundeten Balkonbrüstungen, Messingbeschlägen und bordeauxroten Polstern. Werfen Sie in der Vorstellungspause auch einen Blick auf die Bar! Nur für das Theaterpersonal sichtbar bleibt Mathis Millers Fresko *Das Jüngste Gericht*, das an der Südwand des Bühnenraums die Stürme der Zeit überstanden hat.

Bad Schachen

Eine gute halbe Stunde geht man von der Insel zum Nobelviertel Bad Schachen. Dem freien Zugang zum See, den die bayerische Verfassung der Allgemeinheit verspricht, stellen sich hier Zäune, Wachhunde und Sicherheitsdienste in den Weg, die die an den See anstoßenden Villengrundstücke hermetisch abschotten. Zugänglich ist immerhin das Gelände der Villa **Lindenhof** (Lindenhofweg 17), die der Kaufmann Friedrich Gruber 1840 errichten ließ und damit den Anstoß für die benachbarten Villen von Hochadel und Großbürgertum gab. Im Haus hat die katholische Friedensbewegung Pax Christi ein Friedensmuseum eingerichtet (siehe oben). Der herrliche, vom Lenné-Neffen Maximilian Friedrich Weyhe im englischen Stil geplante Landschaftspark lädt zu Spaziergängen ein, auch ein Badeplatz findet sich.

Friedensräume: Das von der katholischen Friedensbewegung Pax Christi getragene Museum in der Villa Lindenhof versteht sich als interaktiver Museumsraum zur Psychologie des Friedens und zur zivilen Konfliktbearbeitung. Hier können Friedensgespräche geprobt und Drohgebärden studiert werden. Wir erleben Hörbeispiele zu „Musik und Gewalt", lernen das ABC der Konfliktverarbeitung kennen und erhalten Informationen zu den Gedenkstätten des deutschen Widerstandes sowie zur Geschichte der Friedensbewegungen. Zu den Ausstellungen gibt es ein umfangreiches Veranstaltungsprogramm, auch Filme werden gezeigt.

▪ Mitte April bis Mitte Okt. Di–Sa 10–17 Uhr, So 14–17 Uhr. Eintritt 3 €. Lindenhofweg 25, Bad Schachen, www.friedens-raeume.de.

Wasserburg

Die von Obstgärten umgebene Gemeinde ist eines der idyllischsten Fleckchen am Bodensee. Seit im 18. Jahrhundert der Graben zum Festland aufgefüllt wurde, steht die *Kirche St. Georg* mit ihrem hübschen Barockzwiebelturm auf einer Halbinsel. Auf dem die Kirche umgebenden Friedhof ruht Horst Wolfram Geißler, der dort seine letzte Ruhe finden wollte, wo sein Titelheld August Sumser („Der liebe Augustin") im Roman zu faulenzen und träumen pflegte. In Wasserburg wuchs auch der Schriftsteller Martin Walser auf. Die alte Wasserburg, die dem Ort seinen Namen gab, ersetzten die Grafen von Montfort im 16. Jahrhundert durch ein *Schlösschen*, das heute als Hotel genutzt wird. Nur ein paar Schritte sind es von Schloss und Kirche zum *Museum im Malhaus* im ehemaligen Gerichts- und Gefängnisgebäude. Hier erfährt man mehr über Ortsgeschichte und Hexenwahn, über Wasserburgs Dichter und die Bodenseefischerei.

▪ Museum im Malhaus Mai bis Okt. Mi–So 10.30–12.30 Uhr, Sa/So auch 14.30–17 Uhr. Geringer Eintritt. Halbinselstr. 77, www.museum-im-malhaus.de.

Nonnenhorn

Fünfzehn Torkel soll es in Nonnenhorn einmal gegeben haben. Die mächtigste dieser zentnerschweren Weinpressen steht nun als Denkmal auf dem Dorfplatz von Bayerns flächenmäßig drittkleinster Gemeinde. Im Weinbau werden die Nonnenhorner Lagen Seehalde und Sonnenbichl, wie auch die Lindauer Spitalhalde, bereits zum Weinbaugebiet Württemberg gerechnet. In Sachen Fischzucht gehen Bayern und Württemberg getrennte Wege: In Nonnenhorn leistet sich der Freistaat eine eigene Fischbrutanstalt, während das Land Baden-Württemberg seine Fischbabys im nahen Langenargen erbrüten lässt. Versuche, die jungen Felchen und Seeforellen weiß-blau beziehungsweise schwarz-gelb einzufärben, waren bislang nicht erfolgreich, und so lassen sich die einmal im See ausgesetzten Jungtiere dann auch nicht mehr zuordnen.

▪ Nonnenhorner Wein und Obstschnäpse kann man auch beim **Weingut Peter Hornstein,** Sonnenbichlstr. 5, zu günstigen Preisen bekommen. Weinlokal Juli bis Okt. tägl. ab 15 Uhr geöffnet. ✆ 08382/887570, www.peter-hornstein.de.

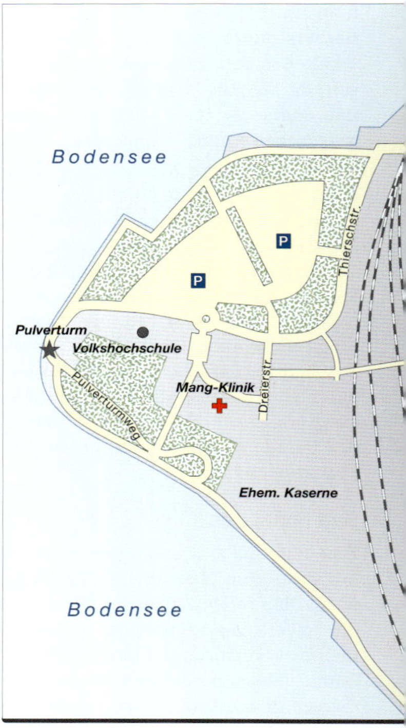

Basis-Infos

Information **Tourist-Information.** Alfred-Nobel-Platz (gegenüber dem Hauptbahnhof), ✆ 08382/260030, www.lindau.de. April bis Sept. Mo–Sa 10–18 Uhr, So 10–13 Uhr. Okt. bis März Mo–Fr 10–12/14–17 Uhr.

Verbindungen Gute Zugverbindungen aus dem Allgäu. Zusätzlich fährt von Juni bis Sept. Mo–Sa morgens ein RVA-Bus von Oberstdorf über Oberstaufen nach Lindau und spätnachmittags zurück.

Baden **Aeschacher Bad** Das 1911 erbaute Badehaus steht auf 99 Pfählen mitten im See und ist vom Festland über einen Steg erreichbar. Das beschauliche, für Kinder wenig geeignete Nostalgiebad wird von einem Verein getragen, Gäste sind aber willkommen. Lotzbeckweg.

Seebad Lindenhof Im gleichnamigen Park, ohne Badeaufsicht, doch mit Bewirtung. Eintritt frei.

Strandbad Eichwald. Das größte Lindauer Freibad liegt am östlichen Stadtrand (nahe der Grenze im Stadtteil Reutin). Solarbeheizte Becken, Liegeweise mit Naturstrand, Steg, Wasserrutsche, Spielplatz, Windsurfschule, Gastronomie. Die auf dem Gelände im Bau befindliche Therme soll im Winter 2020/21 den Betrieb aufnehmen. Mitte Mai bis Ende Sept., Eintritt 4 €. Bregenzer Str. 74–78, www.bb-lindau.de.

Limare. Hallen-Spaßbad mit Außenbecken, Strömungskanal und Saunalandschaft. Nach Eröffnung der neuen Therme im Eichwald soll das Bad abgerissen werden. Di–Fr 13.30–18 Uhr (Sauna bis 22 Uhr), Sa/So 10–20 Uhr. Eintritt Bad 6 €, mit Sauna 16 €. Bregenzer Straße 37, www.bb-lindau.de.

Bodenseeschifffahrt Die **Weiße Flotte** fährt von Ostern bis Mitte Oktober. Den Fahrplan finden Sie unter www.bsb-online.com und natürlich auch als Aushang am Lindauer Seehafen.

Clubbing **Club Vaudeville.** Das führende soziokulturelle Zentrum am östlichen Bodenseeufer organisiert als eingetragener Verein mehrmals die Woche hochkarätige Musik- und Kleinkunstveranstaltungen, Theater und Kino. Von Behring Str. 6–8, ✆ 08382/73330, www.vaudeville.de.

Westallgäu und bayerischer Bodensee → Karte S. 196

Dome. Im Treffpunkt der Partypeople fabrizieren DJs Goa-Gothic-Trance und anderen coolen Sound. Fr/Sa 22–5 Uhr. Bregenzer Str. 103, ✆ 08382/7144, http://dome.chayns.net.

Fahrradverleih Unger. Inselgraben 14, ✆ 08382/943688, März bis Okt. Mo–Fr 9–13/15–18 Uhr, Sa/So 9–13 Uhr, www.fahrrad-unger.de. **Radgeber.** Wackerstr. 11, Aeschach, ✆ 08382/9893400, Mo–Fr 9–12.30/14–18 Uhr (im Sommer durchgehend), Sa 9–13 Uhr. www.radgeber-lindau.de.

Glücksspiel Spielbank Lindau. Roulette, Black Jack, Poker und Automatenspiel in einem attraktiven Rundbau mit tollem Seeblick. Dresscode beim Großen Spiel, Sakkos werden verliehen. Tägl. ab 18 Uhr, Automaten ab 12 Uhr. Chelles-Allee 1, www.spielbanken-bayern.de.

mein Tipp **Theater** Die **Lindauer Marionettenoper** spielt als wohl einzige Puppenbühne Deutschlands ausschließlich Musiktheater und richtet sich damit an Erwachsene als Publikum. Kostüme, Bühnenbild und Beleuchtung sind aufwendig wie in der großen Oper, doch die Schauspieler sind Marionetten und die Musik kommt aus dem Lautsprecher. Zum Repertoire gehören populäre Opern wie „Die Zauberflöte", „Carmen" und „La Traviata", mit „Schwanensee" und „Die Fledermaus" sind auch Ballett und Operette im Programm. Gespielt wird im Stadttheater, Fischergasse 37. Tickets ✆ 08382/942446, www.marionettenoper.de.

Übernachten

Hotels Hotel-Restaurant Villino. Im Stadtteil Hoyren, Gourmet-Restaurant und trotzdem fast ein Geheimtipp. In der kleinen Küche kreiert Inhaber und Chefkoch Reiner Fischer seine „Cucina dei sensi", nämlich kulinarische Ausflüge zwischen schwäbischer und italienischer

Küche. Eine Vielzahl frischer Kräuter aus eigenem Garten vollendet seine Gerichte. Die Zimmer des Relais-&-Châteaux-Hotels sind im italienischen Landhausstil, schöner Garten mit Zypressen. DZ ab 180 €. Restaurant tägl. ab 18 Uhr, Reservierung erforderlich. Hoyerberg 34, ✆ 08382/93450, www.villino.de.

Hotel Bad Schachen. Das Hotel im Ortsteil Bad Schachen ist seit 1752 im Besitz der Familie Schielin. Es trumpft mit Belle-Époque-Charme, bester Uferlage, einem großzügigen Park und dem von Max Littmann entworfenen Parkstrandbad. DZ ab 210 €. Okt. bis März geschlossen. Bad Schachen 1–5, ✆ 08382/2980, www.badschachen.de.

Hotel Bayerischer Hof **8** Das Haus könnte nicht schöner liegen, direkt am Hafen, von der Terrasse blickt man auf die Hafeneinfahrt mit Leuchtturm und Bayerischem Löwen. Gönnen Sie sich ein Glas Wein in einer regnerischen, lauen Sommernacht auf der überdachten Hotelveranda. Ein Ambiente, das an die legendäre Thomas-Mann-Verfilmung Luchino Viscontis in Venedig erinnert. Mit beheiztem Schwimmbecken und Wellnessbereich. DZ ab 200 €. Seepromenade, ✆ 08382/9150, www.bayerischerhof-lindau.de.

Hotel Ratsstuben **5** Kleines Garni-Hotel in einem Altstadthaus nur wenige Gehminuten von der Uferpromenade. Helle und geräumige Zimmer, teilweise mit Balkon, freundliches Personal. Kein Fahrstuhl, Parkmöglichkeit beschränkt. DZ 110–160 €. Ludwigstr. 7, ✆ 08382/6626, www.ratsstuben.li.

Hotel Brugger **1** Kleines, gemütliches Hotel am Rand der Altstadt mit gutem Preis-Leistungs-Verhältnis. Straßenseite etwas laut. WLAN, Kellersauna. Parkplatz gegenüber, kein Lift. DZ 95–125 €. Bei der Heidenmauer 11, ✆ 08382/93410, www.hotel-garni-brugger.de.

MeinTipp **Ferienwohnungen Villa Alwind.** Die Deutsche Bundespost ist schon lange Geschichte, doch einige ihrer Sozialeinrichtungen haben wundergleich bis in unsere Tage überlebt. Dazu zählt das Posterholungswerk. Dem gehört in Bad Schachen direkt am See ein herrliches Villenanwesen mit Ferienwohnungen, die, und das ist nun wirklich kaum zu glauben, auch an Nichtpostler vermietet werden. FeWo ab 50 €. Alwindstr. 18, Buchung ✆ 0711/13562825, www.erholungswerk.de.

Jugendherberge Jugendherberge Lindau. Im östlichen Stadtteil Reutin gleich neben dem Hallenbad, 240-Betten-Herberge mit Ein- bis Sechsbettzimmern. Fahrradverleih. Übernachtung um 30 €. Herbergsweg 11 (2 km vom Bahnhof, zu erreichen mit dem Stadtbus Richtung Zech), ✆ 08382/96710, www.lindau.jugendherberge.de.

Camping Park-Camping Lindau am See. In Zech, wenige Hundert Meter von der Grenze zu Österreich zwischen See und Eisenbahngelände, 200 m langer Strand mit Baumbestand, seit 1998 neues Sanitärgebäude mit Familienduschen, Waschsalon und Behindertenanlagen. Animationsprogramm während der Schulferien. Direkt am Platz das Restaurant „Strandhaus“ mit regionaler Küche in LandZunge-Qualität (→ S. 291), Fr Barbecue. Mitte März bis Anfang Nov., Stellplatz mit 2 Pers. 35–40 €. Fraunhoferstr. 20, ✆ 08382/72236, www.camping-lindau.de.

Essen & Trinken

→ Karte S. 254/255

Strandhaus. Top-Adresse für Fleischesser, denn Steaks und Schnitzel stammen aus artgerechter Tierhaltung in der Region. Nudeln und Maultaschen aus eigener Herstellung. Auf der Fischkarte finden wir Saibling, Zander und Seeforelle. Ehrlicherweise fehlt das Bodenseefelchen, das bekanntermaßen ja oft genug aus Osteuropa oder Kanada kommt, weil der saubere und phosphatarme Bodensee für die wachsende Nachfrage nicht mehr genug Felchen nährt. Fr (Sept./Okt. auch Mo) Barbecueabend. Hauptgericht bis 25 €, Barbecuebüfett 30–40 €. Winterpause von Weihnachten bis Ostern, in der Saison kein Ruhetag. Fraunhofer Str. 20 (vor dem Eingang von Camping Lindau), ✆ 08382/2737992, www.strandhaus.li.

Restaurant-Weinstube Frey **4** 1650 erbaut, seit 1812 ein Lokal – die älteste altdeutsche Weinstube in Lindau, mit Holzdielen, Kachelofen, Wandvertäfelung und Glasmalerei. Die gastronomische Institution zieht viele Besucher an und ist nicht ganz billig. Es gibt vorzügliches Essen nach bayerisch-schwäbischer Manier. Hauptgericht bis 30 €. Mo Ruhetag. Maximilianstr. 15, ✆ 08382/9479676.

Eilguthalle **9** Tolle Location in und vor der denkmalgeschützten Gepäckhalle am Hafen, dekoriert mit Oldtimern und Flügeltürern. Das gastronomische Angebot reicht vom Cocktail in der Beachbar über die Brotzeit im Biergarten bis zum mehrgängigen Menü im Restaurant, hier als Spagat zwischen historischen Rezepten aus dem „Lindauer Kochbuch für guten bürgerlichen und feineren Tisch" und einem kultigen Josper-Grill. Leider werden Zubereitungen und Service den eigenen Ansprüchen nicht immer gerecht. Tägl. ab 10 Uhr. Am Hafen, Schützingerweg 2, ✆ 08382/9111229, www.eilguthalle.li.

Wissingers im Schlechterbräu 2 Deutsche Küche zwischen Trend und Tradition in einem alten Haus mit neu eingerichteten Räumen. Schöner Biergarten mit großen Kastanien und Linden. Wöchentlich wechselnder Mittagstisch. Hauptgericht bis 20 €. Di Ruhetag. In der Grub 28, ✆ 08382/5042742, www.wissingers.de.

Weinstube Zur Fischerin 6 Intimes Weinlokal in Bahnhofsnähe mit ausgezeichneten Weinen und kleiner Auswahl an vorzüglich zubereiteten Speisen. Wechselnde Kunstausstellungen, junges Publikum. Mi–So ab 17 Uhr, Ludwigstr. 50, ✆ 08382/5428, www.fischerin.com.

Alte Post 3 Ein Lokal für die Liebhaber von Bodenseefelchen, Wiener Tafelspitz und steirischem Kürbiskernöl. Kinder sind willkommen. Hauptgericht bis 20 €. Winterpause von Weihnachten bis Ostern, in der Saison kein Ruhetag. Fischergasse 3, ✆ 08382/93460, www.alte-post-lindau.de.

Café Schreier 7 Schickes Café mit eigener Konditorei am Rand des Seehafens, freundliche Bedienung. Preiswerte Toasts, gutes Eis (auch Straßenverkauf), auch einfache warme Gerichte. In der Nebensaison Mo Ruhetag, im Winter Betriebsferien. Seepromenade, ✆ 08382/944484, www.schreier-insel.de.

Bregenzer Festspiele

Internationales Renommee besitzen die 1946 gegründeten Festspiele in Lindaus österreichischer Nachbarstadt Bregenz, die auch für weniger Opernbegeisterte ein Erlebnis sind. Das Musiktheaterfestival wird im gleichen Atemzug mit Salzburg und Bayreuth genannt. Schließlich schwimmt eine der Bühnen – wo sonst gibt es das – im Wasser. Die einzigartige Atmosphäre der Festspiele schaffen riesige, landschaftsartig gestaltete Bühnenbilder und besonders die Abendstimmung am See, die auch den nüchternsten Betrachter bezaubert. Die wachsenden Zuschauerzahlen unterstreichen die Popularität. Namhafte Orchester und Regisseure werden verpflichtet. Opernaufführungen auf der größten Seebühne der Welt, selten inszenierte Opern im Festspielhaus und Schauspiel-Aufführungen renommierter Bühnen sowie die Wiener Symphoniker als Festspielorchester verleihen dem Sommerfestival ein individuelles Profil. Mit der Werkstattbühne steht den Bregenzer Festspielen ein weiterer multifunktionaler Spielort zur Verfügung. Tipp am Rande: Bei unsicherer Witterung Regenkleidung mitnehmen. Neben den Opern und Musicals gibt es noch ein ausgezeichnetes Rahmenprogramm mit Theaterinszenierungen, erstklassigen Konzerten und Alternativveranstaltungen.

Programm und **Kartenvorverkauf** unter www.bregenzerfestspiele.com.

Eintrittspreise: Für die Seebühne zwischen 30 und 200 €, je nach Platz und Wochentag (Sa am teuersten), wobei die Loungeplätze gewöhnlich schon im Vorjahr ausverkauft sind. Frühzeitige Bestellung empfehlenswert! Falls Sie leer bei der Kartenbestellung ausgehen sollten, schauen Sie ca. eine Stunde vor Beginn der Aufführung bei der Kasse am Opernhaus vorbei. Mit viel Glück kann man in letzter Minute zurückgegebene Karten kaufen.

Wintersonne im Eistobel

Nachlesen

& Nachschlagen

Blick vom Besler auf Oberstdorf und die Allgäuer Alpen

Natur und Landschaft

Das Allgäu – wo fängt es an, wo hört es auf, und wer gehört dazu? Eine politische Einheit war es nie, es hat keine Hauptstadt und kein Wappen. Auch die Sprache hilft nicht weiter. Im Westen und Süden spricht man bodenseealemannisch, in der Mitte schwäbisch, und im Osten wird das Schwäbische zunehmend vom Bayerischen überlagert.

Offensichtlich war das Allgäu nicht immer gleich groß. Als der Schreiber des Klosters St. Gallen anno dazumal von einer Zelle „in pago Albigauense" berichtete, meinte er damit nur die „Berglandschaft" („Alb" + „Gau") zwischen Scheidegg und Oberstdorf. In Sebastian Münsters *Cosmographia* von 1544 wird der Kreis schon weiter gezogen. Das „Algöw", wie er es nannte, „wirt eyngeschlossen vom Orient mit dem Lech, gegen Mitnacht mit der Thonaw, gegen Occident raicht es an den Bodensee, gegen Mittag streckt es sich gegen dem Schneebürg". Was alles „darinnen ist", erfährt man auch: „Es ist ein rauhs winterigs Land, hat aber schöne und starck Leuth [...]. Es hat auch viel Viech, Küh und Ross, es hat Winterkorn, Gersten und viel Thanwäld, Bech und Vögel und Fisch."

„Isny im Allgäu", „Leutkirch im Allgäu", heißt es heute auf den Ortsschildern auch dort, wo die Berge noch weit sind. Grob kann man sich mit Sebastian Münster noch immer am Hauptkamm der Allgäuer Alpen als Südgrenze und am Lech als Ostgrenze orientieren. Besonders im Norden scheint das Allgäu aber seiner Grenzen unsicher zu sein. Nannte sich Kaufbeuren früher „Tor zum Allgäu", gehört es in-

Auf weiter Flur

Eine Eigenheit des Allgäus, die der Landschaft einen besonderen Reiz gibt, ist die **Vereinödung**. Bei dieser Siedlungsform stehen die Bauernhöfe nicht im Dorf, sondern vereinzelt auf weiter Flur, weitab vom nächsten Nachbarn. Das bewirtschaftete Land liegt rund um den Hof – gerade bei der Viehwirtschaft eine große Arbeitserleichterung. Manche sehen einen Zusammenhang zwischen der Siedlungsform und den Charaktereigenschaften des Allgäuers. Der gilt ja, exemplarisch durch TV-Kommissar Kluftinger verkörpert, als eigenbrötlerisch und mundfaul. Und als *Mächler*, wie ein handwerklich begabter Tüftler im Allgäu heißt, der vieles für den Hof selbst repariert und zusammenbastelt.

zwischen wohl dazu, denn das Tor ist ein gutes Stück gewandert und verweilt derzeit in Buchloe, wie uns Schilder an der Autobahn von München nach Lindau mitten im Flachland mitteilen.

Das Allgäu sei „ein amöbenhaft quellbares Gebilde", formulierte der Heimatforscher Ludwig Mayr, sein Kollege Walter Jahn nannte es einen „unschönen Wechselbalg". So bleibt nichts übrig, als die Grenzen des Allgäus dort zu ziehen, wo die Bewohner von sich sagen, sie seien Allgäuer – und es entrüstet von sich weisen, sie als Schwaben zu bezeichnen. Zum Allgäu gehört demnach in Baden-Württemberg der frühere Landkreis Altkreis Wangen. Im bayerischen Regierungsbezirk Schwaben der Landkreis Lindau, nicht aber die Stadt Lindau und die anderen Gemeinden am Bodenseeufer. Die Landkreise Oberallgäu und Ostallgäu; dazu der südliche, in etwa von der Autobahn Landsberg – Memmingen begrenzte Teil des Landkreises Unterallgäu. Und dann gibt es noch ein „Allgäu in Tirol", wie sich die österreichische Gemeinde Jungholz etikettiert. Hier an der Südgrenze ist das Allgäu allerdings auch geschrumpft. Vom Tannheimer Tal, in dem man schwäbisch spricht, heißt es heute nur noch, es liege zwischen dem Allgäu und Tirol. Auch die Kleinwalsertaler grenzen sich als Walser von ihren Allgäuer Nachbarn ab.

Wie das Allgäu entstand

Auf der Karte oder aus der Vogelperspektive erscheinen die Allgäuer Alpen als ein kompakter Gebirgszug. Geologisch betrachtet, sind sie aber ein ziemliches Durcheinander. Verschiebungen, Verwerfungen, Stauchungen und Brüche sorgten dafür, dass Gesteinsschichten unmittelbar nebeneinanderliegen, zwischen deren Entstehung Jahrmillionen verstrichen.

Die älteste Schicht, der vor 250 Mio. Jahren zu Beginn des Erdmittelalters entstandene **Buntsandstein,** ist ein beliebter Werkstein, aus dem etwa das Freiburger Münster oder das Aschaffenburger Schloss gebaut wurden. Im Allgäu taucht er nur an wenigen Stellen auf, so am Westhang des Iseler (Oberjoch), am Imberger Horn oder als Boulderfelsen im Sonthofener Malerwinkel.

War das Allgäu zur Entstehungszeit des Buntsandsteins noch eine staubtrockene Wüste, versank es im weiteren Verlauf des Trias-Zeitalters (vor 250–200 Mio. Jahren) im Urmeer Tethys. Je nach Klima und Meerestiefe entstanden aus Schlamm, Pflanzen und Meerestieren unterschiedliche Sedimente auf dem Meeresgrund. Die älteste und unterste Schicht ist der hauptsächlich aus Korallenriffen aufgebaute **Wettersteinkalk,** aus dem etwa die steilen Kletterfelsen der Tannheimer Berge bestehen. Dann folgt der zerklüftete **Hauptdolomit,** gebildet aus dem Mineral Dolomit, das den Südtiroler Dolomiten ihren Namen gab. Er formt die markantesten Gipfel der Allgäuer Alpen, steile Felstürme mit zackigen Graten wie den Widderstein, den Hochvogel, das Nebelhorn und andere mehr. Die jüngsten Ablagerungen aus dem Trias, die **Kössener Schichten,** sind ein eher weiches Gestein aus Kalk und Ton, reich an Fossilien von Muscheln, Ammoniten und Brachiopoden. Die sanften Hänge mit lehmigen Böden eignen sich gut als Weideland.

Das Jura-Zeitalter (vor 200–145 Mio. Jahren) war die beste Zeit der Dinosaurier. Noch immer war das Allgäu vom Meer bedeckt, doch der Meeresgrund geriet in Bewegung: Teile sanken ab, andere stiegen auf. Es bildete sich der **Fleckenmergel,** ein Sedimentgestein aus Kalk, Ton und Sand, das heute fruchtbare Grasböden an glatten, steilen Hängen und Graten trägt, eine artenreiche Vegetation auch in den Hochlagen. Man findet diese Formation etwa an Rauheck und Höfats oder am Seealpsee (alle bei Oberstdorf). Wo das Wasser niedrig war, formierte sich der **Schwellenkalk,** ein hartes, marmorähnliches, oft rot verfärbtes Gestein („Pfrontener Marmor"), das auch bei Bad Hindelang und Neuschwanstein zu finden ist.

Als sich etwa in der Mitte des Kreidezeitalters (vor 145–66 Mio. Jahren) die ihrerseits von Afrika geschobene Apulische Platte gegen die Eurasische Platte bewegte, wurde ihre Kante angehoben und gefaltet. Der zwischen „Apulien" und „Eurasien" gelegene Arm des Tethysmeers wurde zusammengedrückt und damit auch die ozeanische Kruste auf dem Meeresgrund gestaucht. Sie wich nach unten aus, ein Tiefseegraben entstand. Die Senke füllte sich mit Mergel, Kalk und Sandsteinen, die von den Schelfsockeln nach unten rutschten: der **Flysch,** bei dem sich wie in einem Sandwichbelag Schichten aus Tonstein mit gröberem

Aufgebäumte Nagelfluhplatten am Hochgrat

Material abwechseln und aus dem die Erosion, nachdem er in späteren Epochen ans Tageslicht kam, Berge mit Grasflanken geformt hat, zum Beispiel das Fellhorn oder den Kamm vom Imberger Horn bis zum Sonnenkopf. Da die Tonschichten das Regen- und Schmelzwasser am Versickern hindern, haben die starken Oberflächenabläufe tiefe Tobel in die sonst eher sanften Hänge gegraben – ein ärgerliches Hindernis für die Planer von Skipisten.

Auf dem nördlichen, europäischen Schelf im Tethysmeer bildete sich, wiederum durch Meeresablagerungen, der **Schrattenkalk,** der am Grünten, besonders aber am Gottesacker als bizarre Karstlandschaft zutage tritt und reich an Fossilien ist. Der Schrattenkalk ist Teil einer der Flyschzone vorgelagerten, westlich der Iller in den Flysch eingebetteten Formation: des **Helvetikums.** Im Allgäu gerade nur zehn bis fünfzehn Kilometer breit, wird die helvetische Schichtfolge gen Westen mächtiger und bildet etwa die Appenzeller Alpen.

Im Tertiär (vor 65 bis 1,8 Mio. Jahren) schob sich die Apulische Platte weiter nach Norden. Unter der Last des aufliegenden Gebirges bog sich die Europäische Platte nach unten und wurde in den Erdmantel gesogen. Am gesamten Nordrand der Alpen entstand so ein lang gezogenes, mit Meerwasser gefülltes Becken, das sich allmählich mit der **Molasse** verfüllte, nämlich den aus dem Bergland abgetragenen Schlamm- und Geröllmassen. Würden die Alpen nicht bis heute ständig weiter nach oben gedrückt, wären sie längst eingeebnet. War ausreichend Kalk vorhanden, verband sich das abgetragene Material zu einer betonartigen Masse, dem **Nagelfluh.** In Alpennähe durch nachfolgende Faltungen aufgebäumt, formt es südlich von Immenstadt die Nagelfluhkette. Auch die Andelegg zwischen Kempten und Isny besteht weitgehend aus Molasse und Nagelfluh.

Die Buchenegger Wasserfälle bahnen sich ihren Weg durch das Molassegestein

Den letzten Schliff erhielt das Allgäu im Pleistozän, dem **Eiszeitalter** (vor 1,8 Mio. bis 10.000 Jahren), dessen Kälteperioden aber wiederholt von wärmeren Zeiten unterbrochen waren. Die Alpen waren damals von **Gletschern** bedeckt, deren Eiszungen bis weit ins Flachland ausgriffen und in der letzten Kaltzeit, der Würmeiszeit, sogar die Donau erreichten. Im Jahresmittel war es damals zehn Grad kälter als heute. Nur wenige Gipfel, etwa der Pfänder, der Grünten oder der Auerberg, wurden von den Gletscherströmen nur umflossen, waren also eisfrei und damit der Frostverwitterung ausgesetzt. An den Berghängen fräste das Eis tiefe Mulden in den Felsgrund, die heute als **Karseen** schöne Fotomotive abgeben. Ursprünglich v-förmige Täler wurden von den

Gletschern auf ihrem Weg talabwärts zu u-förmigen **Trogtälern** ausgefräst, von denen manche heute mit Wasser gefüllt sind: so der Alpsee im Trog zwischen Immenstadt und Oberstaufen. Eroberte sich die Vegetation solche Seen zurück, verlandeten diese also allmählich und es entwickelten sich **Moore,** so etwa das Wurzacher Ried als größtes Hochmoor Europas. Beim Rückgang der Gletscher, deren weiteste Ausdehnung die wallartigen **Endmoränen** markieren, kamen auch die **Findlinge** und **Grundmoränen** ans Licht, nämlich Geschiebe, das auf den Grund des Gletschers abgesunken war. Als **Drumlins,** walfischartige Schildrücken, bestimmen sie zum Beispiel zwischen Lindau und Wangen oder nördlich von Seeg das Landschaftsbild.

Neben den Bergen und dem voralpinen Moränenhügelland hat das Allgäu jenseits der Endmoränen noch einen dritten Naturraum: die **Iller-Lech-Schotterplatte,** wie die Fachleute sagen, nämlich das Unterallgäu: eine Landschaft mit breiten Tälern zwischen lang gezogenen Hügelrücken in Nord-Süd-Richtung, lockerem Schotterstein in lehmigem Molassegrund, teilweise auch fruchtbaren Lößböden, auf denen dann keine Kühe weiden, sondern Getreide und andere Feldfrüchte angebaut werden. Doch Hand aufs Herz: Ist das noch Allgäu?

Lesetipp: Herbert Scholz, „Bau und Werden der Allgäuer Landschaft", ist das Standardwerk für den interessierten Laien.

Geologische Sammlungen haben das Heimatmuseum Eglofs (→ S. 224), das Alpinmuseum Kempten (→ S. 138), das Heimathaus Sonthofen(→ S. 161), die Bergschau im Walserhaus (→ S. 191).

Geologische Lehrpfade gibt es auf dem Breitenberg (→ S. 119), auf dem Nebelhorn (→ S. 184), von Riezlern zur Kanzelwand (→ S. 191), im Hirschbachtobel Bad Hindelang (→ S. 171).

Allgäuer **Geotope** werden im Internet unter www.geopark-allgaeu.de vorgestellt.

Die Pflanzen

Wer kennt es nicht, das **Edelweiß,** Star unter den Alpenpflanzen, Vereinszeichen des Alpenvereins, Symbol der Gebirgstruppen, der Bergretter und anderer wagemutiger Mannen. Der Liebsten ein Edelweiß aus der steilen Wand zu pflücken, galt als Heldentat, denn das als Heilmittel, vor allem aber als Liebesamulett geschätzte Blümlein war schon immer sehr gesucht und konnte deshalb nur an schwer zugänglichen Stellen überleben. Mit dem gewachsenen Naturschutzbewusstsein haben sich die Bestände erholt und das Edelweiß blüht nun auch wieder auf sonnigen Magerwiesen oberhalb der Baumgrenze, wenn diese mit kieselsäurehaltigen Kalkböden aufwarten können.

Außer dem Edelweiß und dem ebenfalls im deutschen Liedgut gefeierten Enzian wachsen in der Allgäuer Natur noch etwa 2800 weitere Arten – die Vielfalt des Gesteins begünstigt die Vielfalt der Pflanzen. Besonders in den Hochlagen, wo der **Natur- und Landschaftsschutz** weniger mit wirtschaftlichen Interessen im Konflikt steht, sind deshalb weite Flächen als Naturpark (Nagelfluh, → S. 151) oder Naturschutzgebiet (Allgäuer Hochalpen, → S. 170) ausgewiesen. Manche botanische Rarität ist außerhalb der Fachwelt kaum bekannt: So blüht die Riednelke *(Armeria purpurea)* nur noch im Benninger Ried (Memmingen), kommt Dörrs Zwergmehlbeere *(Sorbus doerriana)* nur noch auf dem Söllereck vor und wächst das Bayerische Löffelkraut *(Cochlearia bavarica)* nur noch auf einem Dutzend Quellwiesen im Unter- und Ostallgäu.

Wer vom Bodensee ins Oberallgäu fährt und dort auf einen Berg steigt, kann in kurzer Zeit ganz unterschiedliche **Vegetationsstufen** erleben. Unten erstreckt sich die kolline Stufe des Hügellands mit Obstanbau und artenreichen Laubmischwäldern. Mit zunehmender Höhe werden die Obstbäume seltener, dafür gibt es mehr Wiesen und Rinder; in den Wäldern machen sich die Eichen rar, gern haben die Förster hier monotone Fichtenkulturen angepflanzt. In der montanen Stufe oberhalb etwa 800 Meter haben wir es mit Nadelwäldern zu tun, in denen sich nur noch einzelne Laubbäume verstecken, besonders der zähe und kältefeste Bergahorn. Durch die Ausrottung von Wolf, Luchs und Bär kann sich das Rotwild gut vermehren. Verbissempfindliche Bäume wie etwa Weißtannen haben dann gegenüber den robusten Fichten das Nachsehen. Ab etwa 1300 Meter sind wir auf der hochmontanen Stufe mit Almen, die nur noch saisonal bewirtschaftet werden. In der sich anschließenden subalpinen Stufe lichtet sich der Wald. Windzerzauste Fichten, Lärchen und Zirbelkiefern krallen sich ins Gestein, oft in Gesellschaft mit Alpenrosen. Verschiedene Zwergsträucher halten die Stellung, auf steinigen Rasenflächen blüht die Alpen-Kuhschelle *(Pulsatilla alpina)*. Oberhalb der Baumgrenze schließt sich die alpine Stufe mit ihrer Hochgebirgsvegetation der Matten und Magerrasen an, aus denen an geschützten Stellen noch einzelne Zwergsträucher emporragen. Felsen sind von Flechten und Moosen überzogen, die Jahresmitteltemperatur liegt nur noch knapp über dem Gefrierpunkt.

Die Tierwelt

Ein Markenzeichen des Allgäus sind seine Kühe. Dabei ist das original **Allgäuer Braunvieh** eine „milchlastige Doppelnutzungsrasse“, die also auch gut zu Kalbsbraten verarbeitet werden kann. Sie ist gemessen an ihren Artverwandten eher klein, leicht und damit besonders bergtauglich. Und keineswegs immer braun, sondern auch mal dachsgrau oder weißgelb. Leider sind nur noch wenige hundert der etwa 500.000 im Allgäu weidenden Rindviecher vom echten Allgäuer Schlag. Die

Allgäuer Naturschönheiten

große Masse hingegen gehört zur Rasse Brown-Swiss, die keineswegs in der Schweiz, sondern in Nordamerika gezüchtet wurde. Brown-Swiss gibt mehr Milch – da kann das echte Allgäuer Braunvieh nicht mithalten.

An **Wildtieren** tummelt sich in den Tälern die deutschlandübliche Artengemeinschaft. Oft zeigen sich Hirsch, Reh und Fuchs, außer in freier Wildbahn auch im Alpenwildpark Obermaiselstein (→ S. 169). Der vermeintliche Hase ist wahrscheinlich ein Kaninchen, und zum Wildschwein hält man besser Abstand. Der erst in den 1970er-Jahren wieder angesiedelte Biber hat sich prächtig entwickelt und flutet mit seinen Dammbauten manche Wiese, was die Bauern ärgert.

Im Bergland bereiten die putzigen **Murmeltiere** den Bauern Sorgen. Ihre senkrecht in den Boden gegrabenen Höhleneingänge werden für das Vieh zur Stolperfalle. Und seit sie wieder vom Steinadler gejagt werden, dessen Population sich dank umfassender Schutzmaßnahmen stabilisiert hat, suchen die Nager vermehrt Schutz im Umfeld der Berghütten, unter oder gar in denen sie dann auch überwintern. Von einer regelrechten Murmeltierplage berichten die Älpler der Bad Hindelanger Zipfelsalp. Ein guter Platz also, um morgens oder abends die Tiere zu beobachten.

Nur selten so neugierig: Gämsen

Die Tagesrandstunden sind auch die Zeit der **Gämsen.** Da die Tiere im Hochsommer und Herbst gejagt werden dürfen, gehen sie den Menschen lieber aus dem Weg. Halten Sie bei der Fahrt mit der Bergbahn nach Gämsen Ausschau. Der im Alpenraum einst nahezu ausgerottete **Steinbock** hat sich nach der Auswilderung im Kleinwalsertal wieder die Allgäuer Alpen als Lebensraum erobert. Man trifft die wenig scheuen Wildziegen auf dem Heilbronner Weg (→ S. 183) oder an der Mindelheimer Hütte (→ S. 310), deren Wirtsleute über die Jahre die Steinböcke regelrecht gezähmt haben. Fühlen sie sich bedroht, flüchten die Tiere nach oben und wehren ihre Verfolger mit gezielt losgetretenen Steinschlägen ab.

Zum **Steinadler** gibt es im Vorzeigerevier Giebel (→ S. 174) gewöhnlich samstags Führungen (Anmeldung bei der Tourist-Information Hindelang, ✆ 08331/901182; www.steinadlerschutz.de). Im Allgäu brüten etwa fünf bis zehn Paare des Königs der Lüfte, im Beobachtungsposten beim Giebelhaus ist eine kleine Ausstellung zum Thema eingerichtet. Nur auf Besuch kommen manchmal **Gänsegeier** und **Bartgeier.** Der Bartgeier, von dem im ganzen Alpenraum nur etwa hundert Exemplare leben, ernährt sich von Aas und Knochen, die er aus großer Höhe auf Felsen fallen und zerbersten lässt, um an das nahrhafte Mark zu kommen – eine ökologische Nische, die ihm keiner streitig macht.

Als regelrechter Wegelagerer wartet die **Alpendohle,** ein Rabenvogel mit gelbem Schnabel, an Liftanlagen, Bergrestaurants und Picknickplätzen auf das von Menschen spendierte oder zurückgelassene Futter. Ihr rotschnäbeliger Verwandter, die **Alpenkrähe,** findet menschliche Abfälle hingegen wenig appetitlich und hält mehr Abstand.

Perfekt hat sich das **Schneehuhn** seiner rauen Umwelt oberhalb der Baumgrenze angepasst. Es überwintert in Iglu-artigen Schneehöhlen und sucht seine Nahrung vor allem morgens, abends oder bei bedecktem Himmel, wenn seinem Todfeind, dem Adler, die Thermik für weite Beuteflüge fehlt. Das **Auerhuhn,** das zu jagen früher ein Privileg des Adels war, steht als in Deutschland vom Aussterben bedrohte Vogelart auf der „Roten Liste". Es hat sich an seinen Lebensraum, nämlich störungsarme Südhänge mit lichten Nadelwäldern und einer Bodenvegetation aus der Leibspeise Heidelbeerkraut, so perfekt angepasst, dass es nur dort überleben kann. Im Allgäu leben Auerhühner etwa im Stillachtal (→ S. 180), im Starzlachtal (→ S. 163) und im Hintersteiner Tal (→ S. 173), auch im Kürnacher Wald zwischen Kempten und Altusried.

Über vegetationsarmen Hängen im Hochgebirge flattert der seltene **Eismohrenfalter.** Eher blütenreich mag es der **Helle Alpenbläuling,** der außerhalb der Alpen vor allem in Skandinavien zu Hause ist. Leider keine heimischen, sondern exotische Schmetterlinge leben in der Pfrontener Schmetterlings-Erlebniswelt (→ S. 118). **Reptilien** tummeln sich im Scheidegger Reptilienzoo (→ S. 241). Nicht vergessen sei die endemische **Bayerische Quellschnecke** *(Bythinella bavarica)*, eine nur wenige Millimeter kleine Rarität, die sich in Quellen und Quellbächen mit kaltem, klarem Wasser von Algen ernährt.

Allgäuer Tierwelt: Kühe – Admiral – Alpendohle – Kreuzotter

Das Burgschloss zu Füssen

Geschichte

„Das Algöw ist in Schwaben eine Gegend. Es haben die Herren von Österreich, der Bischoff von Augspurg, der Abt von Kempten, die Grave von Montfort den grösseren Theil daran, wiewol sunst auch viel edel Leut iren sitz darin haben, und die Reichstett. Es ist ein grosse Begangenschafft darin mit Garn, Viech, Milch und Holtz." (Sebastian Münster, Cosmographia, 1544)

Gemessen an anderen Regionen Deutschlands sind die steinzeitlichen Funde aus dem Allgäu eher spärlich. Das älteste von Menschen gefertigte Stück dürfte eine 20.000 Jahre alte Gravettespitze sein, also eine schmale, spitz zulaufende Feuersteinklinge, mit der ein Pfeil oder ein Speer bewehrt war. Sie wurde in Reichenhofen (Leutkirch) gefunden und gehört heute dem *Memminger Stadtmuseum* (→ S. 68). Ein zweiter Fund aus der **Altsteinzeit**, ein etwa 13.000 Jahre altes Rückenmesser, stammt aus dem Tal der Wurzacher Ach. Vergleichbare Messer kennt man aus Höhlen der südlichen Schwäbischen Alb oder von den Rentierjägern am Hegauer Petersfels.

Beide Funde machte Christoph Graf Vojkffy (1879–1970), der Sohn einer Fugger-Gräfin aus Babenhausen und Pionier der Steinzeitarchäologie im Allgäu. Gefördert wurde die Arbeit des Hobbyarchäologen, der seine Funde leider nur sehr lückenhaft dokumentierte, durch Ernst Fürst Waldburg-Zeil, weshalb das Gebiet um Schloss Zeil (→ S. 202) besonders gut erforscht wurde. Ein anderer Forschungsschwerpunkt des schwäbisch-kroatischen Grafen war seine Wahlheimat Oberstdorf. Hier hat man einen Wanderweg am Jehlefelsen (Tiefenbach) nach ihm benannt, wo Vojkffy unter einem Felsüberhang einen etwa 9000 Jahre alten Lagerplatz nomadisierender Jäger aus der **Mittelsteinzeit** entdeckt hatte (Funde im *Heimatmuseum Oberstdorf,* → S. 179). Etwa aus der gleichen Zeit stammt der teilweise rekonstruierte Lagerplatz auf der Schneiderkürenalpe am Ostrand des Gottesackerplateaus im Kleinwalsertal (Funde in der *Bergschau im Walserhaus,* → S. 191). Ihren Feuerstein holten die Steinzeitjäger von der Nordflanke des Widdersteins (Kleinwalsertal), wo sie im ältesten Bergwerk Europas auf rund 1550 Metern Höhe mit Hirschgeweihhacken und Flusskieseln das wertvolle Gestein aus der Felswand brachen. Einen Fernhandel wie später zu Ötzis Zeiten gab es in der Mittelsteinzeit zwar noch nicht, doch wanderte der Kleinwalsertaler Feuerstein immerhin bis an den Bodensee.

Die ältesten Spuren der **Bandkeramischen Kultur,** mit der Ackerbau und feste Siedlungen ins Allgäu kamen, fand man nicht in den fruchtbaren Lößböden des Unterallgäus, sondern im voralpinen Hügelland, etwa am Forggensee oder am Auerberg, wo schon zuvor Menschen gelebt hatten. Dies spricht dafür, dass der Ackerbau von Einheimischen entwickelt wurde und kein Import von Einwanderern war, denn die hätten vermutlich gewinnträchtigere Böden für ihre Experimente ausgewählt. Erst die Funde aus der späten **Jungsteinzeit** stammen vorwiegend aus dem Unterallgäu und dem nördlichen Schwaben.

Ab dem 8. Jahrhundert v. Chr., also der frühen Eisenzeit, gehörte das Allgäu zur keltischen **Hallstatt-Kultur,** die sich von Nordostfrankreich bis zum Balkan erstreckte. Die Kelten brachten die neue Technik der Eisenverhüttung und gelten als Erfinder der Männerhose (jedenfalls sahen die Römer dieses Kleidungsstück zuerst bei den Kelten). Während die Archäologen auf der Schwäbischen Alb und im Donauraum zahlreiche keltische Gräberfelder, Siedlungsplätze und Heiligtümer identifiziert haben, scheint das Allgäu während der Eisenzeit irgendwie am Rande des Geschehens zu stehen. Erst für die **Spätlatènezeit,** also während der letzten beiden Jahrhunderte vor Christus, häufen sich wieder die menschlichen Spuren.

Der griechische Geograf Strabo (63 v. Chr. – 23 n. Chr.) und andere römische Quellen berichten uns von den **Vindelikern,** einer Gruppe keltischer Stämme, die im Voralpenraum zwischen Bodensee und Inn lebten. Zu den Vindelikern gehörten die Brigantier, deren Name noch in der Stadt Bregenz fortlebt, die Likatier, die nach dem Lech (Licca) benannt wurden, und die zwischen den vorgenannten Stämmen siedelnden Estionen mit ihrer Hauptstadt Cambodunum (Kempten). Die *Entschenburg* oberhalb von Sonthofen und die *Schöllanger Burg* bei Oberstdorf könnten keltische Fliehburgen gewesen sein, und manche Forscher lokalisieren das von Strabo erwähnte Damasia, die Hauptstadt der Likatier, auf dem *Auerberg* (→ S. 84).

Die Römer im Allgäu

Im Jahre 15 v. Chr. schickt der römische Kaiser Augustus seine Adoptivsöhne Tiberius und Drusus, um die in den Zentralalpen lebenden Räter und Vindeliker zu unterwerfen und das Voralpenland bis zur Donau zu erobern. Der spätere Kaiser Tiberius kam mit seinen Legionen durch die Burgundische Pforte, marschierte am Hochrhein entlang, lokalisierte en passant die bis dahin unbekannten Donauquellen, siegte am Bodensee über die Brigantier und orientierte sich dann weiter gen Kempten. Drusus zog über den Fernpass und das Lechtal – diese Route wurde später als **Via Claudia Augusta** zur römischen Hauptstraße über die Alpen. Als die beiden Heere sich beim Auerberg trafen, war die Unterwerfung der Vindeliker abgeschlossen. Um künftigen Aufständen der Besiegten vorzubeugen, wurden ihre jungen Männer zur Legion gepresst und nach Italien deportiert.

Durch den Zustrom von Einwanderern aus Italien und Gallien und durch die Ansiedlung von Veteranen entwickelten sich Bregenz, Kempten und der Ort auf dem Auersberg zu ersten städtischen Zentren. Kempten wurde gar die erste Hauptstadt der neuen Provinz **Rätien,** die vom Bodensee bis zum Inn reichte und deren Nordgrenze, zunächst an der Donau, gleichzeitig die Grenze des Römischen Reichs gegenüber dem unbesetzten Teil Germaniens war. Wohl im Zusammenhang mit der Eroberung von Gebieten auch nördlich der Donau trat im 2. Jahrhundert n. Chr. Augsburg *(Augusta Vindelicorum)* an die Stelle Kemptens und entwickelte sich zur mit Abstand größten Stadt im Alpenvorland. Das Privileg städtischer Selbstverwaltung und vor allem das römische Bürgerrecht, das die Augsburger besaßen, blieben den Kemptenern versagt. Römische Spuren findet man heute außer in Kempten (*Archäologischer Park Cambodunum, Römisches Museum,* → S. 132) auch in *Füssen*, wo das Kastell Foetibus (→ S. 95) einen Abschnitt der Via Claudia bewachte. Am *Tegelberg* gruben die Römer nach Erz und hinterließen ein *Badehaus* (→ S. 113), in *Marktoberdorf* wurde ein römischer Gutshof entdeckt (→ S. 78).

Unter dem Druck der eindringenden Germanen, die auf Raubzügen bis nach Oberitalien vordrangen, und vielleicht auch angesichts wirtschaftlicher Probleme gaben die Römer 260 v. Chr. das rechtsrheinische Germanien auf und zogen sich an den als neue Verteidigungslinie errichteten **Donau-Iller-Rhein-Limes** zurück. Dieser folgte der Donau flussauf bis nach Ulm, dann der Iller nach Kempten, das damit Grenzstadt wurde, weiter über das Kastell Vemania (bei Isny) zur Argen und zum Bodensee.

Alamannen und Franken

Mit der zunehmenden Ausdünnung des römischen Grenzheers, das in seiner letzten Phase überwiegend aus germanischen Söldnern bestand, musste

Die römischen Thermen in Cambodunum (Kempten)

die Bevölkerung ab dem frühen 5. Jahrhundert vermehrt selbst für ihre Sicherheit sorgen. Nach Ende des Weströmischen Reichs (476) und der Eroberung Italiens durch den Ostgotenkönig Theoderich beanspruchte dieser auch die frühere Provinz Rätien. Belege für gotische Siedlungen oder wenigstens die Stationierung gotischer Truppen gibt es jedoch nicht. Um Rätien zu einer Pufferzone gegenüber den südwärts drängenden Franken auszubauen, bot Theoderich den von den Franken bedrohten **Alamannen** Zuflucht, die ihr Siedlungsgebiet so über die Iller hinweg bis zum Lech ausdehnen konnten.

536/537 überließ dann der Ostgotenkönig Witigis dem Frankenkönig Theudebert I. das ehemalige Rätien, um sich dessen Unterstützung gegen Ostrom zu erkaufen. Damit waren die Alamannen unter fränkischer Oberherrschaft, unter der sie mit den noch verbliebenen Römern, Vindelikern und den weitgehend romanisierten Rätern verschmolzen. Ihr mehr oder weniger autonomes Herzogtum Alamannien umfasste das heutige Baden-Württemberg, Bayerisch-Schwaben und die Deutschschweiz. Demgegenüber bildete sich östlich des Lechs aus Alamannen, anderen germanischen Einwanderern, verbliebenen Kelten und Römern der germanische Stamm der **Bajuwaren** (Bayern).

Von den Franken übernahmen die Alamannen den hierarchischen Aufbau der Gesellschaft mit König, Adel und einfachem Volk und das alle verbindende Lehensrecht. Das spätrömische Christentum mag in Augsburg überdauert haben. Augsburg und das Kloster St. Gallen (gegründet 719) waren dann auch die Ausgangspunkte für die **Christianisierung** des Allgäus, die mit der Gründung der später bedeutenden Klöster in Füssen, Kempten und Ottobeuren einherging. Eine St. Gallener Urkunde nennt 817 das Allgäu erstmals beim Namen.

Das alamannische Herzogtum endete 746, nachdem sich der alamannische Herzog Theudebald mit Unterstützung seines bayerischen Kollegen Odilo zu einem Aufstand gegen die fränkische Oberhoheit hatte hinreißen lassen. Die siegreichen Franken töteten die alamannische Führungsschicht, verteilten deren Besitz an fränkische oder frankenfreundliche Adelige oder machten ihn zum Königsgut. Orte wie Füssen, Kaufbeuren, Memmingen und Mindelheim haben sich aus solchen Königsgütern entwickelt.

Mittelalter

Im Hochmittelalter wurde das Allgäu zu einem Schauplatz des langen Streits zwischen **Staufern** und **Welfen** um die Vorherrschaft im Deutschen Reich. Heinrich IV., der vorletzte Salierkaiser, hatte 1079 das Herzogtum Schwaben, zu dem auch weite Teile des Allgäus gehörten, seinem Schwiegersohn Friedrich von Staufen übergeben. Das bayerische Herzogtum hingegen war in Händen der Welfen, die bis zu ihrer Entmachtung (Reichsacht 1180) auch im Ostallgäu Güter und Herrschaftsrechte besaßen. Staufer und Welfen taten sich als Förderer von Städten hervor, wozu sie Handelsplätzen an wichtigen Straßen das Marktrecht gewährten und sie mit einer Mauer befestigen ließen. Die später **Freien Reichsstädte** Memmingen, Wangen, Isny, Kaufbeuren, Kempten und Lindau bekamen damals ihr erstes Stadtrecht. Neben Staufern und Welfen herrschten als weiteres hochadeliges Geschlecht die Grafen von Bregenz und ihre Erben, die Grafen von Montfort, in Teilen des Westallgäus und des Oberallgäus.

Nachdem die Staufer zu Königen aufgestiegen und damit auch das Königsland in die Hände bekommen hatten, verwalteten sie diesen Besitz nicht direkt, sondern durch vom König abhängige Dienstleute (Ministeriale): Ein Dienstadel entstand, der mit Teilen des

Das blaue Allgäu – kurze Geschichte des Textilgewerbes

Bis zur Mitte des 19. Jahrhunderts war das Landschaftsbild im Allgäuer Sommer nicht von grünen Wiesen, sondern vom blau blühendem Flachs bestimmt. Viele Bauern hatten im Haus eine Spinn- und Webstube, in der sie als Nebenerwerb Leinengarne und -stoffe herstellten. Die Tradition dieser einfachen Landweberei reicht bis ins Hochmittelalter zurück. Auch Hanf wurde angebaut und zu groben Stoffen, zum Beispiel für Säcke, verarbeitet.

Den Rückgang der Binnennachfrage mit der großen Pest und der Agrarkrise im 14. Jahrhundert fing eine zunehmende Exportorientierung auf. Gefragt war nun nicht mehr reines Leinen, sondern Barchant, ein Mischgewebe aus Leinen (Kette) und Baumwolle (Schuss). Damit waren die Weber in der Hand der Kaufleute, die über den Fernhandel die Einfuhr des Rohmaterials Baumwolle wie auch den Absatz der Barchantstoffe kontrollierten. Ohne dass die Landweberei ganz zum Erliegen kam, begann nun die Zeit der städtischen, in Zünften organisierten Weber. Die Abfälle des Textilgewerbes waren zugleich Rohstoff für die Papierherstellung. So gab es denn an den Flüssen im Umland bedeutende Papiermühlen, „Schwäbisches Papier" hatte einen ausgezeichneten Ruf.

Im 16. Jahrhundert änderte sich die Barchant-Nachfrage. Gefragt waren nun einerseits Edelstoffe für „Betuchte" und andererseits Billigware für den Überseehandel mit Asien, Afrika und Amerika. Die Allgäuer Textilkaufleute verschliefen diese Entwicklung. Dass die katholischen Habsburger die Wareneinfuhr aus protestantischen Städten unterbanden, verschärfte die Situation, und so kam es in Memmingen, Kempten, Isny und Leutkirch wiederholt zu Weberkrawallen.

Nach dem Dreißigjährigen Krieg lösten reine Baumwollstoffe (Kattun) und Halbseide (Bombasin) den Barchant ab. Einzig in Kaufbeuren gelang es dem Textilhandwerk im 18. Jahrhundert, wieder an die frühere Bedeutung anzuknüpfen. Nach Augsburger Vorbild konzentrierte man sich hier auf die aufkommende Stoffdruckerei, mit der sich nun auch mittlere Einkommensschichten gemusterte Stoffe leisten konnten, die bislang nur als aufwendig gewebter Damast oder Brokat zu haben waren. Der Stoffdruck brachte aber nur vorübergehend mehr Arbeit und Einkommen für die ortsansässigen Weber; schon bald erlaubte der Rat den Unternehmen nämlich auch die Verarbeitung auswärts hergestellter Rohkattune.

Das westliche und südliche Allgäu hingegen wandte sich nach dem Dreißigjährigen Krieg wieder der Leinenherstellung zu. Das Geschäft mit der „Schwabenleinwand" kontrollierten Kaufleute aus der Ostschweizer Textilmetropole St. Gallen, auch Lindauer Handelshäuser mischten mit. Mit der Zeit waren die Allgäuer Bauern dann nur noch als Garnspinner gefragt, das Weben und Bleichen und damit auch die Produktionsgewinne wurden in die Schweiz verlagert. Der Siegeszug der mechanischen Spinnereien beendete die bäuerliche Garnherstellung und den Flachsanbau. 1859 öffnete in Kempten die erste industrielle Baumwollspinnerei des Allgäus.

alten Erbadels zum Stand der **Ritter** verschmolz und zahlreiche Burgen hinterließ. Etwa 250 soll es im Allgäu gegeben haben, noch 60 sind als Ruinen erhalten, einige wenige wurden später zu Schlössern umgebaut und blieben bis in die jüngste Zeit Herrensitze.

Als dritte Macht neben Königtum und Adel regierte die **Kirche** im Allgäu. Wobei betont werden muss, dass an der Spitze des Augsburger Bistums und der führenden Abteien in Kempten, Ottobeuren, Füssen und Isny keine Geistlichen im heutigen Sinne standen, sondern nachgeborene Söhne des Adels, die so versorgt werden konnten. Das königliche Privileg der Forsthoheit (1059) für das Hochstift Augsburg „in allen ihm jetzt *und künftig* gehörenden Wäldern" gilt als ein wichtiger Impuls für die Besiedlung der höheren Lagen des Allgäus. Mit den Rodungsfreien, die als Lohn für die Urbarmachung des Landes persönliche Freiheit genossen und nur geringe Abgaben zahlen mussten, entstand eine Schicht **freier Bauern.** Pfronten und Nesselwang waren solche Rodungsgebiete, auch das Breitachtal mit seinen Walsersiedlungen. Gedenkstätten am Ortsausgang von Leutkirch Richtung Bad Wurzach (B 465) und am Waldrand bei Hundhöfe (K 8026 zwischen Taufenhofen und Gebrazhofen) erinnern an die „Freien auf der Leutkircher Heide", eine Gruppe von Bauern, die keinem lokalen Herren, sondern nur dem König verpflichtet war. Dieses Privileg genossen auch die Freien von Eglofs (Gemeinde Argenbühl), denen König Rudolf sogar das Stadtrecht verlieh, ohne dass die damals etwa 70 Höfe zählende Gemeinde auch nur annähernd den Charakter einer Stadt gehabt hätte.

Das mit dem Ende der Staufer (1268) entstandene Machtvakuum begünstigte die formal durch Lehensverleihungen, Erbteilungen und Neugründung geistlicher Stifte vollzogene Zersplitterung des Allgäus in eine Vielzahl kleiner und kleinster geistlicher und weltlicher Territorien. Dem niederen Adel gelang es, sich der Einverleibung seiner Herrschaft in die größeren Territorien zu entziehen, indem er sich unter den Schutz der Könige und Kaiser

Veste Hohenfreyberg, des Allgäus letzte Ritterburg

stellte und so die Reichsunmittelbarkeit erlangte. Auch das Haus Waldburg begann so seinen Weg zum heute einflussreichsten Adelsgeschlecht im Allgäu.

Die vor allem von Rudolf von Habsburg, dem ersten deutschen König (1273–1291) aus dem Hause **Habsburg,** in den Status einer Freien Reichsstadt erhobenen Allgäuer Städte waren so vor den Begehrlichkeiten ihrer Nachbarn geschützt. Als Schutzherren der Ritter und Städte, als Vögte über die Klöster Kempten und Ottobeuren, das Hochstift Augsburg und andere geistliche Herrschaften hielten die Habsburger auch die von Osten ins Allgäu drängenden **Wittelsbacher,** die neuen Herzöge von Bayern, in Schach.

Reformation und Bauernkrieg

Zunächst gegen die Wittelsbacher richtete sich auch der **Schwäbische Bund,** zu dem sich 1488 Fürsten, Ritter, Städte und die Prälaten der geistlichen Territorien zusammenschlossen. Die Mitglieder verpflichteten sich, ihre Konflikte untereinander nicht mehr mit Krieg und Fehde auszutragen, sondern durch den Bundesrat und ein eigenes Gericht schlichten zu lassen. Einen heute eher unrühmlichen Namen machte sich der Schwäbische Bund im Bauernkrieg, als die Bundestruppen den Aufstand mit äußerster Brutalität niederschlugen.

Kaiser Maximilian I. ...

Schon im 15. Jahrhundert gab es immer wieder lokale Bauernunruhen: Mal rebellierten die Hintersassen des Klosters Füssen gegen eine neue Steuer, mal die Abhängigen des Stifts Ottobeuren gegen die Verschärfung der Fron, mal wehrten sich freie Bauern gegen die Ausdehnung landesherrlicher Gerichtsbarkeit. Ein Brennpunkt war immer wieder das Fürststift **Kempten,** wo die Stiftsherren zur Finanzierung ihres verschwenderischen Lebensstils den Bauern immer größere Leistungen abpressten – wer die nicht mehr erbringen konnte, wurde in die Leibeigenschaft gezwungen.

Nachdem Abgesandte der Bauern weder am Kaiserhof noch beim Schwäbischen Bund mit ihren Beschwerden Gehör gefunden hatten, erhoben sich die Kemptener Untertanen und schlossen sich mit anderen zum „Allgäuer Haufen" zusammen. Inspiriert von der Reformation beriefen sich die Aufständischen auf die Bibel und daraus abgeleitetes göttliches Recht. Geistiges Zentrum der Bewegung, die auch von städtischen Handwerkern getragen wurde, war die Reichsstadt **Memmingen,** wo die Vertreter der Bauern aus dem Allgäu, vom Bodensee und aus Oberschwaben ihre Forderungen in den **Zwölf Artikeln** zusammenfassten (→ S. 29).

Der eigentliche Krieg begann Ende März 1525, als die Aufständischen begannen, die Schlösser und Burgen der weltlichen und geistlichen Herrschaften zu plündern. Auch mancher Landsknecht und der entthronte württembergische Herzog Ulrich unterstützten die

Rebellen. Trotz anfänglicher Erfolge unterlagen die Bauern dem vom Schwäbischen Bund mobilisierten Bundesheer. Dessen Anführer, Georg III. Truchsess von Waldburg (genannt Bauernjörg"), und Georg von Frundsberg (genannt Vater der Landsknechte) gingen mit großer Brutalität gegen die Bauern vor, ließen die Höfe niederbrennen und die Anführer enthaupten. Andere Rebellen landeten im Kerker oder wurden mit hohen Geldstrafen belegt. Die wirtschaftliche und soziale Lage der Bauern verbesserte sich nach dem Aufstand nicht.

Auch für die Ausbreitung der **Reformation** im Allgäu war der Bauernkrieg ein Rückschlag. In Kaufbeuren etwa, wo sich die Mehrheit der Bürger bereits den reformierten Predigern angeschlossen hatte, gewannen die Altgläubigen unter dem Schutz der die Stadt besetzenden Bundestruppen für geraume Zeit wieder die Oberhand. Über die Reichsstädte Memmingen, Kempten, Lindau, Isny und später auch Leutkirch und eben Kaufbeuren kam die Reformation nicht hinaus. Und welcher neuen Lehre sollte man auch folgen? Den Ideen Martin Luthers, der so ganz anderen Abendmahlauffassung des Züricher Huldreich Zwingli, dem Spiritualisten Kaspar Schwenckfeld oder gar den Wiedertäufern? In Kempten, Memmingen und Lindau zerstörten radikale Bilderstürmer in den Kirchen wertvolle Kunstwerke. Erst der **Augsburger Religionsfriede** (1555) klärte die Verhältnisse: Fortan bestimmte der Landesherr den Glauben seiner Untertanen, in den konfessionell gemischten Reichsstädten Leutkirch und Kaufbeuren sollten die Anhänger beider Konfessionen „friedlich und ruhig bey und neben einander wohnen".

Dreißigjähriger Krieg und Barock

Der Dreißigjährige Krieg (1618–1648) suchte das Allgäu nur während sechs oder sieben Jahren heim, doch die waren schlimm genug. Zweimal war es Aufmarschgebiet eines schwedischen beziehungsweise schwedisch-französischen Heers gegen Bayern, einen kaisertreuen Hauptbeteiligten der Auseinandersetzungen. Da gewannen dann mal die einen, mal die anderen die Oberhand, besetzten die Schweden Füssen und die Bayern Memmingen. Nicht nur die Kämpfe, auch Seuchen und Hungersnöte dezimierten die Bevölkerung. Am Ende des Kriegs hatte sich die Einwohnerzahl in Memmingen, Füssen und Kempten halbiert, in Kaufbeuren war sie auf ein Viertel des Vorkriegstands geschrumpft.

... und seine Untertanen

Gerade nur drei Jahre nach Kriegsende beauftragte der junge Fürstabt Roman Giel von Gielsberg den Vorarlberger Baumeister Michael Beer mit dem Neubau der im Krieg zerstörten Kemptener Residenz. Dies war die Geburtsstunde des süddeutschen **Barocks,** der von Böhmen bis zum Schwarzwald, von Kempten bis Pommersfelden eine Fülle von Prachtbauten hervorbrachte, mit denen die Herren der Zwergstaaten ihre politische Bedeutungslosigkeit kompensierten. In der Forschung ist umstritten, ob die rege Bautätigkeit eher eine Last oder ein Segen für die Untertanen war. Auf der einen Seite musste das Volk den barocken Prunk über Steuern und Abgaben finanzieren. Immerhin aber gab es, anders als zu Zeiten des Bauernkriegs, in den Klosterherrschaften kaum noch Fronarbeit, denn: „Man [hat] bishero erfahren, daz die underthanen wenig darbey arbeiten, und doch an ihrer aignen arbeit gehindert", begründet der Ottobeurener Abt Rupert Neß in seinem Tagebuch. So fanden dann viele auf dem Bau einen wenn auch schlecht bezahlten, so doch regelmäßigen Job als Handlanger und Hilfsarbeiter.

Die einen Bauherren, beispielhaft wieder Rupert Neß, waren sparsame und verantwortungsbewusste Haushälter, wie man es von Schwaben ja erwartet, und bauten jedes Jahr gerade so viel, wie die Kasse hergab, ohne dafür Fremdkapital aufzunehmen. Die Konjunktur mit stetig steigenden Preisen für Wein und Getreide war dabei vorteilhaft für ein ordentlich geführtes Klostergut. Andere wie das notorisch klamme Fürststift Kempten ließen sich vom bereits angehäuften Schuldenberg nicht hindern, eine prachtvolle Residenz samt Kirche zu errichten – und sich dafür noch mehr zu verschulden.

Ludwig II., Bayerns „Kini"

Proteste gegen den barocken Prunk gab es kaum. Der eine oder andere Mönch mag gezweifelt haben, ob es statt um die Ehre Gottes nicht vorrangig um Macht, Ruhm und Luxus für die eigene Abtei ging und ob dies nicht im Widerspruch zum Armutsgelübde stand. Die Baukonjunktur endete mit den neuen Ideen der **Aufklärung.** „Edle Simplicität" verordnete das kurfürstlich bayerische Generalmandat vom 4. Oktober 1770 den Neubauten und verbot insbesondere „lächerliche Zierrathen". Statt mit auffälligen Gebäuden wetteiferten Fürsten und Prälaten nun mit ihren Bücher- und Naturaliensammlungen.

Das 19. Jahrhundert

Mit der **Säkularisation** (1802), also der Auflösung der geistlichen Territorien und der Verstaatlichung des Kirchenbesitzes, endeten auch diese Hobbys. Der letzte Fürstabt von Kempten, so die Bestandsaufnahme des mit der Abwicklung betrauten bayerischen Regierungskommissärs, beschäftigte in seinem Haushalt zuletzt 332 Personen, darunter Hofmaler, Hofbildhauer und Hofmusiker in Orchesterstärke. Die mussten ihr Auskommen fortan in München suchen, wohin auch die wertvollsten Kunstschätze und Bücherbestände verschickt wurden. Auch die weltlichen Herrschaften der reichsunmittelbaren Grafen, Ritter und Reichsstädte wurden aufgelöst und ihre Gebiete den beiden großen Nachbarn einverleibt. Im Allgäu wurde so mit Napoleons Hilfe das lange Ringen zwischen Österreich und Bayern um die Vorherrschaft zugunsten von Bayern entschieden. Der nordwestliche Teil fiel an das neue Königreich Württemberg. Die zwischen beiden 1809 vereinbarte und ohne Rücksicht auf historische und ethnische Gemeinsamkeiten gezogene Grenze gilt bis heute.

Anders als in Vorarlberg und Tirol, die von Napoleon 1809 ebenfalls Bayern zugeteilt wurden und sich dagegen mit einem Volksaufstand erfolgreich wehrten, verlief der Anschluss der Gebiete zwischen Lech und Bodensee ziemlich reibungslos. Geschickt spielte die Monarchie die Karte der „Stämme", betonte, ja schuf die regionale Identität von bayerischen Schwaben und Franken, um diese als mit den Altbayern gleichberechtigte Volksgruppen in das Königreich einbeziehen zu können. Als schwieriger erwies sich die Integration des **württembergischen Allgäus.** Hier verschärfte das neoabsolutistische Gebaren des Königs die ohnehin vorhandene konfessionelle, kulturelle und sprachliche Kluft zum pietistischen Altwürttemberg. „Lieber Sauhirt in der Türkei als Standesherr in Württemberg", soll der Fürst von Waldburg-Zeil geflucht haben, als er, der früher Ebenbürtige, seinem neuen König Friedrich nun den Untertaneneid leisten sollte. Auch die vormals stolzen Bürger der Freien Reichsstadt Biberach waren von ihrem neuen Souverän alles andere als begeistert, als der sie mit Gendarmengewalt zwang, an einer königlichen Hasenjagd als Treiber mitzuwirken.

Ab etwa 1820 entwickelte sich die **Milchwirtschaft** zu einer wichtigen Erwerbsquelle der Bauern, das blaue Allgäu wandelte sich zum grünen. Käsepioniere wie Josef Aurel Stadler, der die Hartkäseherstellung nach Schweizer Art einführte, oder der „Alpkönig" Carl Hirnbein, der Weichkäse nach holländischem Vorbild produzierte, machten das Allgäu zur Käseküche Deutschlands. Begünstigt wurde die Milchviehhaltung durch die im 16. Jahrhundert begonnene, vor allem aber Ende des 18. Jahrhunderts vollzogene **Vereinödung,** also die Auflösung von Dörfern zugunsten einzeln stehender Bauernhöfe und kleiner Weiler, die dem Allgäu heute sein charakteristisches Gesicht geben. Mit der Vereinödung verbunden war eine Flurbereinigung, bei der die durch Erbteilung entstandenen Miniparzellen (Gewannflur) zu größeren Einheiten (Blockflur) rund um die neuen Höfe zusammengelegt wurden. Auch die Allmende, also die von allen Bauern gemeinsam genutzte Fläche, wurde damals aufgeteilt.

Sein liebstes Hobby war die Jagd

Der Anschluss an das deutsche Eisenbahnnetz (um 1850) erleichterte den Käseexport und beschleunigte die

Industrialisierung des Allgäus. Große Transportkapazitäten waren für Firmen wie die Kemptener Mechanische Baumwollspinnerei (gegründet 1853) unerlässlich, damit Rohstoffe herangeschafft und Fertigwaren abtransportiert werden konnten. Die Eisenbahn bedeutete auch das Ende für den von 1471 bis 1859 am Grünten betriebenen **Bergbau.** Es waren dies die letzten Allgäuer Erzgruben, andere Betriebe in Füssen, Hindelang und Tiefenbach (Oberstdorf) hatten sich schon früher als unrentabel erwiesen. Die Bergleute am Grünten waren „Eigenlöhner", die auf eigene Rechnung mit primitiven Mitteln Eisenerz abbauten und für die Schürfrechte eine Abgabe an den Landesherrn zahlten. Das Erz war jedoch von minderer Qualität, sein Eisengehalt gering, was die Verhüttung aufwendig machte und ungeheure Mengen Brennholz erforderte. Das schließlich gewonnene Eisen war spröde, also zum Schmieden schlecht geeignet. Geschmolzen und in Form gegossen wurde es in den Sonthofener Hüttenwerken. Die konzentrierten sich nach Schließung der Erzgruben am Grünten auf ihre Gießerei und besetzen heute als *BHS Sonthofen* eine Marktnische im Maschinen- und Anlagenbau.

Das 20. Jahrhundert

Die 1918/19 in Bayern regierende Räterepublik hatte auch im Allgäu ihre Anhänger, speziell in Kempten und Lindau. In konservativen Kreisen nährte sie jedoch die Idee eines in Anlehnung an das staufische Herzogtum zu bildenden **Großschwaben,** das vom Rhein bis zum Lech reichen und Baden, Württemberg, die Deutschschweiz, Baye risch-Schwaben und Vorarlberg umfassen sollte. „Lieber württembergisch sterben als bayerisch verderben", brachte der Memminger Kreisrat seine Aversion gegen die Münchener Roten auf den Punkt. Zu den Anhängern der Großschwaben-Idee zählte auch der frisch zum Kemptener Bürgermeister

Rathaus Memmingen, August 1914 – Hurrapatriotismus als kulturelle Inszenierung

gewählte **Otto Merkt,** den abzusetzen sich die „revolutionären" Kemptener Arbeiter- und Soldatenräte mangels personeller Alternativen nicht trauten. Der parteilose Konservative Merkt, der sich auch stark in der Heimatpflege engagierte, war bis 1942, also auch unter den Nationalsozialisten, Kemptener Stadtoberhaupt und wurde von der amerikanischen Militärregierung im Mai 1945 kurzzeitig wiederum als OB eingesetzt – eine erstaunliche Kontinuität.

Auch wenn der **Tourismus,** etwa auf dem Grünten, in Bad Wörishofen oder Bad Hindelang, schon im 19. Jahrhundert begann, so wurde der Fremdenverkehr erst nach dem Ersten Weltkrieg zu einem Massenphänomen. Großen Anteil daran hatten der Alpenverein und das NS-Programm Kraft durch Freude (KdF), das den Volksgenossen preiswerten parteikonformen Urlaub ermöglichte. Mit dem Tourismus ist der eigentliche Geburtshelfer des Allgäus genannt, einer Landschaft mit durchaus fließenden Grenzen, die nie eine politische Einheit war und auch nicht mit sprachlichen oder topografischen Gemeinsamkeiten auffällt, deren Bewohner sich noch vor hundert Jahren vielleicht als Kemptener, Schwaben oder Bayern, aber niemals als Allgäuer bezeichnet hätten. Erst die Fremdenverkehrswerbung erfand die **Marke Allgäu** und erhöhte grüne Wiesen, glückliche Kühe und guten Käse zu seinem Markenzeichen. Die bayerische Kommunalreform (1972) machte sich dann das inzwischen gewachsene Image der Marke zunutze und benannte die neu geschaffenen Großkreise Oberallgäu, Unterallgäu und Ostallgäu.

Nach dem Zweiten Weltkrieg wurde das württembergische Allgäu von den Franzosen besetzt, das bayerische Allgäu von den Amerikanern – bis auf den Landkreis Lindau, der als Korridor zwischen den französischen Besatzungszonen in Deutschland und Österreich (Vorarlberg, Tirol) ebenfalls den Franzosen zugeschlagen wurde. Die erst 1955 aufgehobene Sonderstellung als **französisches Bayern** gab Lindau gleichsam den Rang eines Bundeslandes und damit die Verfügung über Zölle und Verbrauchssteuern – eine Insel des Wohlstands im ausgebluteten, hungernden und frierenden Nachkriegsdeutschland.

Das Wirtschaftswunder der Nachkriegsjahre beschleunigte den Strukturwandel des bayerischen Allgäus vom Agrarland zum Gewerbestandort. Dazu trugen auch die vielen **Heimatvertriebenen** bei, vor allem aus Tschechien ausgewiesene Sudetendeutsche, die nach dem Zweiten Weltkrieg hier aufgenommen wurden und 1950 etwa ein Viertel der Bevölkerung ausmachten. Auch in jüngerer Zeit haben weder Biolandbau, Direktvermarktung noch sanfter Tourismus das fortwährende **Höfesterben** stoppen können. Das Schrumpfen der Landwirtschaft (und damit auch der milchverarbeitenden Betriebe) könnte langfristig die Marke Allgäu infrage stellen, denn ein Allgäu ohne Wiesen, Kühe und Käse wäre kein Allgäu mehr. Bleibt als Alternative die professionelle Landschaftspflege, bei der der aus öffentlichen Mitteln bezahlte Bauer vorrangig für den Erhalt der „Natur" zuständig ist.

Aufgefangen wird die Abwanderung aus der Landwirtschaft, die oft übergangsweise noch als Nebenerwerb zum Einkommen beiträgt, durch neue Beschäftigungsmöglichkeiten in der Tourismusbranche und in der innovationsfreudigen, vorwiegend mittelständischen **Industrie,** vor allem im Maschinen- und Anlagenbau. Größte Arbeitgeber sind der zum Weltkonzern AGCO gehörende Landmaschinenhersteller *Fendt* in Marktoberdorf und der Maschinenbauer *Deckel Maho* in Pfronten.

Siebter Barockhimmel in der Wieskirche

Kunst und Architektur

Eine Kunstgeschichte des Allgäus gibt es bisher ebenso wenig wie einen epochenübergreifenden Architekturführer durch die Region. Beide wären ein eigenes Projekt. Hier kann nur eine kurze, chronologisch aufgebaute Übersicht gegeben werden, was wo zu sehen ist.

Die barocke Bauwut ließ im Allgäu nur wenige ältere Bauten übrig. Noch aus vorromanischer Zeit stammt die Krypta des heiligen Magnus unter der Klosterkirche **St. Mang in Füssen** (→ S. 99). An der südlichen Längswand wurde ein Fresko im Stil der Reichenauer Malschule (um 1000) mit den Heiligen Magnus und Gallus freigelegt.

Die unscheinbare und nur zu gelegentlichen Gottesdiensten geöffnete Keckkapelle in Kempten (Berliner Platz) ist im Kern romanisch, ebenso das Südportal der **Kaufbeurener Pfarrkirche St. Martin** (→ S. 71). Zwei beachtenswerte romanische Kirchen stehen im östlichen Randbereich des Allgäus: Das **„Welfenmünster" in Steingaden** (→ S. 85) ist von außen noch klar als romanische Basilika zu erkennen; die ebenfalls von einem Welfenherzog gestiftete **Basilika St. Michael in Altenstadt** (→ S. 83) zeigt auch im Innenraum noch ein romanisches Gesicht.

Gotik

Die gotische Architektur kam im 14. Jahrhundert aus Frankreich nach Deutschland. Hervorragende Beispiele im Allgäu sind die **Memminger Stadtkirche St. Martin** (→ S. 28) und die **Blasiuskirche in Kaufbeuren** (→ S. 69). Auch die **Burgruinen Sulzberg** (bei Kempten, → S. 140) und **Hohenfreyberg** (bei Pfronten, → S. 121) stehen für den gotischen Stil. Den Übergang von der Wehranlage zum repräsentativen Herrschersitz markiert das spätgotische **Hohe Schloss in Füssen** (→ S. 100).

Zu den ältesten Kunstwerken des Allgäus gehört eine überlebensgroße Terrakotta-Madonna (um 1420) in der Pfarrkirche Buxheim (→ S. 38). Die vermutlich in einer Augsburger Werkstatt geschaffene Figur repräsentiert den „weichen Stil" der Spätgotik, der die zuvor starre Mimik und Körperhaltung der Madonnenfiguren in Bewegung, Leichtigkeit und höfische Eleganz überführt. Der Werkstatt von **Hans Multscher** († 1467), Begründer der Ulmer Schule und Wegbereiter eines in Abgrenzung zum weichen Stil realistischeren Menschenbilds, werden die Holzfiguren am Berghofer Altar (→ S. 161) zugeschrieben. Die Flügel des Altars bemalte **Hans Strigel der Ältere**, → S. 30 († 1462). Unter ihm und seiner gleichfalls künstlerisch tätigen Verwandtschaft wurde Memmingen zu einem Zentrum der Kunstproduktion. Das Strigel-Museum (→ S. 30) zeigt Skulpturen, Altarbilder und Porträts der Strigels und aus anderen Werkstätten ihrer Zeit. Noch immer in Gebrauch ist das spätgotische **Chorgestühl in der Martinskirche** (→ S. 28), dessen ausdrucksstarke Figuren Persönlichkeiten aus der Memminger Stadtgeschichte abbilden.

Auf spätgotische Tafelbilder und Skulpturen haben sich eine Dependance der Bayerischen Staatsgalerie im Hohen Schloss (→ S. 100) zu Füssen und die Ausstellung Leuchtendes Mittelalter (→ S. 138) in Kempten spezialisiert. Gleich drei hervorragende Kunstwerke birgt die Kirche St. Jodokus (→ S. 173) im Hindelanger Ortsteil Bad Oberdorf. Vom Füssener Holzschnitzer **Jörg Lederer** († 1550) stammt der prächtige Hochaltar, von **Hans Holbein** dem Älteren († um 1524) das Tafelbild einer byzantinisch anmutenden Madonna sowie von einem unbekannten Meister ein lebensgroßer Christus, der auf dem Palmesel reitet. Mit drei Statuen (um 1520) von **Hans Kels** dem Älteren in der Schwangauer Kirche St. Coloman (→ S. 107) und dem Hochaltar (1523) vom **Adam Schlanz** in Genhofen (→ S. 245) endet die Gotik im Allgäu.

Renaissance

Die Architektur der Renaissance schöpfte aus dem Erbe der römischen Antike, liebte strenge Symmetrie und geometrische Proportionen. In diesem Stil entstanden die ersten **Schlösser** im Allgäu, so das Alte Schloss in Kißlegg (→ S. 206), die Kronburg (→ S. 42), Schloss Zeil (→ S. 202) und Schloss Wolfegg (→ S. 207). Auch das **Memminger Rathaus** (→ S. 25) wurde im Renaissancestil gebaut, in Kempten das

Kirchenpfleger Hans Holzschuher im Chorgestühl von St. Martin, Memmingen

heutige Hotel Fürstenhof (→ S. 138). Mit dem figurenreichen **Kindelmann-Altar** (1561), benannt nach dem auftraggebenden Abt Kindelmann und ausgestellt im Ottobeurer Klostermuseum (→ S. 56), endet die in Memmingen gefertigte Sakralkunst: Die nun evangelische Stadt war kein guter Platz mehr für die Herstellung von Heiligenfiguren und -bildern. Anders in den katholischen Landen: Da beauftragte 1602 der Abt des Füssener Klosters St. Mang den Maler Jakob Hiebeler, die Annakapelle (→ S. 100) mit einem Totentanz auszuschmücken. Der Künstler des **Füssener Totentanzes** nahm die Holzschnitte Hans Holbeins des Jüngeren zum Vorbild. Die 1615 eingeweihte **Dreifaltigkeitskirche in Leutkirch** (→ S. 201) war der erste evangelische Kirchenneubau zwischen Donau und Bodensee – eine Predigtsaalkirche, in der der Altar nicht mehr im Chor, sondern nach protestantischem Verständnis inmitten der Gemeinde platziert war. Nach zwei Umbauten ist davon nichts mehr zu erkennen.

Barock

Der Dreißigjährige Krieg war noch nicht zu Ende, da wälzte Fürstabt Roman Giel von Gielsberg bereits Pläne für den Wiederaufbau seiner von der Soldateska und den Bürgern der Stadt zerstörten **Kemptener Reichsabtei** mit der Stiftskirche St. Lorenz (→ S. 138). Den Auftrag bekam der Vorarlberger Baumeister Michael Beer, später übernahm der Bündner Johann Serro die Bauleitung. Damit begann die Barockarchitektur nördlich der Alpen. Beer und die von ihm gegründete **Auer Zunft**, ein Team von Baumeistern, Handwerkern und Künstlern aus dem Bregenzer Wald, waren mit der aus italienischen Vorbildern entwickelten „Vorarlberger Wandpfeilerkirche" stilbildend für die großen Allgäuer Kirchenbauten ihrer Zeit, etwa in Irsee (Franz Beer, 1699, → S. 74) oder im Dominikanerinnenkloster Bad Wörishofen (Franz Beer, 1723, → S. 58): ein einschiffiges, tonnengewölbtes Langhaus, gegliedert von wandgebundenen, oft weit ins Kircheninnere hervortretenden Pfeilern, zwischen ihnen Seitenkapellen, darüber Emporen. Das Querschiff, falls überhaupt vorhanden, bleibt kurz und kaum ausgeprägt.

Dem Vorarlberger Münsterschema folgt aber nur der westliche, als Gemeindekirche konzipierten Teil von St. Lorenz. Dort, wo man den Chor vermuten würde, schließt sich ein Zentralbau mit achteckiger Kuppel an, in dem die Stiftsherren der Messe folgten. Das Oktogon verweist auf die Pfalzkapelle Karls des Großen im Aachener Dom – eine Reverenz an den Kaiser als weltlichen Herren des reichsunmittelbaren Stifts. Kleinere Kirchen oder Kapellen planten die Barockbaumeister gern als Kreuzkuppelkirche (beispielhaft Johann Jakob Herkomers Sameisterkapelle 1685, → S. 93). Das große Spätwerk unter den Allgäuer Barockkirchen, die von Johann Michael Fischer entworfene **Klosterkirche Ottobeuren** (1748–1760, → S. 56), sucht mit der geschickten Kombination mehrerer Kuppeln eine Synthese aus Längs- und Zentralbau. Drei palaisartige **Bürgerhäuser** im (spät)barocken Stil findet man in Memmingen: den Hermansbau (→ S. 28), das Parishaus (→ S. 26) und das Knollhaus (Kempter Str. 32). Dass auch Zweckbauten repräsentieren können, beweist Johann Jakob Herkomer mit dem Kemptener **Kornhaus** (→ S. 138). Auch das barocke **Alte Rathaus** (→ S. 78) von Marktoberdorf kann sich sehen lassen.

Was wäre ein barockes Bauwerk ohne Fresken, Stuck und Skulpturen? Dekor und Ausstattung wurden von den Baumeistern gleich mit eingeplant. Viele hatten ihre festen Künstler, mit denen sie bei mehreren Projekten zusammenarbeiteten, andere, so Johann Jakob Herkomer oder Dominikus Zim-

Barocke Pracht in Ottobeuren

mermann, waren selbst Stuckateure. Aus den Werkstätten der oberbayerischen Benediktinerabtei Wessobrunn entwickelte sich im späten 17. Jahrhundert mit der **Wessobrunner Schule** das bedeutendste Stuckatorenzentrum im damaligen Europa. Als Begründer gelten Caspar Feichtmayr und Johann Schmuzer, der unter anderem die Wallfahrtskirche St. Coloman (bei Schwangau, → S. 107) entwarf und dekorierte.

Besonders gefragt waren die Wessobrunner im Spätbarock und im **Rokoko** (ca. 1730–1770), als sich barocke Wucht, Kraftmeierei und Symmetrie in leichte, luftige, verspielte und asymmetrische Formen auflösten. Bevorzugtes Ornamentmotiv wurde das Muschelwerk, französisch *rocaille*, woraus sich der Name Rokoko ableitet. Matthias Stiller verzierte den Memminger Kreuzherrnsaal mit Girlanden, Muscheln und Akanthusblättern, Johannes Schütz stuckierte Kirchen und Repräsentationsräume in Wolfegg (→ S. 207), Kißlegg (→ S. 206) und Leutkirch (→ S. 200), Johann Michael Feuchtmayer trug den Rocailleschmuck in der Ottobeurer Klosterkirche (→ S. 56) auf. Als Meisterwerk der Wessobrunner Schule gilt die von Dominikus Zimmermann und seinem Bruder Johann Baptist gebaute und ausgeschmückte **Wieskirche** (→ S. 86).

Mehr noch als die Architektur bezog die barocke **Malerei** ihre Anregungen aus Italien. Franz Georg Hermann, der in der Kemptener Stiftskirche und Residenz (→ S. 138), in Maria Steinbach (→ S. 43) und in Füssen (St. Mang, → S. 99) Wände und Decken bemalte, wurde in Rom und Venedig unter anderem von Giovanni Antonio Pellegrini ausgebildet. Auch Franz Anton Zeiller, der mit seinem Verwandten Johann Jakob Zeiller Kuppel- und Deckenfresken in Ottobeuren (→ S. 56) malte, hatte sich in Rom und Venedig weitergebildet. Einer der wenigen **Bildhauer,** die nicht mit Gips, Mörtel und Stuckmarmor arbeiteten, war der in Füssen heimische Anton Sturm. Er schuf aus weißem Marmor die prächtigen Benediktinerheiligen in der Kirche St. Mang

(→ S. 134), auch die Altarfiguren und die Kanzel. Sein größter Auftrag waren die sechzehn aus Holz gearbeiteten, überlebensgroßen Statuen der Habsburger Kaiser im Kaisersaal der Abtei Ottobeuren (→ S. 56). Franz Anton Kuen, der bedeutendste Vorarlberger Bildhauer des 18. Jahrhunderts, schuf mit seiner anmutigen Mondsichelmadonna (Deuchelried → S. 224) eine der schönsten Marienstatuen des Spätbarock. Demgegenüber sind die acht lebensgroßen Sibyllen im Treppenhaus von Schloss Kißlegg frei modellierte Stuckfiguren (→ S. 206). Ihr Schöpfer Joseph Anton Feuchtmayer verstand sich meisterhaft auf das Herstellen glänzend polierter, alabasterartiger Oberflächen. Erwähnt sei schließlich der Tiroler Holzschnitzer Ignaz Waibel, der das wunderbare Chorgestühl des Reichsklosters Buxheim schuf (→ S. 36).

Vom Klassizismus zum Historismus

Verzicht auf „lächerliche Zierrathen" verordnete Kurfürst Max III. Joseph mit seinem Generalmandat vom 4. Oktober 1770 für die bayerischen Kirchenneubauten und verbot gleich noch die Oberammergauer Passionsspiele mit der Begründung, dass „das größte Geheimnis unserer heiligen Religion nun einmal nicht auf die Schaubühne gehört" – die Aufklärung kam also doch bis nach Bayern, wenngleich die Reformen weit hinter denen des Habsburger Kaisers Joseph II. zurückblieben. In der Kunst war nun **Klassizismus** angesagt, also eine klare Formensprache mit Rückgriff auf den Formenkanon des griechischen Tempelbaus und der italienischen Frührenaissance. Die **Bad Wurzacher Stadtkirche St. Verena** (1775/77, → S. 187) folgt den klassizistischen Idealen und strahlt mit viel Weiß und strenger Symmetrie eine wohltuende Ruhe aus. Das Deckenbild aus der Hand von Andreas Brugger steht für den neuen Stil in der Malerei.

Mit dem Ende der Kleinstaaterei und der Aufteilung des Allgäus verlagerten sich die öffentlichen Bauaufträge auf die Residenzstädte München und Stuttgart. Eine Ausnahme macht das **Kaufbeurener Alte Spital** (→ S. 71). Ein privates Gebäude im klassizistischen Stil ist das **Kemptener Zumsteinhaus** (→ S. 139), gebaut als Stadtpalais einer Kaufmannsfamilie und heute Stadtmuseum; ebenso die ehemalige **Grünbaum-Brauerei** am Kemptener Rathausplatz. „Die heilige Nacht", ein Gemälde des sächsischen Oberhofmalers **Anton Raphael Mengs,** der zusammen mit Tiepolo den Königspalast in Madrid ausgestaltet hatte, fand auf verschlungenen Wegen in die Pfarrkirche Oberstdorf (→ S. 178), wo es nun über dem Weihwasserbecken hängt. Der Gekreuzigte im Hochaltar der Pfarrkirche Opfenbach (bei Lindenberg) wurde irgendwann zwischen 1757 und 1760 von der jungen **Angelika Kauffmann** restauriert.

Die **Nazarener** waren eine romantisch-religiöse Kunstrichtung, die sich um die Erneuerung der Kunst im Geist eines katholischen Christentums bemühte. Fidelis Schabet, ein Schüler von Peter Cornelius, und Andreas Merkle schmückten 1861–63 die Pfarrkirche Dietmannsried (bei Kempten) mit Szenen aus dem Leben Christi. Der Nazarener Johannes Kaspar hat in Obergünzburg ein eigenes Museum (→ S. 75). Moritz von Schwind, neben Spitzweg der bedeutendste deutsche Maler der **Spätromantik,** lieferte die Entwürfe für die Fresken mit Motiven aus alten Sagen in Schloss Hohenschwangau (→ S. 108), dem im englischen Tudorstil gebauten Sommersitz Maximilians II. Die Städtische Galerie Füssen (→ S. 100) zeigt Spitzwegs „Die Wache" und Bilder der **Landschaftsmaler** Adolf Lier und Joseph Wenglein. Bisher nur in Sonderausstellungen gezeigt wurden die Werke des in Bühl am Alpsee geborenen Landschaftsmalers

Jauchzende Engel, verzücktes Volk und gelangweilt-blasierter Adel – die Gründung von St. Verena

Johann Georg Grimm, der es in Brasilien als Begründer der Freiluftmalerei zu Ruhm und künstlerischem Einfluss brachte, der in seiner Allgäuer Heimat aber lange vergessen war.

Der ab 1860 aufkommende **Historismus** ahmte ältere Stilrichtungen nach. Es herrschte ein Pluralismus der Neo- oder „Neu-Stile", also von Neuromanik, Neugotik, Neorenaissance und wie sie alle heißen, die gleichberechtigt nebeneinanderstanden. Neue Techniken und Materialien eröffneten neue Gestaltungsmöglichkeiten, so etwa der Stahlbeton für den neubarocken „Allgäuer Dom" in Lindenberg (→ S. 237). Jene Architektur des Historismus, mit der das aufsteigende Bürgertum seine kulturelle Führungsrolle unterstrich, wird oft auch **Gründerzeitarchitektur** genannt. Hierfür stehen die Villa Edelweiß (→ S. 147) in Immenstadt oder die „toskanische" Villa Jauss in Oberstdorf (→ S. 180), dazu zahlreiche Schulen, Bahnhofsgebäude und Postämter (Mewo-Kunsthalle Memmingen, → S. 35). Das Rathaus von Kaufbeuren (→ S. 67) baute Georg von Hauberrisser im Stil der Neorenaissance. Ein inzwischen denkmalgeschützter Industriekomplex dieser Epoche ist die Mechanische Baumwollspinnerei in Kempten, Füssener Straße.

Oft begnügten die Architekten des Historismus sich nicht mit der Nachahmung eines einzelnen Stils, sondern schöpften aus dem gesamten Repertoire. Das beste und größte Beispiel für diese eklektizistische und nicht immer gelungene Kombination verschiedener Stilelemente ist Schloss **Neuschwanstein** (→ S. 109).

Architektur des 20. Jahrhunderts

Die heute so beliebten Gründerzeitwohnungen werden von Maklern gern als „Jugendstil" angepriesen. Der eigentliche **Jugendstil** mit seinen flächenhaften, floralen Ornamenten und den dekorativ geschwungenen Linien bedeutete aber die Abkehr von Historismus. Er war nur wenige Jahre (etwa 1895–1910) en vogue und konkurrierte bald mit dem aufkommenden Heimatschutzstil, der den Historismus mit traditionellen, volkstümlichen Bauformen zu überwinden suchte. Zum Jugendstil gehören in **Kempten** etwa der Brunnen auf dem Sankt-Mang-Platz (→ S. 134) oder die Villa des Fabrikherrn der Baumwollspinnerei (Füssener Str. 41). In **Kaufbeuren** wurde der Innenraum der Dreifaltigkeitskirche (→ S. 67) 1901 unter Verwendung von Jugendstilelementen neu gestaltet. An der Ecke Mindelheimer Straße/Am Webereck steht ein Arbeiterwohnblock in sparsam historisierendem Jugendstil.

Der später vor allem für seine Kirchen (St. Jodok in Bad Oberdorf, → S. 134) berühmt gewordene Thomas Wechs senior begann seine Architektenkarriere als Mitarbeiter der **Bayerischen Postbauschule,** für die er 1922 das noch dem **Heimatschutzstil** verhaftete Postgebäude in Hindelang (→ S. 172) entwarf. Auch das heute denkmalgeschützte Postgebäude (1924) von Marktoberdorf spricht die eher konventionelle Formensprache der Heimatschutzarchitektur. Insgesamt war die von dem späteren Architekturprofessor Robert Vorhoelzer geleitete Postbauschule jedoch eine Bastion der in Bayern eher unterrepräsentierten klassischen Moderne, bis die Nazis Vorhoelzer als vorgeblichen „Baubolschewisten" entließen, das Amt auflösten und das bayerische Postbauwesen dem Berliner Reichspostministerium unterstellten. Postbauten im Stil des **Neuen Bauens** sind beispielsweise die Kraftwagenhallen in Bad Hindelang (→ S. 172) und in Füssen (Ziegelwiesenweg 22).

Markanter sind die Spuren der NS-Architektur in Gestalt der **Ordensburg Sonthofen** (→ S. 160), einer Kaderschmiede für die Nazi-Elite. Hermann

Gruß aus Vorarlberg –
moderne Holzarchitektur am Ortseingang von Oberstdorf

Giessler, der Architekt des monumentalen, mit Naturstein verkleideten Stahlbetonbaus, brachte es später zum „Generalbaurat für die Neuplanung der Hauptstadt der Bewegung" (München) und wurde von Hitler in die Reihe der „Gottbegnadeten", der zwölf wichtigsten Künstler des Dritten Reichs, aufgenommen.

Machen wir noch einen Sprung zur Jahrtausendwende. Für viel Gesprächsstoff sorgte das 2001 mitten in einem Wohnviertel der 1920er-Jahre eröffnete **Marktoberdorfer Künstlerhaus** (→ S. 78) der Schweizer Architekten Bearth & Deplazes: Zwei festungsartige, gegeneinander versetzte Würfel aus monolithischem Backsteinmauerwerk, die ein Glaskorridor mit dem alten und konventionellen Einfamilienhaus verbindet. Weniger umstritten war das **Kunsthaus Kaufbeuren** (1996, → S. 71), das alte Bauformen zitiert, ohne zu historisieren, und dessen Grundriss auf raffinierte Art die Form der vorgelagerten Freifläche spiegelt. Gelungen ist die Verbindung von alt und neu auch beim Füssener **Kloster St. Mang:** Hier ersetzt ein transparenter und zurückhaltend schlichter, mit Gitterrosten und Betonplatten belegter Steg den Boden eines barocken Korridors und ermöglicht so den Blick auf einen darunter ausgegrabenen romanischen Kreuzgang.

Maler und Bildhauer des 20. Jahrhunderts

Große Kunstmuseen oder moderne Meisterwerke von Weltrang findet man in München oder Zürich, nicht aber im Allgäu. Viele Städte und manche Kunstmäzene leisten sich jedoch überschaubare Dauerausstellungen zum Lebenswerk von Künstlern mit lokalem Bezug. So ehrt Memmingen in der Mewo-Kunsthalle (→ S. 35) **Max Unold** (1885–1964), einen Exponenten der Neuen Sachlichkeit, und **Josef Madlener** (1881–1967), der mit seinen mystisch-esoterischen Bildern ein Pionier der modernen Fantasy-Illustration war. Marktoberdorf hat dem hier verstorbenen Kunstmaler **Paul Röder** (1897–1962) eine Dauerausstellung (→ S. 80) gewidmet, in Ottobeuren wurde ein Künstlermuseum für den Maler, Bildhauer und Fotografen **Diether Kunerth** (geb. 1940) gebaut, der sich bereits als junger Shootingstar von der turbulenten Münchener Modern-Art-Szene ins abgeschiedene Klosterdorf zurückzog und hier seine Heimat gefunden hat (→ S. 46).

In Wangen fand man eine kostengünstige Lösung, um das Lebenswerk von **Wolfgang von Websky** (1895–1992) einem breiten Publikum präsentieren zu können: Die Gemälde im Stil des expressiven Realismus schmücken die Flure eines städtischen Amtshauses (→ S. 220) und sind während der üblichen Bürozeiten zugänglich. Die fein stuckierten und bemalten Barockräume im Neuen Schloss Kißlegg (→ S. 207) geben den spannungsreichen Rahmen für die Plastiken des Holzbildhauers **Rudolf Wachter** (1923–2011), nämlich monumentale und zugleich minimalistische Formabstraktionen, die mit Kettensäge und anderem Großgerät aus rohem Stammholz geformt wurden. Die Kunsthalle Isny (→ S. 232) zeigt eine Werkschau des in Isny geborenen und als Maler, Buchillustrator und Filmemacher aktiven **Friedrich Hechelmann** (geb. 1948). Motive aus dem Moor und immer wieder Bäume begegnen uns im Werk des von den Nazis geächteten Malers und Dichters **Sepp Mahler** (1901–1975), ausgestellt in seinem Wohnhaus in Bad Wurzach (→ S. 198).

Information: „Allgäuer Künstlerlexikon" von Bernhard Kühling, Kempten 2012 (zum Nachschlagen in Bibliotheken). Hilfreich ist auch das Webportal www.kultur-oa.de.

Schön wohnen auf dem Einödhof – nur mit Auto

Anreise und Verkehrsmittel vor Ort

Mit dem Auto

Hauptroute von Norden her ins Allgäu ist die Autobahn 7. Bei Memmingen kreuzt sie mit der von München nach Lindau führenden A 96, die in etwa auch die Nord- und Westgrenze des Allgäus markiert. Als wichtige Bundesstraße durchquert die B 12 das Allgäu, von Augsburg kommend über Kaufbeuren, Kempten, Isny nach Lindau. An touristischen Routen sei die *Oberschwäbische Barockstraße* im Westallgäu genannt. Die *Deutsche Alpenstraße* schlängelt sich von Lindau hoch nach Oberstaufen, am Alpsee vorbei nach Immenstadt, Sonthofen und Bad Hindelang, wo sie den Oberjochpass überwindet und durch Nesselwang und Pfronten nach Füssen und Schwangau verläuft.

Mit der Bahn

Das Allgäu liegt abseits der bedeutenden Durchgangslinien. Einige wenige Direktzüge fahren von Dortmund, Hamburg und Hannover nach Oberstdorf, doch gewöhnlich muss man in München, Augsburg oder Ulm in einen Nahverkehrszug umsteigen. Die zweigleisige *Bayerische Allgäubahn* (KBS 970) verbindet München über Buchloe und Kempten mit Lindau. Alternativ dazu führt eine neuerdings elektrifizierte, beispielsweise vom EC München – Zürich befahrene Strecke (KBS 971) über Memmingen und Leutkirch nach Lindau. Die *Illertalbahn* (KBS 975) folgt der Iller von Ulm über Memmingen und Kempten nach Oberstdorf. Die *Württembergische Allgäubahn* (KBS 753) läuft vom Bahnknoten Aulendorf über Kißlegg nach Leutkirch. Die *Außerfernbahn* (KBS 976) windet sich von Kempten über Pfronten und Reutte (Tirol) nach Garmisch-Partenkirchen, die *König-Ludwig-Bahn* (KBS 974) verbindet Buchloe mit Füssen. Ein Streckendiagramm finden Sie im hinteren Buchumschlag.

Mit dem Bus

Den Busverkehr im Allgäu besorgen weitgehend die DB-Töchter *Regionalbus Augsburg* (RBA) und *Regionalverkehr Alb-Bodensee*. Links zu den Fahrplänen erschließt, wenngleich nicht immer aktuell, www.dein-allgaeu.de/verkehr/verkehr_verbindungen.html.

Tarifverbünde/Tageskarten

In Zug und Bus des bayerischen Allgäus gilt das *Bayern-Ticket*, im württembergischen Allgäu das *Baden-Württemberg-Ticket*, und auf der Bahnstrecke Ulm – Memmingen – Leutkirch – Lindau gelten beide. Einzig der baden-württembergische, auch den Landkreis Lindau umfassende *Bodensee-Oberschwaben-Verkehrsverbund bodo* (www.bodo.de) integriert auch den Schienenverkehr. Die Tickets der anderen, mit den Landkreisen deckungsgleichen Tarifgemeinschaften im bayerischen Allgäu gelten dagegen nur im Bus. Für den Landkreis Unterallgäu ist der Verkehrsverbund Mittelschwaben VVM (www.vvm-online.de) zuständig. Für das Ostallgäu bietet die Ostallgäuer Verkehrsgemeinschaft OVG (www.buerger-ostallgaeu.de → ÖPNV) Tageskarten für das Busnetz. Mit der von vielen Beherbergungsunternehmen den Gästen überlassenen *KönigsCard* können Bus und Bahn gratis benutzt werden. Der Kreis Oberallgäu (www.oberallgaeu.org) bietet mit den *Oberallgäu-Tickets* Tageskarten für den ganzen oder halben Landkreis an, die in Bus und Bahn gelten. Fahrpläne findet man unter www.mona-allgaeu.de. Urlauber mit der Gästekarte *Allgäu-Walser-Card* (siehe unten) können gegen einen Aufpreis für 4, 7 oder 14 Tage auch die Busse und Bahnen in der Südhälfte des Landkreises benutzen, Gäste im Landkreis Lindau fahren dort umsonst Bus. Für einen Abstecher zum Bodensee gilt ab Oberstaufen, Isny und Wangen die *Tageskarte Bodensee Ticket* (www.bodensee-ticket.com).

Fahrrad in Bus und Zug

In Nahverkehrszügen können Sie Ihr Fahrrad mitnehmen – vorausgesetzt natürlich, es gibt genug Platz im Zug. Im Bus, wenn es nicht gerade ein Fahrradbus mit speziellem Anhänger ist, liegt die Entscheidung beim Fahrer, ob das Rad mitgenommen werden darf oder nicht. Für den Zug kostet die Fahrradtageskarte 5,50 €. Im württembergischen Allgäu werden zwischen Aulendorf, Wangen und Aitrach Räder im Zug kostenlos transportiert

> Der **Memminger Allgäu Airport** (www.allgaeu-airport.de) bietet derzeit (Anfang 2020) keine innerdeutschen Flugverbindungen an.

Motoryacht Emily im Lindauer Hafen

Übernachten

Im Sommer und in den Hochzeiten des Wintersports (Fasnacht, Osterferien) wird es in den angesagten Ferienorten zwischen Neuschwanstein und Oberstdorf eng. Für diese Zeiten empfiehlt es sich, via Internet vorauszubuchen. Mit wachsendem Abstand zu Ski-Arenen und Ludwig II. sinken Preise und Auslastung. Allerdings haben auch hier viele Privatvermieter mit nur wenigen Betten und zufriedenen Gästen ihre Stammkundschaft, die frühzeitig bucht.

Internet-Hotelportale: www.hotel.de, www.booking.com. **Internet-Bewertungsportale:** www.holidaycheck.de, www.tripadvisor.de

Das Niveau der Unterkünfte reicht vom luxuriösen 5-Sterne-Hotel bis zur einfachen Berghütte. Das klassische Grandhotel sucht man vergebens – im Allgäu gibt es kein Baden-Baden oder St. Moritz. Allerdings ist das Allgäu als Heimat von Kneipp und Schroth ein Mutterland der Kuren. In Oberstaufen, Bad Wörishofen und sieben weiteren Orten, die sich mit dem Prädikat Kurort schmücken dürfen, werben **Kurhotels** mit Pauschalangeboten für Gesundheitswochen, manchmal modisch etikettiert als „Medical Wellness".

Überhaupt scheint **Wellness** („Wohlbefinden") das beliebteste Werbewort des Allgäuer Gastgewerbes nicht nur der gehobenen Kategorie. Wer würde sich nicht gern gesund ernähren, seine körperliche und geistige Fitness steigern und Stress abbauen? Die einen setzen auf Sauna, Massage und Verschönerungsanwendungen, andere mit Yoga und Tai Chi mehr auf mentale Übungen, und wieder andere, Stichwort fit-aktiv, bauen auf Golf und andere Sportangebote. Hier zählen etwa das Hotel Sonnenalp in Ofterschwang oder das Steigenberger in Bad Wörishofen zu Deutschlands Spitzenhäusern.

Familienhotels umwerben Familien mit Betreuungsangeboten und kindgerechter Ausstattung. Doch warum nicht gleich eine **Ferienwohnung** mieten, eventuell auf einem noch bewirtschafteten **Bauernhof?** Die Auswahl ist groß. Einen Überblick geben die Gastgeberkataloge der örtlichen Tourist-Informationen oder deren Seiten im Internet. In den Portalen www.allgaeu-urlaubaufdembauernhof. de (Bayern) und www.urlaub-bauernhof.de (Württemberg) kann man gezielt nach den eigenen Kriterien suchen. Biohöfe mit Ferienwohnungen findet man bei www.naturland.de.

Jugendherbergen (www.djh.de) gibt es in Füssen, Lindau, Oberstdorf und Ottobeuren. **Berghütten** bieten über das traditionell schlichte Matratzenlager hinaus immer mehr Komfort bis hin zur Wellnessabteilung, mit der die Oberstdorfer Enzianhütte trumpft. Eine Übersicht findet man bei www.berghuetten-allgaeu.de.

Campingplätze liegen oft an Seen oder Flüssen. Leider sind viele Anlagen und in diesen die besten Stellplätze fest in den Händen von Dauercampern. Einige Plätze bieten sogenannte Familienbadezimmer, das heißt Badezimmer für den alleinigen Gebrauch während des Aufenthalts. Eine Übersicht über die Campingplätze im Allgäu bietet das Portal www.allgaeu-abc.de.

> Die im Buch genannten **Übernachtungspreise** beziehen sich, wenn nicht anders angegeben, auf ein Doppelzimmer (DZ) mit Frühstück für zwei Personen. Die Preise wurden im Herbst 2019 recherchiert.

Essen und Trinken

Die Allgäuer Küche, in der sich schwäbische und bayerische Traditionen mischen, kommt für gewöhnlich bodenständig und rustikal daher. Anders als im Elsass oder im Schwarzwald hat sich hier keine Gastrokultur für Gourmets und Feinschmecker entwickelt – Ausnahmen wie die mit Michelin-Sternen ausgezeichnete Küche des Hotels Sonnenalp (Ofterschwang, → S. 168), die Kilian Stuba im Kleinwalsertal (→ S. 193) sowie das Ess-Atelier-Strauss und Maximilians in Oberstdorf (→ S. 188) bestätigen die Regel.

Das Allgäu ist reich an Wiesen und naturbelassenen Landschaften. Kreative Küchenmeister finden hier ihre besten Zutaten. Axel Kulmus vom Stiefenhofener Rössle (→ S. 245) gilt als der Doyen der Allgäuer **Kräuterküche.** Andere Restaurants, besonders in Oberstdorf und Pfronten, pflegen die **Heuküche** und nehmen beispielsweise einen Heufond als Basis für Suppen und Saucen.

Gütesiegel Rund 80 Allgäuer Gastwirte haben sich in einem „Pakt für den guten Geschmack" unter dem Gütesiegel **LandZunge** (www.landzunge.info) zusammengetan, um das Beste der Region auf den Tisch zu bringen. Das LandZunge-Emblem an der Tür eines Wirtshauses signalisiert dem Gast, dass hier vorwiegend heimische Produkte zu heimischen Gerichten verarbeitet werden.

Allgäu-Kochbücher Ortwin Adam, Allgäuer Kochbüchle, Verlag Franz Brack.

Volker Klüpfel / Michael Kobr, Mahlzeit! Das Kluftinger-Kochbuch, Christian-Verlag.

Geassa wiard dahoim. Das Kochbuch Allgäuer Landfrauen, ars vivendi.

Mehlspeisen

Dass Milch- und Käseprodukte in der Allgäuer Küche eine große Rolle spielen und zum Festessen gern ein saftiger Braten aufgetischt wird, liegt angesichts der vielen Rinder auf der Hand. Dagegen ist die Vorliebe der Allgäuer für Mehlspeisen ein Relikt aus jenen Zeiten, als sich die armen Bauern noch mit dem Anbau von Getreide abmühten und die Sennen sämtliche Nahrungsmittel außer Milch und Käse auf dem Rücken zur Hütte hinaufschleppen mussten – Mehl ist haltbar und kalorienreich.

Favoriten der Allgäuer Küche sind zweifellos **Spätzle** (länglich) oder **Knepfli** (rund), hochdeutsch Knöpfle genannt. Der Teig aus Mehl, Wasser und heute oft auch Ei wird von Könnern auf einem Brett ausgestrichen, mit einem Schaber als dünne Streifen abgetrennt und ins heiße Salzwasser geschoben. Wer diese hohe Kunst nicht beherrscht oder wem die Prozedur zu zeitaufwendig ist, der behilft sich mit einer Spätzlepresse oder dem Spätzlehobel. Als **Kässpatzen** mit geriebenem Käse geschichtet und mit Röstzwiebeln garniert, sind Spätzle ein beliebtes Älpler- und Hüttenessen. Süß kommen sie als **Apfelspatzen** mit Apfelkompott, Zucker und Zimt auf den Tisch, und als **Leberspatzen** schwimmen sie in der Suppe.

Aus dem gleichen Teig werden auch die **Maultaschen** hergestellt, mit Fleischbrät, Fisch, Käse, Spinat und anderen Familiengeheimnissen gefüllte Teigtaschen. Der Volksmund nennt die schwäbischen Ravioli auch „Herrgottsbscheißerle", weil man in dieser Mogelpackung auch an Fastentagen und besonders am Karfreitag unerkannt Fleisch zu sich nehmen konnte.

Der Teig für **Schupfnudeln,** auch Baunzen oder Bubespitzle genannt und den italienischen Gnocchi vergleichbar, wird aus passierten, also durch ein Sieb gedrückten Kartoffeln hergestellt. Schupfnudeln werden gern mit Sauerkraut und Speck in der Pfanne angebraten, aber auch, etwa mit Apfelmus, süß gegessen.

Beim **Ofenschlupfer** werden altbackene Brötchen mit Butter, Milch, Ei und Zucker zu einem Teig verarbeitet und dann, mit Apfelscheiben geschichtet, als Auflauf gebacken. Ebenfalls als Süßspeise entpuppen sich **Nonnenfürzle,** Schmalzgebäckkügelchen aus Brandteig, die in schwimmendem Fett gebacken und in Zucker gewendet werden.

Fleisch und Fisch

Bei Fleisch erfreuen sich die einst als Arme-Leute-Essen verrufenen **Innereien** wachsender Beliebtheit. **Saure Kutteln** kommen als „Voressen" (Ragout) auf den Tisch, **Saure Lüngerl** können neben fein geschnittener Lunge auch Herz und Bries von Kalb enthalten. Das **Böfflamot** (frz. Bœuf à la Mode), ein in Rotwein marinierter Rinderschmorbraten, kam wohl mit den Offizieren Napoleons ins Land und wird gern mit Bayrisch Kraut gegessen. Beim **Katzagschroi** werden feine Streifen vom gekochten Suppenfleisch mit Zwiebel und Ei verrührt in der Pfanne gebraten. **Schweinebraten** wird als Krustenbraten in Biersoße geschmort und mit Semmelknödel oder Kartoffelsalat serviert. Im Herbst bereichern viele Wirte ihre Speisekarte mit Gerichten vom **Wild** aus den Allgäuer Bergen, wo schon die bayerischen Könige ihre bevorzugten Jagdreviere hatten.

Bin ich wirklich appetitlich?

Das Allgäu ist reich an Weihern und Seen. Und wo es mal keine gab, legten Klöster und Grundherren schon im Mittelalter Teiche an, um ihre Speisekarte mit **Zander, Hecht** und **Karpfen** bereichern zu können. Auch **Bachforellen** werden in Fließteichen gezüchtet. Das **Bodenseefelchen,** wegen seines zarten, grätenarmen Fleischs ein Liebling der Gourmets, hat sich in den letzten Jahren rar gemacht, und die Ausbeute der professionellen Bodenseefischer an ihrem „Brotfisch" wird immer geringer. Zu sauberes Wasser, klagen die einen, zu große und engmaschige Netze seien die Ursache, meinen die anderen. Weil die Fangmenge den Hunger schon allein der zwei Millionen Bodenseeurlauber längst nicht mehr stillen kann, stammt das „Bodenseefelchen" im Restaurant heute oft aus Kanada oder Vietnam.

Brotzeit

Der Name Brotzeit kommt aus Bayern und meint ursprünglich eine Zwischenmahlzeit aus Wurst, Käse und eben einigen Scheiben Brot. Brotzeitklassiker sind der **Wurstsalat** (als „Schweizer Wurstsalat" mit Käsestreifen angereichert), der **Obazda,** ein angemachter Camembert, und der **Leberkäs,** in Scheiben geschnitten, warm oder kalt serviert und heute ohne Leber hergestellt, weshalb er außerhalb des Freistaats an Metzgertheken und auf Speisekarten nur als Bayerischer Leberkäse oder Fleischkäse angeboten werden darf. Und noch eine bayerische Spezialität: Nach der Bayerischen Biergartenverordnung dürfen Sie im Biergarten zu den Getränken Ihre selbst mitgebrachte Brotzeit verzehren. Den bösen Blick des Wirts gibt's dann manchmal als Dreingabe.

Wer schmeckt den Unterschied?

Käse

Beim Stichwort Allgäu denken die meisten sofort an Käse. Den gibt es als Massenware aus großen Käsefabriken in jedem Supermarkt. Die kleinen, handwerklich arbeitenden Käsereien haben es schwer gegenüber der großen Konkurrenz. Sie suchen ihre Absatznische mit kurzen Vermarktungswegen und hochwertigem Käse, der meist aus Rohmilch von Kühen ohne Silofütterung produziert wird.

Ursprünglich wurde der Allgäuer Käse nur im Sommer auf den Almen hergestellt und beim Almabtrieb mit ins Tal gebracht – wie hätte man die verderbliche Frischmilch auch jeden Tag nach unten liefern können? Doch seit Beginn des 19. Jahrhunderts eroberten Schweizer Käser mit großen, zentnerschweren Laiben den europäischen Markt. Ihre Käse, am bekanntesten der Emmentaler, wurden auch im Tal und damit auch im Winter produziert, waren also ganzjährig verfügbar. Für den traditionellen Allgäuer Bergkäse brachen damit schlechte Zeiten an, denn die Ware der Schweizer Konkurrenz war haltbarer und von besserer Qualität – und erzielte auch einen besseren Preis.

Erst der Oberstaufener Käsehändler Josef Aurel Stadler (→ S. 157) wendete das Blatt, indem er 1827 einen Sennermeister aus dem Schweizer Emmental engagierte und mit ihm die erste Talsennerei aufbaute, um dort den zentnerschweren **Emmentaler** made in Allgäu herzustellen. Stadler und sein Senner Johann Althaus waren nicht die Ersten, die im Allgäu Emmentaler produzierten. Das hatten vor ihnen schon Schweizer Auswanderer gemacht, doch mit ihnen wurde die Emmentalerkäserei zu einer Erfolgsgeschichte, die vielen Bauern über die Milchabnahme zu einem guten Einkommen verhalf.

Heute haben auch die kleinen, oft genossenschaftlich organisierten Bergkäsereien den Emmentaler im Angebot. Ihr Kerngeschäft ist aber der **Allgäuer Bergkäse,** dessen Geschmack mit dem je nach Standort und Jahreszeit unterschiedlichen Futter variiert und der mit zunehmender Lagerzeit immer herzhafter schmeckt. Neben dem reinen Bergkäse gibt es auch allerlei Zubereitungen, bei denen etwa Bärlauch, Heu, Blüten oder gemahlene Senfkörner unter die Käsemasse gerührt werden – wohl jeder Käsermeister hat sein Spezialrezept.

Während Stadler den Allgäuer Hart- und Schnittkäse salonfähig machte, brachte sein Zeitgenosse Carl Hirnbein aus Belgien die Zubereitung von **Limburger** und dem Rotschimmelkäse **Romadur** ins Allgäu. Dem liberalen Reformer, Käsefabrikanten und Großgrundbesitzer widmete der Priesterdichter Peter Dörfler eine Trilogie, die Hirnbein als „Notwender" und „Alpkönig" in Erinnerung bleiben ließ.

Eine besondere und ausnahmsweise im Allgäu selbst erfundene Spezialität ist der **Weißlacker,** ein recht pikanter Schnittkäse ohne Rinde, der für seine Freunde wunderbar duftet und über den andere die Nase rümpfen. Der industriell nur noch von der Käserei *Allgäuer Hof-Milch* in Sonthofen produzierte Stinker wird gern in Essig, Öl und Zwiebel eingelegt oder den Kässpätzle beigegeben.

Alles Käse

Sennereien und Käse-Läden Mit handwerklich hergestelltem Käse, teilweise auch mit Online-Versand:

Käserei Vogler. Bad Wurzach-Gospoldshofen, ✆ 07564/3583, www.kaeserei-vogler.de.

Sennerei Böserscheidegg. Scheidegg-Böserscheidegg, ✆ 08381/83456, www.kaeserei-boeserscheidegg.de.

Käsküche Isny. Maierhöfener Str. 78, Isny, ✆ 07562/912700, www.kaeskueche-isny.de.

Käserei Zurwies. Zurwies 11, Wangen, ✆ 07522/5581, www.zurwies.com.

Baldaufs Käse- und Weinkeller. Goßholz 5, Lindenberg, ✆ 08381/80328, www.baldauf-kaese.de.

Sennerei Diepolz. Beim Bergbauernmuseum Immenstadt-Diepolz, Filiale im Alpseehaus Immenstadt. ✆ 08320/480, www.bergkaeserei-diepolz.de.

Dorfladen im Dorfhaus Thalkirchdorf. Oberstaufen, ✆ 08325/9580, www.dorfhaus.de.

Sennerei Gunzesried. Talstr. 32, Blaichach-Gunzesried, ✆ 08321/84109, www.gunzesrieder-bergkaese.de.

> Die **Allgäuer Käsestraße** ist keine touristische Route von A nach B, sondern ein ganzes Netz von Radwegen zwischen Wangen, Isny, Oberstaufen und Scheidegg. Im gleichnamigen Verein (www.allgaeuer-kaesestrasse.de) haben sich Sennereien, Hofläden und Gastwirte zusammengeschlossen, um die Direktvermarktung von Käse und Milchprodukten mit einem naturnahen Tourismus zu verbinden.

Biokäserei Obere Mühle. Ostrachstr. 40, Bad Hindelang, ✆ 08324/2857, www.obere-muehle.de.

Sennerei Lehern. Lehern 158, Hopferau, ✆ 08362/7512, www.sennerei-lehern.de.

Bergkäserei Weizern. Weizern 3, Eisenberg, ✆ 08362/930702, www.kaeserei-weizern.de.

Links zu weiteren Käsereien bei www.dein-allgaeu.de/regionen/regionen_kaese.html.

Bier und Schnaps

Das Allgäu ist kein Weinland, doch umso reicher mit Brauereien gesegnet. Mehr als ein Dutzend mittelständischer Betriebe haben sich am Markt gehalten, neue Hausbrauereien kommen hinzu. Braumeister Wilhelm Zeitler von der bis heute auf Weißbier spezialisierten Brauerei **Farny** bei Kißlegg war der Erfinder des klaren Weizenbiers. Die Brauerei **Härle** aus Leutkirch setzte schon früh auf Biobiere, deren Gerste und Hopfen also aus ökologischem Anbau stammen. Ein Hit ist Härles nur in Fässern abgefüllte und damit ausschließlich in Wirtshäusern erhältliche Spezialität LandZüngle. Die Brauerei **Hirsch** (Sonthofen) bietet ein „Allgäuer Ökobier" an.

„Blau, blau, blau blüht der Enzian", sang dereinst Heino über die berühmteste Alpenblume, doch blau macht nicht der Blaue Enzian, sondern allenfalls sein Verwandter, der Gelbe Enzian, dessen Wurzeln zu **Enzianschnaps** gebrannt werden und ihm mit ihren Bitterstoffen die charakteristische Geschmacksnote geben. Ob blau ob gelb, die Enzianpflanze ist geschützt, und nur wenige Brennereien haben das Recht, unter strengen Naturschutzauflagen im Herbst eine begrenzte Menge Enzianwurzeln zu ernten. Die Enzianbrennerei Turra in Sonthofen destilliert aus dem mit Verwandten und Freunden gesammelten, aber auch aus Frankreich zugekauften Wurzelwerk jedes Jahr nur etwa 300 Liter Gebirgsenzian – eine echte Rarität.

Besser sieht es mit den **Obst- und Kräuterbränden** aus. Bei Finks in Opfenbach kann man sogar beim Brennen zuschauen (→ S. 240), ebenso bei Nägeles in Oberstaufen-Willis (→ S. 158). Michael Schneider von der Alpe Hörmoos (→ S. 325) hat sich auf Kräuterschnäpse und Liköre spezialisiert. Die Allgäuer Gebirgskellerei in Wertach (→ S. 126) keltert **Blüten- und Beerenweine** zum Beispiel aus Löwenzahn oder Johannisbeeren.

Bier und Schnaps – wie viel trinken Sie?

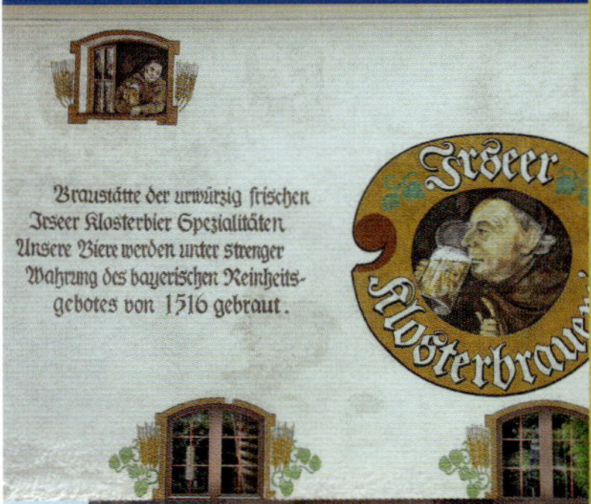

Reisepraktisches in Stichworten

Feste und Veranstaltungen

Januar/Februar: *Schlittenhunderennen* und *Hornschlittenrennen* in Bad Hindelang.

Februar: Die ganze Region feiert *Fasnet*. Als besonders närrisch gelten Sonthofen, Wangen und Mindelheim.

Sonntag nach Fasnacht: Vielerorts lodern die *Funkenfeuer,* um den Winter auszutreiben. An diesem Tag auch alle drei Jahre (demnächst 2022) Hexenaustreibung beim *Egga-Spiel* in Sonthofen.

März: *Ski-Weltcup* mit Slalom und Riesenslalom der Damen am Ofterschwanger Horn.

Ende April bis Anfang Mai: *Kemptener Jazzfrühling* mit Straßenmusik und Kneipenkonzerten.

Um Pfingsten: Abwechselnd *Musica sacra* (in geraden Jahren) und *Internationaler Kammerchor-Wettbewerb* (in ungeraden Jahren) in Marktoberdorf.

1. Mai: Vielerorts *Maibaumaufstellen* mit Bierzelt und Blasmusik.

Mai bis September: *Ottobeurer Konzerte*, klassische Musik in der Basilika und im Kaisersaal der Abtei.

Mitte Juni: *MTB-Marathon* in Pfronten.

Ende Juni bis Anfang Juli: Alle drei Jahre (demnächst 2021) feiert Mindelheim sein historisches Stadtfest, das *Frundsbergfest*.

Ende Juni: Klassikmusikfestival *Wolfegger Konzerte*.

Juni bis August: Alle paar Jahre *Freilichtspiele in Altusried*.

Zweiter Freitag im Juli: Reiterprozession *Blutritt* in Bad Wurzach.

Mitte Juli: Beim Mindelheimer *Tänzelfest* spielen Kinder die Geschichte ihrer Stadt.

Ende Juli: *Fischertag* in Memmingen, alle vier Jahre (demnächst 2020) mit den *Wallensteinfestspielen*.

Juli/August: Internationales Klassikfestival *Oberstdorfer Musiksommer*.

Ende August: Kammermusikfestival *Vielsaitig* in Füssen.

Anfang September: Musikfestival *Internationale Festspiele* in Wolfegg.

September: *Viehscheid* in vielen Orten des Oberallgäus. Aktuelle Termine unter www.allgaeu-viehscheid.de.

Ende September: *Schwarzer-Grat-Berglauf* in Isny.

Ende September bis Anfang Oktober: Beim Bad Wörishofener *Festival der Nationen* treffen etablierte Weltstars auf ein Orchester aus talentierten Jungmusikerinnen.

Zweiter Sonntag im Oktober: *Colomansfest* mit Reiterprozession in Schwangau.

Anfang Dezember: *Bärbeletreiben* und *Klausentreiben* in Sonthofen, Bad Hindelang, Oberstdorf, Immenstadt und den Hörnerdörfern.

Gästekarten und Kurtaxe

Fast alle Gemeinden verlangen von ihren Gästen eine **Kurtaxe** von 1 bis 4 € pro Person und Nacht, die von den Hotels und Zimmervermietern auf den Übernachtungspreis aufgeschlagen wird. Mit dieser Abgabe finanzieren die Gemeinden ihre Kurgärten, Veranstaltungen, Schwimmbäder und andere Einrichtungen, die irgendwie mit dem Fremdenverkehr in Verbindung gebracht werden können. Im Gegenzug bekommen die kurtaxepflichtigen Gäste eine **Gästekarte** und mit dieser am Ort ermäßigte Eintritte, Liftfahrten und dergleichen Vergünstigungen.

Im Landkreis Lindau, im Oberallgäu und Kleinwalsertal heißt die Gästekarte **Allgäu-Walser-Card** (www.allgaeu-walser-card.de), wobei Vergünstigungen von Gemeinde zu Gemeinde verschieden sind. Während beispielsweise Gäste aus Oberstaufen (hier heißt die Karte dann Oberstaufen plus) und Bad Hindelang (Bad Hindelang plus) die örtlichen Bergbahnen gratis benutzen dürfen, geht das für Urlauber mit einer Bad Oberstdorfer Allgäu-Walser-Card nur gegen Aufpreis. Hier wie da lässt sich die Karte mit zubuchbaren Paketen zur **VIELcard** aufwerten.

Einen anderen Weg geht das Ostallgäu mit der **KönigsCard** (www.koenigscard.com). Hier liegt es im Ermessen der einzelnen Gastgeber, ob sie bei diesem Angebot mitmachen oder nicht. Die Gäste der beteiligten Betriebe können dann neben freier Fahrt mit Bus und Bahn etwa 250 weitere Leistungen im Allgäu und dem benachbarten Tirol ermäßigt oder kostenlos nutzen – von der Schifffahrt auf dem Forggensee bis zur geführten Schneeschuhwanderung.

Information und Internet

Die örtlichen Tourist-Informationen sind gut organisiert. Gegen eine geringe Gebühr vermitteln sie Unterkünfte und Tickets für Veranstaltungen, halten Info-Broschüren, Gastgeberverzeichnisse und Ortspläne bereit und verkaufen häufig auch Wanderkarten, Bücher und Souvenirs. Die Adressen finden Sie im Reiseteil dieses Buchs unter den jeweiligen Orten. Hier ein paar Tipps für Internetseiten zum Allgäu:

Tourismusverbände, Regionen

www.allgaeu.de

www.bayerisch-schwaben.de

www.oberallgaeu.de

www.tourismus-ostallgaeu.de

www.tourismus-unterallgaeu.de

www.westallgaeu.de (Kreis Lindau)

www.ferienregion-allgaeu.de (Württembergisches Allgäu)

Freizeitportal

www.dein-allgaeu.de

Medien

www.all-in.de (Allgäuer Zeitung)

www.schwaebische.de (Schwäbische Zeitung)

www.tv-allgaeu.de

Klima und Reisezeit

Das Allgäu ist das ganze Jahr über eine Reise wert, doch Hochsaison ist noch immer die sommerliche Ferienzeit von Mitte Juni bis Anfang September. Gerade Familien besuchen dann gern die im Gegensatz zur Ebene angenehm kühlen Höhenlagen. Auch über Pfingsten und an den vorsommerlichen Brückentagen haben die Wirte alle Hände voll zu tun. Das späte Frühjahr und der frühe Herbst sind die Zeit der Wanderer sowie der Jungen und Älteren, die keine schulpflichtigen Kinder (mehr) haben.

Das Allgäuwetter ist launisch, denn am Alpenrand sammeln sich die Regenwolken. Im Memmingen regnet es bereits zweimal so viel wie in Berlin, in Oberstdorf die dreifache Menge und in Balderschwang gar die vierfache. Die meisten Niederschläge fallen im Sommer. Schuld daran ist das **Alpine Pumpen.** Unter Sonneneinstrahlung erwärmt sich die bodennahe Luft in den Alpen schneller als in der Ebene. Sie steigt nach oben, wird in großer Höhe meist gen Norden abgeführt und am Boden durch aus dem Alpenvorland nachströmende Luft ersetzt. Bei hoher Einstrahlung reicht dieser Sog bis an die Donau, und die gesamte Bodenluft des Allgäus wird im Tagesverlauf ersetzt. Nun ist das Allgäu aber nicht nur nach Norden, sondern auch zum Bodensee und in Richtung Niederbayern geneigt. So strömt die Luft an Sonnentagen sowohl von Nordwest als auch von Nordost ins Allgäu. Wo diese Luftmassen aufeinandertreffen, da kommt es besonders häufig zu Starkregen und Gewittern.

Ungeachtet der vielen Niederschläge gehört das Allgäu statistisch zu den eher sonnenreichen Gegenden Deutschlands. Dies liegt an den im Herbst und Spätwinter häufigen Inversionswetterlagen. Dann sammelt sich im Voralpenland Kaltluft, die von einer darüberliegenden Warmluftschicht am Abfluss und Austausch gehindert wird. Die Grenze

	Kempten				Oberstdorf			
	Ø Lufttemperatur (Min./Max. in °C)		Ø Niederschlag (in mm), Ø Tage mit Niederschlag ≧ 1 mm		Ø Lufttemperatur (Min./Max. in °C)		Ø Niederschlag (in mm), Ø Tage mit Niederschlag ≧ 1 mm	
Jan.	– 6,2	2,0	83	13	– 7,1	2,2	134	13
Febr.	– 5,0	3,7	78	11	– 6,2	3,9	120	12
März	– 1,9	7,3	79	12	– 3,3	7,3	129	14
April	1,4	11,3	96	13	0,3	11,2	135	14
Mai	5,2	16,1	115	14	4,3	16,1	152	15
Juni	8,8	19,3	163	15	7,6	19,0	208	17
Juli	10,9	21,5	141	14	9,9	21,4	215	16
Aug.	10,6	21,0	156	14	9,6	20,8	213	16
Sept.	7,8	18,4	103	10	6,9	18,5	142	12
Okt.	3,7	13,7	76	9	2,8	14,2	110	10
Nov.	– 1,2	7,0	94	11	– 2,1	7,4	134	12
Dez.	– 5,1	2,8	90	12	– 6,2	2,8	142	12
Jahr	**2,4**	**12,0**	**1273**	**146**	**1,4**	**12,1**	**1831**	**162**

Daten: Deutscher Wetterdienst

zwischen den beiden Luftmassen liegt gewöhnlich zwischen 700 und 900 m ü. d. M., sodass auf den Höhen strahlender Sonnenschein herrscht, wenn unten die Nebel wabern. So sind Herbst und Winter die Zeit der sonnenhungrigen Tagesausflügler. Und das besonders in jenen Orten, die mit Liften und Loipen Wintersportler anlocken können.

Detaillierte **Wetterprognosen** finden Sie **im Internet** etwa unter http://wetterstationen.meteomedia.de oder www.wetter.com. Die Wettervorhersage des Alpenvereins finden Sie unter www.alpenverein.de im Menü Services.

Lesetipps

Wandern Robert Theml, Die schönsten Zwergerl-Touren. Neue Wanderungen für die Kleinsten zwischen Allgäu und Karwendel, Bucher Verlag.

Eduard und Sigrid Soeffker, Erlebniswandern mit Kindern, Allgäu, Bergverlag Rother.

Gerald Schwabe, Vergessene Pfade Allgäu, Bruckmann Verlag.

Herbert Mayr, Winterwandern Allgäuer Alpen, Bergverlag Rother.

Christian Gögler, Schneeschuhführer Allgäu, Bergverlag Rother.

Klettern Harald und Ulrich Röker, Sportkletterführer Allgäu-Rock, Gebro Verlag.

Eugen und Hildegard Hüsler, Leichte Klettersteige in den Alpen, Bruckmann Verlag.

Radfahren Werner Müller-Schell, Rennradtouren Allgäu und Bodensee, Bruckmann Verlag.

Wilfried Bahnmüller, Das Allgäu erfahren, Bruckmann Verlag.

Krimis Volker Klüpfel/Michael Kobr, Kluftinger – und bisher neun weitere Fälle mit dem kauzigen Allgäu-Kommissar Kluftinger.

Jürgen Seibold, Gnadenhof, Piper Verlag.

Peter Nowotny, Grünten-Mord, Ullstein Verlag.

Romane Ines Ebert, Sommergarben, Silberburg-Verlag.

Franz-Josef Körner, Sophies Labyrinth, Bauer Verlag.

Dora Prinz/Sabine Eichhorst, Ein Tagwerk Leben. Erinnerungen einer Magd, Knaur Verlag.

Kultur Alfred Weitnauer u. a., Allgäuer Sagen, Brack Verlag.

Michael Schneider, Naturgeschichte Allgäu, Bauer Verlag.

Helmut Hüfner, Poesie und Bilder: Alpenländische Wandmalerei. Husum Verlag.

Traumschloss Neuschwanstein

Auf der Tour um den Besler

Aktiv

im Allgäu

GPS-kartierte Touren sind mit dem Symbol GPS gekennzeichnet. Download der GPS-Tracks inkl. Waypoints unter https://mmv.me/47164

Auf dem Weg zum Aggenstein

Kleiner Outdoor-Führer

Am Übergang von der Weite des Alpenvorlands zu den schroffen Felsgipfeln der Hochalpen ist das Allgäu eine ideale Landschaft für Outdoor-Aktivitäten. Und die umfassen mehr als nur Wandern, weshalb Sie hier, über Wandervorschläge hinaus, auch Fahrradrouten und Tipps zum Klettern, Fliegen, Wasser- und Wintersport finden.

Fliegen

Egal ob im Ballon oder im Gleitschirm, wer einmal lautlos adlergleich über die Niederungen geschwebt ist und die Erde aus der Vogelperspektive betrachtet hat, wird das himmlische Gefühl nicht mehr vergessen. Umso mehr, wenn er dabei das grandiose Alpenpanorama erleben durfte. Geeignete Startplätze für Drachen- und Gleitschirmflieger sind Hochgrat (→ S. 154), Mittagberg (→ S. 153), Grünten (→ S. 164), Nebelhorn (→ S. 184), Imberger Horn (→ S. 174) und der Tegelberg (→ S. 113). Zahlreiche Anbieter werben um Eventkundschaft und um Mutige, die sich nach einer Ausbildung selbst in die Lüfte schwingen wollen.

Alpenrundflüge **Flugschule Tannheim.** Tannheim (bei Memmingen), ✆ 08395/1244, www.flugplatz-tannheim.de. **Flugschule Bergmann.** Durach (bei Kempten), ✆ 0831/57000414, www.alpenflug.de.

Ballonfahrten **Ballonfahrten Seitz.** Kißlegg, ✆ 07563/92282, www.ballonfahrten-allgäu-bodensee.de. **Ballonsport Alpin.** Sonthofen, ✆ 08321/7091, www.ballonsport-alpin.de. **Ballonsport Martin.** Kempten, ✆ 0831/13453, www.ballonsport-martin.de. **Bavaria Ballonfahrten.** Seeg, ✆ 08364/986068, www.bavaria-ballon.de.

Drachen-, Gleitschirmflüge Erste DAeC-Gleitschirm-Schule. Rieden am Forggensee, ✆ 08362/37038, www.erste-daec-gleitschirm-schule.de. **Flugschule Aktiv.** Schwangau, ✆ 08362/81791, www.flugschule-aktiv.de. **Flugschule Pfronten.** Pfronten-Steinach, ✆ 0172/7860375, www.flugschule-pfronten.de. **Flugschule Tegelberg.** Schwangau, ✆ 08362/921457, www.abschweb.net. **Gleitschirmschule Mergenthaler.** Sonthofen, ✆ 08321/9970, www.gleitschirmfliegen-allgäu.de.

Radfahren

Ein Netz gut ausgeschilderter Radwege durchzieht das gesamte Allgäu. Auf den meisten der 200 ausgeschilderten Routen kostet das Vergnügen allerdings viel Schweiß, denn Voralpen (hügelig) und Alpen (bergig) kontern fast jede Abfahrt mit einem anstrengenden Aufstieg. Bergfahrer und Mountainbiker mögen derartige Herausforderungen lieben; Genussradler dagegen müssen eine Allgäutour sorgfältig planen, um sich den Tag nicht mit Schiebereien und Wadenkrämpfen zu verderben. Eine gute Karte mit Höhenlinien hilft, böse Überraschungen zu vermeiden. Oder ein E-Bike, das es an fast jedem Ort zu leihen gibt.

Lohnt sich ein Allgäu-Urlaub auch für Rennradfahrer, die ordentlich ins Schwitzen kommen wollen? Spektakuläre Anstiege sind rar gesät. Selbst der Anstieg zum Riedbergpass, Deutschlands höchste Passstraße, kurvt sich gerade nur 535 Höhenmeter höher.

Information Tourenrad: www.allgaeu-radtour.de, www.freizeit-unterallgaeu.de/aktiv/radeln.html, www.freizeit-ostallgaeu.de/rad.html, www.alpsee-gruenten.de/berge/radfahren.html, www.auerbergland.de (unter Tourismus, Freizeitportal), www.westallgaeu.de/radfahren.

Rennrad: www.allgaeu.de/rennrad, www.allgaeu-rennrad.de.

MTB: www.mtb-touren-allgaeu.de, www.allgaeu-bikers.de, www.rad-mtb-arena-allgaeu.de.

Landkarten: Die beste Radtourenkarte „Allgäu“ (1:75.000) gibt's beim ADFC, www.adfc.de, Stichwort Radtouren-Planung.

Die großen Radwanderwege Radrunde Allgäu: Königsschlösser, Käsereien, Kneippanlagen oder Schauplätze von spannenden Kluftinger-Krimis – die rund 450 km lange Radrunde Allgäu mäandert zu den interessantesten Plätzen im bayerischen und württembergischen Allgäu. Anders als bei den üblichen Radfernwegen kann man sich seine Route aus insgesamt neun Varianten und mit ungezählten Abkürzungsmöglichkeiten selbst zusammenstellen. Auch Kombinationen mit dem Iller-Radweg und dem Allgäu-Radweg sind möglich. So findet jeder seine Strecke mit passendem Höhenprofil. Infos und Booklet-Bestellung unter www.radrunde-allgaeu.de.

Training am Riedbergpass

Iller-Radweg: Eine naturnahe und ruhige Tour auf gut ausgeschilderten Radwegen über 150 km, mal links, mal rechts der Iller von Ulm bis Oberstdorf. In Kombination mit den Nebenstraßen des Hinterlands sind auch abwechslungsreiche Tagesrundfahrten möglich. http://de.wikipedia.org/wiki/Iller-Radweg.

Allgäu-Radweg: Bahntrassenradeln mit Alpenblick – die 150 km lange West-Ost-Verbindung führt von Isny auf einer alten Bahntrasse nach Kempten, dann weiter nach Marktoberdorf, Kaufbeuren, dann wiederum als Bahntrassenradweg nach Schongau. Ab Kempten weitgehend asphaltiert. www.allgaeu.de/allgaeu-radweg.

Fernradweg Via Claudia Augusta: Von Augsburg über Fernpass und Reschenpass nach Verona oder Venedig, wegen der möglichen Radshuttle über die Pässe wohl die leichteste Alpenüberquerung. www.viaclaudia.org.

GPS-Radtour 1

Von Memmingen durch den Illerwinkel

Diese als Tagesausflug auch für Familien geeignete Tour führt zu kulturellen Highlights im Memminger Umland: der Kronburg, der Wallfahrtskirche Maria Steinbach, der Kartause Buxheim und dem Museumsdorf Illerbeuren. Dazwischen verführt ein Waldweiher zum Badestopp.

Ausgangs-/Endpunkt: Memmingen. **Länge:** 38 km, 340 m Auf- und Abstiege. **Charakteristik:** Einfache Radtour, halb auf Kieswegen, halb auf geteerten Nebenstraßen, drei kleinere Steigungen (nach Illerbeuren, vor Maria Steinbach, vor Kronberg), Bademöglichkeit. **Empfohlene Einkehrmöglichkeiten:** Wiesenbräu in Buxheim, Museumsgasthof in Illerbeuren, Brauereigasthof Schweighart (zur Krone) in Kronburg.

Start ist am **Memminger Marktplatz** **1**. Von hier fährt man über die Zangmeisterstraße, durch das Westertor und auf der Buxacher Straße stadtauswärts. Diese überquert zunächst den aus Kriegstrümmern aufgeschütteten „Monte Schutto“, die höchste Erhebung im Stadtgebiet, und dann die Füssener Autobahn. Am Ende der Straße wenden wir uns rechts, ignorieren den Abzweig zum Buxheimer Weiher, unterqueren die Lindauer Autobahn und kommen so geradewegs zur **Kartause** **2** im Zentrum von **Buxheim.**

Nach der Besichtigung geht es auf der Hauptstraße wieder zurück. Nach der Bahnbrücke hat man die Wahl: Rechts führt die Illerstraße hinunter zum Iller-Radweg, der bis Ferthofen den Fluss begleitet. Wer ein Bad nehmen will oder die offene Landschaft der Flussaue vorzieht, fährt halb rechts zum **Buxheimer Weiher** **3** und diesen entlang am Minigolfplatz vorbei, biegt am Ende des Parkplatzes rechts ab, an der Gabelung wiederum rechts. Am Südende des zweiten der drei Waldweiher gibt es einen **Badeplatz** **4** mit einfachen Umkleidekabinen. Durch den Wald geht es parallel zur Autobahn, die uns als Geräuschkulisse begleitet und schließlich auch in Sicht kommt. In **Brunnen** **5** wenden wir uns nach links und sofort wieder nach rechts, durchfahren **Altammann** **6**, halten uns an der nächsten T-Kreuzung rechts und kommen so unter der Autobahn hindurch nach **Ferthofen** **7**, wo wir auf den Iller-Radweg treffen, der die Bundesstraße überquert.

Nach einem Blick von der Brücke aufs Kraftwerk geht es mit dem Iller-Radweg auf einer Nebenstraße bergauf nach **Kardorf** **8** und dort an der Kirche

Radtour 1:
Von Memmingen durch den Illerwinkel
750 m
Memmingen
Kartause
Buxheim
Wiesenbräu
Buxheimer Weiher
Tannheim
Arlach
Gräflicher Hirschpark
Buxacher Mühle
Buxach
Hart
Mooshausen
Brunnen
Westerhart
Altammann
Volkratshofen
Dickenreishausen
Priemen
Marstetten
Hitzenhofen
Ferthofen
Aitrach
Füllenbach
Kardorf
Oberhausen
Iller
Schnall
Greuth
Enzers
Woringer Wälder
Breitenbach
Illerbeuren
Museumsgasthof
Kronburg
Brauereigasthof Schweighart
Schloss Kronburg
Fuchsloch
Wagsberg
Hackenbach
Aichstetten
Lautrach
Maria Steinbach
Unterbinnwang
Ampo
Wies
A 7
A 96
B 300
L 260
St 2009
MM 20
MN 20
K 7291
K 7922
1
2
3
4
5
6
7
8
9
10
11

rechts nach **Illerbeuren** **9**, wo sich das Bauernhausmuseum zur Besichtigung oder wenigstens der Museumsgasthof zur Rast anbieten. Am Ende der Memminger Straße lässt man die Brücke rechts liegen und wendet sich für 50 Meter nach links, um dann rechts auf einen Radweg einzubiegen. Nun sind wir auf dem Damm des ehemaligen Legauer Bähnle und überqueren die Iller auf der Bahnbrücke. Am Ende des Walds treffen wir auf die Straße (links) nach **Maria Steinbach** **10**. Noch eine Steigung, dann ist es geschafft.

Da die Illerfähre in Wagsburg keine Räder übersetzt, fahren Sie nun zurück nach Ilerbeuren und dort rechts Richtung **Kronburg** **11**. Nach einer Stärkung im Brauereigasthof und einem Abstecher hinauf auf den Schlossberg geht es dann zurück nach Memmingen.

Dazu verlassen wir Kronburg auf der Hauptstraße, überqueren an der nächsten T-Kreuzung die Landstraße und befinden uns nun wieder auf der Bahntrasse, die hier als Kiesweg in den Wald führt und uns nach Memmingen bringen wird. Vor Dickenreishausen überquert der Bähnlesweg die Landstraße, umgeht den Ort in einem sanften Bogen, passiert die Autobahn und endet schließlich in **Memmingen** etwas abrupt an der Bahnbrücke der Allgäuer Straße. Wir folgen dieser nach links und kommen über Kaisergraben und Kemptner Tor wieder in die Altstadt.

GPS-Radtour 2

MTB-Tour im Gunzesrieder Tal

Das über zehn Kilometer lange Gunzesrieder Tal zwischen Nagelfluhkette und Siplinger Kopf hat keinen Durchgangsverkehr und lässt damit Radlern selbst auf der Talstraße viel Raum. Das Tal, in dem der Käsepionier Johann Althaus den ersten Allgäuer Emmentaler herstellte, hat bis heute zahlreiche Sennalpen und im Dorf eine empfehlenswerte Bergkäse-Sennerei.

Ausgangs-/Endpunkt: Gunzesried. Länge: 25 km, 930 m Auf- und Abstiege. Abkürzungen: Die Rundtour kann über Gunzesried-Säge abgekürzt werden. Charakteristik: Leichte bis mittelschwere Biketour, auch für Familien geeignet. Einkehrmöglichkeiten in Gunzesried. Außerdem Gasthaus Hirsch (Gunzesried-Säge), Buhl's Alpe (Mi Ruhetag), Alpe Höllritzer (kein Ruhetag), Alpe Gerstenbrändle (Montagabend Ruhetag).

Wer's hart mag, mutet sich den Aufstieg vom Illertal nach Gunzesried zu. Alle andern starten am Parkplatz in **Gunzesried** **1**. Am Gasthof Goldenes Kreuz biegt man rechts in den Moosackerweg ein, an der zweiten Abzweigung wiederum rechts in den Wiesachweg Richtung **Winkelwiesalpe** **2**. Kurz vor dem Gehöftgeht es dann links auf einem guten Schotterweg Richtung **Wiesach**, das **Jagdhaus** **3** der Grafen von Waldburg-Zeil. Über **Falkenalpe** **4** und **Alpe Ornach** **5**| – „Ornach" ist das Dialektwort für den Bergahorn, der hier in prächtigen Wuchs gedeiht – geht es weiter zur Schlüsselstelle der Tour, einem teilweise steilen Jägersteig durch den Schönebuchwald, hinunter zur **Alpe Vorsäß III** **6**, wo man die Autalstraße erreicht. (Abkürzung: Wem's reicht, der radelt auf ihr über **Gunzesried-Säge** wieder zum Ausgangspunkt **1**.)

Wem nach mehr zumute ist, der verlässt an der urigen **Alpe Vorsäß I** **7** wieder die Autalstraße und nimmt den Stubenbachweg zur **Alpe Höllritzer** **8**. Der geteerte Weg zieht sich als sechs Kilometer langer und damit zäher Aufstieg, der einen erst unmittelbar vor der Alphütte wieder zu Atem kommen lässt. Oben wird man mit Weitblick und bei Bedarf auch mit einem Bier belohnt. Die steile Abfahrt von der **Hubertushütte** ins Ostertal geschieht auf einem ausgewaschenen Traktorweg, MTB-Anfänger werden an einzelnen Stellen lieber absteigen und schieben. Am **Forsthaus Grafenälpe** **9** erreicht man die Sohle des Ostertals und damit die Teerstraße, auf der sich's flott talab rollt. Nach **Buhl's Alpe** treffen wir zwischen Säge und Gunzesried wieder auf die Hauptstraße **10** und radeln auf dieser bis zum Ausgangspunkt **1**.

Klettern

Alpinklettern, Sportklettern, Bouldern, Klettersteig-Gehen, Eisklettern – die Kletterei hat sich längst in ein Dutzend Subdisziplinen aufgespalten, von denen hier nur einige Spielarten vorgestellt werden. Beginnen wir mit einer familienfreundlichen Kletterei, die besonders Kinder und Jugendliche begeistert, aber leider ziemlich ins Geld geht.

Hochseilgärten

Zum Klettern muss man nicht unbedingt auf die Berge oder in die Halle. Besonders Anfänger und Familien nutzen gern die Möglichkeit, sich in Hochseilgärten gut gesichert den Herausforderungen an Kraft, Geschicklichkeit und Koordination zu stellen – und dabei vor allem viel Spaß zu haben. Man klettert, hangelt, balanciert und rutscht an Balken und Seilen, die zwischen mehreren zehn bis fünfzehn Meter hohen Masten gespannt sind. Hier eine Auswahl von Allgäuer Klettergärten:

Klettern in der Gruppe ...

Hochseilgärten Bärenfalle. Alpsee-Bergwelt, Immenstadt, ✆ 08323/968050, www.kletterwald-baerenfalle.de.

Klettergarten Hauber. Ein Hindernisparcours aus Seilen oder Stahlkabeln, der in luftiger Höhe von Baum zu Baum führt und mit jeder Station etwas anspruchsvoller wird. Alpe Hohenegg, Imberg, Oberstaufen, tägl. 11–17 Uhr, Eintritt 17 €. www.sport-hauber.de.

Kletterwald Söllereck. Bergstation Söllereck, Oberstdorf, Mai bis Okt. tägl. 10–17 Uhr. 3 Std. inkl. Bahnfahrt 28 €. www.ok-bergbahnen.com/bergbahnen/soellereckbahn.

Waldseilgarten Höllschlucht. Tarzangleich durch die Baumkronen schwingen und balancieren. Juni bis Sept. tägl. 10–18 Uhr, Osterferien/Okt. tägl. 10–17 Uhr, Mai nur Sa/So. Erw. 24 €. Bgm.-Franz-Keller-Str., Pfronten-Kappel, ✆ 08363/9259896, www.waldseilgarten-hoellschlucht.de.

Kletterwald Grüntensee. Ein Hochseilgarten, der allen Zielgruppen gerecht wird: Vom Anfänger- und Kinderparcours bis zum anspruchsvollen Himalaya-Parcours in 15 m Höhe ist alles geboten. Sonderbereich fürs Teamtraining. Mit Gaststätte und Badeplatz. Am Kletterwald 1, Haslach, ✆ 08323/968050, www.kletterwald-gruentensee.de. Juni bis Mitte Sept. tägl. 10–18 Uhr, in den bayerischen Sommerferien bis 19 Uhr. Ostern bis Mai und Mitte Sept. bis Okt. nur Sa/So. Eintritt 22 €.

Sport- und Alpinklettern

Beim Alpinklettern geht es darum, in Zweier- oder Dreier-Seilschaften einen Berggipfel zu erklettern. Beim Sportklettern will dagegen eine eher kurze Route mit hohen technischen Schwierigkeiten gemeistert werden. Sportkletterer klettern in Hallen oder an natürlichen Felsen in sogenannten Klettergärten. Wird das Schwierigkeitsklettern im alpinen Gelände an hohen Wänden praktiziert, spricht man vom alpinen Sportklettern. Ob Sport- oder Alpinklettern: Beides setzt Übung und Ausbildung voraus. Hier ein paar Adressen, wo Sie sich im Allgäu kletternd austoben können:

Information Röker, **Allgäu-Rock: Sportkletterführer** und **Allgäu-Block: Bouldertopo**. Im **Internet** unter www.klettern-allgaeu.de.

Kletterhallen **Sportalm Scheidegg.** Eine der bekanntesten Kletteranlagen Deutschlands, mit Wänden für Anfänger wie Spitzenkletterer – auch die Nationalmannschaft trainiert hier. Kurstr. 14, ✆ 08381/92642, www.sportalm-scheidegg.de.

Sportwelt Ottobeuren. Am Galgenberg 4, ✆ 08332/7399, www.sportwelt-ottobeuren.de.

Kletterhalle Seltmans. Heinrich-Nicolaus-Str. 15, Weitnau-Seltmans, ✆ 08375/8219, www.kletterhalleseltmans.de.

in form park Oberstdorf. Karweidach 1, ✆ 08322/7979, www.inform-oberstdorf.de.

DAV Kletterzentrum Sonthofen. Stadionweg 12, ✆ 08321/6076015, www.kletterzentrum-sonthofen.de.

DAV Kletterzentrum Allgäu. Dietringer Str. 50, Rieden am Forggensee, ✆ 08362/940187, http://neinauf.de.

Klettergärten **Klettergarten Klingenbichl.** Ein früherer Steinbruch am Nordrand von Oberstdorf, Touren von einfach und kindergeeignet bis anspruchsvoll.

Klettergarten Jehlefelsen. Oberstdorf. Gut für Fortgeschrittene und Könner (Schwierigkeitsgrad VI bis XI). An der Kirche von Tiefenbach parken, den Wanderweg nach Wasach nehmen, die Kletterfelsen findet man dann links im Wald.

Tipps und Beschreibungen zu weiteren Allgäuer Klettergärten gibt es im Internet unter www.walter-hoelzler.de und www.georg-vor.de.

Kletterkurse **Alpinschule Oberstdorf.** Kletterkurse (auch für Kinder und Jugendliche), geführte Wanderungen. Im Oberen Winkel 12a, Oberstdorf, ✆ 08322/940750, www.alpinschule-oberstdorf.de.

... oder als Familie

Bergschule Kleinwalsertal. Alpin- und Sportkletterkurse, geführte Touren. Walserstr. 62, Hirschegg, ✆ 0043/5517/30245, www.bergschule.at.

Oase Alpincenter. Bergsteiger- und Kletterkurse, Eisklettern, geführte Touren. Bahnhofplatz 5, Oberstdorf, ✆ 08322/8000980, www.oase-alpin.de.

Eisklettern

Die Saison ist kurz und das Wetter launisch. Es braucht eine längere Kälteperiode, damit Wasserfälle zu Eis gefrieren können. Ist es am Klettertag zu warm, wird das Eis weich, ist es zu kalt, wird es spröde und bricht. Wenn die Bedingungen aber stimmen, ist das Klettern an spiegelblanken, überfrorenen Steileiswänden und an gefrorenen Wasserfällen eine der größten Herausforderungen des technischen Kletterns, also des Kletterns mithilfe von Haken,

Seilen, Pickel und hier auch mit speziellen Steigeisen. Eisklettern setzt Erfahrung im Felsklettern und viel Kraft voraus. Und ist auch für Könner gefährlich, denn Eisfälle entstehen oft unterhalb von steilen Rinnen und Gräben und damit auf der Bahn von Steinschlägen und Lawinen.

Kurse im Eisklettern **Hindelanger Bergführer.** ✆ 08324/953650, www.bergschulen.de.

Alpinschule Allgäu. Weiler, ✆ 08387/427, http://alpinschule-allgäu.de.

Klettersteige

Unten der Abgrund, oben die Steilwand, da lässt der Kopf die Nerven flattern und die Knie zittern, als hinge ich zwischen Leben und Tod. Tue ich aber nicht, denn ich bin mit Gurt und Karabiner seilgesichert, rutsche bei einem Fehltritt also höchstens bis zur nächsten Verankerung des Drahtseils ab. Vielleicht sind Klettersteige wegen dieses Nervenkitzels so schwer in Mode. Wem das Wandern zu fad und das alpine Klettern zu gefährlich ist, der steigt in die Welt der Drahtseile, Brücken, Leitern und Sprossen. Und noch einen Vorteil haben diese auch Via Ferrata genannten „eisernen Wege": Man braucht keine Seilschaft, sondern kann sich als Solist am Draht selbst sichern. Die erforderliche Sicherung mit einem Klettergurt unterscheidet dann auch den Klettersteig von der seilgesicherten Passage eines Bergwanderwegs, bei der das Seil nur wie ein Treppengeländer mit der Hand angefasst wird.

Information Im **Internet** unter www.klettersteig.com, www.klettersteig.de, www.via-ferrata.de.

Eugen Hüsler, **Leichte Klettersteige in den Alpen.** Vorsicht: So manche Route, die der Kletterpapst Hüsler als leicht bewertet, etikettieren andere als mittelschwer.

Klettersteigkurse **Klettersteig-Schnupperkurs** am Tegelberg, Juli bis Sept. Sa 8 Uhr, mit Ausrüstungsverleih und Bergbahnfahrt Erw. 60 €, Kinder 30 €. Treffpunkt Bergführerhütte an der Talstation. www.privatbergfuehrer.de.

Alpinschule Oberstdorf. Klettersteigkurse auch für Kinder und Jugendliche, geführte Wanderungen. Im Oberen Winkel 12a, Oberstdorf, ✆ 08322/940750, www.alpinschule-oberstdorf.de.

Klettersteige **Kanzelwand-Erlebnisklettersteig:** Ein kurzer, etwa halbstündiger Klettersteig (B/C) am Kanzelwandgipfel, der manchmal auch als Walsersteig ausgeschildert ist und gern von Übungsgruppen besucht wird. Highlight ist eine Burma Bridge, also eine Seilbrücke, bei der man auf einem Laufseil balanciert und sich an zwei Geländerseilen halten kann. Entgegen der Werbung ist der Steig für Kinder unter 150 cm Körpergröße nicht geeignet! Kletternde Familien sind im ersten Teil des Hindelwanger Klettersteigs besser aufgehoben.

Salewa-Klettersteig: Der durchgehend gesicherte Klettersteig der Kategorie B/C beginnt etwa eine halbe Stunde von der Iseler-Bergbahn entfernt. Er führt in drei mit Wanderwegen verbundenen Etappen zum Iseler, zur Iseler Scharte und auf den Kühgund, wobei der letzte Abschnitt (B) zwar schöne Aussicht, Geübten aber eher wenig Klettervergnügen bietet – dafür eignet er sich gut für Anfänger.

Der in etwa 3:30 Std. bewältigbare **Hindelanger Klettersteig** vom Nebelhorn zum Großen Daumen gehört zu den schönsten und längsten, aber auch zu den anstrengendsten Klettersteigen im Allgäu. Die Nebelhornbahn erlaubt einen schnellen Zustieg in den 5 km langen Steig der Kategorie C mit seinem von Stahlseilen, Leitern und Trittklammern gesicherten Auf und Ab, das allerdings von ungesicherten und schmalen Gratpartien unterbrochen wird. Zwischenabstiege sind möglich.

Mindelheimer Klettersteig: Dieser Klassiker ist die hochalpine Verbindung zwischen Fiderepass- und Mindelheimer Hütte und führt über den Kamm der drei Schafalpenköpfe (bis 2272 m). Der Steig lockt mit spektakulären Tiefblicken, tollem Panorama und ist an jeder Biegung für eine neue Überraschung gut. Mit Glück begegnet man Steinböcken, die hier sehr zutraulich geworden sind. Der Zustieg erfolgt von Oberstdorf-Birgsau oder Mittelberg (Kleinwalsertal). Angesichts der langen Zustiege wird die Begehung des 5 km langen, in ca. 3 Std. zu schaffenden Klettersteigs der Kategorie C gewöhnlich mit einer Hüttenübernachtung verbunden.

Zwei-Länder-Klettersteig Kanzelwand: Die Begehung des Mindelheimer Steigs von Süd nach Nord findet an der Kanzelwand ihre natürliche Fortsetzung und Steigerung. Der Vergleich beider Klettersteige zeigt zudem, wie sich die Kletterei in den letzten Jahrzehnten verändert hat: Heute sind schnelle Zustiege (hier über die Kanzelwandbahn, Kleinwalsertal) und kurze, knackige Routen gefragt! Obwohl gerade mal 500 m kurz, fordert der mit Schwierigkeitsgrad C/D eingestufte Zwei-Länder-Klettersteig mit seinen steilen Aufschwüngen, ausgesetzten Querungen und einer Seilbrücke viel Kraft und Technik.

Klettersteige am Tegelberg: Gleich drei Klettersteige wurden vom Bergsportzentrum Tegelberg eingerichtet. Der Lehrsteig *Gelbe Wand* (A, 2 Std.) wurde speziell für Ausbildungszwecke konzipiert. Der eigentliche *Tegelbergsteig* (Schwierigkeit C, 2 Std.) beginnt auf halber Höhe der Gelben Wand mit einer Eisenleiter. Die Kletterpartien sind immer wieder von kurzen Fußwegen unterbrochen und erlauben damit Pausen. Der sportliche *Fingersteig* (Schwierigkeit D, 1:30 Std.) fordert ambitionierte und erfahrene Klettersteiggänger mit Steilaufschwüngen, senkrechten Wänden und ausgesetzten Querungen heraus.

Wassersport

Iller, Weissach, Breitach und Lech bieten Gelegenheit zum Wildwassersport. Geschützt durch Helm und Neoprenanzug und eingewiesen von einem hoffentlich kompetenten Guide, begibt man sich ins Abenteuer der rasanten Flussläufe, Strudellöcher und Wasserfälle. Nervenkitzel und Adrenalin-Kick sind garantiert. Beim **Canyoning** durchwandert man in der Kleingruppe enge Schluchten wie etwa die Starzlachklamm oder den Osterbachtobel von oben nach unten. Mithilfe von Seilen hangelt, springt und rutscht man über Felsvorsprünge und Steilhänge, auch Schwimmen und Tauchen sind manchmal gefragt. Fürs Canyoning braucht man gute Kondition, einen sicheren Tritt, Schwindelfreiheit, Erfahrung in Seiltechnik und meteorologische Grundkenntnisse – all dies

Kanufahrt am Forggensee

wird in den entsprechenden Kursen geübt. Die notwendige Ausrüstung vom Neoprenanzug bis zum Karabinerhaken wird von den Anbietern gewöhnlich gestellt. Neben dem sportlichen Reiz des Abenteuers steht im Canyon vor allem das Naturerlebnis im Vordergrund – wobei Naturschützer kritisieren, dass auf diese Weise Naturräume begangen werden, in die ohne Canyoning kaum je einen Mensch seinen Fuß setzen würde. Da bei Regen am Oberlauf der Wasserspiegel in den engen Schluchten binnen Minuten gefährlich ansteigen kann, sollte man sich nicht ohne orts- und wetterkundigen Führer in den Canyon wagen. Beim **Rafting** werden die noch ungestümen, von den Bergen kommenden Flüsse mit einem robusten Schlauchboot befahren – ein Teamerlebnis, das die gute Zusammenarbeit mit Erfolg belohnt. Gesteuert werden die Gummiflöße meist mit einem Stechpaddel am Heck.

Canyoning in der Starzlachklamm

Eiszeit, Energiewirtschaft und Kiesindustrie haben dem Allgäu auch viele Seen und Weiher beschert. Zum **Segeln** und **Windsurfen** eignen sich Forggensee, Großer Alpsee, Rottachsee, Niedersonthofener See und der Wörishofer See. Allerdings wird kaum jemand gezielt zum Segeln ins Allgäu fahren, denn hierfür bieten der Bodensee oder die Oberbayerischen Seen in nächster Nachbarschaft bessere Reviere. Zum **Kiten,** oder wenigstens zum Erlernen dieser Sportart, eignen sich die Allgäuer Seen nicht: Es fehlt an Stehrevieren, Schulungen mit einem Motorboot sind an den wenigen zugelassenen Kiteplätzen nicht erlaubt. Auf ungewöhnliche Art überqueren **Wasserskifahrer** und **Wakeboarder** den Inselsee (www.inselsee-allgaeu.de) zwischen Immenstadt und Blaichach: nicht von einem Motorboot, sondern von einem Schlepplift gezogen!

Anbieter **Spirits of Nature.** Canyoning, Rafting und Kanadiertouren, Moosweg 2, Burgberg, ✆ 08321/619465, www.spirits-of-nature.de.

MAP. Canyoning und Rafting, Berger Steige 1, Fischen, ✆ 0163/2706927, www.map-erlebnis.de.

Way Beyond. Canyoning und Rafting, Poststr. 1, Bad Hindelang, ✆ 08324/952210, www.waybeyond.de.

Outdoorzentrum Allgäu. Mit eigenem Gästehaus, An der Marienbrücke 2, Blaichach-Bihlerdorf, ✆ 08321/675757, www.raftingzentrum.de.

Wassersportschule Oberallgäu. Segel- und Surfkurse am Alpsee, Seestr. 15, Immenstadt, ✆ 08323/52200, www.wassersportschule-oberallgaeu.de.

Yachtschule Forggensee. Segel- und Sportbootführerschein, Surfkurse. Seestr. 10, Rieden-Dietringen, ✆ 08367/471, www.forggensee-yachtschule.de.

Windsurfschule Selbach. Surfen am Hopfensee, Bach 2, Seeg, ✆ 08364/1487, www.wassersport-hopfensee.com.

Wintersport

Spektakuläre Abfahrten, gemütliche Familienpisten, Anfängerhügel, gut gespurte Langlauf-Loipen, rasante Rodelbahnen, Schlittschuhlaufen auf knirschendem Eis – sie manchen den Allgäuwinter zu einem tollen Erlebnis vor der Kulisse einer weißen Märchenlandschaft mit viel Sonne und frischer Luft. Und wo Frau Holle und ihre Helferin es nicht ausreichend schneien lassen, behilft man sich mit Beschneiungsanlagen.

Die am besten ausgebauten Anlagen für **Alpinski**- und **Snowboard**fahrer befinden sich logischerweise dort, wo die Berge am höchsten sind, also in Bad Hindelang, Pfronten, Oberstaufen und Oberstdorf, in den Hörnerdörfern und im Kleinwalsertal. Vielfahrer, die sich alle Optionen offen halten wollen, können mit dem Superschneepass (www.superschnee.com) einen Skipass gleich für die ganze Region erwerben, der je nach Variante auch auf Tiroler Gletscherbahnen oder gar im Sommer gilt. Tageskarten kosten je nach Skigebiet zwischen sechs (so der Preisbrecher Mindelheimer Schwabenwiese) und über vierzig Euro (Oberstdorf Fellhorn-Kanzelwand).

Auch **Langläufer** und **Skater** kommen im Allgäu nicht zu kurz. Etwa tausend Loipenkilometer ziehen sich durch die Winterlandschaft, besonders ansprechend sind die Runde um den Grüntensee und das Loipenparadies Knottenried-Diepolz am Niedersonthofener See.

Rasante Abfahrten auf ausgewiesenen **Rodelbahnen** werden immer populärer, Bergbahnen erschließen sich so eine Kundenschicht. Die längste Schlittenabfahrt erlauben der Ostlerforstweg vom Pfrontener Breitenberg (→ S. 119) und die Bahn am Immenstädter Mittag (→ S. 153), die wohl anspruchsvollste Bahn gibt es am Nebelhorn (→ S. 184). Abendrodeln unter Flutlicht kann man an den Rettenberger Grüntenliften und in Ofterschwang (→ S. 168). Auch in Oberstaufen-Steibis (Imberg, → S. 155) und Hindelang (→ S. 174) laden Naturrodelbahnen zur Abfahrt ein.

Das Rodelvergnügen ist längst nicht mehr nur ein Wintersport. **Sommerrodelbahnen** erlauben es, auch ohne Schnee in einer Metallrinne talab zu rauschen. Beim Coaster, der mehr einem Bob ähnelt, gleitet der Schlitten fest von Metallschienen geführt bergab – das Lenken erübrigt sich. Sommerrodl- und Coasterbahnen gibt es am Hündle (→ S. 155), am Söllereck (→ S. 186), am Alpspitz (→ S. 127) und am Tegelberg (→ S. 113). In der Alpsee-Bergwelt (→ S. 152) kann man während der bayerischen Sommerferien sogar abends bei Flutlicht coastern.

www.allgaeu-wintersport.de, www.oberallgaeu.info, www.loipen-allgaeu.de, www.freizeit-ostallgaeu.de,/winter.html www.lawinenwarndienst-bayern.de.

Wandern

Die liebste Beschäftigung der Allgäu-Urlauber ist seit eh und je das Wandern. Ob im Unterland mit seinen geheimnisvollen Mooren, ob in den mittleren Höhen begleitet von Bergwiesen, rauschenden Bächen und manchmal wilden Canyons, oder ganz oben zwischen Murmeltieren und Steinböcken: Touren gibt es für jeden Geschmack.

Oft lassen sich dabei Naturerlebnis und Weitblick mit historischen und kulinarischen Highlights verbinden. Lehr-. und Erlebnispfade überraschen mit Infotafeln und Mitmachstationen. Wo eine Seilbahn nach oben führt, wurden auch in der Höhe kind- und kinderwagengerechte Wege angelegt.

Zehn der schönsten Tageswanderungen im Allgäu stelle ich Ihnen auf den folgenden Seiten vor: von der gemütlichen Tour auf bequemen Talwegen bis zu anspruchsvollen Bergwanderungen, die aber doch ohne Klettersteigausrüstung begangen werden können. Zusätzlich zu den hier ausführlich vorgestellten Wanderungen finden Sie im Reiseteil weitere Empfehlungen für kleinere Touren bzw. Hinweise auf Wandermöglichkeiten.

Auch Vierbeiner wandern!

Ausrüstung

Die richtigen **Schuhe** sind Grundvoraussetzung für eine gelungene Wanderung. Im flachen Gelände und auf bequemen Wegen genügen bequeme Outdoor- oder Sportschuhe. Auf Wurzelpfaden und bei Bergwanderungen dagegen sind knöchelhohe Wanderschuhe mit gutem Profil ein Muss! Sie schützen die Knöchel vor dem Umknicken und schonen mit ihrer steifen Sohle auch die Zehengelenke. Einen passenden Bergschuh kauft man gewöhnlich ein oder zwei Nummern größer als andere Schuhe. Die Zehen müssen sich im Schuh frei bewegen können und dürfen nicht anstoßen, damit sie beim Abwärtslaufen nicht gestaucht werden. Einlagesohlen geben zusätzlichen Halt und fangen den Schweiß auf.

Bei der **Kleidung** ist Zwiebellook angesagt, um sich unkompliziert und schichtweise an- und ausziehen zu können. Das Bergwetter ist launisch und in den Höhen pfeift oft ein kräftiger Wind. Wer sich auf eine Tages- oder Gipfeltour begibt, sollte auch an einem strahlend schönen Morgen den Wind- und Regenschutz nicht vergessen. Eine **Trinkflasche** und etwas **Proviant** sollten bei jeder Wanderung dabei sein, **Sonnenschutz** ist vor allem in den Bergen wichtig, denn je höher man aufsteigt, desto stärker wird die UV-Strahlung. Wo im Frühsommer auf alpinen Wegen noch mit einzelnen Schneefeldern gerechnet werden muss, bewähren sich **Schuhspikes.**

Wanderstöcke benutze ich nur auf Bergtouren und hier vor allem beim Abstieg, um die Kniegelenke zu entlasten. Beim Überqueren von Bächen und Schneefeldern geben die Stöcke zusätzlichen Halt. Doch die Gehhilfen haben auch Nachteile: Man hat die Hände nicht mehr frei, bei entsprechendem Untergrund kann sich der Stock zwi-

schen Felsblöcken verhaken und zur Stolperfalle werden. Trittsicherheit und Balance lassen sich nur beim Laufen ohne Stockeinsatz trainieren.

Einen **Hüttenschlafsack** braucht, wer auf einer Berghütte übernachten will. Anders als ein gewöhnlicher Schlafsack dient er nicht dem Kälteschutz, sondern der Hygiene, denn auf vielen Hütten werden die zur Verfügung gestellten Decken und Kissen nicht nach jedem Gast gewaschen. Der aus Baumwolle, Microfaser oder Seide hergestellte Hüttenschlafsack ist deshalb ungefüttert und so besonders leicht.

Tourenportale

www.allgaeu-ausfluege.de
www.gipfelsuechtig.de
www.bergfex.de
www.outdooractive.com
www.alpenverein.de

Wandertrilogie Allgäu

Für Fernwanderer wurde das Wegenetz Wandertrilogie Allgäu entwickelt und mit dem Steinmännle-Signet markiert. Drei in Etappen unterteilte und miteinander verknüpfte Hauptrouten führen durch unterschiedliche Landschaftsformen: Die *Wiesengänger-Route* mit eher geringen Höhenunterschieden durch das nördliche Allgäu, die *Wasserläufer-Route* durch die Mitte und die für sportlich ambitionierte Wanderer gedachte *Himmelsstürmer-Route* auch über die Gipfel. Dabei transportiert der Allgäu-Shuttle für 15 € Ihr Gepäck zum nächsten Etappenort (zu buchen über www.wandertrilogie-allgaeu.de).

Im Focus der Wandertrilogie steht aber nicht allein der Landschaft- und Naturgenuss. Sie erzählt dem Wanderer auch Geschichten, die für das Allgäu von Bedeutung sind, sei's zur Entstehung der Landschaft oder über deren Helden wie Sebastian Kneipp und Ludwig II.

Soweit so gut. Doch jetzt wird's kompliziert: Entlang der Routen gibt es neun verschiedene Erlebnisräume, Trilogieräume genannt, z.B. „Wasserreiche", „Panoramalogen", „Heimatstätten" usw. Jeder Trilogieraum hat einen „Portalort" und mehrere „Etappenorte" sowie „Themenorte". Und dann sind da noch „Trilogieplätze", „Schaupunkte" und „Themeninseln". Und alle haben ihr eigenes Symbol. Blicken Sie noch durch? Vielleicht einfach mal eine Etappe ausprobieren.

- Infos unter www.allgaeu.de/wandern

Der Weg ist das Ziel

Tierische Begegnungen auf Wanderwegen

Oft führen die Allgäuer Wanderwege mitten über die Weiden, und manchmal stehn die Rindviecher dort mitten auf dem Weg. Bei ausgewachsenen Kühen und weiblichen Kälbern ist das kein Problem. Die bleiben gelassen und geben den Weg frei, wenn man sich ihnen nähert. Selbst durch Hunde (bitte angeleint!) lassen sie sich nicht aus der Ruhe bringen, solange die nicht mit ihnen „spielen" wollen. Anders manche Jungbullen: Sie sind neugierig und gehen, gern auch in Gruppen und manchmal im Galopp, auf daherlaufende Menschen zu, um diese näher zu begutachten. Meist lässt das Interesse schnell nach, doch manchmal sucht ein kleines Stierlein auch Körperkontakt und will seine Kräfte messen. Davonrennen hilft selten, das Tier ist schneller. Lautes Rufen oder ein Wanderstock hält es auf Abstand. Und ein gesenkter Schädel will nicht gestreichelt werden, sondern setzt zum Kopfstoß an. Zeichnet sich so ein Showdown ab, stellen Sie sich nicht vor den Bullen (der könnte das als Bereitschaft zum Kräftemessen missdeuten), sondern möglichst neben ihn. Das entspannt die Situation. Sollten Sie einen Hund dabeihaben, ist dies der Moment, ihn von der Leine zu lassen. Der Stier wird von Ihnen ablassen und dem Hund nachsetzen (der jedoch schneller ist).

Planung und Orientierung

Die Wanderwege im Allgäu und in Vorarlberg sind in drei Kategorien eingeteilt, wobei sich die Einstufung nach der jeweils schwierigsten Passage richtet: **Gelb-weiß** markiert sind leichte Spazier- und Wanderwege. Sie können ohne besondere Ausrüstung und auch mit Kindern begangen werden. **Weiß-Rot-Weiß** steht für alpine Wege, bei denen mit steilen Passagen, unbefestigten, schmalen Stellen und alpinen Gefahren gerechnet werden muss. **Weiß-Blau-Weiß** bezeichnet alpine Pfade mit steilen, teilweise ausgesetzten Stellen und auch einzelnen Kletterpassagen.

Um sein Können und seine Grenzen selbst einschätzen zu können, muss man Erfahrungen sammeln. Denn selbst wer körperlich topfit ist, dem kann es an Trittsicherheit oder Schwindelfreiheit mangeln. Gut beraten ist, wer bei alpinen Touren die Führung durch einen ausgebildeten **Bergführer** in Anspruch nimmt.

GPS-Geräte ersetzen heute den Kompass als Orientierungshilfe. Gut, wenn man Ersatzbatterien dabei hat und das Gerät auch unter Stress wie zum Beispiel im Nebel zu bedienen weiß. Eine gute **Wanderkarte,** hilfsweise ein entsprechender Internetausdruck, enthält Höhenlinien. Empfohlen sei der detailgenaue Maßstab 1:25.000 – weniger als 1:50.000 sollte es auf keinen Fall sein.

Die bei den unten vorgestellten Touren angegebenen **reinen Gehzeiten** sind elektronisch gemessen und damit nur ein Anhaltspunkt für die tatsächliche Dauer einer Tour. Kurze oder längere Pausen, sei's zum Verschnaufen, zum Fotografieren, um die Aussicht zu genießen oder gar um zu vespern, sind dabei nicht berücksichtigt. Damit Sie Ihre Tour besser planen können, gebe ich zusätzlich die **reale Gehzeit** an, die wir einschließlich aller Pausen unterwegs waren. Für eine Tagestour auf unbekannter Strecke sollten Sie außerdem eine **Zeitreserve** von mindestens einer Stunde kalkulieren.

Zeitangaben auf Wegweisern werden nach einer DIN-Norm allein anhand der topografischen Gegebenheiten berechnet und berücksichtigen weder das Gelände noch besondere technische Schwierigkeiten wie etwa Kletterpassagen. Dieser Formel entsprechend legt ein durchschnittlicher Wanderer in einer Stunde 4 km Horizontalentfernung zurück oder er steigt 300 Höhenmeter auf oder 600 m ab. Man bildet je eine Summe aus den Entfernungszeiten und den Höhendifferenzzeiten, teilt den kleineren Wert durch zwei und rechnet dann beide Zahlen zusammen.

Die nächste Herausforderung?

Alpine Not- und Verständigungssignale

Der Hilfesuchende gibt sechsmal hintereinander im Abstand von zehn Sekunden ein optisches oder akustisches Signal. Nach einer Minute Pause wird das Signal auf gleiche Art wiederholt. Die Rettungsmannschaft antwortet mit drei Zeichen pro Minute. Ist Sichtverbindung hergestellt, können Fragen mit Ja (beide Arme V-förmig nach oben) oder Nein (beide Arme nach unten) beantwortet werden. Die Bergrettung alarmiert man in Deutschland über ✆ 120, in Österreich mit ✆ 140.

GPS-Wanderung 1

Aggenstein und Breitenberg

Auf stillen Wegen zu zwei viel besuchten Gipfeln über dem Vilstal: dem seinem Namen gemäß breiten und behäbigen Breitenberg und der von unten schier unbezwingbar erscheinenden Felskrone Aggenstein, die mit einem grandiosen Panoramablick belohnt.

Ausgangspunkt: Talstation Breitenbergbahn, Pfronten-Steinach. **Endpunkt:** Gasthof Fallmühle, Pfronten-Aachtal. Erkunden Sie vorab, wann der letzte Bus von der Fallmühle nach Pfronten fährt. **Länge:** 15,5 km, 5 Std. reine Gehzeit (real 6:30 Std.), ca. 1350 m Auf-/Abstiege. **Abkürzung:** Die Auffahrt mit der Breitenbergbahn und dem anschließenden Hochalp-Sessellift spart etwa 700 m Aufstieg. Sie können die Tour auch in zwei Etappen teilen und etwa nach halber Strecke mit der Breitenbergbahn zu- bzw. aussteigen. **Charakteristik:** Bei voller Länge kraftraubende Bergwanderung. Die technisch schwierigste, mit T 3 bewertete Passage, nämlich der letzte Aufstieg zum Aggenstein, kann ausgelassen werden. Beim Abstieg vom Aggensteinsattel auf dem Langen Strich sind Sorgfalt und Besonnenheit angebracht, um andere nicht durch Steinschlag zu gefährden. Bergstiefel empfohlen. **Einkehrmöglichkeiten:** Bad-Kissinger-Hütte (kein Ruhetag), Ostler-Hütte (Mo Ruhetag), Fallmühle (Mi/Do Ruhetag).

An der **Talstation Breitenbergbahn** **1** (850 m) gehen wir rechts vorbei zum Kinderspielplatz und finden dort den Wanderweg. Der geht durch eine Wiese unter der Seilbahn hindurch, trifft auf einen breiteren Weg und dann auf eine Teerstraße, der wir ostwärts bis zu zwei dicht nacheinander stehenden Wegweisern folgen. Am zweiten Wegweiser, also nach der Brücke über den Kesselbach, biegen wir rechts ab Richtung **Reichenbachklamm.** Nach einer Kurve müssen wir an einem Heustadel nochmals rechts abzweigen. Es geht zunächst sanft ansteigend in den Wald, der Forstweg begleitet den Reichenbach, der hier die Grenze zwischen Deutschland und Österreich markiert. Wir nehmen an einer nicht beschilderten Gabelung den Pfad, der sich zunächst am rechten Hang parallel zu Bach und Forstweg hält, dabei aber rasch an Höhe gewinnt und schließlich im Zick-Zack ansteigt. Nach einer Stunde erreichen wir den **Plattenbachwasserfall** **2**. Der an besonders rutschigen Stellen mit Handseil und Geländer gesicherte Pfad durch die Klamm endet dann bald an einer **Fahrstraße.**

Aggenstein – im Sommer mit Wartezeiten

Die überqueren wir, ein steiniger Traktorweg bringt uns zur **Pfrontener Hochalpe** **3**, auf der wir erstmals den majestätischen Aggenstein vor uns sehen. Kaum vorzustellen, dass es einen Weg hinauf gibt! Hinter der Hütte des **Aggensteinlifts** **4** (1315 m) gabelt sich der Weg: Wir gehen links. Nach einem Bergkessel geht es über zahlreiche Serpentinen durch den **Bösen Tritt** zum Kamm hinauf. Wenn es nass ist, versteht man, woher der Böse Tritt seinen Namen hat. An der **Grenzhütte** **5** (1522 m) treffen wir auf den Weg, der vom Hochalp-Sessellift herüberkommt. (Wenn Sie mit dem Lift aufsteigen, gehen Sie vom Liftaufstieg nach links in den Sattel, dort am Wegweiser wiederum nach links und kommen so zu besagter Hütte.)

Während Sie bis jetzt vermutlich nur wenige Wanderer trafen, wird es auf dem **Kamm** **6** (1729 m) dann lebhaft. Begleitet vom neu gewonnenen Ausblick auf die Tannheimer Berge wenden Sie sich rechts zur **Bad-Kissinger-**

Hütte **7** (1792 m, 2 Std.), wo sich gut eine Pause einlegen lässt. Nach der Hütte führt der Pfad auf einen **Sattel** **8**. Hier zweigt links der Aufstieg zum **Aggenstein** **9** (1985 m, 2:30 Std.) ab. Die mit einer Eisenkette als Aufstiegshilfe versehene Felspartie wird in der Saison zu einem Engpass mit Wartezeiten. Sie müssen kein Kletterer sein, um die Passsage zu meistern, sollten aber prüfen, ob Sie sich auch den auf dem gleichen Weg notwendigen Abstieg zutrauen.

Die Tour geht auf der Nordseite des Sattels mit einem serpentinenreichen Abstieg weiter Richtung Breitenberg. Die Klassifizierung dieses **Langen Strichs** als schwarze Route („nur für Geübte") signalisiert alpine Gefahren und hält manchen ab. Zum Glück, denn bei guter Witterung ist die größte Gefahr der von unachtsamen Wanderern ausgelöste Steinschlag. Mit Sorgfalt und Besonnenheit ist der Weg jedoch einfach zu begehen und sieht im Rückblick schlimmer aus, als er war.

Über einen Wiesensattel kommen wir am **Hochalplift** **10** (1675 m) vorbei zum Anstieg auf den **Breitenberg** (1838 m, 3:30 Std.): ein breiter, vom Lift aus viel begangener Weg zum Gipfel gleich neben der **Ostler-Hütte** **11**. Ab hier werden Sie wohl wieder alleine unterwegs sein. Von der Hütte geht der Pfad auf dem Bergkamm oder knapp unterhalb desselben durch einen lichten Nadelwald gen Westen, unten auf dem Talgrund sehen wir unser Ziel, die Fallmühle. Der Abstieg führt über Stock und Stein durch immer dichteren Nadel- und Blätterwald, der Pfad ist nicht zu verfehlen. Er kreuzt eine Forststraße (Vorsicht vor MTB-Rasern!) und mündet auf eine weitere Forststraße, auf der wir die **Achtalstraße** **12** der erreichen. Auf der anderen Seite der Straße bringt uns ein Fußweg in wenigen Minuten talab zur **Fallmühle** **13** (931 m) und weiter zur Bushaltestelle. Sollten Sie den letzten Bus verpasst haben und kein Taxi rufen wollen, müssen Sie von der Fallmühle noch eine Stunde durch das Achtal nach Pfronten-Steinach wandern.

Die Bad-Kissinger-Hütte

GPS-Wanderung 2

Nagelfluhkette vom Hochgrat zum Mittag

Bei dieser längst zum Klassiker gewordenen Gratwanderung über die Allgäuer Voralpen erklimmen Sie gleich sieben Gipfel, das stete Auf und Ab erfordert eine gute Kondition. Die Anstrengung wird mit einer fantastischen Aussicht belohnt.

Ausgangspunkt: Bergstation Hochgratbahn, Oberstaufen-Steibis. Kombikarte Bergfahrt Hochgrat und Talfahrt Mittag möglich. **Endpunkt:** Bergstation Mittagbahn, Immenstadt. **Anfahrt:** Wer mit dem Auto kommt, parkt am Bahnhof Oberstaufen und fährt mit dem ersten Bus zur Hochgratbahn, um rechtzeitig vor Betriebsende 17 Uhr am Mittagberg abfahren zu können. Danach dann mit dem Zug von Immenstadt nach Oberstaufen zurück. **Länge:** 15 km, 4:30 Std. reine Gehzeit (real 7 Std.), 990 m Aufstiege, 1250 m Abstiege. **Übernachtungsmöglichkeit:** Alpe Gund. **Charakteristik:** Anspruchsvolle Bergwanderung (T 3) mit viel Weitblick. Exponierte Passagen sind mit Seilhandlauf gesichert, an einzelnen Stellen braucht man freie Hände. Nicht mit Kleinkindern, nicht bei Nässe begehen. Etwas Bergerfahrung, gute Kondition, Wanderstiefel und Getränke erforderlich, Handschuhe sind hilfreich. **Einkehrmöglichkeiten:** Am Hochgrat und am Mittagberg, nicht aber unterwegs.

Von der **Bergstation Hochgrat** **1** folgt man dem auf der Nordseite steil abfallenden Gebirgskamm ostwärts zum **Hochgrat** **2** (1834 m), vor dessen Gipfelkreuz gewöhnlich bettelnde Bergdohlen den Weg belagern und auf einen Anteil an Wanderers Vesper hoffen. Über den hier grasbewachsenen Hang führt der Weg hinunter zum Sattel **Brunnenauscharte** **3**, wo ein Fußweg von der Talstation den Kamm erreicht. Vor uns liegt das **Rindalphorn** **4** (1821 m). Nur Schwindelfreie sollten den kurzen Abstecher vom Kammweg auf den felsigen Gipfel wagen, denn eine exponierte, ungesicherte Passage ist der technisch wohl schwierigste Teil der Tour. Wer's packt, darf sich oben im Gipfelbuch eintragen.

Zurück zum Hauptweg. Der geht nun bergab zur Gündlesscharte. Der Abstieg auf erodiertem Wiesenpfad fordert Konzentration und lässt nur in Pausen Gelegenheit, die Landschaft zu genießen. Unten empfängt uns ein schattiges Wäldchen, bevor es auf einem bei Nässe rutschigen Trampelpfad über Wiesen hinauf zum **Gündleskopf** **5** (1748 m) geht. Seinem

Gratwanderung am Stuiben

höheren, doch weniger markanten Nachbarn, dem **Buralpkopf** 6 (1772 m), haben die Verantwortlichen leider kein Gipfelkreuz gegönnt. Wieder geht es abwärts, der hier eher bequeme Pfad hält sich auf der Südseite des Kamms. An der Abzweigung zur Gatteralpe hat man etwa die Hälfte der Tour hinter sich und begegnet nun zunehmend Wanderern aus der Gegenrichtung.

Der Hauptweg umgeht den Gipfel des **Sedererstuiben** (1737 m) auf der Nordseite, doch wer die Kletterei über Weidezäune nicht scheut, kann über einen ausgetretenen Trampelpfad auch diesen Berg „mitnehmen". Vor dem Anstieg zum **Stuiben** 7 (1749 m) zweigt links ein Pfad hinunter zur Gund-Alpe ab. Auf dem Stuiben laden Wiesen zur Mittagspause ein. Blicken Sie noch einmal zurück, denn der Hochgrat und der in der Ferne schimmernde Säntis werden nun entschwinden, dafür wird sich gen Osten das Panorama mit Sonthofen, Oberstdorf und dem Illertal öffnen, bei guter Sicht lässt sich sogar die Zugspitze erspähen.

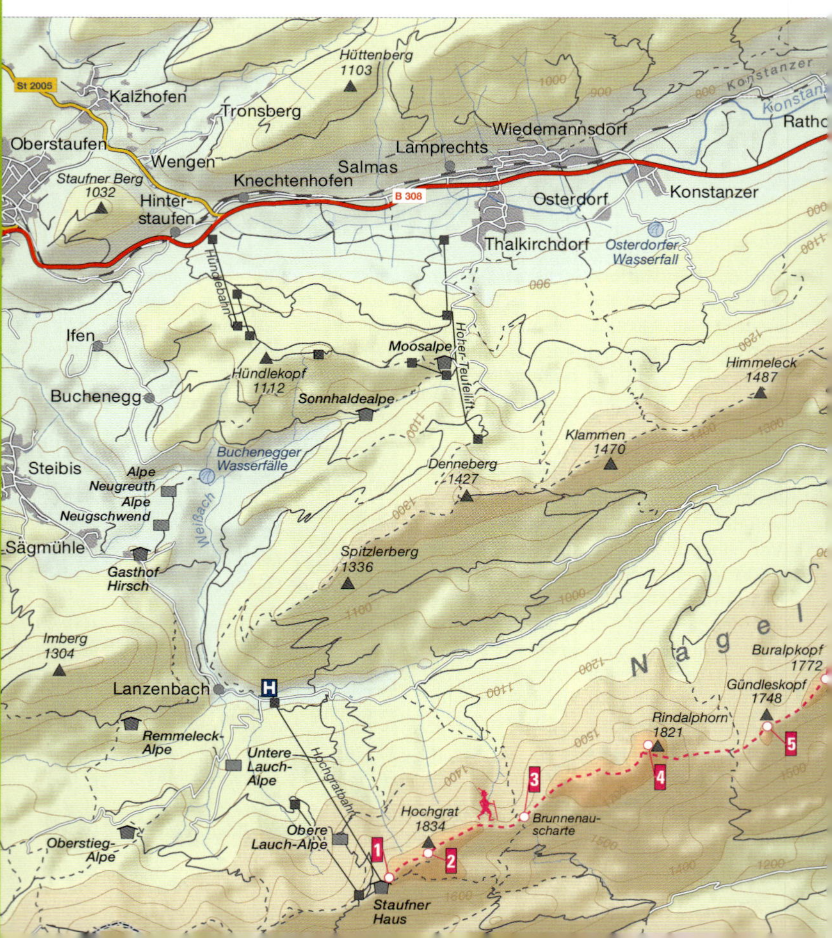

Der Abstieg auf dem Ostgrat des Stuiben gilt als Schlüsselstelle der Tour, ist dank Seilhandlauf aber leicht zu meistern. Manchmal teilt sich der Weg, wobei die blau-weiß markierte Hauptroute stets die risikoärmere Variante ist. Einzelne Fichten krallen sich in die Nagelfluhfelsen, bald mündet unsere Route auf einen von der Alpe Gund kommenden Weg, der uns durch ein Wäldchen und eine weitere seilgesicherte Felspassage auf den **Steineberg** **8** (1683 m) führt. Der Abstieg „für Geübte" geht Stufe um Stufe eine steile, 35 Meter lange Eisen-leiter hinunter, die aber auch umgangen werden kann (vom Gipfel 200 Meter zurück, dann rechts).

Das Terrain verliert jetzt seinen alpinen Charakter, wird sanfter und grüner. Durch den Wald geht es auf einem letzten, leichten Anstieg zum **Bärenkopf** **9** (1476 m). Wirtshausschilder locken vom Weg ab auf die Krumbach-Alpe oder die Sennalpe Oberberg – wer vom **Mittag** **10** (1451 m) nicht weiter laufen, sondern mit der Seilbahn nach Immenstadt hinunter will, muss dieser Versuchung leider widerstehen.

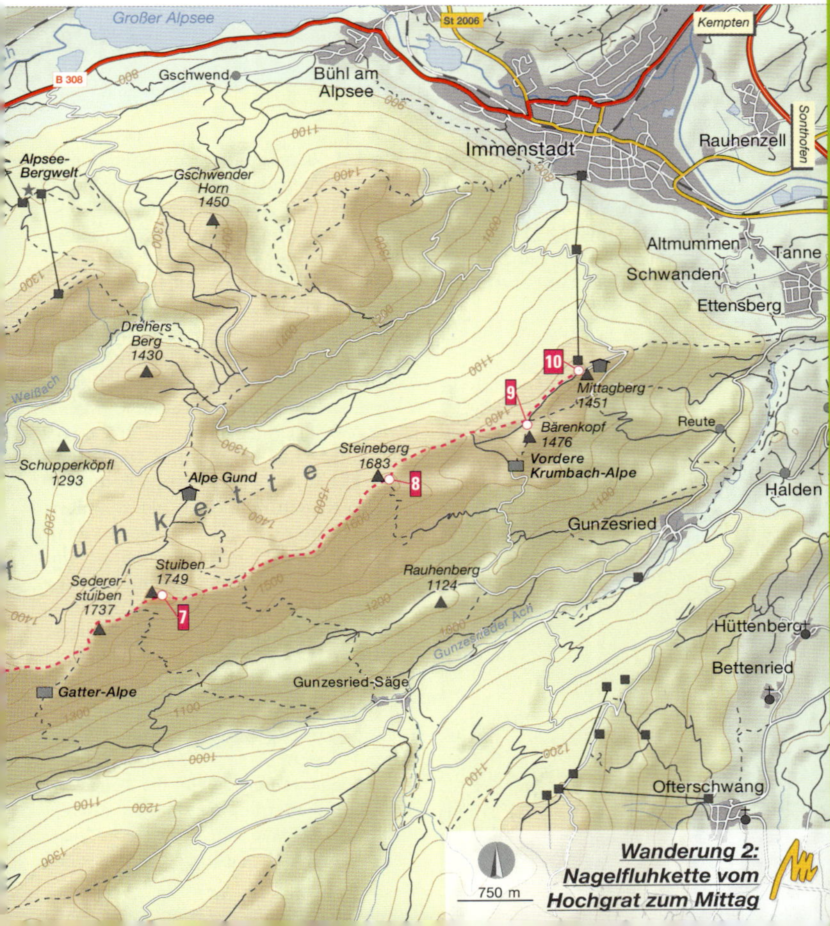

GPS-Wanderung 3

Nagelfluhschleife Alpenfreiheit

Die „Alpenfreiheit“ macht uns mit dem größten zusammenhängenden Alpgebiet Bayerns bekannt – eine wertvolle und spannende Kulturlandschaft, die über die Jahrhunderte von der Alpwirtschaft geformt wurde. Man läuft abwechslungsreich auf Wirtschaftswegen, Waldpfaden oder über Wiesen, bewirtschaftete Alpen laden zur Vesper.

Ausgangs-/Endpunkt: Bergstation Imbergbahn, Oberstaufen-Steibis. **Länge:** 14 km, 3 Std. reine Gehzeit (real 4 Std.), 560 m Auf- und Abstiege. **Abkürzung:** Mit dem Bus von der Bergstation zur Alpe Hörmoos lässt sich die verbleibende Gehzeit auf eine gute Stunde verkürzen. **Charakteristik:** Bergwanderung ohne technische Schwierigkeiten, bei Nässe verschlammte Passagen. Da der Weg durch viele Weiden geht, empfiehlt sich sicherheitshalber ein Stock. **Einkehrmöglichkeiten:** Imberghaus (Mo Ruhetag), Alpe Remmelegg (Mo–Fr Ruhetag), Gasthaus Oberstiegalpe (Di Ruhetag), Gasthof Hörmoos (Di Ruhetag), Alpe Hochwies (Mo Ruhetag), Alpe Glutschwanden (Fr Ruhetag).

Die gut ausgeschilderte Tour führt von der Bergstation der **Imbergbahn** **1** zunächst auf einem Wirtschaftsweg hinüber zur **Alpe Remmelegg** **2** und über die Wiese hinunter zum Lanzenbach, der bei hohem Wasserstand abenteuerlich auf einem straff gespannten Stahlseil überquert werden kann. Durch den Wald geht es nun wieder bergauf, unten rauscht ein Wasserfall. Dann erreichen wir den Fahrweg zur **Mittleren Stiegalpe** **3**. An der nächsten Gabelung, wo die Wanderroute den Fahrweg rechts verlässt, wacht eine mächtige Weißtanne, mit einem Taillenumfang von 6,5 Metern eine der größten im Land. Den Fahrweg noch 150 Meter weiter findet man links eine gewaltige Bergulme. Am **Berggasthof Oberstiegalpe** **4** hat sich eine knorrige Rotbuche einen Nagelfluhbrocken als Standort ausgesucht, und auf der Wiese vor dem nächsten Wald steht unmittelbar am Wanderweg ein hohler Bergahorn, unter dem sich das Vieh gern vor der Mittagssonne schützt. Nach der **Schneelochalpe** **5** erreicht die Route die Mautstraße zur Falkenhütte und damit ihren höchsten Punkt.

Gut geteert geht es nun weiter Richtung Hörmoos-Alpe. Fast schon in Rufweite des Gasthofs zweigt die Tour von der Straße ab und umrundet das Häderichmoor **6**. Wie von Riesenhand verstreut liegen Nagelfluhbrocken in den

Wiesen, an der **Mittleren Häderich-Alpe** tummeln sich Esel auf der Weide. Vorbei an der Pension **Hubertushaus** kommt man zur **Alpe Hörmoos** **7** mit Gasthof, Kräutergarten und Deutschlands höchstgelegener Enzianbrennerei (www.kraeuteralp.de). Abgehärtete Schwimmer können sich im Hörmoossee erfrischen.

Der Weg wird nun belebter, denn viele fahren mit dem Bus zur Hörmoosalpe und laufen nur das letzte Stück. Ab der **Alpe Hochwies** **8** mit der metallisch glänzenden Kapelle Johannes des Täufers und den verführerischen Schaukeln wird der Weg auch bequemer, denn nun bewegen wir uns auf dem kinderwagengeeigneten **Alperlebnispfad.** Infotafeln nennen Details zur Weidewirtschaft, Bänke laden zum Pausieren ein. Der Lanzenbach will auf einer Hängebrücke aus Seilen überquert werden, anderswo kann man barfuß das Hochmoor treten und ertasten. An der **Alpe Glutschwanden** **9** erreichen wir die andere Talseite. An weiteren Erlebnisstationen können sich Kinder im Melken, im Bouldern oder mit Schutzbrille und Hämmerchen als Geologen üben. Über **Häuslers Gschwend** **10** geht's dann wieder zur Imbergbahn.

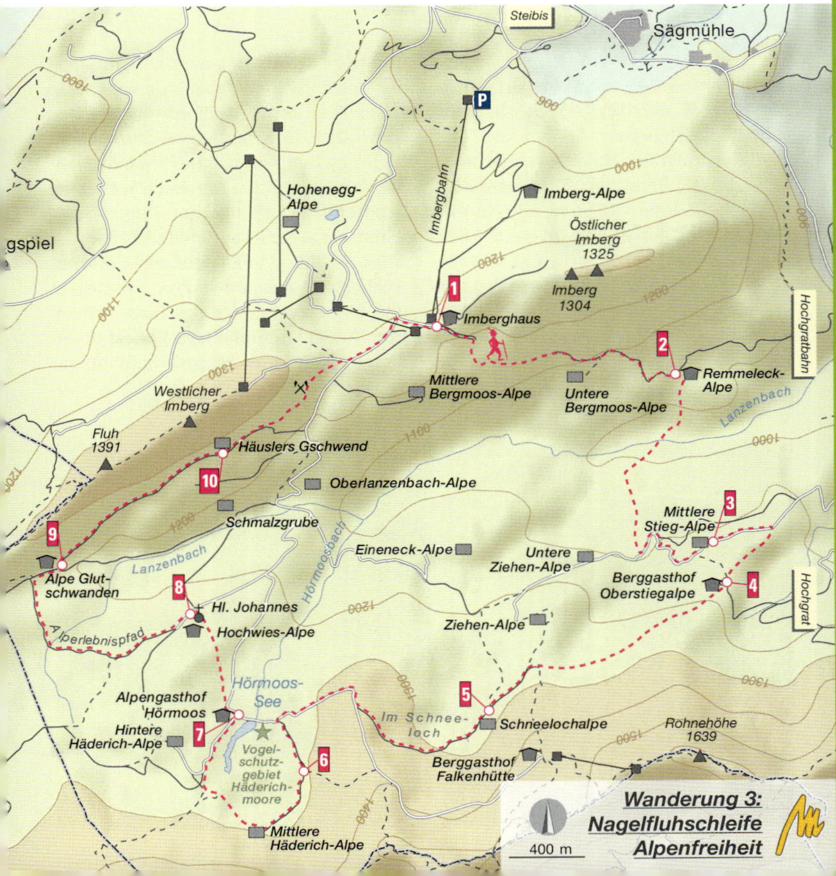

GPS-Wanderung 4

Auf den Grünten

Der „Wächter des Allgäus", wie er genannt wird, ist mit seinen 1738 Metern nicht der höchste Berg der Allgäuer Alpen, aber ihr bis weit ins Unterland sichtbarer Vorposten – und gewährt so den besten Rundblick weit und breit.

Ausgangs-/Endpunkt: Rathaus Burgberg. **Länge:** 13 km (mit Benutzung des Grubenbähnles 3 km weniger; mit Umweg Starzlachklamm 3 km mehr); 4:15 Std. reine Gehzeit (real 5 Std.), 986 m Auf- und Abstiege. **Charakteristik:** Anstrengende, doch technisch einfache Bergwanderung (T 2) auf Wald- und Wiesenpfaden zum aussichtsreichen Gipfel. Auf dem Rückweg Kombination mit Erzgruben-Erlebniswelt (→ S. 199) möglich. **Einkehrmöglichkeiten:** Grüntenhaus (www.gruentenhaus.de, kein Ruhetag); Obere Schwandalpe (www.schwandalpe.de, Mitte Juni bis Sept. kein Ruhetag); Knappenhock (www.erzgruben.de, Mai bis Okt. kein Ruhetag); Gasthof Alpenblick (www.alpenblick-burgberg.de; Mo+Do Ruhetag).

Ein Hinweisschild zur Erzgruben-Erlebniswelt weist von der **Ortsmitte Burgberg** 1 den Weg in die bergauf führende Grüntenstraße. An der Abzweigung „An der Halde" wendet man sich links Richtung Schützenhaus. Nach den letzten Häusern kommt ein **Parkplatz** 2, an dessen oberem Ende der Wanderweg auf den Grünten links abzweigt. Begleitet vom Wustbach zieht er anfangs in einer frischen Schneise, dann in Serpentinen durch den angenehm schattigen Wald steil bergauf und trifft auf einen geteerten Fahrweg, der sich zum Glück aber bald wieder in einen Pfad verwandelt. Ab und an gewährt der Hochwald einen Durchblick Richtung Sonthofen, dann erreicht man das inmitten einer Alpweide stehende **Grüntenhaus** 3, gebaut 1852 und damit die älteste Touristenherberge des Allgäus. Weiter geht's auf den Grat mit Ausblicken nun auch gen Nordosten und zur Sendeanlage des Bayerischen Rundfunks am **Gipfelhaus** 4 dort unter der Seilbahn hindurch und dann mit ei-

Einkehr auf der Oberen Schwandalpe

nem letzten Anstieg zum **Gebirgsjägerdenkmal** **5** auf dem Übelhorn, wie der höchste Gipfel des Grünten auch heißt. Der von dem Skisportler und Architekten Bruno Biehler in den 1920er-Jahren entworfene Steinturm ist von buddhistischen Sakralbauten inspiriert, die Biehler in Tibet kennen gelernt hatte, und erinnert an die gefallenen Gebirgsjäger.

Vom Gebirgsjägerdenkmal geht der Pfad in einer kurzen, mit Seil und Tritten gesicherten Passage abwärts. An einem Wegweiser **6** vor dem Serpentinenabstieg zum Sessellift geht es rechts ab (diese Richtung war zuletzt nicht ausgeschildert!), unten im Sattel wieder rechts zur **Zweifelgehrenalpe** **7** und zur **Obere Schwandalpe** **8** mit Einkehrmöglichkeit (leckerer Käse). An der **Kehralpe** **9** trifft man auf eine Teerstraße und folgt dieser nach links, bis vor einer Brücke rechts der gepflegte Fußweg zur **Erzgruben-Erlebniswelt** **10** abzweigt. Auf den letzten 3,2 Kilometern Teerstraße vom Museumsdorf zurück nach Burgberg lassen wir uns vom Erzgrubenbähnle fahren. Wer noch Kraft und Zeit hat, steigt unterwegs am **Gasthof Alpenblick** **11** aus und wandert auf dem Umweg über die **Starzlachklamm** (→ S. 163) und das Örtchen Winkel zurück nach Burgberg **1**.

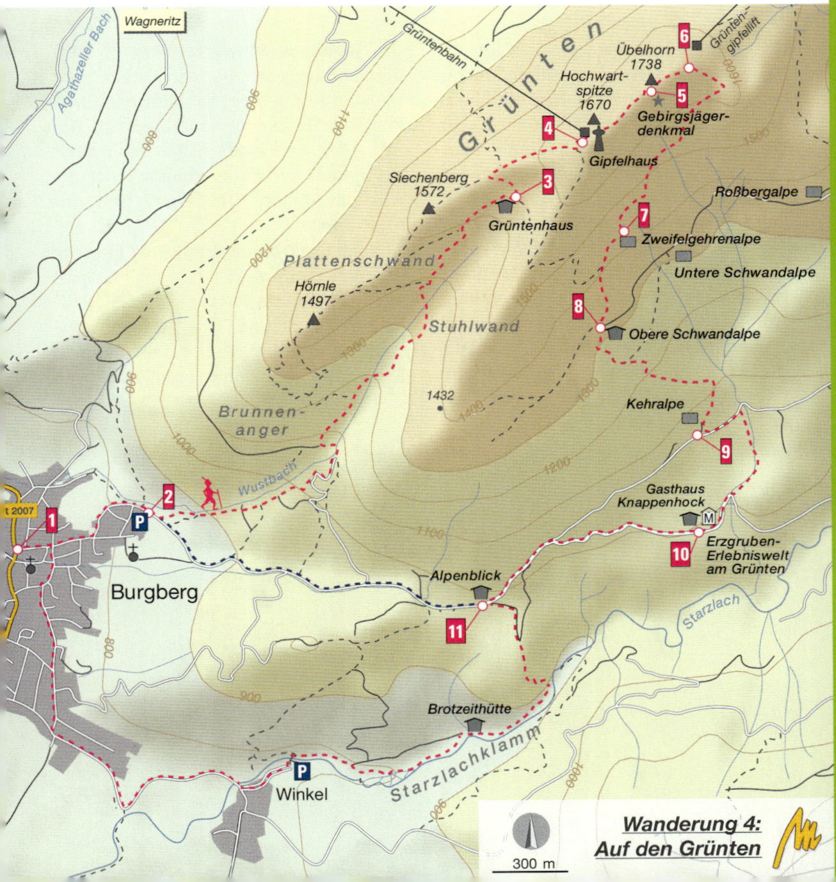

GPS-Wanderung 5

Rund um den Besler

Bei der Fahrt über den Riedbergpass imponiert die auf der Südseite gelegene Beslergruppe: ein tafelbergartiges Karstmassiv mit nahezu senkrechten Felsabbrüchen. Ein Premiumwanderweg umrundet den Bergstock und erklimmt auch den laut Alpenverein „interessantesten Allgäuer Voralpenberg". An seinen Wänden lockt ein kurzer Klettersteig.

Ausgangs-/Endpunkt: Riedbergpassstraße, Bushaltestelle und Parkplatz am Abzweig Wannenkopfhütte. **Länge:** 8 km, mit Benutzung des Klettersteigs etwas kürzer. 3 Std. reine Gehzeit (real 4 Std.), 595 m Auf- und Abstiege. **Charakteristik:** Gut ausgebauter und gesicherter Premiumwanderweg, verlangt aber Trittsicherheit und etwas Bergerfahrung (T 2). Auch mit älteren Kindern möglich. **Einkehrmöglichkeiten:** Herzberg-Alpe (Mai bis Sept., kein Ruhetag); Schönberg-Alpe (Juni bis Sept., kein Ruhetag).

Geografisch wie geologisch liegt der Besler mit seinen Nebengipfeln etwa in der Mitte zwischen der Nagelfluhkette und dem Gottesackerplateau am Hohen Ifen. Während man zu Beginn – nämlich vom **Parkplatz** an der Riedbergstraße **1** hinunter auf den Talgrund der Schönberger Ach und dann vorbei an der **Herzberg-Alpe** **2** in den Wald – noch über Nagelfluhgestein wandert, weicht dieses bald dem Schrattenkalk. Ammoniten und andere Fossilien bezeugen, dass wir uns nun auf prähistorischen Meeresablagerungen bewegen.

Am **Jagdhaus Schwarzenberg** **3** trifft man auf den von Obermaiselstein kommenden Königsweg, benannt nach Maximilian II., der hier zur Jagd ritt. Am Ende des Bergwalds öffnet sich dann ein grandioser Panoramablick auf die Allgäuer Alpen, Oberstdorf und das Kleinwalsertal.

Nach der **Oberen Gund-Alpe** **4** steigt der Weg zum Grat an, auf dem man auch wieder die Passstraße, das Riedberger Horn und die Hörnergruppe sieht. Wer Nervenkitzel liebt, keinen Schwindel kennt und starke Arme hat,

Aussichtsplatz Gund-Alpe

kann die letzten 60 Höhenmeter zum Gipfel durch die Steilwände erklimmen. Anfänger sollten den einfach bis mäßig schwierigen **Besler-Klettersteig** **5** der Kategorie A/B aber nicht ohne Selbstsicherung begehen. Der Wanderweg hingegen umrundet den **Besler** entgegen dem Uhrzeigersinn und man kommt so von Südwesten her auch ohne Kletterei auf das Gipfelplateau. Zwischen die oft messerscharfen Grate, Fachleute sprechen von Karren, hat die Erosion hier breite Spalten gefräst, die sogenannten Schratten. Während die Grate nahezu nackt liegen, sammeln sich Humus und Regenwasser in den Schratten und nähren dort die Vegetation.

Zu den Spezialisten, die solche Verhältnisse mögen und denen man auf dem Abstieg zur **Schönberg-Alpe** **6** oft begegnet, gehören der im Hochsommer wunderbar gelb blühenden Großblütige Gemswurz sowie der äußerst giftige Blaue Eisenhut, der schon das bloße Berühren mit Taubheitsgefühl und Hautausschlag bestraft und von alters

Beslergipfel – durch die Steilwand führt der Klettersteig

her gerne für Giftmorde benutzt wird. Von der Schönberg-Alpe geht es dann auf Alpwegen parallel zur Schönberger Ach über die Weiden zur Herzberg-Alm und zum Parkplatz zurück.

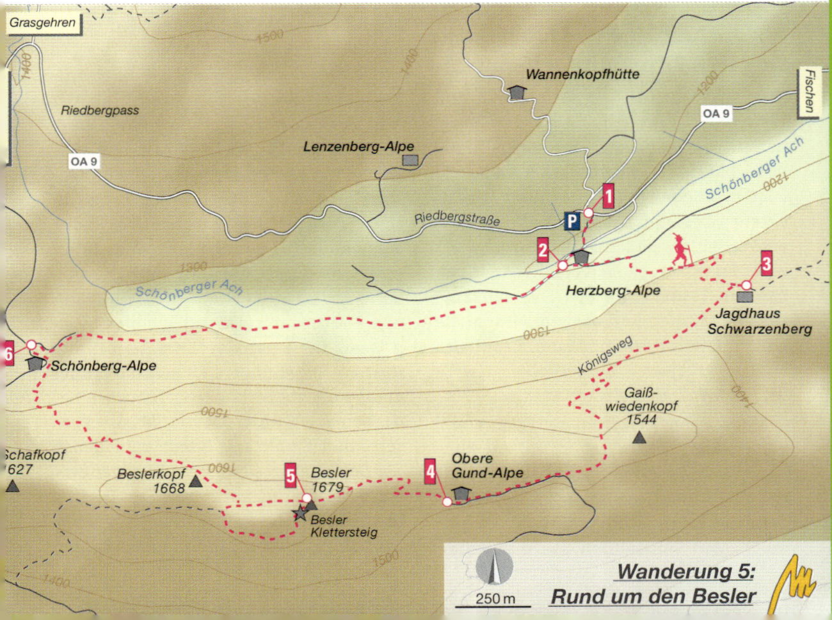

GPS-Wanderung 6

Schrecksee und Hochvogel

Eine anspruchsvolle und abwechslungsreiche Zweitagestour mit Hüttenübernachtung. Landschaftliche Vielfalt sowie Flora und Tierwelt des Hochgebirges machen diese Tour zu einem besonderen Erlebnis. Erfahrene Bergwanderer erkunden zudem mit dem Aufstieg zum Hochvogel alpines Terrain und werden dafür mit herrlicher Aussicht belohnt.

Ausgangspunkt: Kraftwerk Auele, Ostrachtal, Bad Hindelang-Hinterstein. **Übernachten:** Prinz-Luitpold-Haus. **Endpunkt:** Giebelhaus. **Anfahrt:** Ab Hinterstein mit dem Giebelhaus-Bus (Fahrplan unter www.wechs.net). **Länge:** Erster Tag 13 km, 1250 m Aufstieg, 450 m Abstieg, 4:30 Std. reine Gehzeit (real 7 Std.). Zweiter Tag 12 km, 720 m Aufstieg, 1470 m Abstieg, 4:30 Std. reine Gehzeit (real 7 Std.). **Charakteristik:** Die Zweitagestour für geübte Bergwanderer eignet sich, um Hüttenluft zu schnuppern und erste Erfahrungen im alpinen Bereich zu machen. Die Abschnitte Auele – Schrecksee und Prinz-Luitpold-Haus (PLH) – Giebelhaus sind normale Bergwanderungen (T 2). Auf dem Jubiläumsweg Schrecksee – PLH sind immer mal wieder auch schrofige und ausgesetzte Passagen zu überwinden (T 3), man braucht Wanderstiefel und Trinkwasser, Handschuhe sind hilfreich. Der Aufstieg von der Hütte zum Hochvogel geht über kurze, einfache Kletterpartien, passiert einen kurzen Klettersteig (A/B) und ein ganzjähriges Firnfeld (T 4), für das zusätzlich Schuhspikes oder Grödel benötigt werden. **Einkehrmöglichkeiten:** Prinz-Luitpold-Haus (www.prinz-luitpoldhaus.de), Bärgündele-Alpe, Giebelhaus (www.giebelhaus.de).

Über Schrecksee und Jubiläumsweg zum Prinz-Luitpold-Haus

Wir sparen uns den Anmarsch von Hinterstein durch das Ostrachtal und benutzen stattdessen den Giebelhausbus bis zum **Kraftwerk Auele** **1** (946 m), neben dem unser Aufstieg mit einem Wiesenpfad beginnt, der bald in einen lichten Mischwald übergeht. Zu einer erste Fotopause verführt der **Speichersee Taufersalpe** **2** . Das seltsame Gebäude hinter dem See war einmal die Umlenkstation einer Materialseilbahn zum Schrecksee. Weiter oben tragen die Stützen heute ein Stromkabel.

Nach dem See öffnet sich der Wald, das Gelände wird flacher und wir können etwas Atem schöpfen. Die nach einer mächtigen Fichte links vom Weg liegende Hütte **Taufersalpe** **3** ist verfallen. Auf Holzbohlen überquert man ein Bächlein, dann holt der Pfad etwas aus und erklimmt mit einer langen Linkskurve und schließlich Serpentinen die Flanke des Kugelhorns. In einer Mulde passieren wir die neue **Obere Taufersalpe** **4**. Nach einem neuerlichen Anstieg und insgesamt zwei Wegstunden liegt schließlich der romantische **Schrecksee** **5** vor uns. Die kleine aus der Mitte des Sees ragende Insel entstand durch die von der Energiewirtschaft betriebene Aufstauung des von Natur aus sehr viel kleineren Gewässers. Wir tanken Energie bei der Rast auf Grashängen. Es heißt, der alles andere als schreckliche Schrecksee habe seinen Namen davon, dass er so schrecklich kalt sei. Gleichwohl haben wir Schwimmer gesehen und sogar eine auf der Insel zeltende Familie, die ihre Habseligkeiten kaum ohne Wasserkontakt hinüber gebracht haben kann.

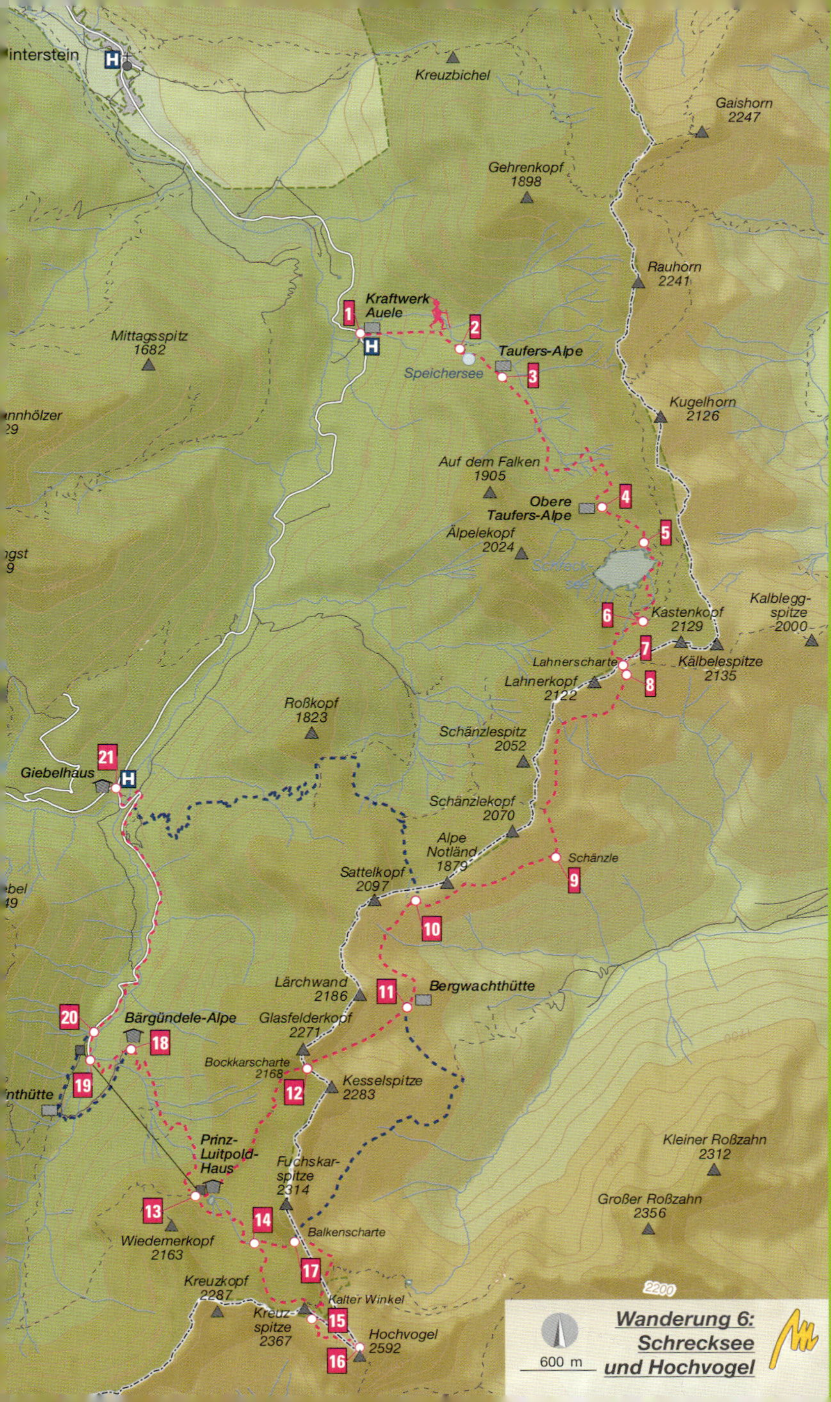

Wanderung 6:
Schrecksee
und Hochvogel
600 m
Hinterstein
Kreuzbichel
Gaishorn
2247
Gehrenkopf
1898
Rauhorn
2241
Kraftwerk
Auele
Mittagsspitz
1682
Taufers-Alpe
Speichersee
Kugelhorn
2126
Auf dem Falken
1905
Obere
Taufers-Alpe
Älpelekopf
2024
Kastenkopf
2129
Kalblegg-
spitze
2000
Lahnerscharte
Kälbelespitze
2135
Lahnerkopf
2122
Roßkopf
1823
Schänzlespitz
2052
Giebelhaus
Schänzlekopf
2070
Alpe
Notländ
1879
Schänzle
Sattelkopf
2097
Lärchwand
2186
Bergwachthütte
Glasfelderkopf
2271
Bärgündele-Alpe
Bockkarscharte
2168
Kesselspitze
2283
Prinz-
Luitpold-
Haus
Fuchskar-
spitze
2314
Kleiner Roßzahn
2312
Großer Roßzahn
2356
Wiedemerkopf
2163
Balkenscharte
Kreuzkopf
2287
Kalter Winkel
Kreuz-
spitze
2367
Hochvogel
2592
2200
1
2
3
4
5
6
7
8
9
10
11
12
13
14
15
16
17
18
19
20
21

Auf drei Etagen umrunden Wanderpfade den See im Uhrzeigersinn. Der untere Weg ist vielerorts sumpfig und von Kühen zertrampelt, der obere verlangt einen unnötigen Anstieg, bleibt der Weg in der Mitte. Er mündet noch in Sichtweite des Schrecksees auf den von der Willersalpe kommenden **Jubiläumsweg** **6**. Der heißt so, seit er 1898/99 von DAV-Sektion Allgäu-Immenstadt anlässlich ihres 25-jährigen Jubiläums angelegt wurde. An der **Lahnerscharte** **7** überschreiten wir den Kamm. Geübte Bergwanderer können von der Scharte, nicht markierten Trampelpfaden folgend, sowohl in südwestlicher Richtung den Lahnerkopf als auch ostwärts den Kastenkopf erklimmen. Wir indes betreten nun österreichisches Gebiet, wenden uns mit dem Jubiläumsweg am **Wegkreuz Lahnerscharte** **8** nach rechts und genießen den herrlichen Blick zum Hochvogel und ins Schwarzwassertal.

Der Pfad zieht auf etwa 1900 Höhenmetern mit wenigen Auf und Abs an der Ostflanke des Bergrückens entlang. Nach dem **Schänzle** **9**, einer natürlichen Aussichtsplattform auf der Talseite des Wegs, kommen eine paar ausgesetzte, für Ungeübte eher unangenehme Passagen mit nur schmaler Spur zwischen Felswand und Abgrund – hier könnten ein paar Meter Handseillauf am Fels das Sicherheitsgefühl deutlich erhöhen. Auf der **Alpe Notländ** **10** zwischen Sattelkopf und Schänzlekopf wird das Gelände flacher und grüner, Schafe laben sich hier gern an der Alpenflora. Über den Notländsattel führt ein Notabstieg zum Giebelhaus. Unser Weg umrundet nun in weitem Bogen den Talkopf des Reitgehrenbachs und erreicht dann die steilen Fels- und Grasflanken der Lärchwand. Hier haben die Wegebauer großzügig Stahlseilsicherungen angebracht, die eine gute Hilfe sind. Im Anschluss folgt nochmals ein Wiesengelände.

Prinz-Luitpold-Haus mit Karsee

In Sichtweite einer **Bergwachthütte** **11** gabelt sich die Spur: Links geht es hinunter zu besagter Hütte, ins Schwarzwassertal und über die Balkenscharte zum Hochvogel. Wir halten uns rechts und gelangen an den Fuß eines mächtigen Schuttkars, an dessen rechtem Rand unser letzter Aufstieg dieses Tages über rutschigen Schotter führen wird. Einzelne Treppen und Tritte erleichtern den Aufstieg. Manchmal sieht man hier Gämsen, die die Steine nach Salz und anderen Mineralien abschlecken. Oben am Kamm markiert eine kleine Pyramide unser unmittelbares Ziel, die **Bockkarscharte** **12** (2168 m) zwischen Glasfelder Kopf und Kesselspitze. Von oben erblickt man dann endlich das **Prinz-Luitpold-Haus** **13**, in dem wir übernachten werden und zu dem wir nun noch 40 Minuten absteigen müssen.

Vom Prinz-Luitpold-Haus auf den Hochvogel

Das vom Alpenverein geführte Prinz-Luitpold-Haus wurde als eine der ersten Berghütten überhaupt im Jahr 1880 im Jagdrevier von Prinzregent Luitpold gebaut, dessen Namen es seither trägt. Erwarten Sie keine Einsamkeit – an Spitzentagen fertigt der Hüttenwirt über zweihundert Übernachtungsgäste ab. Und das Matratzenlager „Märchenwiese" gerät zwischen Schnarchern und trunkenen Plaudertaschen schnell zur Horrorshow. Aber einmal sollte man diese Erfahrung machen. Und zum Trost sei gesagt, dass es in den Alpen auch andere, kaum besuchte Hütten gibt.

Nach hoffentlich ruhiger Nacht und schmackhaftem Frühstück machen sich geübte Wanderer auf den knapp dreistündigen Weg zum „Allgäuer Matterhorn", wie der markante Hochvogel manchmal genannt wird. Der Pfad zieht in langen Serpentinen und immer wieder ein Bächlein querend den Hang hinter der Hütte hinauf. An einer **Gabelung** **14** entscheiden wir uns wie die meisten für die Route über die Kreuzspitze (2367 m). Knackpunkt ist ein drahtseilgesicherter Abschnitt an der Gipfelflanke. Ein Klettersteig-Set vermittelt hier Sicherheit, routinierte Bergler meistern diese mit A/B eingestufte Passage allein mit Händen und Füßen. Von der **Kaltwinkelscharte** **15** zwischen Kreuzspitze und Hochvogel geht es zu der kleinen Erhebung vor dem Hochvogel, rechts an deren Gipfel vorbei zur **Schnur,** einer eindrücklichen Passage entlang einer fast senkrechten brüchigen Felswand. Der Rest des Aufstiegs zieht sich dann in Serpentinen noch 200 Meter hoch über brüchiges Gestein. Statt eine Spur zu suchen, sucht man sich besser die einfachste Möglichkeit, nach oben zu kommen.

Für den Abstieg vom **Hochvogel** **16** geht es zurück in die Scharte. Alternativ zum Rückweg über die Kreuzspitze gibt es hier rechts einen Abstieg durch den **Kalten Winkel.** Bei frischem, weichem Schnee mag dieses ganzjährige Firnfeld leicht zu durchqueren sein. Im Spätsommer jedoch, zumal am Morgen, gleicht es einer eisigen Rutschbahn – jeder Ausrutscher im oberen, etwa 45 Grad steilen Bereich mündet in den tödlichen freien Fall. Erst nachmittags, wenn die Sonne den Firnschnee schmelzen lässt, wird der Untergrund etwas griffiger. Nehmen Sie den Weg durch den Kalten Winkel also nur, wenn dies nicht Ihr erstes Firnfeld ist und Sie mindestens mit Schuhspikes ausgerüstet sind. Am Fuß des Firnfelds

Ausflugsziel Giebelhaus

wendet sich der Pfad gen Norden und führt mit ein paar durch Seile und Tritte unterstützten Kletterstellen über das Sätteli, die **Balkenscharte** **17** (2172 m) und eine komfortable Treppe zurück zum Prinz-Luitpold-Haus.

Vom Prinz-Luitpold-Haus zum Giebelhaus

Für den sechs Kilometer langen Abstieg von der Hütte (1834 m) durchs Bärgündeletal zum Giebelhaus (1065 m) rechnet man etwa 2:30 Stunden. Bemerkenswert sind die Wasserfälle. Wenn Sie nach der ersten „Brücke" (es handelt sich um eine Konstruktion aus Lochblech, die so gar nicht in die Landschaft passt) zurückblicken, erkennen Sie links von der Hütte im Quellbereich das Seil des Klettergartens Im Täl'le. Über teilweise etwas schlüpfrigen, doch unproblematischen Untergrund geht es parallel zur Materialseilbahn zur **Unteren Bärgündele-Alpe** **18**, wo uns die ersten Radler begegnen. Es bleibt die Qual der Wahl zwischen der etwas längeren, doch weniger steilen Fahrstraße über die Pointhütte und einem abkürzenden Pfad, der dafür zum **Bärgündelesbach** **19** absteigt und auf der anderen Talseite nahe der Luitpoldhaus-Seilbahn die **Straße** **20** erreicht. Auf der geht es nun noch eine knappe Stunde talwärts zum **Giebelhaus** **21**, wo wir in den Bus nach Hinterstein steigen können.

GPS-Wanderung 7

Rund um die Höfats

Die Höfats mit ihren steilen Flanken ist der markanteste Allgäuer Grasberg und für ihre einzigartige Vegetation berühmt. Mancher Enziandieb stürzte hier schon in den Abgrund. Der Gipfelsturm bleibt erfahrenen Bergsteigern vorbehalten, doch lässt sich das Bergmassiv auf einer Tagestour bequem umrunden. Zwei Wasserfälle und ein Museumsdorf liegen am Weg.

Ausgangspunkt: Christlesee, Oberstdorf. **Endpunkt:** Talstation Nebelhornbahn. **Anfahrt:** Ab Oberstdorf mit dem Bus Richtung Spielmannsau. **Länge:** 18 km, davon 6 km auf dem Downhill-Roller, 4 Std. reine Gehzeit (real 6 Std.), ca. 900 m Auf-/Abstiege. **Charakteristik:** Abwechslungsreiche Bergwanderung (T 2) auf Pfaden und Wirtschaftswegen. Ein langer Anstieg erfordert Ausdauer, ein rutschiger Abstieg grifffeste Schuhsohlen. **Einkehrmöglichkeiten:** Mumme-Stüble, Gasthaus Gerstruben (beide Mi Ruhetag); Dietersbach-Alpe, Guten-Alpe (alle nur in der Wandersaison geöffnet, kein Ruhetag); Oytalhaus (nicht empfohlen).

Von der **Bushaltestelle Christlessee** **1** (922 m) folgt man dem Wegweiser Gerstruben und überquert so die Trettach. An der Kreuzung im Wald geht's links, bis am Gasthof **Mumme-Stüble** rechts der Pfad zum **Hölltobel** abzweigt. Der Weg durch den Tobel ist manchmal steil und rutschig, es geht über Stock und Stein, immer über dem Dietersbach. Eine Aussichtsplattform ermöglicht den Blick auf die imposanten Wasserfälle. Nach einer halben Stunde mündet der Tobelweg auf die Fahrstraße (rechts) nach Gerstruben. Ist der Tobel gesperrt, kann man ihn auf dieser von Dietersberg kommenden Straße umgehen.

Nach dem Museumsdorf **Gerstruben** **2** (1145 m, → S. 183) geht die Straße in einen stetig ansteigenden Fahrweg

Hof im Walserdorf Gerstruben

über, der die **Gerstruber Alpe** **3** passiert und am Talschluss bei der **Dietersbach-Alpe** **4** (1325 m) endet. Umfährt man den Hölltobel, ist die Tour bis hier, 8,5 Kilometer ab Oberstdorf, auch mit dem Fahrrad machbar. Nun aber geht es durch alpines Gelände an den Flanken der Höfats hinauf zum **Älpelesattel** **5** (1780 m). Wer höher hinauswill, mag links am Kamm noch zum nächsten Gipfel (2003 m) aufsteigen, einem Vorberg der Höfats. Die dahinter als spitze Felstürme aufragende Höfats selbst sollte man allerdings erfahrenen und entsprechend ausgerüsteten Bergsteigern überlassen.

Vom Älpelesattel geht es steil bergab in den Talkessel am Kopf des Oytals. Der stellenweise glitschige Pfad läuft durch eine üppige Vegetation mit Farnen und mannshohen Sträuchern. Im offenen Gelände gedeihen Bergahorn, Eberesche und die strauchartige Grün-Erle. Mit der **Käseralpe** **6** (1405 m) erreichen wir wieder das Terrain der Mountainbiker, die sich das Oytal hinaufgequält haben. Weitgehend auf einer Teerstraße geht es vorbei am **Stuibenfall** **7** und der Unteren **Guten-Alpe** **8** zum **Oytalhaus** **9** (1010 m). Für die letzten sechs Kilometer auf dem Asphalt nach Oberstdorf kann man am Gasthof ab 15 Uhr einen Bergroller (7 €) mieten, gemütlich bergab rollen und das Gefährt dann an der **Nebelhorn-Talstation** **10** im Sporthaus Heckmair wieder abgeben.

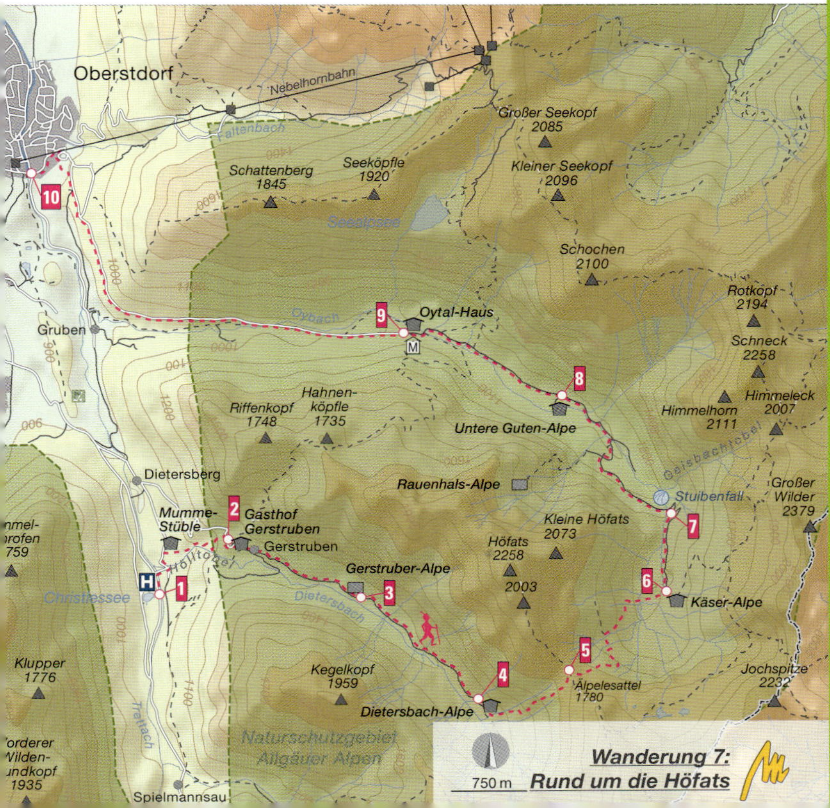

GPS-Wanderung 8

Vom Söllereck zur Kanzelwand

Traumhaftes Alpenpanorama und eine reiche Pflanzenwelt begleiten Sie auf dieser Tour über den Söllergrat. Sie sehen bunte Blumenwiesen vor dem Hintergrund der Allgäuer Hochalpen und des Kleinwalsertals. Im Spätsommer versüßen Heidelbeeren am Wegrand die Tour.

Ausgangspunkt: Bergstation Kanzelwandbahn, Riezlern, Kleinwalsertal. **Endpunkt:** Skiflugschanze Oberstdorf. **Anfahrt:** Mit dem Bus ab Oberstdorf. **Länge:** 17 km, 4:30 Std. reine Gehzeit (real 6:30 Std.), 630 m Aufstiege, 1330 m Abstiege. **Abkürzung:** Die Talfahrt mit der Söllereckbahn verkürzt die Tour auf 3 Std. bzw. 1000 m Abstieg, die Bergfahrt mit der Fellhornbahn (statt Kanzelwandbahn) spart eine weitere Stunde. **Charakteristik:** Leichte Gratwanderung (T 2) auf gut ausgebauten Wegen mit Ausblick. Eine kurze Felspassage ist mit einem Handseil gesichert; beim Abstieg durch den Wald zum Freibergsee sind Wanderstiefel von Vorteil. **Einkehrmöglichkeiten:** Gibt's zahlreich am Weg.

Von der **Bergstation der Kanzelwandbahn** **1** (1957 m) geht es auf dem Erlebnisweg Burmiwasser hinab zum Riezler Alpsee, der als Reservoir für die winterliche Pistenbeschneiung angelegt wurde. Das einem Murmeltier nachempfundene Kleinwalsertaler Kindermaskottchen Burmi zeigt sich eher als Biber, denn an der den Weg begleitenden Wasserrinne und ihren Schleu-

Eine reiche Pflanzenwelt begleitet den Gratweg zum Fellhorn

sen und Wasserrädern können die Kleinen nach Herzenslust planschen, pritscheln und sich als Wasserbauer versuchen. Jugendliche dürfte eher der kurze Klettersteig zum Kanzelwandgipfel (2058 m) locken – hoffentlich haben sie ihr Klettersteigset mitgebracht. Am **Gundsattel** **2** muss man sich entscheiden: entweder abkürzend halb rechts auf einem seltener begangenen Pfad direkt zur Mittelstation der Fellhornbahn am Schlappoldsee oder geradeaus auf dem viel, an manchen Tagen zu viel begangenen Weg zur **Fellhornbahn-Bergstation** **3**, wo wir in der Bergschau etwas über die Geologie und die Pflanzenwelt des Fellhorns erfahren. Hier wie da blühen auf beiden Seiten des Weges Blumen in ungeahnter Vielfalt.

Nach dem **Fellhorngipfel** **4** (2039 m) wird es zum Glück etwas ruhiger. Und der Weg anspruchsvoller. Wir folgen

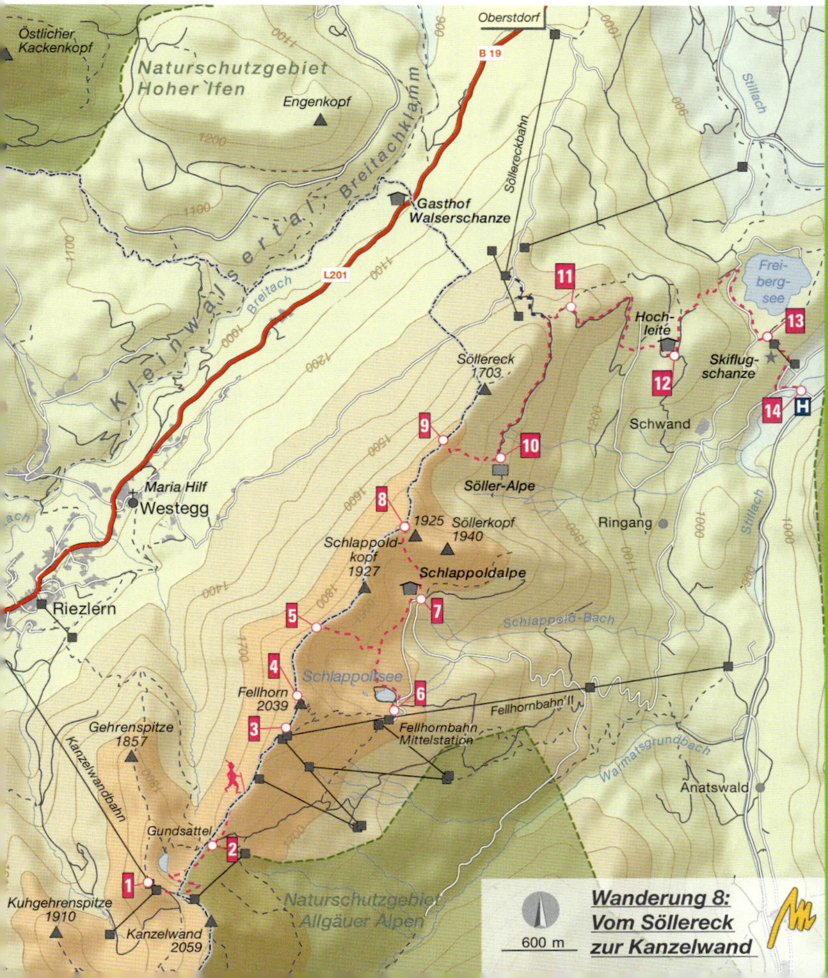

dem Kamm, der hier zugleich die Staatsgrenze zwischen Deutschland und Österreich markiert, und genießen den herrlichen Blick auf die Allgäuer Hochalpen und die Kleinwalsertaler Berge, bis rechts ein **Weg** **5** zum **Schlappoldsee** **6** angezeigt wird, der unten verführerisch schimmert. Der Abstieg schlängelt sich in Serpentinen durch eine Zwergstrauchheide mit Alpen-Bärentraube und Heidelbeeren, die sich auf dem mäßig sauren und stets feuchten Humus des Fellhorns wohlfühlen. Zum Baden ist der See auch im Sommer zu kalt, doch am Ufer zeigt sich die Vegetation besonders bunt und verschwenderisch und erfreut Augen und Nase. Vom See geht es zur **Schlappoldalpe** **7** (1706 m), einem Bilderbuchbauernhof mit Tieren zum Anfassen, eigenem Käse und Bewirtung, dann über gefühlt tausend Stufen wieder hinauf auf den Kamm, wo wir am **Söllerkopf-Vorgipfel** **8** (1925 m) wieder auf den vom Fellhorn kommenden Gratweg treffen.

Auf dem Fellhorn

Weiter geht's über den Grat. Wo die Humus-und Pflanzendecke fehlt, laufen wir direkt über das Flyschgestein mit seinen wechselnden Lagen aus Tonstein und groben Kieseln. An einer Abzweigung **9** vor dem **Söllereck** (1703 m) verlassen wir nun endgültig den Grat und steigen ab zur **Söller-Alpe** **10** (1534 m) mit hervorragendem Käse aus eigener Produktion und auf deren Zulieferweg weiter Richtung **Söllereckbahn** (1358 m). Wer statt mit Seilbahn zu fahren lieber zu Fuß ins Tal steigt, wendet sich an der Mündung des Fahrwegs **11** nach rechts Richtung Hochleite.

Wir sind nun auf dem mit kindgerechten Lern- und Mitmachstationen bestückten Naturerlebnisweg von der Söllereck-Bergstation hinunter nach Schwand, der zumindest abwärts auch mit Kinderwagen begangen werden kann. Am Gasthof **Hochleite** **12** (1179 m) biegen wir links ab und tauchen bald in den Wald ein, dessen Baumwurzeln uns so manche Falle zu stellen versuchen. Unten wartet dann der idyllische **Freibergsee**, in dem im Sommer auch gebadet wird. Um zur Straße und nächsten Bushaltestelle zu gelangen, folgen wir vom Südende des Sees den Wegweisern zur **Skiflugschanze** **13**. Den Schrägaufzug nach ganz oben können wir uns sparen, denn tolle Aussicht hatten wir heute schon mehr als genug. Doch der Sessellift vom Schanzentisch hinunter zum Auslauf erspart uns und unseren Knien den letzten Abstieg. Unten geht es mit dem Bus etwa alle halbe Stunde über Oberstdorf wieder zurück ins Kleinwalsertal.

GPS-Wanderung 9

Über den Gottesacker

Das wohl bekannteste Karstgebiet in den Alpen verzaubert mit seinen bizarren Formen und seiner Abgeschiedenheit. Vom Hahnenköpfle (2085 m) überblickt man das steinerne Meer, bevor man in die stille Welt des Schrattenkalks absteigt. Auf dünnen Humusinseln haben sich in den feuchten Felsritzen genügsame Pflanzen eingenistet.

Ausgangspunkt: Bergstation der Ifen-Sesselbahn bei Hirschegg, Kleinwalsertal. **Endpunkt:** Talstation Auenhütte der Ifen-Sesselbahn. **Länge:** 10,5 km, 5 Std. reine Gehzeit (real 6:30 Std.). 600 m Aufstieg, 910 m Abstieg. **Abkürzung:** Wer mit dem Walserbus (Linie 5) zur Ifen-Sesselbahn gefahren ist, kann auf dem Rückweg ab Ferienheim Sonnblick (Linie 3) wieder ins Tal fahren und so die letzten beiden Gehkilometer sparen. Auch eine etwa dreistündige „Schnupperrunde" von der Ifenhütte über den Karst mit anschließender Talfahrt im Sessellift ist möglich. **Charakteristik:** Bergwanderung für geübte Geher über schwierigen Karstgrund mit Spalten und Löchern, der Trittsicherheit und Konzentration erfordert – deshalb Schwierigkeitsgrad T 3. Wanderstiefel und Trinkwasser erforderlich. Bei schlechter Sicht keine Orientierung möglich, bei Nässe extrem rutschiger Untergrund. **Einkehrmöglichkeiten:** Nur am Anfang und Ende der Tour. Auenhütte (www.auenhuette.at, Mo Ruhetag). Ifenhütte (www.ifenhuette.at, kein Ruhetag). Alpenhotel Küren (www.kueren.de, Mi Ruhetag).

Von der **Auenhütte** 8 fährt man mit dem Sessellift zur **Ifenhütte** 1 (1587 m) und spart sich etwas Aufstieg – die Tour wird noch anstrengend genug werden. Vor uns sehen wir den Hohen Ifen (2230 m) mit dem unverwechselbaren Profil einer trutzigen Felsenburg mit leicht gen Ost geneigtem Plateau, gleich einer riesigen Eisscholle. Zum Ärger der Bergsportler ist der Südabbruch des Hohen Ifen als Wildruhegebiet geschützt und damit das Klettern an einem der besten Kletterfelsen des Allgäus verboten.

Wir sind nicht die Einzigen, die auf dem Grashang neben einer mit Geröll gefüllten Mulde aufsteigen, in der sich das von den schroffen Ifenwänden abbröckelnde Gestein sammelt. Eine lange Karawane pilgert gemeinsam mit uns an einem schönen Sommermorgen den Pfad hinauf. Am **Abzweig Ifen** 2 teilt sich der Zug: Die einen nehmen im Zickzack über den Geröllhang Kurs auf die Scharte, die von dieser Seite den einzigen Zugang zum Gipfelplateau des Hohen Ifen gewährt. Wollen Sie dort hinauf und zum Gipfelkreuz (2230 m), verlängert sich Ihre Tour um fast zwei Stunden.

Die anderen, die den Gottesacker ansteuern, bleiben auf der rechten Seite der Senke und treffen am **Abzweig Bergadler** 3 wieder auf eine Abstiegsroute

Steinwüste Gottesacker

vom Hohen Ifen. Den Abstecher zum Gasthof Bergadler an der Hahnenköpfle-Liftstation kann man sich sparen, denn das Lokal ist den Sommer über geschlossen. Wir gehen stattdessen aufs **Hahnenköpfle** **4** (2085 m) und genießen den Blick auf das steinerne Meer des von tiefen Rinnen und Spalten durchzogenen Karsts.

Folgen Sie vom Hahnenköpfle weiter der anfangs noch ausgetretenen Spur hinunter auf den Gottesacker. Dort können Sie sich dann ausschließlich an den Markierungen orientieren, meist auf den Stein gemalte Wegzeichen, manchmal auch Holzpflöcke. Bald gabelt sich der markierte Weg: Rechts geht es zurück zum Abzweig Bergadler, das wäre dann eine kleine Runde über den Karst. Wer wie wir eine Tagestour im Sinn hat, wendet sich links. Es geht nur langsam voran, jeder Schritt will überlegt sein, um nicht zu straucheln. Bald durchbrechen mit Latschenkiefern bewachsene Buckel die Einöde, auf der **Gottesackeralpe** **5** laufen wir wieder über Wiesengrund. Neben den Resten der Alphütte erzählt eine Tafel die Legende, wie durch Geiz und Bosheit eines Hirten die schönsten Weiden zur Steinwüste wurden.

Entlang einer Bachrinne geht es nun talwärts durch zunehmend üppige Vegetation zur Jagdhütte **Schneiderkürenalpe** **6**. An einem Felsübergang gleich neben dem Weg wurde ein steinzeitlicher Jägerrastplatz entdeckt, die Funde sind im Hirschegger Walserhaus ausgestellt. Der Weg taucht jetzt in den Wald ein. Morsche Dielen helfen uns mehr schlecht als recht über sumpfige Passagen, Wurzeln greifen nach den allmählich müden Füßen. Zwei Stunden nach der Gottesackeralpe treffen wir am Ferienheim **Sonnblick** **7** auf die **Wäldelestraße.** Glücklich, wer hier in den Bus steigen und ins Tal fahren kann. Wer jedoch ein Auto an der **Auenhütte** **8** stehen hat, muss auf der Fahrstraße und einem anschließenden Waldweg noch eine knappe halbe Stunde weiterhatschen.

Wanderung 9: Über den Gottesacker

GPS-Wanderung 10

Hausbachklamm und Wildrosenmoos

Zugegeben, die Tour ist lang. Doch vor allem ist sie sehr abwechslungsreich, führt mal durch die kühlen Wälder entlang eines rauschenden Wildbachs, mal übers offene Gelände mit herrlichem Ausblick auf die Alpen oder das Hügelland, mal durch eine sanfte Talaue oder auf schwankenden Bohlen durchs Moor.

Ausgangs-/Endpunkt: Kirche in Weiler. **Länge:** 22 km, 4:30 Std. reine Gehzeit (real 6 Std.), 590 m Auf- und Abstiege. **Abkürzungen:** Mit dem Bus von Vorderschweinhöf (nach 1:45 Std.) oder Sulzberg (nach 2:45 Std.) zurück nach Weiler. **Charakteristik:** Sportliche Wanderung ohne technische Schwierigkeiten, Kondition erforderlich. **Einkehrmöglichkeiten:** Traube in Schnellers (Mo Ruhetag); Hochsträß-Stüble (Mo Ruhetag); Alpenblick und Ochsen in Sulzberg; Krone in Thal (Mo/Di Ruhetag). **Info:** www.hausbachklamm.de. Ein Faltblatt der Tourist-Info Weiler beschreibt die Route ausführlich.

Im ersten Abschnitt begleitet die Tour über Stufen, Stege und Wurzelwerk den weitgehend naturbelassenen Hausbach von der **Kirche in Weiler** 1 durch den Schluchtwald hinauf ins Quellgebiet. Gleich hinter dem Dorf und der **Lourdesgrotte** wird durch allerlei dezente Verbauungen das Geschiebe des Bachs aufgehalten, dass dieser bei Hochwasser mit sich führt. Mit etwas Glück entdeckt man an den Wehren mit ihren Wasserfällen eine der seltenen Wasseramseln. An der **Kapfmühlbrücke** 2 hat sich das tosende Wasser seit der letzten Eiszeit eine tiefe Rinne in die Molasse gegraben – eine der schönsten Passagen der Klamm. Von der Brücke geht es weiter zum Steg unterhalb der **Hohen Wand,** an der sich der Aufbau der Molasse im Wechsel von weicheren Sandstein- und härteren Nagelfluhschichten nachvollziehen lässt.

Von der **Tobelbachbrücke** sieht man flussaufwärts links den namensgebenden Tobelbach, einen der wichtigsten Zuflüsse des Hausbachs. Weiter geht es kurz über den Bachgrund und dann durch den von Eichen, Linden, Eschen und Bergahorn beherrschten Wald. Auf der eingeebneten Fläche an der nächsten, der **Trogener Brücke** 3, stand früher ein Gasthaus. Heute muss man sich auf einem Grillplatz sein Fleisch selbst zubereiten. Kinder können hier auch im flachen Wasser planschen. Das Gefälle des Bachs nimmt jetzt ab, wir kommen in die Obere Hausbachklamm mit jungem, unverfestigtem Gestein aus der Eiszeit. Auf einem **Abenteuerspielplatz** 4 lädt eine Seilrutsche zur Gleitpartie über den Bach ein. Die Klamm endet an der Landstraße LI 10 beim Gasthof **Traube** 5 in Schnellers.

Einige Schritte nach links findet man die Fortsetzung des Wanderpfads, der nun parallel zur Straße läuft. Der Weg mündet in **Vorderschweinhöf** 6 auf die Staatsstraße 2004. Wir nehmen diese 100 Meter nach rechts, bis ein Wegweiser links den Fußweg zum **Wanderparkplatz Hinterschweinhöf** 7 zeigt – die Streusiedlung war Fundort einer Leiche im Kluftinger-Krimi Milchgeld. Der vom Parkplatz gut ausgeschilderte Aufstieg zum **Wildrosenmoos** 8 führt streckenweise steil bergauf und ist der wohl anstrengendste Teil der Tour. Der Zugang zum Hochmoor liegt etwas versteckt hinter einer Waldhütte, auf Bohlen geht es durchs Schutzgebiet mit seinem Moorsee. Hier gedeihen noch Raritäten wie der Schwalbenwurz-Enzian, das gefleckte Knabenkraut, der Eisenhut und die Heilpflanze Arnika.

Wir verlassen das Schutzgebiet auf dem neu angelegten Grenzerpfad, der uns an den Waldrand oberhalb vom **Hochsträß-Stüble** **9** bringt, wo uns die offene Landschaft mit einem herrlichen Alpenpanorama empfängt. Der Ausblick begleitet uns einen guten Kilometer weit auf dem Fahrweg nach **Sulzberg** **10**, wo wir uns auf der Aussichtsterrasse des Dorfplatzes vom Gipfelblick auf Bregenzerwald und Walserkamm verabschieden. Wer zu Bürozeiten nach Sulzberg kommt, sollte unbedingt das Gemeindeamt (an der Straße nach Oberreute) besuchen: Im Eingangsbereich grüßen über tausend Sulzberger Bürger mit ihren in Kunstharz eingegossenen Haarlocken, akustisch unterlegt mit einem Stimmengewirr, das im Wahllokal anlässlich einer Nationalratswahl aufgenommen wurde.

Neben der Dorfkirche geht es rechts zwischen den Häusern rot-weiß-markiert abwärts nach Gschwend. Vorbei am Sportplatz, über Wiesen und Fahrwege, jetzt nicht mehr die alpinen Gipfel, sondern die Hügel des Allgäus bis hin zum Pfänder im Blick. In **Gschwend** **11** muss man aufpassen: Gleich nachdem der Wanderweg die Straße überquert hat, weist die Markierung nach rechts quer über eine Hoffläche. Es geht nun steil durch einen Hohlweg und den Wald bergab bis zu einem Skilift, der uns links begleitet und bei der unübersichtlichen Wegführung über die Wiesen Orientierung bietet.

Naturgewalt in der Klamm

In **Thal** **12** wenden wir uns auf der Dorfstraße rechts. Wir passieren die alte Grenze mit ihrem putzigen Wachhäuschen und sind wieder in Deutschland. In **Salmers** **13** markiert neben dem Rief-Hof das Plätschern einer Quelle die Augenkapelle. Das Wasser und der Segen der heiligen Ottilie versprechen Linderung bei Augenleiden, und wer noch gut sieht, der mag sich vorsorgend am kühlen Wasser erfrischen.

Wo die Straße wieder den Wald erreicht, zweigt der Wanderweg nach links in den Talgrund ab. Nach der Brücke über die Rothach stößt man auf das ursprüngliche Brunnenhaus der **Siebersquelle** **14**. Durch die Tür erspäht man rund um den Quelltopf alte Etiketten und Werbeplakate für eine der ältesten Heilquellen des Allgäus, die inzwischen aber nicht mehr die Qualitätsanforderungen an Heilwasser erfüllt. Die Quelle wird heute 200 Meter weiter im neuen Brunnenhaus angezapft, neben dem sie an einem Wasserspender auch Wanderer labt. Eine unterirdische Leitung bringt das Quellwasser nach Weiler, wo es von der Postbrauerei als Mineralwasser abgefüllt oder zu Erfrischungsgetränken und Bier verarbeitet wird.

Durch den artenreichen Auwald geht es weiter Richtung Bremenried. An der früheren **Textilfabrik Ludwig Strohmeyer**, wo Zelte für Kaisers Armee gewebt und genäht wurden, wechselt der Pfad aufs Ostufer. Auf ihm kommen wir an die Mündung des Hausbachs und diesen entlang wieder ins Zentrum von Weiler. Doch vielleicht sind Sie ja müde und möchten, immer die Kirche im Blick, über die Strohmeyerstraße etwas abkürzen.

Wanderung 10: Hausbachklamm und Wildrosenmoos

Kartenverzeichnis

Autobahn
Bundesstraße
Hauptverkehrsstraße
Nebenstraße
Piste
Fußweg
Eisenbahn
Bergbahn
Seilbahn
Stadtrundgang
Wander-/Radtour mit GPS-Point
Naturschutzgebiet

bebaute Fläche
Grünanlage
Gewässer
Fußgängerzone
Gasthaus
Hütte
Berggipfel
Aussicht
Höhle
Felsen
Quelle
Brunnen
Kirche
Schloss/Festung

Sehenswürdigkeit
Natursehenswürdigkeit
Information
Post
Museum
Parkplatz/Parkhaus
Bus
Flughafen
für Privatverkehr gesperrt
Krankenhaus
Campingplatz
öffentliches WC
Supermarkt

Alles im Kasten

Fotonachweis

Alle Fotos Ralph-Raymond Braun außer: © Fischertagsverein Memmingen: S. 39 | tanner_nesselwang.jpg : S. 109 | © pixabay / Wolfgang Sojer: S. 266

Was haben Sie entdeckt?

Haben Sie ein gemütliches Lokal, ein freundliches Hotel mit Atmosphäre, einen schöne Wander- oder Radweg entdeckt? Wenn Sie Ergänzungen oder Tipps zum Buch haben, lassen Sie es uns bitte wissen!

Schreiben Sie an: Ralph-Raymond Braun, Stichwort „Allgäu"

c/o Michael Müller Verlag GmbH | Gerberei 19, D – 91054 Erlangen

rrbraun@michael-mueller-verlag.de

Vielen Dank!

Ich möchte mich bei allen Lesern bedanken, die die Arbeit an diesem Reiseführer durch ihre Zuschriften mit wertvollen Tipps und Hinweisen unterstützt haben.

Impressum

Text und Recherche: Ralph-Raymond Braun **Lektorat:** D&M Services GmbH: Christine Beil; Susanne Engel (Überarbeitung) **Redaktion:** Johanna Prediger **Layout:** D&M Services GmbH: Sven Talaron, Steffen Fietze, Heike Wurthmann **Karten:** Theresa Flenger, Judit Ladik, Gabor Sztrecska **Fotos:** siehe oben **GIS-Consulting:** Rolf Kastner **Covergestaltung:** Karl Serwotka **Covermotiv:** Kirche St. Coloman bei Schwangau, Allgäu, Schwaben, Bayern, Süddeutschland, Deutschland, Europa © mauritius images / Christian Bäck

ISBN 978-3-95654-716-4

 Druck: Livonia Print, Riga.

Haftungsausschluss

Die in diesem Reisebuch enthaltenen Informationen wurden vom Autor nach bestem Wissen erstellt und von ihm und dem Verlag mit größtmöglicher Sorgfalt überprüft. Dennoch sind, wie wir im Sinne des Produkthaftungsrechts betonen müssen, inhaltliche Fehler nicht mit letzter Gewissheit auszuschließen. Daher erfolgen die Angaben ohne jegliche Verpflichtung oder Garantie des Autors bzw. des Verlags. Autor und Verlag übernehmen keinerlei Verantwortung bzw. Haftung für mögliche Unstimmigkeiten. Wir bitten um Verständnis und sind jederzeit für Anregungen und Verbesserungsvorschläge dankbar.

Abruzzen ■ Ägypten ■ Albanien ■ Algarve ■ Algarve ■ Allgäu ■ Altmühltal & Fränk. Seenland ■ Amsterdam ■ Andalusien ■ Andalusien ■ Apulien ■ Australien – Der Osten ■ Azoren ■ Bali & Lombok ■ Barcelona ■ Bayerischer Wald ■ Berchtesgadener Land ■ Berlin ■ Bodensee ■ Bornholm ■ Bremen mit Bremerhaven ■ Bretagne ■ Brüssel ■ Budapest ■ Chalkidiki ■ Chiemgauer Alpen ■ Chios ■ Cilento ■ Comer See ■ Cornwall & Devon ■ Costa Brava ■ Costa de la Luz ■ Costa Rica ■ Côte d'Azur – Alpes Maritimes ■ Cuba ■ Dolomiten ■ Dolomiten ■ Dominikanische Republik ■ Dresden ■ Dublin ■ Düsseldorf ■ Ecuador ■ Eifel ■ Elba und der Toskanische Archipel ■ Elsass ■ Elsass ■ Fehmarn ■ Florenz & Chianti ■ Föhr & Amrum ■ Franken ■ Fränkische Schweiz ■ Fränkische Schweiz ■ Friaul-Julisch Venetien ■ Fuerteventura ■ Gardasee ■ Gardasee ■ Golf von Neapel ■ Gomera ■ Gran Canaria ■ Graubünden ■ Hamburg ■ Harz ■ Haute-Provence ■ Ibiza & Formentera ■ Irland ■ Island ■ Istanbul ■ Istrien ■ Kalabrien & Basilikata ■ Kanada – der Westen mit Südost-Alaska ■ Karpathos ■ Kärnten ■ Katalonien ■ Kefalonia & Ithaka ■ Köln ■ Kopenhagen ■ Korfu ■ Korsika ■ Korsika Fernwanderwege ■ Korsika ■ Kos ■ Krakau ■ Kreta ■ Kreta ■ Kroatische Inseln & Küstenstädte ■ Kvarner-Bucht – Zentralkroatien, Zagreb ■ Kykladen ■ Lago Maggiore ■ Lago Maggiore ■ La Palma ■ La Palma ■ Languedoc-Roussillon ■ Lanzarote ■ Latium mit Rom ■ Lesbos ■ Ligurien – Italienische Riviera, Genua, Cinque Terre ■ Ligurien ■ Limnos ■ Limousin & Auvergne ■ Liparische Inseln ■ Lissabon & Costa de Lisboa ■ Lissabon ■ London ■ Lübeck inkl. Travemünde ■ Madeira ■ Madeira ■ Madrid ■ Mailand ■ Mainfranken ■ Mainz ■ Mallorca ■ Mallorca ■ Malta, Gozo, Comino ■ Marken ■ Marseille ■ Mecklenburgische Seenplatte ■ Mecklenburg-Vorpommern ■ Menorca ■ Midi-Pyrénées ■ Mittel- und Süddalmatien ■ Montenegro ■ Moskau ■ München ■ Münchner Ausflugsberge ■ Naxos ■ Neuseeland ■ New York ■ Niederlande ■ Nord- u. Mittelengland ■ Nord- u. Mittelgriechenland ■ Norddalmatien ■ Norderney ■ Nördliche Sporaden – Skiathos, Skopelos, Alonnisos, Skyros ■ Nordportugal ■ Nordspanien ■ Normandie ■ Norwegen ■ Nürnberg, Fürth, Erlangen ■ Oberbayerische Seen ■ Oberitalien ■ Oberitalienische Seen ■ Odenwald mit Bergstraße, Darmstadt & Heidelberg ■ Ostfriesland – Ostfriesische Inseln ■ Ostseeküste – Mecklenburg-Vorpommern ■ Ostseeküste – von Lübeck bis Kiel ■ Paris ■ Peloponnes ■ Pfalz ■ Pfälzerwald ■ Piemont & Aostatal ■ Piemont ■ Polnische Ostseeküste ■ Porto ■ Portugal ■ Prag ■ Provence & Côte d'Azur ■ Provence ■ Rhodos ■ Rom ■ Rügen, Stralsund, Hiddensee ■ Rumänien ■ Rund um Meran ■ Sächsische Schweiz ■ Salzburg & Salzkammergut ■ Samos ■ Santorini ■ Sardinien ■ Sardinien ■ Schottland ■ Schwäbische Alb ■ Schwarzwald Mitte/Nord ■ Shanghai ■ Sizilien ■ Sizilien ■ Slowakei ■ Slowenien ■ Span. Jakobsweg ■ Sri Lanka ■ St. Petersburg ■ Steiermark ■ Stockholm ■ Straßburg ■ Südböhmen – Böhmerwald ■ Südengland ■ Südfrankreich ■ Südnorwegen ■ Südschwarzwald ■ Südschweden ■ Südtirol ■ Südtoscana ■ Südwestfrankreich ■ Sylt ■ Tallinn ■ Teneriffa ■ Teneriffa ■ Tessin ■ Thailand – der Norden ■ Thassos & Samothraki ■ Thüringen ■ Toscana ■ Toscana ■ Tschechien ■ Türkei ■ Türkei – Lykische Küste ■ Türkei – Mittelmeerküste ■ Türkei – Südägäis ■ Türkische Riviera – Kappadokien ■ Umbrien ■ USA – Südwesten ■ Usedom ■ Varadero & Havanna ■ Venedig ■ Venetien ■ Wachau, Wald- u. Weinviertel ■ Wales ■ Warschau ■ Westböhmen & Bäderdreieck ■ Wien ■ Zakynthos ■ Zypern

Reisehandbuch **MM-City** **MM-Wandern**

103
7

Register

Die in Klammern gesetzten Koordinaten verweisen auf die herausnehmbare Allgäu-Karte.

Kempten, Markt vor der Basilika

Bleiben die Füße trocken?